Das Gebot der Trennung von Polizei und Nachrichtendiensten im Spannungsfeld von Freiheitsschutz und effektiver Gefahrenabwehr

Europäische Hochschulschriften Recht

European University Studies in Law

Publications Universitaires Européennes de Droit

Band/Volume 6096

Nora Schneider

Das Gebot der Trennung von Polizei und Nachrichtendiensten im Spannungsfeld von Freiheitsschutz und effektiver Gefahrenabwehr

Eine Bewertung des Sicherheitssystems und der Rechtsprechung des Bundesverfassungsgerichts zur Antiterrordatei vor dem Hintergrund der aktuellen Bedrohungslage

PETER LANG

Bibliografische Information der Deutschen Nationalbibliothek
Die Deutsche Nationalbibliothek verzeichnet diese Publikation in der Deutschen Nationalbibliografie; detaillierte bibliografische Daten sind im Internet über http://dnb.d-nb.de abrufbar.

Zugl.: Göttingen, Univ., Diss., 2019

D 7
ISSN 0531-7312
ISBN 978-3-631-79210-0 (Print)
E-ISBN 978-3-631-79562-0 (E-PDF)
E-ISBN 978-3-631-79563-7 (EPUB)
E-ISBN 978-3-631-79564-4 (MOBI)
DOI 10.3726/b15873

Peter Lang – Berlin · Bern · Bruxelles · New York · Oxford · Warszawa · Wien

Diese Publikation wurde begutachtet.

www.peterlang.com

Meiner Familie

Gliederung

Abkürzungsverzeichnis

aA.	andere Ansicht
A-Drs.	Ausschussdrucksache
ATD	Antiterrordatei
ATDG	Antiterrordateigesetz
AWG	Außenwirtschaftsgesetz
BayVbl.	Bayerische Verwaltungsblätter
BfDI	Bundesbeauftragte für den Datenschutz und die Informationsfreiheit
BfV	Bundesamt für Verfassungsschutz
BGBl.	Bundesgesetzblatt
BKAG	Gesetz über das Bundeskrimonalamt
BNDG	Gesetz über den Bundesnachrichtendienst
BT-Drs.	Bundestagdrucksache
BVerfG	Bundesverfassungsgericht
BVerfGE	Fundstellen von Entscheidungen des Bundesverfassungsgerichts
BVerfSchG	Bundesverfassungsschutzgesetz
DÖV	Die Öffentliche Verwaltung
DVBl	Deutsche Verwaltungsblätter
EGMR	Europäischer Gerichtshof für Menschenrechte
EMRK	Europäische Menschenrechtskonvention
EuGH	Europäischer Gerichtshof
f	folgende
ff.	fortfolgende
G 10	Gesetz zur Beschränkung des Brief-, Post- und Fernmeldegeheimnisses
GAR	Gemeinsame Abwehrzentrum gegen Rechtsextremismus/-terrorismus
GETZ	Gemeinsame Extremismus- und Terrorismusabwehrzentrum
GrCh	Charta der Grundrechte
GTAZ	Gemeinsame Terrorismusabwehrzentrum

HdStR	Handbuch des Staatsrechts
Hrsg.	Herausgeber
IS	Islamischer Staat
JURA	Juristische Ausbildung
JZ	Juristenzeitung
KritV	Kritische Vierteljahresschrift
MADG	Gesetz über den Militärischen Abschirmdienst
mwN	mit weiteren Nachweisen
NIAS-R	nachrichtendienstlichen Informations- und Analysestelle für Rechtsextremismus und -terrorismus
NJW	Neue Juristische Wochenschrift
NVwZ	Neue Zeitschrift für Verwaltungsrecht
PEGIDA	Bewegung der Patriotischen Europäer gegen die Islamisierung des Abendlandes
PIAS-R	polizeiliche Informations- und Analysestelle
PKGr	Parlamentarisches Kontrollgremium
RdJB	Recht der Jugend und des Bildungswesens
StGB	Strafgesetzbuch
StV	Der Strafverteidiger
TBEG	Terrorismusbekämpfungsergänzungsgesetz
ua.	unter anderem
VerwArch	Verwaltungsarchiv
Vgl.	Vergleiche
VVDStrL	Veröffentlichungen der Vereinigung der Deutschen Staatsrechtslehrer
ZRP	Zeitschrift für Recht und Politik

Im Übrigen wird auf *Kirchner, Hildebert (Begr.):* Abkürzungsverzeichnis der Rechtssprache, 8. Auflage, de Gruyter, Berlin 2015 verwiesen.

Einleitung

A. Anlass der Auseinandersetzung

Nicht nur die Ereignisse vom 11. September 2001 haben die allgegenwärtigen Gefahren für die Sicherheit, und damit auch die Notwendigkeit zum Überdenken des Sicherheitssystems, ins Bewusstsein gerufen. Auch die Terroranschläge in jüngster Zeit in Nizza, Paris, Brüssel, Berlin und Barcelona zeigen, dass der islamistische Terrorismus eine gegenwärtige Gefahr für Europa und für Deutschland bedeutet. Damit zwingen die terroristischen Gefahren „zur Beendigung der sicherheitspolitischen Sorglosigkeit“[1].

Auch das steigende Gewaltpotential und die Gewaltbereitschaft extremistischer Gruppierungen, insbesondere auch in Zusammenhang mit der Flüchtlingssituation, stellen ein besonderes Bedrohungspotential für die Sicherheit der freiheitlich demokratischen Grundordnung dar. Nicht zuletzt der technische Fortschritt ist mit Besorgnis zu beobachten. Vor allem die enorm gestiegene Bedeutung des Internets für die Persönlichkeitsentfaltung geht mit Gefährdungspotentialen einher, die mit den technischen Möglichkeiten des Internets verbunden sind.[2] Aufgrund der enormen Abhängigkeit von technischen Systemen sind diese als Anschlagsziele prädestiniert, da auf diese Weise ganze Infrastrukturen stillgelegt werden könnten. Ebenso dient das Internet selbst als Propaganda- und Kommunikationsmedium für extremistische und terroristische Strukturen.

Um diesen Bedrohungen entgegenwirken zu können, muss die Sicherheitspolitik die Möglichkeit haben – zum Schutze der Bevölkerung und der Strukturen – spontan und effektiv auf die Entwicklungen reagieren zu können. Es bedarf dazu geeigneter Sicherheitsgesetze.

Die zunehmende Kooperation einer Vielzahl von Sicherheitsbehörden ist prägend für die Bewegung der Sicherheitsarchitektur. Denn „neue Sicherheitsarchitektur bedeutet neue oder geänderte Ermächtigungsgrundlagen für

---

1 Vgl. *Hutter*, Wie lassen sich offene und hochtechnologisierte Gesellschaften schützen?, in: Weidenfeld (Hrsg.) Herausforderung Terrorismus, S. 173.

2 *Eifert*, Informationelle Selbstbestimmung im Internet – Das BVerfG und die Online-Durchsuchungen, NVwZ 2008, S. 521.

Polizeibehörden und Nachrichtendienste, die neue verfassungsrechtliche Sicherheitsmechanismen erfordern."[3]

Um in diesem Zusammenhang die Unsicherheiten für die Freiheit des Einzelnen durch staatliches Handeln zu beschränken, sind zahlreiche Sicherungsmechanismen vorhanden, die aus verfassungsrechtlichen Prinzipien hergeleitet werden und die unverhältnismäßige Eingriffe in die Freiheit der Bürger verhindern.

Auch das Gebot der Trennung von Polizei und Nachrichtendiensten dient der Sicherung der Freiheit. Einige Aspekte, die das Trennungsgebot umfasst, sind in den Spezialgesetzen der verschiedenen Nachrichtendienste gesetzlich normiert.[4] Insbesondere sollen den Nachrichtendiensten keine polizeilichen Zwangsbefugnisse eingeräumt werden können. Überdies soll die Angliederung einer polizeilichen Stelle verhindert werden.

Für den informationellen Aspekt der Trennung ist das Grundrecht auf informationelle Selbstbestimmung von besonderer Bedeutung. Dieses Grundrecht stellt einen zentralen Baustein für das moderne Sicherheitsrecht dar.[5] Es wird in der rechtswissenschaftlichen Literatur und auch vom Bundesverfassungsgericht in seinem Urteil zur Antiterrordatei (ATD), in Zusammenhang mit der informationellen Trennung von Polizei und Nachrichtendiensten herangezogen, um die Herleitung eines informationellen Trennungsprinzips zu begründen. Eine informationelle Zusammenarbeit ist danach grundsätzlich unzulässig und könne nur unter strengen Voraussetzungen hingenommen werden.[6]

Aufgrund der Veränderung der Bedrohungslage und der daraus resultierenden Notwendigkeit der Kooperation von Sicherheitsbehörden besteht die zentrale Frage im Zusammenhang mit der Trennung von Polizei und Nachrichtendiensten darin, ob das Trennungsgebot – im Sinne der grundsätzlichen Trennung von Polizei und Nachrichtendiensten – überhaupt noch Bestand hat und ob es vor dem Hintergrund der aktuellen Bedrohungslage mit den gegenwärtigen Gefahren kompatibel erscheint. Dieser Frage widmet sich die vorliegende Arbeit.

---

3 *Kugelmann,* Entwicklungslinien eines grundrechtsgeprägten Sicherheitsverwaltungsrecht, Die Verwaltung 2014, S. 25, 52 f.; mwN *Gusy*, Vom neuen Sicherheitsbegriff zur neuen Sicherheitsarchitektur, VerwArch 101 (2010), S. 320.

4 Vgl. §§ 2 Abs. 1 S. 3; 8 Abs. 3 BVerfSchG; §§ 1 Abs. 1 S. 2; 2 Abs. 3 BNDG; §§ 1 Abs. 4; 4 Abs. 2 MADG.

5 *Kugelmann,* Entwicklungslinien eines grundrechtsgeprägten Sicherheitsverwaltungsrecht, Verw 2014, S. 25, 55.

6 Vgl. BVerfGE 133, 277, 329 ff., Rn. 123 ff.

B. Ziele der Arbeit und Gang der Untersuchung

Ziel dieser Arbeit ist damit die Bewertung des Trennungsgebots – seiner Bedeutung, Gründe und Entwicklung – insbesondere vor dem Hintergrund der Rechtsprechung des Bundesverfassungsgerichts zur Antiterrordatei.

Es soll hierbei zentral darum gehen, das Trennungsgebot und dessen Inhalt vor dem Hintergrund des Urteils zur Antiterrordatei zu betrachten und die Konsequenzen des Urteils für das Trennungsgebot darzustellen.

Zunächst werden als Grundlage in **Kapitel 1** die Organisation, die Aufgaben und die Befugnisse der verschiedenen Sicherheitsbehörden dargestellt.

Im Anschluss erfolgt in **Kapitel 2** eine Betrachtung der Bedrohungslage in Deutschland und deren Entwicklung. Dabei werden die verschiedenen Gefahren für die Sicherheit der Bundesrepublik Deutschland dargestellt. Im Mittelpunkt steht vor allem die Betrachtung des internationalen Terrorismus, des Extremismus und der Bedrohung durch den technischen Fortschritt, insbesondere des Internets.

Vor dem Hintergrund der Entwicklungen der Bedrohungslage wird in **Kapitel 3** eine Bewertung des Sicherheitssystems und des Verhältnisses von Sicherheit und Freiheit vorgenommen. Besonderer Schwerpunkt liegt dabei auf der Betrachtung und Bewertung der Reaktionen des Gesetzgebers und des Bundesverfassungsgerichts auf die sich verändernde Bedrohungssituation. Die Ergebnisse dienen später dazu, das Sicherheitssystem insgesamt im Spannungsfeld vom Schutz der Freiheit des Einzelnen und den Herausforderungen der Sicherheitsbehörden durch die Veränderung der Bedrohungslagen, und vor diesem Hintergrund auch die Aussagen des Bundesverfassungsgerichts zum informationellen Trennungsprinzip, zu bewerten.

Die Betrachtung und Bewertung des Trennungsgebots in **Kapitel 4** stellt den Schwerpunkt der Arbeit dar. Es werden zunächst die Aspekte, die das Trennungsgebot beschreiben, dargestellt. Sodann folgt eine eingehende Betrachtung der informationellen Trennung und die Darstellung und Beurteilung der ATD und des Urteils des Bundesverfassungsgerichts im Hinblick auf die informationelle Trennung.

Zunächst werden die Normen und die Funktionsweise der ATD erläutert und anschließend die zentralen Aussagen des Bundesverfassungsgerichts hinsichtlich der Trennung von Polizei und Nachrichtendiensten herausgearbeitet. Außerdem werden die Änderungen des ursprünglichen Gesetzestextes dargestellt. Ferner im Zentrum der Bearbeitung stehen die Betrachtung und Bewertung des Verhältnisses der ATD zu den Übermittlungsvorschriften der

Fachgesetze und den Aussagen des Bundesverfassungsgerichts hinsichtlich ihrer Verfassungsmäßigkeit.

Im Anschluss erfolgt eine kritische Auseinandersetzung mit einzelnen, das informationelle Trennungsprinzip betreffenden Punkten, sowie eine kurze allgemeine Auseinandersetzung mit der ATD und mit dem Urteil des Bundesverfassungsgerichts. Das Kapitel schließt mit einer Bewertung weiterer Instrumente der Zusammenarbeit im Hinblick auf die informationelle Trennung und der tatsächlichen Inhalte des Trennungsgebots ab.

Ein Ziel ist es, aus diesen Erkenntnissen eine Aussage über den tatsächlichen Gehalt des Trennungsgebots zu treffen. Insbesondere soll dabei auf die Frage eingegangen werden, ob das Trennungsgebot nur noch eine Bezeichnung für ein geachtetes Rechtsgebilde darstellt, welches in der ursprünglich verstandenen Form nicht mehr bestehen kann.

In **Kapitel 5** erfolgt eine überblicksartige Gegenüberstellung der Zusammenarbeit von Polizei und Nachrichtendienste in anderen europäischen Staaten. Ziel dieser Betrachtung ist die Hervorhebung der Besonderheiten der Aspekte der Trennung in der deutschen Rechtsordnung, um eine abschließende Bewertung über die Notwendigkeit der behandelten Facetten der Trennung vornehmen zu können.

Zusammenfassend wird in **Kapitel 6** eine abschließende Bewertung der Bedeutung der Trennung zwischen den Sicherheitsbehörden sowohl für die Sicherheit als auch für die Freiheit vorgenommen und vor diesem Hintergrund die Zukunftsfähigkeit des Gebots der Trennung von Polizei und Nachrichtendiensten betrachtet.

Das Trennungsgebot im Allgemeinen war bereits Gegenstand vieler wissenschaftlicher Abhandlungen. Die Arbeiten behandelten vor allem die Historie, den Rang und die Geltung des Trennungsgebots, die Inhalte und deren Veränderung.[7] Weiterhin existieren Arbeiten, die das Trennungsgebot vor dem Hintergrund der Verbunddateien und auch das Verhältnis von Sicherheit und Freiheit betrachten.[8]

Die vorliegende Bearbeitung legt den Fokus auf die Betrachtung der Bedeutung der Entscheidung des Bundesverfassungsgerichts zur ATD und deren

---

7 Vgl. ua. *König,* Trennung und Zusammenarbeit von Polizei und Nachrichtendiensten; *Klee,* Neue Instrumente der Zusammenarbeit von Polizei und Nachrichtendiensten; *Streiß,* Das Trennungsgebot zwischen Polizei und Nachrichtendiensten.

8 Vgl. etwa ua. *Stubenrauch,* Gemeinsame Verbunddateien von Polizei und Nachrichtendiensten; *Lang,* Das Antiterrordateigesetz.

Konsequenzen für die Bedeutung des Trennungsgebots und für das Sicherheitssystem, auf die damit in Zusammenhang stehende Überarbeitung der Übermittlungsvorschriften der Fachgesetze, auf die Implementierung der Möglichkeit einer erweiterten projektbezogenen Datennutzung sowie auf die datenschutzrechtliche Kontrolle der ATD vor dem Hintergrund der gegenwärtigen Bedrohungslage.

Um eine umfassende Auseinandersetzung mit dem Trennungsgebot vornehmen zu können, ist dieses auch im Lichte seiner Gründe, seiner Entstehung und seiner Entwicklung zu betrachten.

C. Historischer Kontext

I. „Polizeibrief" als Ausgangspunkt

Seinen Ursprung und seine erste implizite Nennung hatte das Trennungsgebot im „Polizeibrief" vom 14. April 1949, welcher Bestandteil des 7. Schreibens der Militärgouverneure an den Parlamentarischen Rat über die Genehmigung des Grundgesetzes war.[9]

Nach der deutschen Kapitulation am 8. Mai 1945 erhielten die deutschen Länder durch die Westalliierten den Auftrag, eine verfassungsgebende Versammlung anzuberaumen, woraufhin der Parlamentarische Rat ins Leben gerufen wurde, welcher über die künftigen Kompetenzen auch in Sicherheitsfragen entschied. Dem Bund sollte eine Polizeikompetenz eingeräumt werden. Diese wurde dann durch die Einigung im Hauptausschuss des Parlamentarischen Rates beschlossen und in dem durch die Westalliierten übergebenen „Polizeibrief" niedergeschrieben.[10]

Inhalt dieses „Polizeibriefs" war zum einen die in Nr. 1 genannte Gestattung der Militärgouverneure an die Bundesregierung zur Errichtung von Bundesorganen zur Verfolgung von Gesetzesverstößen und zur Errichtung von Bundespolizeibehörden zur Überwachung des Personen- und Güterverkehrs bei der Überschreitung der Bundesgrenzen, der Sammlung und Verbreitung von polizeilichen Auskünften und Statistiken und der Koordinierung bei der Untersuchung von Verletzungen der Bundesgesetze und der Erfüllung internationaler

9 7. Schreiben der Militärgouverneure an den Parlamentarischen Rat über die Genehmigung des Grundgesetzes, Teil a); abgedruckt in: *Huber*, Quellen zum Staatsrecht der Neuzeit, Bd. 2, S. 216 ff.

10 Vgl. *Dorn*, Das Trennungsgebot in verfassungshistorischer Perspektive, S. 91 ff; *Streiß*, Das Trennungsgebot zwischen Polizei und Nachrichtendiensten, S. 144 f.

Verpflichtungen auf verschiedenen Gebieten. In Nr. 2 wurde der Bundesregierung weiterhin gestattet, eine Stelle zur Sammlung und Verbreitung von Auskünften über umstürzlerische, gegen die Bundesregierung gerichtete Tätigkeiten einzurichten.

Diese Stelle sollte keine Polizeibefugnisse haben.[11] Hiermit fand erstmals die Trennung von Polizei und Nachrichtendiensten, wenn auch nicht explizit, Erwähnung, indem Stellen, die Informationen sammelten, ausdrücklich keine Exekutivbefugnisse erhalten sollten.

Unmittelbar nach Übergabe des Polizeibriefs wurden im Parlamentarischen Rat Beratungen zur Umsetzung der Forderung im Grundgesetz geführt. In Art. 73 GG wurde daraufhin die ausschließliche Gesetzgebungskompetenz des Bundes auf dem Gebiet der Zusammenarbeit des Bundes und der Länder in der Kriminalpolizei und in Angelegenheiten des Verfassungsschutzes sowie der Einrichtung eines Bundeskriminalpolizeiamtes und der internationalen Verbrechensbekämpfung festgelegt. Weiterhin wurde in Art. 87 Abs. 1 S. 2 GG die Verwaltungskompetenz zur Einrichtung von Bundesgrenzschutzbehörden und Zentralstellen für das polizeiliche Auskunfts- und Nachrichtenwesen festgelegt.[12] Am 27. September 1950 wurde das Gesetz über die Zusammenarbeit des Bundes und der Länder in Angelegenheiten des Verfassungsschutzes erlassen.[13] Dies war das erste Bundesverfassungsschutzgesetz, dessen Ziele die Statuierung der Zusammenarbeitspflicht zwischen Bund und Ländern sowie die Verpflichtung zur Errichtung von Verfassungsschutzbehörden durch Bund und Länder waren. Weiterhin wurde an dieser Stelle die Definition der Aufgaben, nämlich der Sammlung und Auswertung von Auskünften und Nachrichten über Bestrebungen gegen die verfassungsmäßige Ordnung oder eine Beeinträchtigung der Amtsführung von Mitgliedern verfassungsmäßiger Organe (§§ 1–3 I), vorgenommen. Bereits im Verfassungsschutzgesetz von 1950 war in § 3 II 1 die befugnisrechtliche Trennung von Polizei und Nachrichtendiensten sowie in § 3 II 2 der organisatorische Aspekt der Trennung verankert.

---

11 7. Schreiben der Militärgouverneure an den Parlamentarischen Rat über die Genehmigung des Grundgesetzes, Teil a); abgedruckt in: *Huber*, Quellen zum Staatsrecht der Neuzeit, Bd. 2, S. 216 ff.

12 *Streiß*, Das Trennungsgebot zwischen Polizei und Nachrichtendiensten, S. 146.

13 Vgl. BGBl Teil I, 1950, Nr. 142, S. 682.

II. Vorangegangene Entwicklung und Hintergründe

Im Kaiserreich war das Polizeirecht der ausschließlichen Landesgesetzgebungskompetenz unterstellt, womit auch der nachrichtendienstliche Staatsschutz, als Angelegenheit der Gefahrenabwehr, in den Aufgabenbereich der Polizeibehörden der Länder fiel. Um eine politisch-polizeiliche Zentralstelle des Reiches aufbauen zu können, hätte es einer Erweiterung der Verfassung um eine entsprechende Kompetenznorm bedurft, welche aber von der Zustimmung des Bundesrates abhing, dessen Interesse jedoch in der Sicherung der Länderkompetenzen lag. Daraufhin verständigte sich das Reich mit den Ländern auf die Wahrnehmung der Zentralstelle der preußischen Polizei, welche der Polizeipräsident von Berlin war, durch eine „Reichszentralstelle". Aufgaben der Zentralstelle auf Reichsebene waren allein die Planung und Leitung des nachrichtendienstlichen Informationsaustausches zwischen den jeweils zuständigen Landesstellen. Exekutivkompetenzen kamen dem Polizeipräsidenten dabei nicht zu.[14]

Auch in der Weimarer Republik gab es keine zentrale Behörde zur Sicherung des Bestandes des Staates und der verfassungsmäßigen Ordnung.[15] Die Länder hatten auch in der Weimarer Republik die Polizeihoheit.[16] Pläne über die Einrichtung eines Reichskriminalpolizeiamtes und damit für die Schaffung einer Zentralstelle konnten nicht durchgesetzt werden.[17] In den einzelnen Ländern gab es des Weiteren eine politische Polizei, welcher vor allem nachrichtendienstliche Aufgaben und die Strafverfolgung bei politischen Straftaten oblagen.[18]

Im Mai 1920 wurde die Stelle des „Reichskommissars für die Überwachung der öffentlichen Ordnung" geschaffen, der dem Reichsinnenminister unmittelbar unterstellt war. Der Reichskommissar hatte jedoch keine exekutiven Befugnisse, sondern war lediglich für die zentrale Sammlung von Informationen zuständig. Denn soweit sich das Reich eigene Behörden zum Zweck des Republikschutzes schuf, waren diese außerhalb der Voraussetzungen von Art. 48 Abs. 2 WRV nicht berechtigt, exekutive Maßnahmen durchzusetzen.[19] Das Kommissariat wurde

---

14 *Dorn,* Das Trennungsgebot in verfassungshistorischer Perspektive, S. 28 f., S. 31.

15 *Streiß,* Das Trennungsgebot zwischen Polizei und Nachrichtendiensten, S. 143.

16 Auch wenn dem Reich durch Art. 9 WRV eine Bedarfskompetenz zugewiesen war.

17 *König,* Trennung und Zusammenarbeit von Polizei und Nachrichtendiensten, S. 53 f.

18 *Götz* in: Jeserich/Pohl/von Unruh, Deutsche Verwaltungsgeschichte, Bd. 4, S. 415; *König,* Trennung und Zusammenarbeit von Polizei und Nachrichtendiensten, S. 55.

19 *Dorn,* Das Trennungsgebot in verfassungshistorischer Perspektive, S. 39.

1929 vom Polizeipräsidium in Berlin in das Reichsinnenministerium überführt und diente dort als „Nachrichtensammelstelle“.[20]

Einzig im Falle des Notstands konnten gem. Art. 48 Abs. 2 WRV bestimmte Maßnahmen getroffen werden, wie der Einsatz der Reichswehr, der Ernennung von Reichs- und Staatskommissaren sowie dem Erlass von Notverordnungen, um die Abwehr von Gefahren für die öffentliche Sicherheit und Ordnung zentral zu steuern.[21]

Mit der Machtübernahme durch die Nationalsozialisten im Januar 1933 gingen, durch Auflösung der rechtsstaatlichen Strukturen, Umstrukturierungen auf dem Gebiet der Polizei einher.

Im Bereich der Polizeiorganisation sind dabei vor allem die „Verreichlichung“, die Verselbständigung und die Entstaatlichung der Polizei zu nennen sowie der Aufbau eines umfassenden Sicherheitsapparates und der Aufbau der Geheimen Staatspolizei (Gestapo).[22]

Die Hoheitsrechte, und damit auch die polizeilichen Befugnisse der Länder, wurden in den Jahren 1933 und 1934 auf das Reich übertragen. Zunächst wurden die Länder durch die Einsetzung von Reichsstatthaltern auf Grundlage eines „Zweiten Gesetzes zur Gleichschaltung der Länder mit dem Reich“ vom 7. April 1933 gleichgeschaltet. Diese Reichsstatthalter hatten in den Ländern dafür zu sorgen, dass die durch den Reichskanzler aufgestellten Richtlinien eingehalten wurden und besaßen das Recht zur Ausfertigung der Gesetze, zur Ernennung und Entlassung der unmittelbaren Staatsbeamten sowie der Mitglieder der Landesregierungen und ein Begnadigungsrecht. Die Befugnisse der Länder wurden damit auf die Reichsstatthalter übertragen.[23] 1934 wurden auf Grundlage von Art. 1, der die Aufhebung der Volksvertretung der Länder regelte, und Art. 2 I des Gesetzes über den Neuaufbau des Reiches vom 30. Januar 1934, alle Hoheitsrechte auf das Reich übertragen. Gem. Art. 5 des Gesetzes über den Neuaufbau des Reiches konnte der Reichsminister des Innern die zur Durchführung

---

20 *König,* Trennung und Zusammenarbeit von Polizei und Nachrichtendiensten, S. 55; *Dorn,* Das Trennungsgebot in verfassungshistorischer Perspektive, S. 40.

21 *Dorn,* Das Trennungsgebot in verfassungshistorischer Perspektive, S. 33 ff.; *Streiß,* Das Trennungsgebot zwischen Polizei und Nachrichtendiensten, S. 143.

22 *König,* Trennung und Zusammenarbeit von Polizei und Nachrichtendiensten, S. 56 ff.

23 *Rebentisch* in: Jeserich/Pohl/von Unruh, Deutsche Verwaltungsgeschichte, Bd. 4, S. 746 f.

des Gesetzes erforderlichen Rechtsverordnungen und Verwaltungsvorschriften erlassen.[24]

Weiterhin wurden Ämter der Sicherheitspolizei, die aus Kriminal- und politischer Polizei bestand und die organisatorisch von der Ordnungspolizei getrennt war, mit Angehörigen der Schutzstaffeln (SS) besetzt. Es fand dadurch eine Verschmelzung mit der SS statt. Die SS stellte eigentlich ein reines Parteiorgan der NSDAP dar und war somit nicht in die Verwaltungsorganisation des Staates eingebunden, womit eine Verselbständigung der Polizei erreicht wurde.[25] Durch Erlass vom 17. Juni 1936 wurde der Reichsführer SS zum „Chef der deutschen Polizei“[26] ernannt, der formell dem Reichsminister unterstellt war, aber nur den Anweisungen Adolf Hitlers unterstand, wodurch eine Auskoppelung der Polizei aus dem Staatsgefüge erreicht war.[27]

Gem. § 1 Abs. 1 des „Ersten GestapoG vom 26. April 1933“ wurde zur Wahrnehmung von Aufgaben der politischen Polizei neben den bzw. an Stelle der ordentlichen Polizeibehörden (§ 2 Abs. 1 des Polizeiverwaltungsgesetzes vom 1. Juni 1931) das Geheime Staatspolizeiamt mit Sitz in Berlin errichtet. Es hatte die Stellung einer Landespolizeibehörde und unterstand unmittelbar dem Minister des Innern.

Diesem Geheimen Staatspolizeiamt waren alle Aufgaben der politischen Polizei übertragen. Es sammelte alle Nachrichten der politischen Polizei.[28]

Im Folgenden wurden die politischen Polizeien der Länder zusammengeschlossen und so der Aufbau der Geheimen Staatspolizei (Gestapo) vorangetrieben.[29]

---

24 Vgl. hierzu die Verordnungen über den Neuaufbau des Reichs vom 2. Februar 1934 (RGBl. I. S. 81), vom 27. November 1934 (RGBl. I. S. 1190), vom 28. November 1938 (RGBl. I. S. 1675) und vom 28. September 1939 (RGBl. I. S. 2041, samt Durchführungsverordnung vom 5. Febr. 1940 (RGBl. I. S. 292)), die Verordnung über die deutsche Staatsangehörigkeit vom 5. Februar 1934 (RGBl. I. S. 85) sowie die Verordnungen zur Vereinheitlichung und Verbilligung der Verwaltung vom 19. Juli 1934 (RGBl. I. S. 719).

25 *Just,* Polizeibegriff und Polizeirecht im Nationalsozialismus, S. 30; *König,* Trennung und Zusammenarbeit von Polizei und Nachrichtendiensten, S. 56.

26 „Erlaß über die Einsetzung eines Chefs der Deutschen Polizei im Reichsministerium des Innern vom 17. Juni 1936“; verkündet im Reichsgesetzblatt 1936 I, S. 487 f.

27 *Just,* Polizeibegriff und Polizeirecht im Nationalsozialismus, S. 79 f.; *Götz* in: Jeserich/Pohl/von Unruh, Deutsche Verwaltungsgeschichte, Bd. 4, S. 1022 f.

28 Runderlass des preußischen Innenministers über die Neuorganisation der politischen Polizei, 26. April 1933.

29 *Wilhelm,* Die Polizei im NS-Staat, S. 41 f.

Im Zweiten GestapoG, welches am 30. November 1933 in Kraft trat, wurde in § 2 festgelegt, dass zum Aufgabengebiet der Geheimen Staatspolizei die von den Behörden der allgemeinen und der inneren Verwaltung wahrzunehmenden Geschäfte der politischen Polizei gehörten. Welche Geschäfte im Einzelnen auf die Geheime Staatspolizei übergehen sollten, wurde durch den Ministerpräsidenten als Chef der Geheimen Staatspolizei bestimmt.

Gem. § 3 Abs. 1 sollten die bisher von dem Ministerium des Innern wahrgenommenen Geschäfte der politischen Polizei mit dem Inkrafttreten des 2. Gestapo Gesetzes auf das Geheime Staatspolizeiamt übergehen.

Gem. Abs. 2 hatten die Landes-, Kreis- und Ortspolizeibehörden in den Angelegenheiten der Geheimen Staatspolizei den Weisungen des Geheimen Staatspolizeiamts Folge zu leisten.

Am 10. Februar 1936 trat das „Dritte Gestapo Gesetz" in Kraft. Gem. § 1 Abs. 1 hatte die Geheime Staatspolizei die Aufgabe, alle staatsgefährlichen Bestrebungen im gesamten Staatsgebiet zu erforschen und zu bekämpfen, das Ergebnis der Erhebungen zu sammeln und auszuwerten, die Staatsregierung zu unterrichten und die übrigen Behörden über für sie wichtige Feststellungen auf dem Laufenden zu halten und mit Anregungen zu versehen. Welche Geschäfte im Einzelnen auf die Geheime Staatspolizei überingen, sollte der Chef der Geheimen Staatspolizei im Einvernehmen mit dem Minister des Innern bestimmen.

Gem. § 7 unterlagen die Verfügungen und Angelegenheiten der Geheimen Staatspolizei nicht der Nachprüfung durch die Verwaltungsgerichte.

Weitere Verflechtungen vollzogen sich zwischen der Sicherheitspolizei und dem der SS angehörenden Sicherheitsdienst (SD), welcher später zum Nachrichtendienst umfunktioniert wurde.[30] Die Aufgaben von SD und Gestapo waren klar getrennt. Der SD sollte sich auf die abstrakte Aufklärungsarbeit, Lageanalysen und die Sammlung von Informationen beschränken, die Gestapo mit der Bearbeitung von Einzelfällen. Dem SD kamen bei der Ausführung ihrer Aufgaben keine exekutiven Befugnisse zu, weshalb es zu einer Zusammenarbeit mit der Gestapo kam.[31] 1939 wurden die obersten Behörden des Sicherheitsdienstes und der Sicherheitspolizei zum Reichssicherheitshauptamt vereinigt[32], welches der Führung des Reichsführers SS unterstand und somit außerhalb des staatlichen Gefüges agierte.[33]

---

30 *Buchheim,* SS und Polizei im NS-Staat, S. 58 f.

31 *Pioch,* Das Polizeirecht, Rn. 118.

32 *Götz* in: Jeserich/Pohl/von Unruh, Deutsche Verwaltungsgeschichte, Bd. 4, S. 1023.

33 *Buchheim,* SS und Polizei im NS-Staat, S. 123 f.

Zur Durchsetzung eines Systems, in deren Mittelpunkt die politische Polizei als Amt der politischen Verwaltung fungierte, trug maßgeblich die Bündelung aller politisch-polizeilichen Stellen der Länder durch die Nationalsozialisten bei. Durch die zentrale Lenkung war die politische Polizei zum ersten Mal unmittelbar der Reichsgewalt unterstellt.[34]

Durch Errichtung eines umfassenden Sicherheitssystems, in dessen Mitte die Geheime Staatspolizei als Instrument zur Bekämpfung seiner Feinde im Innern überwiegend geheim agierte und zugleich nicht der gerichtlichen Kontrolle unterlag, war es den Nationalsozialisten gelungen, ein Polizeisystem zu schaffen, welches sich weit vom liberal-rechtstaatlichen Polizeigefüge der Weimarer Republik entfernte. Durch Zentralisierung, Verselbständigung, Militarisierung und Infiltration als Mittel des Missbrauchs, wurden die Unterdrückung und die Verfolgung von politischen Gegnern und Personen, die nicht der Gesinnung der Nationalsozialisten entsprachen, durchgesetzt.[35]

Durch die institutionelle Verknüpfung war auch eine enge Zusammenarbeit zwischen Nachrichtendienst und Sicherheitspolizei gewährleistet. Informationen konnten zwischen beiden Seiten ungehindert ausgetauscht werden.[36]

---

34 *Dorn,* Das Trennungsgebot in verfassungshistorischer Perspektive, S. 57.
35 *König,* Trennung und Zusammenarbeit von Polizei und Nachrichtendiensten, S. 60.
36 *König,* Trennung und Zusammenarbeit von Polizei und Nachrichtendiensten, S. 58.

Kapitel 1: Grundlagen: Aufgaben, Organisation und Befugnisse von Polizei und Nachrichtendiensten

Als Grundlage für die Betrachtung des Trennungsgebotes von Polizei und Nachrichtendiensten sollen punktuell die Aufgaben, die Organisation und die Befugnisse der verschiedenen Sicherheitsbehörden anhand der für sie jeweils geltenden Gesetze dargestellt werden. Besonderes Augenmerk liegt dabei auf den Bundesbehörden.

A. Polizeibehörden

Besonders bei polizeilichem Handeln tritt der in Art. 20 Abs. 3 GG zum Ausdruck kommende Vorbehalts des Gesetzes in den Vordergund, da die Handlungen der Polizei regelmäßig die Rechtssphäre der Bürger berühren. Es sind hinreichend bestimmte Ermächtigungsgrundlagen erforderlich, die sicherstellen, dass die Rechte der Einzelnen in möglichst geringem Umfang berührt werden.[37] Die wichtigsten Ermächtigungsgrundlagen sollen im Folgenden betrachtet werden, weiterhin auch die Organisation von Bundespolizei, Landespolizei, Bundeskriminalamt und den Landeskriminalämtern.

I. Das Bundeskriminalamt (BKA)

Die Kompetenz zur Errichtung des BKA ergibt sich aus Art. 73 Abs. 1 Nr. 10, 87 Abs. 1 S. 2 GG. Danach hat der Bund die ausschließliche Gesetzgebungskompetenz über die Zusammenarbeit des Bundes und der Länder über die Kriminalpolizei (Nr. 1). Gem. Art. 87 Abs. 1 S. 2 GG können Zentralstellen für die Kriminalpolizei durch Bundesgesetz geschaffen werden. Die Bedeutung und Aufgaben des Bundeskriminalamts haben im Hinblick auf eine veränderte Sicherheitslage gerade im Bereich des Terrorismus zugenommen, was sich auch in der Aufnahme des Art. 73 I Nr. 9 GG in den Kompetenztitel zeigt.[38] Danach wird dem Bund die ausschließliche Gesetzgebungskompetenz für die Abwehr von Gefahren des internationalen Terrorismus durch das Bundeskriminalpolizeiamt

---

37 *Kugelmann*, Polizei und Polizeirecht in der föderalen Ordnung des Grundgesetzes, in: Härtel, Handbuch Föderalismus, Bd. III, § 52, Rn. 23.

38 *Rachor* in: Lisken/Denninger, Handbuch des Polizeirechts, Abschnitt C Rn. 74.

in Fällen, in denen eine länderübergreifende Gefahr vorliegt, die Zuständigkeit einer Landespolizeibehörde nicht erkennbar ist oder die oberste Landesbehörde um eine Übernahme ersucht, zugewiesen. Weiterhin zeigt sich dies durch Aufnahme der §§ 4 a und 20 a ff. BKAG, welche die Abwehr von Gefahren des internationalen Terrors zum Inhalt haben.

Das neue BKAG wurde im Mai 2017 verabschiedet und ist am 08.06.2017 im Bundesgesetzblatt verkündet worden.[39] Es ist am 25.05.2018 in Kraft getreten. Wesentliche Ziele der Änderungen sind die Umsetzung europarechtlicher Vorgaben für den Datenschutz, die Stärkung der Zentralstellenaufgabe des BKA, die Verbesserung der internationalen Zusammenarbeit, die grundlegende Modernisierung der polizeilichen IT-Strukturen, die Regelung zur Verhängung von Kontaktverboten und der Einsatz der Fußfessel. Die folgende Betrachtung stützt sich auf das neue BKAG.

1. *Organisation*

Das BKA ist eine dem Bundesinnenministerium unterstellte Bundesoberbehörde.[40] Die Amtsleitung besteht aus einem Präsidenten und zwei Vizepräsidenten. Das BKA hat seinen Sitz in Wiesbaden, Berlin und Meckenheim.[41] Es gliedert sich in mehrere Abteilungen wie beispielsweise „Internationale Koordinierung; „Schwere und organisierte Kriminalität"; „Zentrale kriminalpolizeiliche Dienste"; „Kriminaltechnisches Institut"; „Zentral- und Verwaltungsaufgaben"; „Informationstechnik"; „Kriminalistisches Institut"; „Polizeilicher Staatsschutz" und die „Sicherungsgruppe".[42] Die Abteilungen sind in Gruppen untergliedert, welche sich wiederum in Referate und Fachgruppen aufteilen und diese dann in Fachbereiche.[43]

2. *Aufgaben*

Dem BKA sind folgende Aufgabenbereiche übertragen, die in Abschnitt 1 des BKAG geregelt sind: Die Zentralstellenfunktion (§ 2 BKAG), die internationale Zusammenarbeit (§ 3 BKAG), die Strafverfolgung in bestimmten Fällen (§ 4 BKAG), die Abwehr von Gefahren des internationalen Terrorismus (§ 5 BKAG),

---

39 Gesetz zur Neustrukturierung des BKA, BGBl. I 2017, Nr. 33, S. 1354.

40 *Rachor* in: Lisken/Denninger, Handbuch des Polizeirechts, Abschnitt C Rn. 74.

41 Informationen über das BKA, abrufbar unter www.bka.de.

42 Informationen über das BKA, abrufbar unter www.bka.de; *Rachor* in: Lisken/Denninger, Handbuch des Polizeirechts, Abschnitt C Rn. 75.

43 *Rachor* in: Lisken/Denninger, Handbuch des Polizeirechts, Abschnitt C Rn. 75.

der Schutz von Mitgliedern der Verfassungsorgane des Bundes (§ 6 BKAG), der Zeugenschutz in bestimmten Fällen (§ 7 BKAG) und der behördliche Eigenschutz (§ 8 BKAG).

Die Zentralstellenaufgabe kann, ausgehend von den verfassungsrechtlichen Vorgaben von Art. 73 Abs. 1 Nr. 10 GG und Art. 87 Abs. 1 S. 2 GG, als Hauptaufgabe des BKA beschrieben werden.[44] Gem. § 2 Abs. 1 und 2 BKAG unterstützt das BKA als Zentralstelle für das polizeiliche Auskunfts- und Nachrichtenwesen und für die Kriminalpolizei die Polizei des Bundes und der Länder bei der Verhütung und Verfolgung von Straftaten mit länderübergreifender, internationaler oder erheblicher Bedeutung. Das Bundeskriminalamt hat zur Wahrnehmung dieser Aufgabe alle hierfür erforderlichen Informationen zu sammeln und auszuwerten und die Strafverfolgungsbehörden des Bundes und der Länder unverzüglich über die sie betreffenden Informationen und die in Erfahrung gebrachten Zusammenhänge von Straftaten zu unterrichten. Diese Unterstützung erfolgt darüber hinaus durch Bereitstellung von zentralen Einrichtungen und Dienstleistungen auf dem Gebiet der Informationssteuerung, dem elektronischen Datenverbund, dem Erkennungsdienst, Kriminaltechnik, Kriminalstrategie, Technologien und der kriminalpolizeilichen Aus- und Fortbildung.[45]

3. *Befugnisse*

Die Befugnisse des BKA finden sich in den §§ 9 ff. BKAG. Das BKAG ist in verschiedene Abschnitte eingeteilt, die jeweils Regelungen über die Befugnisse in den verschiedenen Aufgabenbereichen enthalten.

Abschnitt 1 enthält die Regelungen über Zentrale Einrichtungen, die die wesentlichen Aufgaben kennzeichnen. In Abschnitt 2 sind die allgemeinen Befugnisse zur Datenverarbeitung geregelt. Die projektbezogenen Dateien sind in § 17 BKAG geregelt. Im Folgenden finden sich die Regelungen zur Datenerhebung, zur Weiterverarbeitung von Daten und in §§ 25 ff. BKAG zur Datenübermittlung.

Befugnisse zu der bereits erwähnten Zentralstellenfunktion finden sich in §§ 29 bis 33 BKAG im Abschnitt 3. In Abschnitt 4 sind die Befugnisse im Rahmen der Strafverfolgung geregelt. § 34 BKAG erlaubt den Einsatz technischer Mittel zur Eigensicherung. Gem. § 34 Abs. 1 BKAG dürfen, soweit dies zur Abwehr von Gefahren für deren Leib, Leben oder Freiheit unerlässlich ist, ohne Wissen der Betroffenen im Beisein oder in unmittelbarem zeitlichen Zusammenhang

44 *Streiß*, Das Trennungsgebot zwischen Polizei und Nachrichtendiensten, S. 46.
45 *Möllers* in: Möllers, Wörterbuch der Polizei, S. 366.

mit dem Einsatz einer vom BKA beauftragten Person das innerhalb oder außerhalb einer Wohnung nicht öffentlich gesprochene Wort mit technischen Mitteln abgehört, aufgezeichnet und Lichtbilder und Bildaufzeichnungen hergestellt werden, wenn vom BKA beauftragte Personen im Rahmen der Befugnisse des BKA aus Gründen der Strafverfolgung tätig werden.

§ 34 Abs. 2 BKAG begrenzt diese Maßnahmen und erlaubt sie nur außerhalb des Kernbereichs privater Lebensgestaltung. Maßnahmen sind danach sofort zu unterbrechen und unverzüglich zu löschen, sobald diese Vorgänge die private Lebensgestaltung betreffen. Sie dürfen nicht verwendet werden, müssen aktenkundig gemacht werden und sind ausschließlich zu Zwecken der Datenschutzkontrolle zu verwenden. Weiterhin in § 34 BKAG geregelt sind die Anordnungspflicht, Ausnahmeregelungen und weitere formelle Voraussetzungen. Weiterhin ist in § 35 BKAG die Unterstützung der Polizeibehörden der Länder bei der Strafverfolgung geregelt.

In Abschnitt 5 finden sich die Befugnisse zur Abwehr von Gefahren des internationalen Terrorismus. Gem. Art. 73 Abs. 1 Nr. 9 a GG hat der Bund die ausschließliche Gesetzgebungskompetenz über die Abwehr von Gefahren des internationalen Terrorismus durch das Bundeskriminalpolizeiamt in Fällen, in denen eine länderübergreifende Gefahr vorliegt, die Zuständigkeit einer Landespolizeibehörde nicht erkennbar ist, oder die oberste Landesbehörde um eine Übernahme ersucht. Auf dieser Grundlage wurde am 27. Mai 2008 eine Novelle des BKA-Gesetzes beschlossen, welches am 1. Januar 2009 in Kraft trat.[46] Durch dieses Gesetz (Gesetz zur Abwehr von Gefahren des internationalen Terrorismus durch das Bundeskriminalamt) wurden die §§ 20 a bis 20 x in das BKAG eingefügt. Dem BKA wurden damit ein erweiterter Aufgabenbereich sowie neue Befugnisse verliehen. Das BKA erhielt hierdurch auch zum ersten Mal präventive Befugnisse zur Terrorismusbekämpfung.[47] Das Bundesverfassungsgericht erklärte im April 2016 einige Vorschriften des BKAG als nicht mit der Verfassung vereinbar, sodass die Neuregelung des Gesetzes vorgenommen wurde.[48]

§ 38 BKAG enthält zunächst die allgemeinen Befugnisse, wonach das BKA zur Erfüllung seiner Aufgabe aus § 5 BKAG, also zur Abwehr der Gefahren des internationalen Terrorismus, die notwendigen Maßnahmen treffen kann, um eine Gefahr abzuwehren, soweit keine besonderen Befugnisse geregelt sind.

---

46 BGBl. I 2008, S. 3083.

47 *Baum/Schantz,* Die Novelle des BKA-Gesetzes – Eine rechtspolitische und verfassungsrechtliche Kritik, ZRP 2008, 137.

48 Vgl. weiterhin Kapitel 3 B.II.5.

§ 39 BKAG erlaubt die Erhebung personenbezogener Daten, soweit dies erforderlich ist (Abs. 1) und gewisse Tatsachen vorliegen (Abs. 2).

In § 39 Abs. 2 S. 1 BKAG wird bereits deutlich, dass dem BKA präventive Befugnisse eingeräumt werden, indem die Erhebung personenbezogener Daten zulässig ist, soweit Tatsachen die Annahme rechtfertigen, dass die Person eine Straftat gem. § 5 Abs. 1 S. 2 BKAG begehen will.

Zu Auskunftszwecken darf gemäß und unter Voraussetzungen des § 40 BKAG auf geschäftsmäßig erbringende Telefonkommunikationsdienste oder Mitwirkende zurückgegriffen werden.

§ 41 BKAG enthält Regelungen zur Befragung und Auskunftspflicht, §§ 42 bis 44 BKAG zur Identitätsfeststellung, zu erkennungsdienstlichen Maßnahmen und zur Vorladung.

In § 45 BKAG werden die besonderen Mittel der Datenerhebung geregelt. § 45 Abs. 2 BKAG bestimmt, was besondere Mittel der Datenerhebung sind. Darunter fallen die längerfristige Observation, der Einsatz technischer Mittel außerhalb von Wohnungen, die Bestimmung des Aufenthaltsortes, sonstige besondere für Observationszwecke bestimmte technische Mittel zur Erforschung des Sachverhalts oder zur Bestimmung des Aufenthaltsortes einer in Absatz 1 genannten Person, der Einsatz von Vertrauenspersonen und verdeckten Ermittlern. In Abs. 3 und 4 wird das Antragserfordernis für diese besonderen Mittel der Datenerhebung geregelt. Absatz 6 enthält Vorschriften über den verdeckten Ermittler. In Absatz 7 finden sich Regelungen zu Eingriffen in den Kernbereich privater Lebensgestaltung.

Durch § 46 BKAG wird dem BKA die Möglichkeit eröffnet, technische Mittel einzusetzen, um in oder aus Wohnungen das nichtöffentlich gesprochene Wort abzuhören oder aufzuzeichnen und Lichtbilder und Bildaufzeichnungen der Person herzustellen. Weiterhin sind die polizeilichen Befugnisse der Ausschreibung zur polizeilichen Beobachtung (§ 47 BKAG), die Rasterfahndung (§ 48 BKAG) und in § 49 BKAG der verdeckte Eingriff in informationstechnische Systeme enthalten. Das BKA kann danach, ohne, dass der Betroffene davon weiß, mit technischen Mitteln in die vom Betroffenen genutzten informationstechnischen Systeme eingreifen und aus ihnen Daten erheben. Dieser Eingriff ist gem. § 49 Abs. 1 BKAG nur zulässig, wenn bestimmte Tatsachen die Annahme rechtfertigen, dass eine Gefahr für Leib, Leben oder Freiheit einer Person oder solche Güter der Allgemeinheit, deren Bedrohung die Grundlage oder den Bestand des Bundes oder die Grundlagen der Existenz der Menschen berührt. Gem. Satz 2 ist dies auch zulässig, wenn bestimmte Tatsachen die Annahme rechtfertigen, dass innerhalb eines übersehbaren Zeitraums auf eine zumindest ihrer Art nach konkretisierte Weise eine Schädigung der in Satz 1 genannten

Rechtsgüter eintritt oder das individuelle Verhalten einer Person die konkrete Wahrscheinlichkeit begründet, dass sie innerhalb eines übersehbaren Zeitraums die in Satz 1 genannten Rechtsgüter schädigen wird. In § 51 ff. finden sich Befugnisse zur Überwachung der Telekommunikation. §§ 54 bis 62 enthalten Regelungen zur Platzverweisung, zum Aufenthaltsvorgabe und Kontaktverbot, zur elektronischen Aufenthaltsüberwachung, zum Gewahrsam, zur Durchsuchung von Personen und Sachen, zur Sicherstellung, zum Betreten und Durchsuchen von Wohnungen und zum Schutz zeugnisverweigerungsberechtigter Personen. Besonders umstritten im Zusammenhang mit der Gesetzesnovelle war die Regelung in § 56 BKAG. Gem. § 56 Abs. 1 BKAG kann das BKA eine Person dazu verpflichten, ein technisches Mittel, mit dem der Aufenthaltsort dieser Person elektronisch überwacht werden kann, ständig in betriebsbereitem Zustand am Körper bei sich zu führen und dessen Funktionsfähigkeit nicht zu beeinträchtigen, wenn gem. Nr. 1 bestimmte Tatsachen die Annahme rechtfertigen, dass diese Person innerhalb eines übersehbaren Zeitraums auf eine zumindest ihrer Art nach konkretisierte Weise, eine Straftat nach § 5 Abs. 1 S. 2 begehen wird oder gem. Nr. 2 deren individuelles Verhalten eine konkrete Wahrscheinlichkeit dafür begründet, dass sie innerhalb eines überschaubaren Zeitraums eine Straftat nach § 5 Abs. 1 S. 2 begehen wird, um diese Person durch die Überwachung und die Datenverwendung von der Begehung dieser Straftat abzuhalten. Gem. Abs. 2 werden diese Daten automatisiert verarbeitet. Weiterhin sind in Abs. 2 die Zwecke, bei denen eine Verwendung zulässig sein soll, geregelt.

Insgesamt wird an diesen Vorschriften deutlich, vor allem in Zusammenhang mit der Arbeit zur Terrorismusbekämpfung, dass sowohl eine Verlagerung der Arbeit der Polizei in das Vorfeld hinein[49] sowie eine Ausweitung der klassischen Befugnisse, nämlich der „Heimlichkeit“ der polizeilichen Arbeit, stattfindet.

In Abschnitt 6 werden die Befugnisse zum Schutz von Mitgliedern der Verfassungsorgane und der Leitung des BKA geregelt.

In Abschnitt 7 finden sich Regelungen zum Zeugenschutz. In Abschnitt 8 die Befugnisse zur Sicherung des BKA und in Abschnitt 9 Regelungen zum Datenschutz und zur Datensicherheit.

In §§ 87 ff. sind Schlussvorschriften enthalten. In § 88 BKAG ist die Berichtspflicht gegenüber dem Deutschen Bundestag geregelt.

49 Vgl. dazu Kapitel 3 B.I.

II. Die Bundespolizei

Am 21. Juni 2005 wurde der Bundesgrenzschutz, in Anbetracht der Aufgabenvielfalt, in Bundespolizei umbenannt. Zuvor, seit 1951, gab es das Bundesgrenzschutzgesetz.[50]

1. Organisation

Bundespolizeibehörden sind gem. § 57 Abs. 1 BPolG das Bundespolizeipräsidium, die Bundespolizeidirektion und die Bundespolizeiakademie. Das Bundespolizeipräsidium mit Sitz in Potsdam ist als Oberbehörde für die Dienst- und Fachaufsicht sowie die polizeilich-strategische Steuerung der Bundespolizei zuständig. Dem Bundespolizeipräsidium als Oberbehörde unterstehen somit gem. § 57 Abs. 2 S. 1 BPolG die Bundespolizeidirektionen als Unterbehörden und die Bundespolizeiakademie. Die Bundespolizei untersteht gem. § 57 Abs. 2 S. 2 BPolG dem Bundesministerium des Innern; sie wird in bundeseigener Verwaltung ausgeführt. Im Sicherheitssystem der Bundesrepublik Deutschland nimmt sie umfangreiche und vielfältige polizeiliche Aufgaben wahr, die im Gesetz über die Bundespolizei, aber auch in zahlreichen anderen Rechtsvorschriften, wie z.B. im Aufenthaltsgesetz, im Asylverfahrensgesetz und im Luftsicherheitsgesetz, geregelt sind. Es wurde mit dem Inkrafttreten des Gesetzes zur Neuorganisation der Bundespolizei am 1. März 2008 geschaffen.[51]

2. Aufgaben

Der Bundespolizei obliegt, wie bereits beschrieben, die Aufgabe des Grenzschutzes, § 2 Abs. 1 und 2 BPolG. Des Weiteren gehört zu den Aufgaben gem. § 3 BPolG die Gefahrenabwehr auf dem Gebiet der Bahnanlagen und gem. § 4 BPolG i.V.m. dem Luftsicherheitsgesetz im Bereich des Luftverkehrs. Dabei ist § 4 a BPolG zu beachten, nach dem die Einsetzung zur Aufrechterhaltung oder Wiederherstellung der Sicherheit an Bord deutscher Luftfahrtzeuge möglich ist. Gem. § 5 Abs. 1 BPolG kann sie, unter bestimmten Voraussetzungen, zum Schutz von Bundesorganen gegen Gefahren eingesetzt werden. In § 6 BPolG ist der Einsatz bei Gefahren auf See geregelt. Art. 91 Abs. 2, 115 f Abs. 1 Nr. 1 GG iVm. § 7 BPolG legt den Einsatz auf Anordnung der Bundesregierung im Notstands- und Verteidigungsfall fest. Die Bundespolizei kann weiterhin gem. § 8

---

50 *Schenke,* Polizei- und Ordnungsrecht, § 9, Rn. 439.

51 Informationen zur Organisation der Bundespolizei, abrufbar unter: www.bundespolizei.de.

BPolG zur Mitwirkung an polizeilichen oder anderen nichtmilitärischen Aufgaben im Rahmen von internationalen Maßnahmen auf Ersuchen und unter Verantwortung der Vereinten Nationen, einer regionalen Abmachung oder Einrichtung gem. Kapitel VIII der Charta der Vereinten Nationen, der die Bundesrepublik Deutschland angehört, der Europäischen Union oder der Westeuropäischen Union, die 2011 aufgelöst wurde, im Ausland verwendet werden. Gem. § 9 BPolG unterstützt die Bundespolizei den Präsidenten des Deutschen Bundestages bei der Wahrnehmung des Hausrechts und der Polizeigewalt im Gebäude des Bundestages, das Auswärtige Amt bei der Wahrnehmung von Aufgaben zum Schutz deutscher Auslandsvertretungen, das Bundeskriminalamt bei der Wahrnehmung seiner Schutzaufgaben nach § 5 BKAG.

Die Bundespolizei kann weiterhin zur Unterstützung des Bundesamtes für Verfassungsschutz auf dem Gebiet der Funktechnik tätig werden.

Gem. § 11 BPolG kann die Bundespolizei zur Unterstützung eines Landes verwendet werden; gem. S. 1 zur Aufrechterhaltung oder Wiederherstellung der öffentlichen Sicherheit oder Ordnung in Fällen von besonderer Bedeutung nach Art. 35 Abs. 2 S. 1 GG, gem. Nr. 2 zur Hilfe bei einer Naturkatastrophe oder bei einem besonders schweren Unglücksfall nach Art. 35 Abs. 2 Satz 2 und Abs. 3 GG, gem. Nr. 3 zur Abwehr einer drohenden Gefahr für den Bestand oder die freiheitliche demokratische Grundordnung des Bundes oder eines Landes nach Art. 91 Abs. 1 GG, soweit das Land ohne diese Unterstützung eine Aufgabe nicht oder nur unter erheblichen Schwierigkeiten erfüllen kann.

Die Bundespolizei wird tätig bei der Verfolgung bestimmter, mit Präventionsaufgaben zusammenhängender Straftaten, § 12 BPolG oder gem. § 13 BPolG bei Ordnungswidrigkeiten.

3. *Befugnisse*

Die allgemeinen Befugnisse der Bundespolizei finden sich in §§ 14 ff. BPolG. Gem. § 14 Abs. 1 BPolG kann die Bundespolizei zur Erfüllung ihrer Aufgaben die notwendigen Maßnahmen treffen, um eine Gefahr abzuwehren, soweit es keine besonderen Regelungen gibt.

§§ 15 ff. BPolG enthalten allgemeine Regelungen, wie die Beachtung des Verhältnismäßigkeitsgrundsatzes, die fehlerhafte Ermessensausübung und die Störerauswahl.

Besondere Befugnisse ergeben sich aus §§ 21 ff. BPolG. In §§ 21 bis 28 BPolG finden sich Regelungen zur Datenverarbeitung und Datennutzung, §§ 29 bis 50 BPolG enthalten die Regelungen zu Standardmaßnahmen. Die Bundespolizei kann gem. §§ 21 ff. BPolG personenbezogene Daten und Telekommunikationsdaten erheben, auch bei öffentlichen Veranstaltungen.

Gem. §§ 29 ff. BPolG kann die Bundespolizei diese erhobenen Daten speichern, verändern und nutzen, mithilfe derer eine Ausschreibung zur Fahndung oder grenzpolizeiliche Beobachtung vornehmen und diese Daten in bestimmten Fällen auch an Mitgliedstaaten der EU übermitteln.

§ 38 ff. BPolG enthalten Regelungen zum Platzverweis, Gewahrsam und der Durchsuchung.

III. Die Landeskriminalämter (LKA)

Gem. § 1 Abs. 2 BKAG unterhalten die Länder für ihr Gebiet zentrale Dienststellen der Kriminalpolizei (Landeskriminalämter) zur Sicherung der Zusammenarbeit des Bundes und der Länder. Mehrere Länder können ein gemeinsames Landeskriminalamt unterhalten. Die Landeskriminalämter stellen somit „die zentralen Dienststellen für die Kriminalitätsbekämpfung eines Landes"[52] dar. Es handelt sich dabei um eine dem Innenministerium unmittelbar nachgeordnete Landesbehörde[53], die im Unterschied zu den Polizeipräsidien bzw. Polizeidirektionen keinen eigenen Verwaltungsunterbau hat. Die Landeskriminalämter können aber, trotz Fachaufsicht durch das Innenministerium, eine Weisungsbefugnis oder Auskunftsberechtigung gegenüber anderen Polizeibehörden haben. In Niedersachsen hat das Landeskriminalamt seinen Sitz in Hannover.[54]

Aufgaben der Landeskriminalämter sind vor allem die Unterstützung der Arbeit der bei den Polizeipräsidien angesiedelten Kriminalpolizeien bei umfangreichen Ermittlungen, aber auch die Wahrnehmung eigener Ermittlungen in bestimmten Fällen besonders schwerer und organisierter Kriminalität. Bei den umfassenden Ermittlungen werden die Polizeidienststellen durch Spezialeinsatzkräfte und -einheiten bei besonderen oder technischen Einsätzen unterstützt.[55]

Die Landeskriminalämter koordinieren überörtliche polizeiliche Fahndungsmaßnahmen und sind auch zuständig für die Zusammenarbeit mit ausländischen Polizei- und Justizbehörden. Als Zentralstelle der niedersächsischen

---

52 *Rachor* in: Lisken/Denninger, Handbuch des Polizeirechts, Abschnitt C Rn. 63.

53 In § 87 Abs. 1 Nr. 1 NSOG wird normiert, dass das Landeskriminalamt eine Polizeibehörde ist.

54 *Rachor* in: Lisken/Denninger, Handbuch des Polizeirechts, Abschnitt C Rn. 63.

55 *Rachor* in: Lisken/Denninger, Handbuch des Polizeirechts, Abschnitt C Rn. 63; Homepage des LKA Niedersachsen; abrufbar unter: http://www.lka.polizei-nds.de/wir_ueber_uns/landeskriminalamt-niedersachsen-8.html.

Polizei gewährleistet das Landeskriminalamt Niedersachsen den Informationsaustausch mit den anderen Bundesländern und dem Bundeskriminalamt.[56]

Daneben nehmen die Landeskriminalämter auch eine Vielzahl an vorsorgenden, vorbereitenden und unterstützenden Aufgaben wahr. Weiterhin werden die kriminalpolizeilichen personenbezogenen Sammlungen bei den Landeskriminalämtern geführt. Unter anderem gibt es dort weiterhin auch Einrichtungen zur Forschung über kriminologische und kriminalistische Fragestellungen.[57]

IV. Die Landespolizei

Gem. Art. 30 GG ist die Ausübung der staatlichen Befugnisse und die Erfüllung der staatlichen Aufgaben Sache der Länder, soweit das Grundgesetz keine andere Regelung trifft oder zulässt. Der Bund besitzt zahlreiche Kompetenzen gem. der Art. 71 ff. GG, jedoch keine allgemeine Kompetenz im Bereich der Gefahrenabwehr und Polizeiorganisation, weshalb dies Sache der Länder ist.[58] Die nähere Betrachtung soll sich hier auf die Aufgaben und Befugnisse beschränken und am Beispiel des Niedersächsischen Sicherheits- und Ordnungsgesetzes (NSOG) durchgeführt werden.

Gem. § 87 NSOG sind Polizeibehörden das Landeskriminalamt, die Polizeibehörde für zentrale Aufgaben (Zentrale Polizeidirektion) und die Polizeidirektionen. Gem. § 94 NSOG übt das Innenministerium die Fach- und Dienstaufsicht über alle Polizeibehörden aus. Die Fachaufsicht erstreckt sich auf die rechtmäßige und zweckmäßige Wahrnehmung der Aufgaben der Polizei, die Dienstaufsicht auf die innere Ordnung, allgemeine Geschäftsführung und Personalangelegenheiten.[59]

Das Innenministerium wird in § 87 NSOG nicht genannt, gehört aber als oberste Landesbehörde auf dem Gebiet der inneren Verwaltung zur Organisation der Polizei. Man spricht von einem zweistufigen Behördenaufbau.[60]

---

56 *Rachor* in: Lisken/Denninger, Handbuch des Polizeirechts, Abschnitt C Rn. 63; Homepage des LKA Niedersachsen; abrufbar unter: http://www.lka.polizei-nds.de/wir_ueber_uns/landeskriminalamt-niedersachsen-8.html.

57 *Rachor* in: Lisken/Denninger, Handbuch des Polizeirechts, Abschnitt C Rn. 63.

58 Vgl. *Streiß,* Das Trennungsgebot zwischen Polizei und Nachrichtendiensten, S. 31.

59 *Ipsen,* Niedersächsiches Polizei- und Ordnungsrecht, § 18, Rn. 708 f.

60 *Ipsen,* Niedersächsiches Polizei- und Ordnungsrecht, § 18, Rn. 702.

1. Aufgaben

Die Aufgabe der Gefahrenabwehr findet ihre Grundlage im Polizei- und Ordnungsrecht. Gem. § 1 Abs. 1 S. 1 NSOG haben die Verwaltungsbehörden und die Polizei gemeinsam die Aufgabe der Gefahrenabwehr. Sie treffen hierbei gem. § 1 Abs. 1 S. 2 NSOG auch Vorbereitungen, um künftige Gefahren abwehren zu können. Gem. Satz 3 hat die Polizei im Rahmen ihrer Aufgabe nach Satz 1 insbesondere auch Straftaten zu verhüten. Gem. § 1 Abs. 1 S. 3 1. Alt. NSOG a.F. wurde den Verwaltungsbehörden und der Polizei die Aufgabe zugewiesen, „für die Verfolgung von Straftaten vorzusorgen". Das Bundesverfassungsgericht entschied, dass diese Aufgabe der konkurrierenden Gesetzgebung des Bundes für das gerichtliche Verfahren unterfällt (Art. 74 Abs. 1 Nr. 1 GG) und der Bund im Rahmen der Regelungen zur Telekommunikationsüberwachung davon auch Gebrauch gemacht hat, weshalb der niedersächsische Gesetzgeber ebenfalls entschied, aufgrund zahlreicher Regelungen, wie beispielsweise in der StPO, die landesgesetzlichen Regelungen nicht mehr aufrecht zu erhalten.[61]

Gem. § 1 Abs. 2 S. 1 NSOG wird die Polizei in den Fällen des Absatzes 1 Satz 1 tätig, soweit die Gefahrenabwehr durch die Verwaltungsbehörden nicht oder nicht rechtzeitig möglich erscheint.

Die Polizei wird jedoch nicht nur zur Gefahrenabwehr tätig, sondern auch repressiv, also zur Strafverfolgung. Die Erfüllung der Aufgabe der Strafverfolgung unterliegt gem. Art. 74 Abs. 1 Nr. 1 GG der konkurrierenden Gesetzgebung. Rechtsgrundlagen sind unter anderem in der StPO und dem OWiG enthalten. Über die Verweisungsnorm in § 1 Abs. 5 NSOG wird die Landespolizei auch strafverfolgend tätig. Die Aufgabenzuweisung für die repressive Tätigkeit enthält § 163 Abs. 1 S. 1 StPO. Die Behörden und Beamten des Polizeidienstes haben danach Straftaten zu erforschen und alle keinen Aufschub gestattenden Anordnungen zu treffen, um die Verdunkelung der Sache zu verhüten.

2. Befugnisse

a. Allgemeine Befugnisse

Gem. § 11 NSOG können die Verwaltungsbehörden und die Polizei die notwendigen Maßnahmen treffen, um eine Gefahr abzuwehren, soweit nicht die Vorschriften über die Befugnisse der Verwaltungsbehörden und der Polizei Besonderes regeln. Diese Generalklausel trägt dem Umstand Rechnung, dass

61 *Ipsen,* Niedersächsiches Polizei- und Ordnungsrecht, § 10, Rn. 325.

nicht alle Gefahren für die öffentliche Sicherheit und Ordnung vorhersehbar sind.[62]

b. *Besondere Befugnisse*

Die besonderen Befugnisse der Polizei und der Verwaltungsbehörden sind in den §§ 12 bis 26 NSOG geregelt. Es handelt sich hierbei um Standardbefugnisse oder auch Standardmaßnahmen, wie zum Beispiel der Platzverweis, die Ingewahrsamnahme, die Durchsuchung etc.[63]

Weiterhin sind in §§ 30 ff. NSOG besondere Befugnisse zur Datenerhebung und Datenverarbeitung geregelt. Es finden sich beispielsweise in § 33 a NSOG die Datenerhebung durch Überwachung der Telekommunikation, in § 34 NSOG die Datenerhebung durch längerfristige Observation, in § 35 und § 35 a NSOG die Datenerhebung durch den verdeckten Einsatz technischer Mittel in und außerhalb von Wohnungen und in § 36 und § 36 a NSOG die Datenerhebung durch Verwendung von Vertrauenspersonen und durch den Einsatz verdeckter Ermittler. Die Maßnahmen sind an strenge Voraussetzungen geknüpft. Weiterhin wird bei Betrachtung der Zwecke am Beispiel des § 34 NSOG deutlich, dass die Polizei hier Aufgaben im Vorfeld wahrnimmt. Gem. § 34 Abs. 1 Nrn. 1 bis 3 NSOG ist eine planmäßig angelegte verdeckte Personenbeobachtung, die innerhalb einer Woche insgesamt länger als 24 Stunden oder über den Zeitraum von einer Woche hinaus durchgeführt werden soll oder die über diese Zeiträume hinaus tatsächlich weitergeführt wird (längerfristige Observation), nur zulässig bezüglich der in den §§ 6 und 7 NSOG genannten Personen zum Zwecke der Abwehr einer gegenwärtigen Gefahr für Leib, Leben oder Freiheit einer Person. Dies ist dann zulässig, wenn die Aufklärung des Sachverhalts auf andere Weise nicht möglich erscheint und unter den weiteren Voraussetzungen des § 8 NSOG bezüglich der dort genannten Personen, wenn dies für die Aufklärung des Sachverhalts unerlässlich ist, zur Beobachtung von Personen, bei denen Tatsachen die Annahme rechtfertigen, dass sie Straftaten von erheblicher Bedeutung begehen werden, und wenn die Verhütung dieser Straftaten auf andere Weise nicht möglich erscheint sowie zur Beobachtung von Kontakt- oder Begleitpersonen der in Nr. 2 genannten Personen, wenn dies zur Verhütung einer Straftat nach Nr. 2 unerlässlich ist.

In §§ 64 ff. NSOG finden sich die Zwangsmaßnahmen.

Die Befugnisse zur Strafverfolgung finden sich in der StPO.

---

62 Vgl. *Ipsen*, Niedersächsiches Polizei- und Ordnungsrecht, § 11, Rn. 334.

63 *Schenke*, Polizei- und Ordnungsrecht, § 3, Rn. 114.

B. Die Nachrichtendienste

Oft werden die Begriffe „Nachrichtendienste" und „Geheimdienste" synonym verwendet. Jedoch muss an dieser Stelle unterschieden werden. Geheimdienste sind staatliche Organisationen, die bedeutsame Nachrichten beschaffen, die politische, militärische, wirtschaftliche und wissenschaftliche Inhalte betreffen, und diese auswerten, weitergeben und unter Geheimhaltung zur Beeinflussung oder Störung politischer Gegner Handlungen vornehmen. Der Begriff „Nachrichtendienste" muss hingegen enger verstanden werden, da die Aufgabe der Nachrichtendienste lediglich in der Beschaffung und Auswertung von Informationen liegt.[64] In Deutschland muss demnach von Nachrichtendiensten gesprochen werden. Im Folgenden wird nun auf die einzelnen Behörden eingegangen. Dabei wird der Verfassungsschutz des Bundes, die Landesämter für Verfassungsschutz, der Bundesnachrichtendienst und der Militärische Abschirmdienst betrachtet.

I. Der Verfassungsschutz des Bundes (BfV)

Der Verfassungsschutz des Bundes findet seine verfassungsrechtlichen Verankerungen in Art. 73 Abs. 1 GG und Art. 87 Abs. 1 GG, auf deren Grundlage auch das BVerfSchG geschaffen wurde, welches seit Dezember 1990 in der heutigen Fassung in Kraft ist.[65]

Gem. Art. 73 Abs. 1 Nr. 10 b GG liegt die ausschließliche Gesetzgebungskompetenz über die Zusammenarbeit des Bundes und der Länder zum Schutze der freiheitlichen demokratischen Grundordnung, des Bestandes und der Sicherheit des Bundes oder eines Landes (Verfassungsschutz) beim Bund. Gem. Art 87 Abs. 1 S. 2 GG können durch Bundesgesetz Bundesgrenzschutzbehörden, Zentralstellen für das polizeiliche Auskunfts- und Nachrichtenwesen, für die Kriminalpolizei und zur Sammlung von Unterlagen für Zwecke des Verfassungsschutzes und des Schutzes gegen Bestrebungen im Bundesgebiet, die durch Anwendung von Gewalt oder darauf gerichtete Vorbereitungshandlungen auswärtige Belange der Bundesrepublik Deutschland gefährden, eingerichtet werden.

Das BVerfSchG erfuhr mehrere Änderungen, zunächst durch das Gesetz zur Verbesserung der Zusammenarbeit im Bereich des Verfassungsschutzes im

---

64 *Roewer*, Nachrichtendienst der Bundesrepublik Deutschland: Kommentar und Vorschriftensammlung für die Praxis der Verfassungsschutzbehörden, des Bundesnachrichtendienstes und des Militärischen Abschirmdienstes, § 3, Rn. 4.

65 BGBl. I 1990, S. 2954.

Jahr 2015[66], weiterhin dann durch das Gesetz zum besseren Informationsaustausch bei der Bekämpfung des internationalen Terrorismus (InfoAustG) vom 26.07.2016[67].

1. Organisation

Gem. § 2 Abs. 1 S. 1 BVerfSchG unterhält der Bund für die Zusammenarbeit des Bundes mit den Ländern ein Bundesamt für Verfassungsschutz (BfV) als Bundesoberbehörde. Das Amt unterfällt im Rahmen des Ressortprinzips und der Ressortabgrenzung gem. Art. 65 S. 2 GG in den Zuständigkeitsbereich des Bundesministerium des Innern, vgl. § 2 Abs. 1 S. 2 BVerfSchG, bei dem die Fach- und Dienstaufsicht liegt.[68] Gem. § 2 Abs. 1 S. 3 BVerfSchG darf das Bundesamt für Verfassungsschutz einer polizeilichen Dienststelle nicht angegliedert werden. Mit dieser Festlegung findet sich eine einfachgesetzliche Erwähnung eines Aspekts des Trennungsgebots, welches weiterhin Inhalt dieser Arbeit sein wird.

Die Leitung des Bundesamts für Verfassungsschutz wird vom Präsidenten übernommen, dessen Stellvertreter der Vizepräsident ist. Des Weiteren untergliedert sich das Bundesamt in mehrere Abteilungen: Die Abteilung Z für Zentrale Dienste, die Abteilung IT für Informations- und Sondertechnik und die Abteilungen 1 bis 6, nämlich Abteilungen für Rechtsextremismus/-terrorismus, Zentrale Fachunterstützung, Spionageabwehr, Geheim-, Sabotage- u. Wirtschaftsschutz, Ausländer- und Linksextremismus, und die, infolge von den Terroranschlägen vom 11. September 2001 eingerichtete Abteilung für Islamismus und islamistischen Terrorismus.[69] Seinen Sitz hat das Bundesamt für Verfassungsschutz in Köln und Berlin.[70]

66 BGBl. I 2015, S. 1938 ff.

67 BGBl. I 2016, S. 1818.

68 *Roewer,* Nachrichtendienst der Bundesrepublik Deutschland: Kommentar und Vorschriftensammlung für die Praxis der Verfassungsschutzbehörden, des Bundesnachrichtendienstes und des Militärischen Abschirmdienstes, § 2, Rn. 10 ff.; *Gröpl,* Die Nachrichtendienste im Regelwerk der deutschen Sicherheitsverwaltung, S. 84.

69 Hompage des Bundesamt für Verfassungsschutz, abrufbar unter http://www.verfassungsschutz.de/de/das-bfv/aufgaben/die-organisation-des-amtes-ist-kein-geheimnis.

70 Hompage des Bundesamt für Verfassungsschutz.

2. *Aufgaben des Verfassungsschutzes: politische Information oder auch Gefahrenerforschung?*

Gem. § 3 Abs. 1 Nr. 1 bis 4 BVerfSchG ist die Sammlung und Auswertung von Informationen, insbesondere von sach- und personenbezogenen Auskünften, Nachrichten und Unterlagen über Bestrebungen, die gegen die freiheitliche demokratische Grundordnung, den Bestand oder die Sicherheit des Bundes oder eines Landes gerichtet sind oder eine ungesetzliche Beeinträchtigung der Amtsführung der Verfassungsorgane des Bundes oder eines Landes oder ihrer Mitglieder zum Ziele haben (Nr. 1), Aufgabe der Verfassungsschutzbehörden des Bundes und der Länder. Weiterhin von den Aufgaben erfasst, sind die Sammlung und Auswertung von Informationen, insbesondere von sach- und personenbezogenen Auskünften, Nachrichten und Unterlagen, über sicherheitsgefährdende oder geheimdienstliche Tätigkeiten im Geltungsbereich dieses Gesetzes für eine fremde Macht (Nr. 2) und über Bestrebungen im Geltungsbereich dieses Gesetzes, die durch Anwendung von Gewalt oder darauf gerichtete Vorbereitungshandlungen auswärtige Belange der Bundesrepublik Deutschland gefährden (Nr. 3) und über Bestrebungen im Geltungsbereich dieses Gesetzes, die gegen den Gedanken der Völkerverständigung (Art. 9 Abs. 2 GG), insbesondere gegen das friedliche Zusammenleben der Völker gerichtet sind. Weiterhin wirken die Behörden gem. § 3 Abs. 2 S. 3 BVerfSchG bei technischen Sicherheitsmaßnahmen zum Schutz von im öffentlichen Interesse geheimhaltungsbedürftigen Tatsachen, Gegenständen oder Erkenntnissen gegen die Kenntnisnahme durch Unbefugte mit.

§ 3 Abs. 2 S. 4 BVerfSchG regelt die Mitwirkung bei der Überprüfung von Personen in sonstigen gesetzlich bestimmten Fällen.

Das staatliche Sammeln und Auswerten personenbezogener Daten kann jedoch kein Selbstzweck sein, da erst die Zweckbestimmung die Überprüfung der Verfassungsmäßigkeit der Erhebung und Speicherung ermöglicht.[71]

Insoweit bedarf es der Bestimmung des weiterführenden Zwecks der Sammlung und Auswertung der Daten durch die Nachrichtendienste und dann weiterführend auch der Verwendung der Daten nach Auswertung, da das eigenständige Einsetzen von Zwangsmitteln aufgrund der Trennung von Polizei und Nachrichtendiensten nicht zulässig ist, vgl. § 8 Abs. 3 BVerfSchG.[72]

Gem. § 1 Abs. 1 BVerfSchG dient der Verfassungsschutz dem Schutz der freiheitlichen demokratischen Grundordnung, des Bestandes und der Sicherheit

---

71 BVerfGE 65, 1, 45 f.

72 Vgl. *Poscher/Rusteberg,* Die Aufgabe des Verfassungsschutzes, KJ 2014, S. 57, 58.

des Bundes und der Länder. Die Aufgabe des Verfassungsschutzes könnte insoweit als Sammlung von Informationen zur Abwehr von Gefahren und zur Strafverfolgung definiert werden. Weiterhin besteht die Möglichkeit, die Aufgabe als reine Informationsvorsorge oder zur politischen Information der Bundesregierung zu verstehen, wie auch vom Bundesverfassungsgericht in seinem Urteil zur ATD angenommen.[73]

Würde man die Aufgabe des Verfassungsschutzes in der Information der Strafverfolgungsbehörden zur Gefahrabwehr und Strafverfolgung sehen, widerspräche das der Trennung der Befugnisse und somit auch § 8 Abs. 3 BVerfSchG und § 2 Abs. 3 BVerfSchG. Denn wäre einziger Zweck der Sammlung von Informationen, die Weitergabe an die Polizeibehörden, würden diese Regelungen und eine dadurch bezweckte Schutzwirkung dieser Normen zugunsten der Bürger leerlaufen. Weiterhin stünde die Existenz des Verfassungsschutzes in Frage.[74]

Die Annahme, dass die Aufgabe in der politischen Information der Bundesregierung bestünde, begründet sich in mehrfacher Weise. Zum einen enthalte § 16 Abs. 1 BVerfSchG die Pflicht zur Unterrichtung des BMI. Zum anderen spreche hierfür auch, dass die Informationen, die gesammelt und ausgewertet werden, gem. §§ 1 Abs. 1, 3 Abs. 1 und 4 Abs. 1 BVerfSchG politisch bestimmte und auf diesen Zweck gerichtete Verhaltensweise betreffe.[75] Daraus schlussfolgernd wird zum Teil die Aufgabe des Verfassungsschutzes in der politischen Information der Bundesregierung gesehen.[76]

Jedoch wird die Beschränkung der Herleitung auf die Normen des BVerfSchG als nicht sachgerecht anerkannt.[77] Dafür spricht auch die Tatsache, dass gerade die Einbeziehung des Verfassungsschutzes in die Bekämpfung des Terrorismus nicht ausschließlich zu Zwecken des Informierens der Bundesregierung angenommen werden kann. Gerade in der Terrorismusbekämpfung muss auch von einer Aufgabe der Gefahrerforschung zur Gefahrenabwehr ausgegangen werden. Dies zeigen auch weitere Normen bzgl. der Befugnisse außerhalb des BVerfSchG, wie § 1 Abs. 1 Nr. 1, § 3 Abs. 1 G 10.

---

73 Vgl. BVerfGE 133, 277, 325 ff, Rn. 116 ff.

74 Vgl. *Poscher/Rusteberg*, Die Aufgabe des Verfassungsschutzes, KJ 2014, S. 57, 60.

75 Vgl. *Poscher/Rusteberg*, Die Aufgabe des Verfassungsschutzes, KJ 2014, S. 57, 63 f.

76 Vgl. *Poscher/Rusteberg*, Die Aufgabe des Verfassungsschutzes, KJ 2014, S. 57, 64 f.; BVerfGE 100, 313, 390; so auch BVerfGE 133, 277, 325 ff, Rn. 116 ff.

77 Vgl. Darstellung bei *Denninger*, Verfassungsschutz, Polizei und die Bekämpfung der Organisierten Kriminalität, KritV 77 (1994), S. 232 ff.; Darstellung gegenteiliger Auffassungen auch bei *Poscher/Rusteberg*, Die Aufgabe des Verfassungsschutzes, KJ 2014, S. 57, 64 f

Betrachtet man beispielsweise § 1 Abs. 1 Nr. 1 G 10 wird deutlich, dass die Nachrichtendienste zur Abwehr von drohenden Gefahren für die freiheitlich demokratische Grundordnung berechtigt sind, die Telekommunikation zu überwachen und aufzuzeichnen und Sendungen zu öffnen, die Art. 10 GG unterliegen. Weiterhin kann § 3 Abs. 1 G 10 und § 4 Abs. 4 G 10 angeführt werden. Auch hier ist erkennbar, dass die Beschränkungen nach § 1 Abs. 1 Nr. 1 G 10 unter den genannten Voraussetzungen angeordnet werden dürfen, wenn tatsächliche Anhaltspunkte für den Verdacht der Begehung von Straftaten, die in den Nrn. 1 bis 8 genannt sind, bestehen. Dies lässt den Schluss zu, dass den Nachrichtendiensten die Aufgabe und Befugnis zukommt, zu erforschen, ob tatsächliche Anhaltspunkte für den Verdacht der Begehung von Straftaten bestehen. Daraus kann abgeleitet werden, dass auch die Gefahrerforschung zu den Aufgaben der Nachrichtendienste gehört. Weiterhin spricht § 20 Abs. 1 BVerfSchG dafür, dass die Aufgabe der Nachrichtendienste in der Gefahrerforschung liegt, da das BfV von sich aus den Strafverfolgungsbehörden Informationen einschließlich personenbezogener Daten übermittelt, wenn tatsächliche Anhaltspunkte dafür bestehen, dass die Übermittlung zur Verhinderung oder Verfolgung von Staatsschutzdelikten erforderlich ist.

Die Aufgabe des Verfassungsschutzes liegt damit nicht nur in der politischen Information der Bundesregierung. Dies ergibt sich aus der Betrachtung weiterer Befugnisnormen.

§ 3 Abs. 2 BVerfSchG normiert, dass die Verfassungsschutzbehörden des Bundes und der Länder bei Sicherheitsüberprüfungen von Personen und Sicherheitsmaßnahmen mitwirken. Dies sind zum einen Sicherheitsüberprüfungen von Personen gem. § 3 Abs. 2 Nrn. 1 und 2 BVerfSchG, denen im öffentlichen Interesse geheimhaltungsbedürftige Tatsachen, Gegenstände oder Erkenntnisse anvertraut werden, die Zugang dazu erhalten sollen oder ihn sich verschaffen können oder, die an sicherheitsempfindlichen Stellen von lebens- oder verteidigungswichtigen Einrichtungen beschäftigt sind oder werden sollen. Die Annahme, die Aufgabe des Verfassungsschutzes liege in der allgemeinen Informationsvorsorge, ist aus verschiedenen Gründen problematisch. Vor allem würde dieses Aufgabenverständnis nicht in Einklang mit dem Verbot der staatlichen Sammlung personenbezogener Daten zu unbestimmten Zwecken stehen.[78]

78 BVerfGE 65, 1, 46 f.

3. *Befugnisse*

Befugnisse des Bundesamts für Verfassungsschutz finden sich zunächst in §§ 8 ff. BVerfSchG. § 8 Abs. 1 BVerfSchG regelt, dass das Bundesamt für Verfassungsschutz die zur Erfüllung seiner Aufgaben erforderlichen Informationen einschließlich personenbezogener Daten grundsätzlich – wenn keine Regelungen entgegenstehen – erheben, verarbeiten und nutzen darf.

§ 8 Abs. 1 BVerfSchG normiert sogleich die Anforderungen an diese Maßnahmen. Ein Ersuchen des Bundesamtes für Verfassungsschutz zur Übermittlung personenbezogener Daten darf danach nur diejenigen personenbezogenen Daten enthalten, die für die Erteilung der Auskunft unerlässlich sind. Schutzwürdige Interessen des Betroffenen dürfen nur in unvermeidbarem Umfang beeinträchtigt werden.

Gem. § 8 Abs. 2 BVerfGG darf das Bundesamt für Verfassungsschutz bei Nennung in einer Dienstvorschrift, welche einer Zustimmung durch das Bundesministerium des Innern bedarf, das das Parlamentarische Kontrollgremium unterrichtet, Methoden, Gegenstände und Instrumente zur heimlichen Informationsbeschaffung, wie den Einsatz von Vertrauensleuten und Gewährspersonen, Observationen, Bild- und Tonaufzeichnungen, Tarnpapiere und Tarnkennzeichen anwenden.

Dem Bundesamt für Verfassungsschutz stehen gem. § 8 Abs. 3 BVerfSchG polizeiliche Befugnisse oder Weisungsbefugnisse nicht zu; die Polizei darf auch nicht im Wege der Amtshilfe um Maßnahmen ersuchen, zu denen es selbst nicht befugt ist. Es findet sich damit eine weitere einfachgesetzliche Festlegung eines Aspekts der Trennung von Polizei und Nachrichtendiensten.

Bei Erhebung bei einem Betroffenen mit dessen Kenntnis ist gem. § 8 Abs. 4 BVerfSchG ein Erhebungszweck anzugeben, weiterhin ist der Betroffene auf die Freiwilligkeit der Angaben hinzuweisen. Gem. § 8 Abs. 5 BVerfSchG müssen die Maßnahmen stets verhältnismäßig sein.

Im Zusammenhang mit den Befugnissen ist weiterhin auf § 8 a BVerfSchG einzugehen.

Danach darf das Bundesamt für Verfassungsschutz gem. § 8 a Abs. 1 BVerfSchG im Einzelfall bei denjenigen, die geschäftsmäßig Teledienste erbringen oder daran mitwirken, Auskunft über Daten einholen, die für die Begründung, inhaltliche Ausgestaltung, Änderung oder Beendigung eines Vertragsverhältnisses über Teledienste (Bestandsdaten) gespeichert worden sind, soweit dies zur Sammlung und Auswertung von Informationen erforderlich ist und tatsächliche Anhaltspunkte für schwerwiegende Gefahren für die in § 3 Abs. 1 BVerfSchG genannten Schutzgüter vorliegen. Dazu darf sich das Bundesamt für Verfassungsschutz gem. § 8 a Abs. 2 BVerfSchG im Einzelfall Auskunft einholen. Diese Unternehmen und Quellen, derer sich das Bundesamt für Auskünfte bedienen kann, sind in § 8 a Abs. 2 S. 1 Nrn. 1 bis 5 BVerfSchG aufgeführt. Unter anderem werden dort Luftfahrtunternehmen, Betreiber von Computerreservierungssystemen und Globalen Distributionssystemen für Flüge, Kreditinstitute, Finanzdienstleistungsinstitute und Finanzunternehmen, Telekommunikationsdienstleister genannt. Auskünfte können eingeholt werden, soweit dies zur Sammlung und Auswertung von Informationen erforderlich ist, und Tatsachen die Annahme rechtfertigen, dass schwerwiegende Gefahren für die in § 3 Abs. 1 BVerfSchG genannten Schutzgüter vorliegen. Im Falle des § 3 Abs. 1 Nr. 1 BVerfSchG, also bei Bestrebungen gegen die freiheitliche demokratische Grundordnung oder den Bestand der Sicherheit des Bundes oder eines Landes oder eine Beeinträchtigung der Amtsführung eines obersten Bundesorgans bei der Amtsführung, gilt dies nur für Bestrebungen, die bezwecken oder auf Grund ihrer Wirkungsweise geeignet sind, zu Hass oder Willkürmaßnahmen gegen Teile der Bevölkerung aufzustacheln oder deren Menschenwürde durch Beschimpfen, böswilliges Verächtlichmachen oder Verleumden anzugreifen und dadurch die Bereitschaft zur Anwendung von Gewalt zu fördern und den öffentlichen Frieden zu stören oder Gewalt anzuwenden oder vorzubereiten, einschließlich des Befürwortens, Hervorrufens oder Unterstützens von Gewaltanwendung, auch durch Unterstützen von Vereinigungen, die Anschläge gegen Personen oder Sachen veranlassen, befürworten oder androhen.

§ 8 a Abs. 2 a BVerfSchG enthält weiterhin die Möglichkeit in bestimmten Fällen das Bundeszentralamt für Steuern zu ersuchen.

Weiterhin wird in § 8 a Abs. 3 BVerfSchG bezüglich der Absätze 2 und 2 a eine Einschränkung vorgenommen; es müssen ein bestimmter Verdacht oder tatsächliche Anhaltspunkte vorliegen, um die Anordnungen nach Absatz 2 und 2 a gegen Personen zu richten.

§ 8 b BVerfSchG enthält Verfahrensregelungen zu den besonderen Auskunftsverlagen in § 8 a BVerfSchG.

Gem. § 8 d Abs. 1 S. 1 BVerfSchG darf das Bundesamt für Verfassungsschutz, soweit dies zur Erfüllung seiner Aufgaben erforderlich ist, von demjenigen, der geschäftsmäßig Telekommunikationsdienste erbringt oder daran mitwirkt, Auskunft über die nach den §§ 95 und 111 TKG erhobenen Daten verlangen.

Des Weiteren enthält § 9 BVerfSchG Regelungen zu besonderen Formen der Datenerhebung. Das Bundesamt für Verfassungsschutz darf gem. § 9 Abs. 1 S. 1 BVerfSchG Informationen, insbesondere personenbezogene Daten, mit den Mitteln gemäß § 8 Abs. 2 BVerfSchG erheben, wenn Tatsachen die Annahme rechtfertigen, dass auf diese Weise Erkenntnisse über Bestrebungen oder Tätigkeiten nach § 3 Abs. 1 oder die zur Erforschung solcher Erkenntnisse erforderlichen Quellen gewonnen werden können oder dies zum Schutz der Mitarbeiter, Einrichtungen, Gegenstände und Quellen des Bundesamtes für Verfassungsschutz gegen sicherheitsgefährdende oder geheimdienstliche Tätigkeiten erforderlich ist.

§ 9 Abs. 1 S. 2 BVerfSchG stellt sodann auch Anforderungen an die Datenerhebung, wobei vor allem der Grundsatz der Verhältnismäßigkeit Berücksichtigung zu finden hat. Eine geringere Beeinträchtigung ist danach in der Regel dann anzunehmen, wenn die Information aus allgemein zugänglichen Quellen oder durch eine Auskunft nach § 18 Abs. 3 BVerfSchG gewonnen werden kann. Weiterhin ist die Maßnahme gem. S. 4 unverzüglich zu beenden, wenn ihr Zweck erreicht ist oder sich Anhaltspunkte dafür ergeben, dass er nicht oder nicht auf diese Weise erreicht werden kann.

§ 9 Abs. 2 und 3 BVerfSchG enthalten weiterhin Voraussetzungen, welche an Maßnahmen zu stellen sind, die einen Grundrechtseingriff in Art. 10 GG darstellen oder einem Eingriff in Art. 10 GG gleichkommen. Nach Abs. 3 ist eine Erhebung nach Abs. 1 und 2, die einer Beschränkung des Art 10 GG nach Art und Schwere gleichkommen dem Betroffenen nach Beendigung des Eingriffs mitzuteilen. Es ist das Parlamentarische Kontrollgremium zu unterrichten.

Gem. § 9 Abs. 4 BVerfSchG kann ein technisches Mittel zur Ermittlung des Standortes eines aktiv geschalteten Mobilfunkendgerätes oder zur Ermittlung der Geräte- oder Kartennummer eingesetzt werden.

Weiterhin regeln §§ 10 bis 16 BVerfSchG die Speicherung, Veränderung und Nutzung personenbezogener Daten und Besonderheiten bei Erhebung von Daten von Minderjährigen sowie die Möglichkeiten und Pflichten der Berichtigung, Löschung und Sperrung personenbezogener Daten in Dateien. Aber auch die Auskunftsrechte an Betroffene sowie die Berichtspflicht des Bundesamts für Verfassungsschutz werden geregelt.

Da das Bundesamt für Verfassungsschutz nicht über polizeiliche Maßnahmen verfügen darf, sind Übermittlungsvorschriften im Rahmen des BVerfSchG von großer Bedeutung.[79]

§ 17 BVerfSchG regelt zunächst die Zulässigkeit von Ersuchen. Grundsätzlich dürfen gem. § 17 Abs. 1 BVerfSchG nur die Daten übermittelt werden, die bei der ersuchten Behörde bekannt sind oder aus allgemein zugänglichen Quellen entnommen werden können. § 17 Abs. 2 BVerfSchG regelt die besonderen Ersuchen der Verfassungsschutzbehörden, des Militärischen Abschirmdienstes und

79 *Streiß*, Das Trennungsgebot zwischen Polizei und Nachrichtendiensten, S. 56.

des Bundesnachrichtendienstes. § 18 BVerfSchG enthält Regelungen zur Übermittlung von Informationen an die Verfassungsschutzbehörden.

Gemäß des novellierten § 19 Abs. 1 BVerfSchG[80] darf das Bundesamt für Verfassungsschutz personenbezogene Daten, die mit den Mitteln nach § 8 Abs. 2 erhoben worden sind, an die dort genannten Behörden übermitteln, soweit dies gem. Nr. 1 erforderlich ist zur Erfüllung eigener Aufgaben der Informationsgewinnung (§ 8 Abs. 1 Satz 2 und 3), zur Abwehr einer im Einzelfall bestehenden Gefahr für den Bestand oder die Sicherheit des Bundes oder eines Landes oder für Leib, Leben, Gesundheit oder Freiheit einer Person oder für Sachen von erheblichem Wert, deren Erhaltung im öffentlichen Interesse geboten ist (Nr. 2), zur Verhinderung oder sonstigen Verhütung von Straftaten von erheblicher Bedeutung (Nr. 3) oder zur Verfolgung von Straftaten von erheblicher Bedeutung (Nr. 4).

Die §§ 20 ff. BVerfSchG enthalten Regelungen zur Übermittlung von Informationen an verschiedene Stellen. Die Betrachtung der Übermittlungsvorschriften auch in Zusammenhang mit der Antiterrordatei (ATD) erfolgt im weiteren Verlauf der Bearbeitung.[81]

Gem. § 22 a BVerfSchG kann das Bundesamt für die Dauer einer befristeten projektbezogenen Zusammenarbeit (gem. § 22 a Abs. 4 BVerfSchG nunmehr für zwei Jahre, wobei die Frist um zwei Jahre und danach um ein weiteres Jahr verlängert werden kann) mit den Landesbehörden für Verfassungsschutz, dem Militärischen Abschirmdienst und dem Bundesnachrichtendienst, den Polizeibehörden des Bundes und der Länder und dem Zollkriminalamt eine gemeinsame Datei errichten.[82]

Außerhalb vom BVerfSchG finden sich weitere Befugnisnormen. Wie bereits erörtert, vor allem in § 1 Abs. 1 G 10 und § 3 Abs. 1 G 10.[83] Danach ist u.a. das BfV dazu berechtigt, zur Abwehr von drohenden Gefahren für die freiheitliche demokratische Grundordnung oder den Bestand oder die Sicherheit des Bundes oder eines Landes einschließlich der Sicherheit der in der Bundesrepublik Deutschland stationierten Truppen der nichtdeutschen Vertragsstaaten des Nordatlantikvertrages oder bei Verdacht, dass eine der in § 3 Abs. 1 G10 genannten Straften begangen wird, die Telekommunikation zu überwachen und

80 BGBl. I 2015, S. 1938 ff.

81 Vgl. dazu weiterhin Kapitel 4 B.IV.2.

82 Vgl. dazu weiterhin Kapitel 4 B.IV.4.a.

83 Vgl. B.I.2.

aufzuzeichnen und auch die dem Brief- oder Postgeheimnis unterliegenden Sendungen zu öffnen und einzusehen.

Weiterhin wurden §§ 22 b und c BVerfSchG eingefügt. Durch § 22 b BVerfSchG wird die Errichtung gemeinsamer Dateien mit ausländischen Nachrichtendiensten ermöglicht. Gem. § 22 b Abs. 1 BVerfSchG kann das Bundesamt für Verfassungsschutz für die Zusammenarbeit mit ausländischen öffentlichen Stellen, die mit nachrichtendienstlichen Aufgaben betraut sind, zur Erforschung von Bestrebungen oder Tätigkeiten, die sich auf bestimmte Ereignisse oder Personenkreise beziehen, gemeinsame Dateien einrichten, wenn die Erforschung von erheblichem Sicherheitsinteresse für die Bundesrepublik Deutschland und den jeweils teilnehmenden Staat ist, in den teilnehmenden Staaten die Einhaltung grundlegender rechtsstaatlicher Prinzipien gewährleistet ist, die Festlegungen und Zusagen nach § 22 b Abs. 5 S. 1 verlässlich sind und das Bundesministerium des Innern zugestimmt hat. Gem. Abs. 2 besteht die Möglichkeit auch für andere Staaten, wenn besondere Sicherheitsinteressen dies erfordern. In Abs. 3 und 4 ist der Zweck der Datei festgelegt.

§ 22 c BVerfSchG regelt die Möglichkeit der Teilnahme des Bundesamtes für Verfassungsschutz an gemeinsamen Dateien, die von ausländischen Nachrichtendiensten errichtet worden sind.

II. Der Verfassungsschutz der Länder

Der Verfassungsschutz ist föderal strukturiert. Das Bundesamt für Verfassungsschutz in Köln nimmt die Verfassungsschutzaufgabe auf Bundesebene wahr und fungiert als Zentralstelle. Neben dem Bundesamt für Verfassungsschutz bestehen auf Landesebene gem. § 2 Abs. 2 BVerfSchG jeweils eigene Landesverfassungsschutzbehörden, zur Bearbeitung von Angelegenheiten des Verfassungsschutzes. Die Behörden sind zur Zusammenarbeit verpflichtet, dabei gibt es jedoch kein Über- oder Unterordnungsverhältnis.[84] Grundsätzlich hat der Bund gem. Art. 73 Nr. 10 GG die Kompetenz, Vorschriften für die Zusammenarbeit von Bund und Ländern auf dem Gebiet des Verfassungsschutzes zu erlassen und gem. Art. 87 Abs. 1 Nr. 2 GG die Kompetenz, Zentralstellen zu bilden. Die Länder haben daher im Bereich des Verfassungsschutzes die Kompetenz zur Gesetzgebung außerhalb der Frage der Zusammenarbeit des Bundes und der Länder.[85]

84 Homepage des Niedersächsischen Verfassungsschutzes; abrufbar unter: http://www.verfassungsschutz.niedersachsen.de/portal/live.php?navigation_id=12255&article_id=54284&_psmand=30.

85 *Gusy*, Bundes- und Landeskompetenzen für den administrativen Verfassungsschutz, BayVbl. 1982, S. 201, 204.

1. Organisation

Die Landesbehörden für Verfassungsschutz sind entweder als selbständige Landesämter unter der Aufsicht oder als Teil des jeweiligen Landesinnenministeriums eingerichtet.[86] Der Bund ist nicht gem. Art. 73 Nr. 10 b GG berechtigt, die Organisations- und Behördenstruktur eines Landes zu regeln, dies erfolgt durch die Länder selbst.[87]

Zur Zeit bestehen in Berlin, Brandenburg, Mecklenburg-Vorpommern, Nordrhein-Westfalen, Rheinland-Pfalz, Sachsen-Anhalt und Schleswig-Holstein die Verfassungsschutzbehörden als Teil des Landesinnenministeriums.[88] Dies führt zu einer stärkeren verwaltungsinternen Kontrolle, kürzeren Meldewegen und allgemein zu einer engeren Anbindung an die Landesregierung.[89] In Niedersachsen, Bayern, Bremen, Hamburg, Hessen, Saarland, Sachsen und Thüringen sind selbständige Landesämter für Verfassungsschutz, als dekonzentrierte Oberbehörden, eingerichtet. Dadurch kann eine klare Abgrenzung bzgl. der Kompetenzen, eine stärkere Transparenz und eine effektivere, demokratische Kontrolle erreicht werden.[90] Im Verhältnis zum Bundesamt für Verfassungsschutz arbeiten die Landesämter organisatorisch selbständig und weisungsfrei, sind aber unmittelbarer Ansprechpartner des Bundesamts für Verfassungsschutz.[91] In Niedersachsen hat der Landesverfassungsschutz seinen Sitz in Hannover.

2. Aufgaben

Die Aufgaben des Bundesamtes für Verfassungsschutz und der Landesämter für Verfassungsschutz decken sich weitgehend. Aufgaben der Landesbehörden für Verfassungsschutz werden sowohl im BVerfSchG, als auch in den entsprechenden Landesgesetzen, in Niedersachsen im Niedersächsischen Verfassungsschutzgesetz (NVerfSchG), normiert. Ausgangspunkt für die Aufgaben der

86 *Frisch,* Aufgaben, Zweck, Arbeitsweise und Organisation des Verfassungsschutzes in: *Schreckenberger* (Hrsg.), Polizei und Nachrichtendienste unter veränderten Sicherheitsbedingungen, S. 59, 69.

87 *Droste,* Handbuch des Verfassungsschutzrechts, S. 46.

88 *Rödder,* Verfassungsschutz im föderalen Gefüge der Bundesrepublik Deutschland, S. 90.

89 *Gröpl.* Die Nachrichtendienste im Regelwerk der deutschen Sicherheitsverwaltung, S. 212.

90 *Gröpl.* Die Nachrichtendienste im Regelwerk der deutschen Sicherheitsverwaltung, S. 212.

91 *Wittmoser,* Die Landesämter für Verfassungsschutz, S. 46; *Schmalenbach* in: Thiel, Wehrhafte Demokratie, Administrativer Verfassungsschutz, S. 415, 427.

Landesverfassungsschutzämter ist auch hier § 3 BVerfSchG, welcher bereits in Zusammenhang mit den Ausführungen zum Bundesamt für Verfassungsschutz betrachtet wurde. Durch Wahrnehmung der Gesetzgebungskompetenz aus Art. 73 Nr. 10 GG und Art. 87 Abs. 1 S. 2 GG, die nur die Frage der Zusammenarbeit von Bund und Ländern umfasst, hat der Bund auch den Aufgabenbereich, auf dem eine Zusammenarbeit zwischen Bund und Ländern stattzufinden hat, zumindest allgemein zu beschreiben. Damit wird eine Bundesvorgabe an die Länder mit eingeschlossen, die dazu dient, dem Homogenitätsprinzip zu genügen.[92] § 3 BVerfSchG legt damit Mindestvorgaben in Bezug auf die Aufgaben der Landesverfassungsschutzbehörden fest. Der jeweilige Landesgesetzgeber bleibt jedoch befugt, ohne die bundesgesetzliche Aufgabenstellung zu beeinflussen, Regelungen zu schaffen, die Aufgaben und Befugnisse auch außerhalb des vom Bundesgesetzgeber vorgegebenen Kernbereichs enthalten.[93]

Das NVerfSchG enthält Regelungen zu den Aufgaben der Landesverfassungschutzbehörden. Jedoch decken sich § 3 Abs. 1 NVerfSchG und § 3 Abs. 3 NVerfSchG mit § 3 Abs. 1 und 2 BVerfSchG bezüglich der Aufgaben, sodass sich hieraus keine besonderen Aufgaben ergeben.

Auch ist es die Aufgabe der Landesbehörden für Verfassungsschutz, Informationen aus ihrem Aufgabenfeld mit überregionalem Bezug an das Bundesamt für Verfassungsschutz zu übermitteln und verfassungsfeindliche Tätigkeiten, die gegen das jeweilige Land gerichtet sind, bzw. von dem Land ausgehen, zu beobachten.[94]

3. *Befugnisse*

Im BVerfSchG sind lediglich die Befugnisse des Bundeamts für Verfassungsschutz geregelt. Regelungen für die Landesbehörden finden sich nicht. Zurückzuführen ist dies auf die beschränkte Gesetzgebungskompetenz des Bundes in Angelegenheiten des Verfassungsschutzes nach Art. 73 Nr. 10 GG. Dieser bezieht sich lediglich auf die Zusammenarbeit des Bundes und der Länder auf dem Gebiet.

Die Befugnisse der Landesverfassungsschutzbehörden haben die Länder jedoch in den jeweiligen Landesgesetzen geregelt. In Niedersachsen finden sich

92 *Droste,* Handbuch des Verfassungsschutzrechts, S. 51.

93 *Droste,* Handbuch des Verfassungsschutzrechts, S. 52.

94 *Khan*, Der Verbund der Inneren Sicherheit der Bundesrepublik Deutschland unter besonderer Berücksichtigung des Bundeskriminalamtes, in: *Schreckenberger* (Hrsg.), Polizei und Nachrichtendienste unter veränderten Sicherheitsbedingungen, S. 29, 51.

Regelungen zu den Befugnissen in §§ 5 ff. NVerfSchG. Die Regelungen des § 5 NVerfSchG decken sich weitgehend mit denen des § 8 BVerfSchG. Vor allem die Absätze 1, 3, 4 und 5 des BVerfSchG finden sich in § 5 NVerfSchG. § 8 Abs. 2 BVerfSchG findet sich in § 6 NVerfSchG wieder.

III. Der Bundesnachrichtendienst (BND)

Im Grundgesetz findet sich für den Bundesnachrichtendienst keine ausdrückliche Grundlage. Das Bundesverfassungsgericht stützt die Einrichtung einer Stelle zur umfassenden Auslandsaufklärung auf die ausschließliche Gesetzgebungskompetenz des Bundes. Gem. Art. 73 Abs. 1 Nr. 1 GG hat der Bund die ausschließliche Gesetzgebungskompetenz über auswärtige Angelegenheiten.[95] Aus Art. 87 Abs. 3 S. 1 GG ergibt sich die Verwaltungskompetenz zur Errichtung des BND als selbständige Bundesoberbehörde.[96]

Das BNDG erfuhr durch Artikel 1 des Gesetz zur Ausland-Ausland-Fernmeldeaufklärung des Bundesnachrichtendienstes (AFABNDG) vom 23.12.2016 einige Änderungen.[97] Insbesondere wurden in der seit dem 31.12.2016 geltenden Fassung die Voraussetzungen für die Erhebung und Verarbeitung von Daten und die Voraussetzungen für Verarbeitung und Nutzung der vom Ausland aus erhobenen Daten neu eingefügt (sog. Ausland-Ausland Fernmeldeaufklärung).

1. Organisation

Gem. § 1 Abs. 1 S. 1 BND-Gesetz (BNDG) ist der Bundesnachrichtendienst eine Bundesoberbehörde im Geschäftsbereich des Bundeskanzleramtes. Der BND untersteht dabei dem Staatssekretär des Bundeskanzleramts.[98]

Der Bundesnachrichtendienst hat eine flache Leitungshierarchie. Es gibt einen Präsidenten und drei Vizepräsidenten, den Vertreter des Präsidenten, den Vizepräsidenten für militärische Angelegenheiten und den für zentrale Aufgaben und Modernisierung. Der Präsident und die Vizepräsidenten werden unterstützt von einem Leitungsstab. Die zwölf Fachabteilungen sind in Referate untergliedert. Die Referate unterteilen sich ihrerseits in Sachgebiete und Teams.[99] Gem.

---

95 BVerfGE 100, 313, 369.

96 *Streiß*, Das Trennungsgebot zwischen Polizei und Nachrichtendiensten, S. 60.

97 BGBl. I 2016, S. 3346.

98 *Kugelmann*, Polizei und Polizeirecht in der föderalen Ordnung des Grundgesetzes, in: Härtel, Handbuch Föderalismus, Bd. III, § 52, Rn. 62.

99 Homepage des BND; abrufbar unter: http://www.bnd.bund.de/DE/Organisation/Arbeitsbereiche/Arbeitsbereiche_node.html.

§ 1 Abs. 1 S. 2 BNDG darf der BND einer polizeilichen Dienststelle nicht angegliedert werden. Der organisatorische Aspekt der Trennung zwischen Polizei und Nachrichtendiensten ist demnach also im BNDG – wie auch im BVerfSchG an verschiedenen Stellen – normativ verankert.

2. *Aufgaben*

In § 1 Abs. 2 S. 1 BNDG werden die Aufgaben des BND genannt. Gem. § 1 Abs. 2 S. 1 BNDG sammelt der BND zur Gewinnung von Erkenntnissen über das Ausland, die von außen- und sicherheitspolitischer Bedeutung für die Bundesrepublik Deutschland sind, die erforderlichen Informationen und wertet sie aus.

Die Aufgaben umfassen im Einzelnen vor allem unterstützende Tätigkeiten anderer Stellen – wie die Unterstützung der Bundesregierung bei ihren sicherheits- und außenpolitischen Entscheidungen – durch Bereitstellung von Erkenntnissen über das Ausland und die informatorische Unterstützung der Bundeswehr bei ihren Auslandseinsätzen. Darüber hinaus sind Aufgaben des BND die Mitarbeit im Krisenstab des Auswärtigen Amtes (z.B. bei Entführungen deutscher Staatsbürger im Ausland) oder die Vermittlung bei weltweiten humanitären Verhandlungen. Des Weiteren kommen dem BND auch beratende Aufgaben zu, etwa die Unterrichtung von Ministerien und Behörden zu bestimmten Fragestellungen.[100]

Die gesammelten Informationen umfassen wichtige politische, wirtschaftliche, aber auch technischen Entwicklungen, militärische Fragestellungen und Informationen zu abstrakten oder konkreten Bedrohungen für die Sicherheit der Bundesrepublik Deutschland und deren Bürger.[101] Das Bundesverfassungsgericht geht bei den Nachrichtendiensten, wie bereits dargestellt, von der Beschränkung der Aufgaben der Nachrichtendienste auf die politische Information aus. Auf die darüberhinausgehende Herleitung der Aufgabe der Gefahrerforschung des BfV aus weiteren Normen sei insoweit verwiesen.[102]

3. *Befugnisse*

Die Befugnisse des BND sind im ersten Abschnitt des BNDG – in §§ 2 ff. BNDG – geregelt. Gem. § 2 Abs. 1 BNDG darf der BND die erforderlichen Informationen

---

100 Homepage des BND; abrufbar unter: http://www.bnd.bund.de/DE/Auftrag/Aufgaben/aufgaben_node.html.

101 Homepage des BND; abrufbar unter: http://www.bnd.bund.de/DE/Auftrag/Aufgaben/aufgaben_node.html.

102 Vgl. B.I.2.

einschließlich personenbezogener Daten erheben, verarbeiten und nutzen, soweit nicht die anzuwendenden Bestimmungen des Bundesdatenschutzgesetzes oder besondere Regelungen im BNDG entgegenstehen. Insoweit deckt sich der Wortlaut des § 2 Abs. 1 BNDG mit dem des § 8 Abs. 1 BVerfSchG. In § 2 Abs. 1 Nrn. 1 bis 4 BNDG werden weiterhin Einschränkungen vorgenommen. Die Informationen dürfen danach erhoben, verarbeitet und genutzt werden, wenn dies gem. Nr. 1 dem Schutz der Mitarbeiter, Einrichtungen, Gegenstände, Quellen gegen sicherheitsgefährdende oder geheimdienstliche Tätigkeiten dient. Weiterhin sind Erhebungen von Informationen zulässig für die Sicherheitsüberprüfung von Personen, die für ihn tätig sind oder tätig werden sollen (Nr. 2), für die Überprüfung der für die Aufgabenerfüllung notwendigen Nachrichtenzugänge (Nr. 3) und über Vorgänge im Ausland, die von außen- und sicherheitspolitischer Bedeutung für die Bundesrepublik Deutschland sind, wenn sie nur auf diese Weise zu erlangen sind und für ihre Erhebung keine andere Behörde zuständig ist.

§ 2 Abs. 2 bis 4 BNDG halten Voraussetzungen an die Erhebung, Verarbeitung und Nutzung fest. § 2 Abs. 2 BNDG normiert die Pflicht zur Angabe des Erhebungszwecks und die Hinweispflicht auf die Freiwilligkeit der Angaben des Betroffenen. Wie auch im BVerfSchG, findet sich in § 2 Abs. 4 BNDG die Vorgabe, dass von mehreren geeigneten Maßnahmen stets diejenige zu wählen ist, die den Betroffenen voraussichtlich am wenigsten beeinträchtigen wird und dass ein herbeigeführter Nachteil nicht außer Verhältnis zum beabsichtigten Erfolg stehen darf.

Weiterhin ist § 2 Abs. 3 BNDG zu beachten. Danach stehen dem BND polizeiliche Befugnisse oder Weisungsbefugnisse nicht zu. Der BND darf die Polizei auch nicht im Wege der Amtshilfe um Maßnahmen ersuchen, zu denen er selbst nicht befugt ist. Darin findet sich auch hier ein Aspekt der befugnisrechtlichen Trennung zwischen Polizei und Nachrichtendiensten.

§§ 3 und 4 BNDG enthalten Befugnisse für den Bereich der Auskünfte. § 3 a BNDG verweist auf die Vorschriften der §§ 8 a und 8 b BVerfSchG.

Gem. § 3 BNDG sind § 8 a Abs. 2 und 2 a BVerfSchG mit der Maßgabe anzuwenden, dass an die Stelle der schwerwiegenden Gefahren für die in § 3 Abs. 1 BVerfSchG genannten Schutzgüter, schwerwiegende Gefahren für die in § 5 Abs. 1 S. 3 Nrn. 1 bis 4 und 6 des Artikel 10-Gesetzes genannten Gefahrenbereiche treten.

Anordnungen nach § 8 a Abs. 2 und 2 a BVerfSchG dürfen sich nur gegen Personen richten, bei denen auf Grund tatsächlicher Anhaltspunkte davon auszugehen ist, dass sie an der Schaffung oder Aufrechterhaltung einer solchen Gefahr beteiligt sind, sowie gegen die in § 8 a Abs. 3 Nr. 2 des BVerfSchG bezeichneten

Personen. § 8 b Abs. 1 bis 9 BVerfSchG ist mit der Maßgabe anzuwenden, dass an die Stelle des Bundesministeriums des Innern das Bundeskanzleramt tritt. Das Grundrecht des Fernmeldegeheimnisses (Art. 10 GG) wird insoweit eingeschränkt.

§ 4 BNDG verweist, wie § 8 d BVerfSchG auch, auf §§ 95 und 111 TKG und nimmt dabei auch Bezug auf § 8 d BVerfSchG. Danach ist die Auskunftserteilung gem. § 8 d Abs. 5 BVerfSchG zu entschädigen. Auch dabei wird Art. 10 GG eingeschränkt und zwar, gem. § 4 S. 3 BNDG, nach Maßgabe des § 8 d Abs. 2 BVerfSchG. § 5 BNDG verweist auf § 9 BVerfSchG in Bezug auf besondere Formen der Datenerhebung.

In Abschnitt 2 des BNDG finden sich die Regelungen, die die Ausland-Ausland-Fernmeldeaufklärung betreffen. Gem. § 6 BNDG darf der BND zur Erfüllung seiner Aufgaben vom Inland aus mit technischen Mitteln Informationen einschließlich personenbezogener Daten aus Telekommunikationsnetzen, über die Telekommunikation von Ausländern im Ausland erfolgt, erheben und verarbeiten, wenn diese Daten erforderlich sind, um frühzeitig Gefahren für die innere oder äußere Sicherheit der Bundesrepublik Deutschland erkennen und diesen begegnen zu können, die Handlungsfähigkeit der Bundesrepublik Deutschland zu wahren oder sonstige Erkenntnisse von außen- und sicherheitspolitischer Bedeutung über Vorgänge zu gewinnen. Art und Umfang der Erhebung und Verarbeitung werden durch das Bundeskanzleramt im Einvernehmen mit dem Auswärtigen Amt, dem Bundesministerium des Innern, dem Bundesministerium der Verteidigung, dem Bundesministerium für Wirtschaft und Energie und dem Bundesministerium für wirtschaftliche Zusammenarbeit und Entwicklung bestimmt. § 7 ff. BNDG enthalten weitere Voraussetzungen für die Verarbeitung und Nutzung der Daten, die durch § 6 BNDG erhoben wurden. An dieser Stelle sind die Anordnung und Unterrichtung, die Kennzeichnung und Löschung, sowie der Kernbereichsschutz geregelt. Gem. § 12 BNDG hat bei der Erhebung und Auswertung personenbezogener Daten aus Telekommunikationsnetzen eine Eignungsprüfung stattzufinden. § 12 Abs. 6 BNDG hat mit der ab dem 16.03.2017 geltenden Fassung[103] eine Erweiterung erfahren, die es unter bestimmten Voraussetzungen ermöglicht, die Öffentlichkeit über Erkenntnisse zu informieren. Weiterhin findet sich in § 8 BNDG eine Regelung, die die Pflichten der Anbieter von Telekommunikationsdiensten betrifft. § 13 ff. BNDG enthält Regelungen, die die Kooperation mit ausländischen öffentlichen Stellen regeln. In Abschnitt 3 sind die Regelungen zur Datenverarbeitung enthalten. § 19 Abs. 1

---

103 BGBl. I 2016, S. 410.

BNDG räumt dem BND die Befugnis ein, gem. § 10 BVerfSchG personenbezogene Daten zu speichern, zu verändern und zu nutzen, soweit es zur Erfüllung seiner Aufgaben erforderlich ist. § 19 Abs. 2 BNDG legt fest, dass die Speicherung, Veränderung und Nutzung personenbezogener Daten über Minderjährige nunmehr ab Vollendung des 14. Lebensjahres[104] nur unter den Voraussetzungen des § 11 BVerfSchG zulässig ist, sowie dann, wenn nach Umständen des Einzelfalls nicht ausgeschlossen werden kann, dass von dem Minderjährigen eine Gefahr für Leib oder Leben deutscher Staatsangehöriger im Ausland oder für deutsche Einrichtungen im Ausland ausgeht.

§ 21 BNDG trifft Regelungen zu automatisierten Dateien. Danach hat der BND nach § 14 BVerfSchG für jede automatisierte Datei eine Dateianordnung zu treffen, welche der Zustimmung des Bundeskanzleramts bedarf.

§§ 23 ff. BNDG enthalten Übermittlungsvorschriften und Vorschriften zu projektbezogenen gemeinsamen Dateien zwischen BfV und BND.[105]

Weiterhin sei auf die über das BNDG hinausgehende Niederlegung der Befugnisse auf die Ausführungen des BfV verwiesen.[106]

IV. Der Militärische Abschirmdienst (MAD)

Der Militärische Abschirmdienst ist der Sicherheitsdienst der Bundeswehr.[107] Der MAD kann auch als „Verfassungsschutz der Bundeswehr" bezeichnet werden, da er rechtlich und organisatorisch Teil der Streitkräfte ist.[108] Die ausschließliche Gesetzgebungskompetenz des Bundes folgt aus den Kompetenztiteln zur Verteidigung, Art. 73 Abs. 1 Nr. 1 GG und zum Verfassungsschutz aus Art. 73 Abs. 1 Nr. 10 b GG.

1. Organisation

Der MAD untersteht dem Bundesminister der Verteidigung.[109]

---

104 BGBl. I 2016, S. 1818.

105 Vgl. Kapitel 4 B.IV.2.a.

106 Vgl. B.I.3.

107 *Kugelmann,* Polizei und Polizeirecht in der föderalen Ordnung des Grundgesetzes, in: Härtel, Handbuch Föderalismus, Bd. III, § 52, Rn. 61; *Dau,* Rechtsgrundlagen für den MAD, DÖV 1991, S. 661.

108 *Porzner,* Der Bundesnachrichtendienst im Gefüge der öffentlichen Verwaltung, Die Verwaltung 1993, S. 234, 243.

109 *Porzner,* Der Bundesnachrichtendienst im Gefüge der öffentlichen Verwaltung, Die Verwaltung 1993, S. 234, 243.

Das Amt des MAD befindet sich in Köln und gliedert sich in fünf Abteilungen, von denen eine für die Erfüllung der Aufgaben der Einsatzabschirmung zuständig ist, eine für die nachrichtendienstlich-operativen Aufgaben im Inland, eine für die Mitwirkungsaufgaben im Geheim- und Sabotageschutz, eine Abteilung für fachliche Unterstützungsaufgaben und den Einsatz bestimmter nachrichtendienstlicher Mittel sowie eine Abteilung für zentrale truppendienstliche Führungs- und Unterstützungsaufgaben. Der Militärische Anteil bei der Schule für Verfassungsschutz (MilA SfV) ist ebenfalls Teil des MAD. Dort werden seit dem Jahr 2000 die MAD-Angehörigen gemeinsam mit Angehörigen der zivilen Verfassungsschutzbehörden von Bund und Ländern aus- und weitergebildet.[110]

Gem. § 1 Abs. 4 MADG darf auch der MAD einer polizeilichen Dienststelle nicht angegliedert werden. Auch hier findet sich also der organisatorische Aspekt des Trennungsgebots.

2. *Aufgaben*

§ 1 MADG normiert die Aufgaben des MAD.

Gem. § 1 Abs. 1 S. 1 Nrn. 1 und 2 MADG ist die Sammlung und Auswertung von Informationen, insbesondere von sach- und personenbezogenen Auskünften, Nachrichten und Unterlagen über Bestrebungen, die gegen die freiheitliche demokratische Grundordnung, den Bestand oder die Sicherheit des Bundes oder eines Landes gerichtet sind und sicherheitsgefährdende oder geheimdienstliche Tätigkeiten im Geltungsbereich dieses Gesetzes für eine fremde Macht, wenn sich diese Bestrebungen oder Tätigkeiten gegen Personen, Dienststellen oder Einrichtungen im Geschäftsbereich des Bundesministeriums der Verteidigung richten und von Personen ausgehen oder ausgehen sollen, die diesem Geschäftsbereich angehören oder in ihm tätig sind, Aufgabe des Militärischen Abschirmdienstes des Bundesministeriums der Verteidigung.

Darüber hinaus obliegt dem MAD gem. § 1 Abs. 1 S. 2 MADG die Sammlung und Auswertung von Informationen, insbesondere von sach- und personenbezogenen Auskünften, Nachrichten und Unterlagen, über die Beteiligung von Angehörigen des Geschäftsbereiches des Bundesministeriums der Verteidigung sowie von Personen, die in ihm tätig sind oder in ihm tätig sein sollen, an Bestrebungen, die gegen den Gedanken der Völkerverständigung (Art. 9 Abs. 2 GG), insbesondere gegen das friedliche Zusammenleben der Völker (Art. 26 Abs. 1

110 Homepage der Bundeswehr; abrufbar unter: http://www.kommando.streitkraeftebasis.de/portal/a/kdoskb/!ut/p/c4/04_SB8K8xLLM9MSSzPy8xBz9CP3I5EyrpHK94uyk-OyUfL3y1MySlOKS4hK93MQUvZT88ryc_MQU_YJsR0UA2lBoRg!!/.

GG) gerichtet sind. Gem. S. 3 sind die Begriffsbestimmungen des § 4 BVerfSchG anzuwenden.

Der Aufgabenbereich beschränkt sich damit also zunächst auf den Geschäftsbereich des Bundesministeriums der Verteidigung, gegen den sich die Bestrebungen richten können oder auf Personen, die ihm angehören oder in ihm tätig sind.

Zum Geschäftsbereich zählen das Bundesministerium der Verteidigung, die Streitkräfte, die Bundeswehrverwaltung, die Truppendienstgerichte, der Bundeswehrdisziplinaranwalt, die Wehrdisziplinaranwälte und die Dienststellen der Militärseelsorge.[111] Dem Geschäftsbereich gehören Personen an, wenn sie in einem Dienst- oder Arbeitsverhältnis, öffentlich-rechtlicher oder privatrechtlicher Art zur Bundesrepublik Deutschland stehen und aus Haushaltsmitteln des Bundeshaushalts bezahlt werden.[112] Personen sind im Geschäftsbereich tätig, wenn sie dort – ohne ihm anzugehören – ständig oder überwiegend aufgrund anderer Rechtsverhältnisse Dienst- oder Werkleistungen erbringen. Darunter fallen nicht die Arbeitnehmer in Einrichtungen für die Planung, Forschung und Entwicklung der Landesverteidigung[113], weiterhin auch nicht Personen, die Leistungen aus Wartungs- oder Lieferungsverträgen schulden.[114]

Des Weiteren obliegt dem MAD gem. § 1 Abs. 2 MADG zur Beurteilung der Sicherheitslage die Auswertung von Informationen über die in Absatz 1 genannten Bestrebungen und Tätigkeiten gegen die in den Nummern 1 und 2 genannten Dienststellen und Einrichtungen, also Dienststellen und Einrichtungen im Bereich des Bundesministeriums der Verteidigung und solche der verbündeten Streitkräfte und der internationalen militärischen Hauptquartiere im Falle der Übernahme von Verpflichtungen durch internationale Vereinbarungen der Bundesrepublik Deutschland, auch soweit sie von Personen ausgehen oder ausgehen sollen, die nicht dem Geschäftsbereich des Bundesministeriums der Verteidigung angehören oder in ihm tätig sind.

Bzgl. der Aufgaben der Nachrichtendienste über die politische Information hinaus, sei auf die Ausführungen des BfV verwiesen.[115]

§ 1 Abs. 3 S. 1 MADG regelt die Mitwirkung des MAD bei der Sicherheitsüberprüfung von Personen im Geschäftsbereich des Bundesministeriums für

---

111 *Dau*, Rechtsgrundlagen für den MAD, DÖV 1991, S. 661, 664.

112 Aus dem im Einzelplan 14 des Bundeshaushalts ausgebrachten Haushaltsmitteln.

113 Vgl. Begründung zum Entwurf eines MADG- BT-Drs. 11/4306, S. 67.

114 *Dau*, Rechtsgrundlagen für den MAD, DÖV 1991, S. 661, 664.

115 Vgl. B.I.2.

Verteidigung, denen geheimhaltungsbedürftige Tatsachen, Gegenstände oder Erkenntnisse anvertraut werden oder die Zugang erhalten oder sich verschaffen können (Nr. 1 a) oder die an sicherheitsempfindlichen Stellen eingesetzt sind oder eingesetzt werden sollen (Nr. 1 b). Weiterhin ist die Mitwirkung bei technischen Sicherheitsmaßnahmen zum Schutz von geheimhaltungsbedürftigen Tatsachen, Gegenständen und Erkenntnissen gegen die Kenntnisnahme von Unbefugten geregelt. Gem. § 1 Abs. 3 S. 2 MADG sind die Befugnisse bei der Mitwirkung gem. § 1 Abs. 3 Nr. 1 a und b MADG im Sicherheitsüberprüfungsgesetz vom 20. April 1994 geregelt.

§ 2 MADG normiert die Zuständigkeit in besonderen Fällen. Danach kann der Militärische Abschirmdienst zur Fortführung von Aufgaben nach § 1 Abs. 1 MADG, soweit es im Einzelfall zwingend erforderlich ist, seine Befugnisse gegenüber Personen ausüben, die dem Geschäftsbereich des Bundesministeriums der Verteidigung nicht angehören oder nicht in ihm tätig sind. In Nr. 1 werden – als für diese Ausübung zulässig – Ehegatten, Lebenspartner, Verlobte, auch i.S.d. Lebenspartnerschaftsgesetzes, einer in § 1 Abs. 1 MADG genannten Person, erwähnt, wenn angenommen werden muss, dass Bestrebungen oder Tätigkeiten nach § 1 Abs. 1 auch von ihnen ausgehen. Von Nr. 2 werden Personen erfasst, bei denen tatsächliche Anhaltspunkte bestehen, dass sie mit der in Abs. 1 genannten Person zusammenarbeiten und wenn ohne Ausübung der Befugnisse gegen diese Person, die weitere Erforschung des Sachverhalts gefährdet oder nur mit übermäßigem Aufwand möglich wäre.

§ 2 Abs. 2 MADG nimmt eine zusätzliche Erweiterung vor, nach der zum Schutze der Mitarbeiter, Einrichtungen, Gegenstände und Quellen gegen sicherheitsgefährdende oder geheimdienstliche Tätigkeiten in Wahrnehmung seiner Aufgaben und im Benehmen mit der zuständigen Verfassungsschutzbehörde seine Befugnisse gegenüber Personen ausüben, die dem Geschäftsbereich des Ministeriums nicht angehören oder nicht in ihm tätig sind.

Damit erlaubt § 2 MADG im Vergleich zu § 1 Abs. 1 MADG bei Vorliegen einer der in § 2 Abs. 1 Nr. 1 und 2 MADG genannten Personen in den Fällen des § 1 Abs. 1 Nr. 1 und 2 MADG eine Ausübung von Befugnissen gegenüber Personen, die nicht dem Geschäftsbereich des Bundesministeriums des Innern angehören.

§ 2 Abs. 1 Nr. 1 MADG scheint als Sonderregelung gerechtfertigt, weil in einem persönlichen Beziehungsfeld eine Teilnehmerschaft nicht ausgeschlossen erscheint.[116] § 2 Abs. 1 Nr. 2 MADG erweitert diese Möglichkeit bei tatsächlichen

116 *Dau,* Rechtsgrundlagen für den MAD, DÖV 1991, S. 661, 664.

Anhaltspunkten und in Benehmen mit der zuständigen Verfassungsschutzbehörde auf weitere Verdächtige. § 2 Abs. 2 MADG begründet eine Zuständigkeit gegenüber sonst nicht erfassten Personen zur eigenen Abschirmung.

§ 2 MADG und § 1 Abs. 2 MADG erlauben damit „Maßnahmen" auch gegen Nichtangehörige oder Nichttätige im Bereich des Bundesministeriums der Verteidigung. § 2 MADG unterscheidet sich von § 1 Abs. 2 MADG jedoch dadurch, dass der Anwendungsbereich des § 2 MADG innerhalb einer bereits begonnenen Operation liegt. Gem. § 1 Abs. 2 MADG obliegt dem MAD zur Beurteilung der Sicherheitslage der genannten Dienststellen und Einrichtungen die Auswertung der Informationen über die in Absatz 1 genannten Bestrebungen und Tätigkeiten gegen diese Dienststellen und Einrichtungen, auch soweit sie von auswärtigen Personen ausgehen. Es geht also lediglich um die Beurteilung der Lage und nicht um die Erhebung der Daten zur Erfüllung seiner Aufgaben. Dies stellt auch die Befugnisnorm § 4 Abs. 1 S. 2 MADG klar.

3. *Befugnisse*

In §§ 4 ff. MADG finden sich die Regelungen zu den Befugnissen. Das MADG verweist hinsichtlich der Befugnisse weitgehend auf das BVerfSchG. Wie bereits beschrieben, steht dem MAD gem. § 4 Abs. 1 S. 2 MADG nicht die Befugnis zu, personenbezogene Daten zur Erfüllung seiner Aufgabe nach § 1 Abs. 2 MADG zu erheben.

Gem. § 4 Abs. 2 MADG stehen auch dem MAD keine polizeilichen Befugnisse oder Weisungsbefugnisse zu. Das Ersuchen um Maßnahmen, zu denen der MAD selbst nicht befugt ist im Wege der Amtshilfe, ist ebenfalls nicht zugelassen. In § 4 Abs. 2 MADG findet sich damit der befugnisrechtliche Aspekt des Trennungsgebots.

Gem. § 1 Abs. 5 MADG ist der MAD auch bei Ausführung der Maßnahmen im Rahmen der Befugnisse an die allgemeinen Rechtsvorschriften gebunden.

§§ 4 a und 4 b MADG enthalten Regelungen zu Auskunftsverlangen. Auch an dieser Stelle wird auf das BVerfSchG, §§ 8 a und 8 b BVerfSchG verwiesen.

Gem. § 5 MADG darf der MAD nach Maßgabe des § 9 BVerfSchG personenbezogene Daten erheben, soweit es zur Erfüllung seiner Aufgaben sowie zur Erforschung der dazu erforderlichen Quellen oder zum Schutz der Mitarbeiter, Einrichtungen, Gegenstände und Quellen des MAD gegen sicherheitsgefährdende oder geheimdienstliche Tätigkeiten erforderlich ist.

§ 6 MADG enthält Regelungen zur Speicherung, Veränderung und Nutzung personenbezogener Daten. Gem. § 6 Abs. 1 MADG darf der MAD personenbezogene Daten nach § 10 BVerfSchG speichern, verändern und nutzen, soweit es zur Erfüllung seiner Aufgaben erforderlich ist. Satz 2 geht nochmals auf § 1 Abs. 2 MADG ein, der lediglich die Auswertung von Informationen über Bestrebungen nach § 1 Abs. 1 MADG bei Personen außerhalb des Geschäftsbereichs des Bundesministeriums der Verteidigung zur Beurteilung der Sicherheitslage zulässt. § 6 Abs. 1 S. 2 MADG bestimmt, dass die zur Erfüllung der Aufgaben nach § 1 Abs. 2 MADG gespeicherten Daten für andere Zwecke nicht verwendet werden dürfen. § 6 Abs. 1 S. 2 MADG lässt dann jedoch Ausnahmen zu, indem die Verwendung auch zulässig ist, wenn sie auch für die Erfüllung der Aufgaben nach § 1 Abs. 1 MADG zulässig wäre.

Dies bedeutet, dass die zur Beurteilung der Sicherheitslage ausgewerteten Informationen, auch, soweit sie von Personen ausgehen oder ausgehen sollen, die nicht dem Geschäftsbereich des Bundesministeriums der Verteidigung angehören oder in ihm tätig sind, durch den MAD verwendet, also gesammelt und ausgewertet werden dürfen. § 7 MADG enthält Regelungen zur Speicherung von Daten über Minderjährige.

Durch diverse Änderungsgesetze wurde das MADG unter anderem um die §§ 4 a und 4 b MADG erweitert.[117] Die Erweiterungen des MADG betrafen weiterhin die Tätigkeit des MAD im Fall besonderer Auslandsverwendungen. Die zunehmende Zahl von Einsätzen der Bundeswehr im Ausland machte eine Rechtsgrundlage für die Tätigkeit des MAD in diesen Zusammenhängen erforderlich.[118] § 14 MADG enthält nun Regelungen zu „Besonderen Auslandsverwendungen".

Zur Sicherung der Einsatzbereitschaft der Truppe oder zum Schutz der Angehörigen, der Dienststellen und Einrichtungen des Geschäftsbereichs des Bundesministeriums der Verteidigung sammelt der MAD während besonderer Auslandsverwendungen der Bundeswehr (i.S.d. § 62 Abs. 1 Soldatengesetz) oder bei humanitären Maßnahmen gem. § 14 Abs. 1 MADG Informationen und wertet diese aus. Dies geschieht auf Anordnung des Verteidigungsministers im Inland sowie im Ausland nur in Liegenschaften, in denen sich Dienststellen und Einrichtungen der Truppe befinden. Gem. Satz 2 dürfen auch öffentliche Stellen im Einsatzland um Auskünfte ersucht werden. Davon bleibt gem. Satz 3

---

117 Vgl. zuletzt Artikel 8 Gesetz zur Änderung des Telekommunikationsgesetzes und zur Neuregelung der Bestandsdatenauskunft vom 20. Juni 2013 (BGBl. I S. 1602).

118 *Kugelmann,* Polizei und Polizeirecht in der föderalen Ordnung des Grundgesetzes, in: Härtel (Hrsg.) Handbuch Föderalismus, Band 3, § 52, S. 3 ff. in: Härtel, Handbuch Föderalismus, Bd. III, § 52, Rn. 61.

die Sammlung von Informationen im Ausland durch den BND gem. § 1 Abs. 2 BNDG unberührt.

Gem. § 14 Abs. 2 MADG wertet der MAD während dieser besonderen Auslandsverwendungen nach Absatz 1 auch Informationen bei Nichtangehörigen und nicht im Geschäftsbereich des Verteidigungsministeriums Tätigen entsprechend § 1 Abs. 2 MADG aus.

§ 14 Abs. 3 MADG regelt die Mitwirkung an Überprüfungen von Personen und an technischen Sicherheitsmaßnahmen auch während besonderer Auslandsverwendungen entsprechend § 1 Abs. 3 MADG und die entsprechende Geltung von § 14 Abs. 1 S. 2 und 3 MADG.

Gem. § 14 Abs. 4 MADG richtet sich die weitere Verarbeitung und Nutzung der erhobenen Informationen nach §§ 4 bis 8 und 10 bis 12 MADG, wobei im Ausland besondere Formen der Datenerhebung gem. § 5 MADG außerhalb der Liegenschaften nicht zulässig sind. Auch diese Erhebung der Informationen im Inland darf nur in Benehmen – auch für mehrere gleich gelagerte Fälle gleichzeitig – mit der zuständigen Verfassungsschutzbehörde, oder wenn andernfalls die weitere Erforschung des Sachverhalts gefährdet oder nur mit übermäßigem Aufwand möglich wäre. § 14 Abs. 5 MADG regelt die zeitliche und räumliche Begrenzung auf die Auslandsverwendung. § 14 Abs. 6 MAD enthält weiterhin Regelungen zur Unterrichtung nach § 10 Abs. 1 MADG und zur Zusammenarbeit von MAD und BND im Rahmen ihrer gesetzlichen Befugnisse.

Gem. § 14 Abs. 7 MADG ist vor Beginn des Einsatzes des MAD im Ausland das Parlamentarische Kontrollgremium durch die Bundesregierung zu unterrichten. Auch das MADG enthält Regelungen zur Zusammenarbeit.

Gem. § 3 Abs. 1 MADG arbeiten der Militärische Abschirmdienst und die Verfassungsschutzbehörden bei der Erfüllung ihrer Aufgaben zusammen. Die Zusammenarbeit besteht auch in gegenseitiger Unterstützung und Hilfeleistung.

Zur Fortführung von Aufgaben nach § 3 Abs. 1 BVerfSchG kann gem. § 3 Abs. 2 MADG eine Verfassungsschutzbehörde, soweit es im Einzelfall zwingend erforderlich ist, im Benehmen mit dem MAD, Maßnahmen auf Personen erstrecken, die dem Geschäftsbereich des Bundesministeriums der Verteidigung angehören oder in ihm tätig sind und der Zuständigkeit des Militärischen Abschirmdienstes unterliegen. Dies ist gem. § 3 Abs. 1 S. 2 MADG nur zulässig gegenüber Personen, bei denen tatsächliche Anhaltspunkte dafür bestehen, dass sie mit einer Person aus dem Zuständigkeitsbereich der Verfassungsschutzbehörden bei Bestrebungen oder Tätigkeiten nach § 3 Abs. 1 BVerfSchG zusammenarbeiten, und wenn anderenfalls die weitere Erforschung des Sachverhalts gefährdet oder nur mit übermäßigem Aufwand möglich wäre.

Gem. § 3 Abs. 3 MADG unterrichten sich der MAD und das Bundesamt für Verfassungsschutz gegenseitig über alle Angelegenheiten, deren Kenntnis für die Erfüllung ihrer Aufgaben erforderlich ist.

In § 11 MADG finden sich die Übermittlungsregelungen. Der Militärische Abschirmdienst darf gem. § 11 Abs. 1 MADG personenbezogene Daten nach § 19 BVerfSchG übermitteln. An die Stelle der Zustimmung des Bundesministeriums des Innern tritt diejenige des Bundesministeriums der Verteidigung. § 11 Abs. 2 MADG legt fest, dass der MAD Informationen einschließlich personenbezogener Daten an Staatsanwaltschaften, Polizei und den Bundesnachrichtendienst nach § 20 BVerfSchG übermittelt.

§ 12 MADG enthält Verfahrensregeln für die Übermittlung von Informationen, wonach für die Übermittlung von Informationen nach diesem Gesetz die §§ 23 bis 26 BVerfSchG entsprechende Anwendung finden.

§ 13 MADG regelt, dass das Bundesdatenschutzgesetz in bestimmten Fällen keine Anwendung findet.[119] Auch finden sich weitere Befugnisse vor allem im G10.

V. Kontrolle der Nachrichtendienste

1. Parlamentarische Kontrolle

Spezielle parlamentarische Kontrollen finden durch das Parlamentarische Kontrollgremium (PKGr), das Vertrauensgremium des Haushaltsausschusses sowie durch die G10-Kommission statt.[120]

Grundlage für die Arbeit ist das Gesetz über die parlamentarische Kontrolle nachrichtendienstlicher Tätigkeit des Bundes (PKGrG)[121]. Die Aufgabe des Parlamentarischen Kontrollgremiums ist gem. § 1 Abs. 1 PKGrG, den MAD, den BND sowie das Bundesamt für Verfassungsschutz zu kontrollieren. Dazu gehören u.a. das Recht auf Akteneinsicht, das Zutrittsrecht zu sämtlichen Dienststellen der Nachrichtendienste sowie das Recht, Angehörige der Nachrichtendienste zu befragen und das Recht, Berichte zu bestimmten Vorgängen zu verlangen (§ 5 PKGrG).

---

119 Bei der Erfüllung der Aufgaben nach § 1 Abs. 1 bis 3, § 2 und § 14 finden § 3 Abs. 2 und 8 Satz 1, § 4 Abs. 2 und 3, §§ 4 b und 4 c sowie §§ 10 und 13 bis 20 des Bundesdatenschutzgesetzes keine Anwendung.

120 Informationen abrufbar unter: http://www.verfassungsschutz.de/de/das-bfv/aufsicht-und-kontrolle; http://www.bnd.bund.de/DE/Auftrag/Aufsicht_Kontrolle/Aufsicht_Kontrolle_node.html.

121 BGBl. I 2009, S. 2346.

Die Bundesregierung unterrichtet das Parlamentarische Kontrollgremium gem. § 4 PKGrG umfassend und regelmäßig über die allgemeinen Tätigkeiten der Nachrichtendienste und über Vorgänge von besonderer Bedeutung.

Das Gremium hat besondere Befugnisse bei der Kontrolle von Beschränkungen des Brief-, Post- und Fernmeldegeheimnisses. Es bestellt die Mitglieder der G10-Kommission, ist bei bestimmten Überwachungsmaßnahmen zustimmungspflichtig und muss halbjährlich durch die Bundesregierung über alle durchgeführten G10-Maßnahmen informiert werden.

Die geheimen Sitzungen des Gremiums finden gem. § 3 Abs. 1 PKGrG mindestens vierteljährlich statt. In der Mitte und am Ende einer Legislaturperiode unterrichtet das Parlamentarische Kontrollgremium auch den Deutschen Bundestag über seine Kontrolltätigkeit.

Die G10-Kommission wird gem. § 15 Abs. 1 G10 vom Parlamentarischen Kontrollgremium nach Anhörung der Bundesregierung für die Dauer einer Wahlperiode des Deutschen Bundestages bestellt. Die Kommission tritt gem. § 15 Abs. 4 G10 mindestens einmal im Monat zusammen, wobei die Beratungen der Geheimhaltung unterliegen. Hauptaufgabe der G10-Kommission ist die Entscheidung über die Zulässigkeit und Notwendigkeit von Maßnahmen zur Beschränkung des Brief- Post- und Fernmeldegeheimnisses. Die Kontrollbefugnis erstreckt sich darüber hinaus auf die gesamte Erhebung, Verarbeitung und Nutzung der durch die Beschränkungsmaßnahmen erlangten personenbezogenen Daten einschließlich der Entscheidung über die Mitteilung an Betroffene. Dabei hat die Kommission ein weitreichendes Auskunftsrecht, Akteneinsichtsrecht sowie ein Zutrittsrecht zu allen Diensträumen. Im Falle des BfV unterrichtet der Bundesminister des Innern monatlich die G10-Kommission über die von ihm angeordneten Beschränkungsmaßnahmen vor deren Vollzug (§ 15 Abs. 6 S. 1 G10).

Weiterhin gibt es das Vertrauensgremium, das der Deutsche Bundestag aus den Mitgliedern des Haushaltsausschusses wählt. Die Hauptaufgabe des Vertrauensgremiums besteht darin, im Zuge des jährlichen Haushaltsverfahrens die Wirtschaftspläne der drei Nachrichtendienste des Bundes zu beschließen und während des laufenden Jahres zu kontrollieren, wie mit den zur Verfügung gestellten Mitteln umgegangen wird. Zur Kontrolle verfügt das Vertrauensgremium über die gleichen Rechte wie das PKGr. Das Vertrauensgremium erstattet dem Deutschen Bundestag mindestens in der Mitte und am Ende jeder Legislaturperiode Bericht über seine bisherige Kontrolltätigkeit.[122]

---

122 Informationen abrufbar unter: http://www.verfassungsschutz.de/de/das-bfv/aufsicht-und-kontrolle; http://www.bnd.bund.de/DE/Auftrag/Aufsicht_Kontrolle/Aufsicht_Kontrolle_node.html.

2. *Gerichtliche Kontrolle*

Wie alle öffentlichen Stellen, unterliegen die Nachrichtendienste der vollen gerichtlichen Kontrolle. Lediglich Art. 10 Abs. 2 S. 2 GG normiert eine Ausnahmeregelung zu Art. 19 Abs. 4 GG, auf dessen Grundlage § 13 G10 bestimmt, dass der gerichtliche Rechtsschutz erst nach Mitteilung der Maßnahme an den Betroffenen offensteht. Vorher unterliegen die Maßnahmen der Kontrolle durch die G10-Kommission.[123]

3. *Weitere Kontrolle*

Des Weiteren prüfen auch die Bundesbeauftragte für den Datenschutz und die Informationsfreiheit und der Bundesrechnungshof die Nachrichtendienste gemäß ihrem Auftrag.

Der Bundesbeauftragte für den Datenschutz und die Informationsfreiheit (BfDI) kontrolliert die Umsetzung von Datenschutzvorschriften, die Einhaltung von entsprechenden Dienstvorschriften und verfügt bei seiner Tätigkeit auch über das Recht zur Akteneinsicht.

Der Bundesrechnungshof übt die Finanzkontrolle über die deutschen Nachrichtendienste aus und unterrichtet u.a. das Vertrauensgremium, das Parlamentarische Kontrollgremium und das Bundesministerium des Innern über das Ergebnis seiner Prüfung.[124]

---

123 *Bergemann*, in: Lisken/Denninger, Handbuch des Polizeirechts, H Rn. 135; *Hörauf*, Die demokratische Kontrolle des Bundesnachrichtendienstes, S. 153.

124 Informationen abrufbar unter: http://www.verfassungsschutz.de/de/das-bfv/aufsicht-und-kontrolle; http://www.bnd.bund.de/DE/Auftrag/Aufsicht_Kontrolle/Aufsicht_Kontrolle_node.html.

Kapitel 2: Veränderung der Bedrohungslage

Eines der gegenwärtig präsentesten Themen in Bezug auf die weltweite – und auch die deutsche – Sicherheitslage stellt der islamistische Terrorismus dar.

Aber auch die Möglichkeiten des technischen Zeitalters und insbesondere die Möglichkeit der Nutzung des Internets, durch welches auf verschiedene Weise Gefährdungspotenzial hinzutritt, führt dazu, dass neue Handlungsmöglichkeiten und ein Umdenken in den Sicherheitsstrukturen erforderlich werden. Denn „die Realität der Gesellschaft und damit auch der Kriminalitätsbekämpfung zu Beginn des 21. Jahrhunderts hat sich entscheidend verändert."[125]

Die jüngsten Terroranschläge in Paris, Brüssel, Nizza und Berlin lassen die Diskussionen um Reformationen und Neustrukturierungen der Sicherheitsstruktur sowohl in Deutschland als auch in Europa weiter aufleben. Lösungsansätze und kritische Auseinandersetzungen gibt es viele.

Jedoch werden sich die Gefahrenherde nicht vollständig vernichten lassen. Auch kann ein Anstieg von Gefährdungen durch kriminelle Handlungen – gleich welcher Ausprägung – nicht verhindert werden. Deshalb gilt es, Sicherheitsstrukturen zu schaffen, welche einen umfassenden Schutz vor den aktuellen Gefahren für die Bevölkerung bieten können. Dazu ist ein umfassendes, effizientes Sicherheitssystem notwendig, das möglichst flexibel ist, um die Gefahren abzuwenden, dabei aber weiterhin die Freiheit des Einzelnen – so gut es geht – wahrt. Dieser Themenkomplex des Verhältnisses von Freiheit und Sicherheit, gerade vor dem Hintergrund der Veränderungen der Gefährdungen der heutigen Zeit, wird Teil der weiteren Bearbeitung sein.

Die Diskussion in der rechtswissenschaftlichen – aber auch in der rechtspolitischen Literatur – in Bezug auf die Veränderung der grundlegenden Gedanken des Verhältnisses von Sicherheit und Freiheit und in Bezug auf die Veränderung der Gefährdungspotentiale, sind weitreichend. Denn auch das Verhältnis von Freiheit und Sicherheit muss in dem Zusammenhang mit der Veränderung der Bedrohungslage betrachtet und bewertet werden.

Im Folgenden soll nun zunächst eine Darstellung einiger (potentieller) Bedrohungen und sodann eine Analyse der Veränderung dieser Bedrohungen und der Bedrohungslage insgesamt stattfinden, um abschließend eine umfassende Bewertung des Sicherheitssystems und des „Konstrukts Trennungsgebot" vornehmen und auch die Frage nach dem Bedürfnis einer Veränderung in der

---

125 Vgl. *Zöller*, Informationssysteme, S. 1.

Haltung bezüglich der Themen Freiheit und Sicherheit aufwerfen zu können, was auch verfassungsrechtliche Konsequenzen mit sich bringt.

Zurückführend auf den Ausgangspunkt „Trennungsgebot“, müssten die Überlegungen, welche das Trennungsgebot als ein freiheitserhaltendes Prinzip, das seinen Ursprung in den Gedanken zur Verhinderung von Machtstrukturen, die die Geschichte der Bundesrepublik Deutschland prägen, findet und die Freiheit des Einzelnen vor die ausnahmslos effiziente Aufklärung von Gefährdungslagen und konkreten Gefahren stellt, überdacht und neu bewertet werden. Auch soll dabei herausgearbeitet werden, welche konkreten Konsequenzen ein verändertes Bewusstsein von Freiheit und Sicherheit mit sich bringen könnten.

Das Bundesverfassungsgericht hat in seinem Urteil zum Antiterrordateiengesetz bereits das besondere Gefährdungspotential des Terrorismus betont und die Notwendigkeit der sicherheitsbetonteren Gesetzgebung als mit der Verfassung vereinbar angesehen. Jedoch soll im Folgenden nicht nur der Terrorismus betrachtet werden, sondern auch die Sicherheitslage in der Bundesrepublik Deutschland allgemein, um umfassende Schlüsse auf das Verhältnis von Sicherheit und Freiheit ziehen zu können. Die Betrachtung der Bedrohungslage erfolgt nicht abschließend, sondern zeigt einen Ausschnitt.

A. Terrorismus

I. Begriff

Zunächst stellt sich als Grundlage zur Bewertung der Eigenart von Gefahren durch den Terrorismus die Frage nach einer greifbaren Definition des Begriffs Terrorismus.

Bruce Hoffmann, ein amerikanischer Terrorismusexperte, definierte den Terrorismus als eine „[...] bewusste Erzeugung und Ausbeutung von Angst durch Gewalt oder die Drohung mit Gewalt zum Zweck der Erreichung politischer Veränderung.“[126] Es geht danach beim Terrorismus also weniger um den unmittelbaren materiellen Schaden, als um das Signal, welches ausgesendet wird.[127]

Jedoch ist kaum eine Bezeichnung umstrittener als die des Terrorismus und eine Definition des Begriffs damit grundsätzlich nicht leicht zu bestimmen.

126 *Hoffmann*, Terrorismus, S. 56; *Deiß*, Herausforderung Terrorismus, S. 23; *Göttler*, Angst, Staat und Terrorismus. Der Bürger zwischen zwei Bedrohungen, in: Riescher (Hrsg.) Sicherheit und Freiheit statt Terror und Angst, S. 47, 58.

127 *Göttler*, Angst, Staat und Terrorismus. Der Bürger zwischen zwei Bedrohungen, in: Riescher (Hrsg.) Sicherheit und Freiheit statt Terror und Angst, S. 47, 58.

Dies liegt vor allem auch daran, dass die Einstufung meist vom Standpunkt des Betrachters abhängt.[128] Schließlich lassen sich aber Elemente bestimmen, die den Kern terroristischer Handlungen ausmachen[129] und damit die Begrifflichkeit greifbarer machen.

1. Definitionsversuche und Merkmale

Eine abschließende und festgelegte Definition des Begriffs Terrorismus gibt es demnach nicht. Das Hervorrufen von Angst und Schrecken in der Gesellschaft ist ein zentraler Punkt zur Eingrenzung des Begriffes.[130] Darüberhinaus werden verschiedene Ansichten[131] hinsichtlich der wesentlichen Merkmale der Definition deutlich.

Zunächst ist anzuführen, dass Terrorismus vom lateinischen *terror* abgeleitet wird und „Schrecken und Angst" bedeutet.[132] Aus der Wortlautauslegung kann somit als ein Definitionsmerkmal das Verbreiten von Schrecken und Angst als Ziel einer terroristischen Handlung festgehalten werden. Diese steht auch im Mittelpunkt der Terrorismus-Definition von *Hoffmann*.[133]

Darüberhinaus haben sich weitere Definitionsmerkmale in der Literatur herausgebildet.

Es handelt sich um einen andauernden bzw. fortgesetzten, organisierten und geplanten[134] Gewaltakt[135] mit erheblichem Schweregrad[136] aus politischen oder religiösen Gründen zur Einschüchterung von Regierung oder

---

128 So *Dietl/Hirschmann/Tophoven,* Das Terrorismus-Lexikon, S. 16 f., die anführen, dass Terroristen sich zum Beispiel als Kämpfer für die Freiheit und gegen die Unterdrückung durch eine tyrannische Macht bezeichnen.

129 *Dietl/Hirschmann/Tophoven,* Das Terrorismus-Lexikon, S. 17.

130 *Deiß,* Herausforderung Terrorismus, S. 22.

131 Vor allem die Wissenschaftler Soziologe Waldmann, Terrorismusexperte Hoffmann und Historiker Laqueur beschäftigten sich mit der Definition des Terrorismus, in denen unterschiedliche Merkmale im Vordergrund stehen.

132 Pons Lateinisch-Deutsches Wörterbuch; *Göttler,* Angst, Staat und Terrorismus. Der Bürger zwischen zwei Bedrohungen, in: Riescher (Hrsg.) Sicherheit und Freiheit statt Terror und Angst, S. 47, 58.

133 *Hoffmann*, Terrorismus, S. 56; *Deiß,* Herausforderung Terrorismus, S. 22 f.

134 *Dietl/Hirschmann/Tophoven,* Das Terrorismus-Lexikon, S. 17.

135 Bei der Begriffsbestimmung von Laqueur steht die Anwendung und Androhung von Gewalt im Vordergrund; *Laqueur,* Dieglobale Bedrohung, S. 44 f.; *Deiß,* Herausforderung Terrorismus, S. 23.

136 *Middel,* Innere Sicherheit und präventive Terrorismusbekämpfung, S. 57.

Zivilbevölkerung.[137] Die Terroristen sind in der Regel dem staatlichen Sicherheitsapparat logistisch und personell weit unterlegen, setzen aber das Mittel des Überraschungsmoments ein.[138]

Dieser Gewaltakt wird mit terroristischen Mitteln durchgeführt, das heißt mithilfe von Bomben, Schusswaffen oder anderen Waffensystemen. Bezeichnend ist, dass die Art der Gewaltanwendung von der Gesellschaft als unverhältnismäßig oder unnatürlich wahrgenommen wird.[139]

Ziel ist vor allem die Veränderung von politischen und gesellschaftlichen Verhältnissen, Handlungen und Strukturen.[140] Zum Teil wird als weiteres Definitionsmerkmal gesehen, dass die Gewaltakte sich gegen Nicht-Kämpfer richten.[141]

Jedoch kann es trotz der Zusammenschau von Merkmalen, die dazu dienen können, den Begriff Terrorismus zu definieren, letztendlich keine allgemeine Terrorismus-Definition geben, da die verschiedenen Gruppen sich verschiedenster Methoden bedienen, um ihre Ziele zu erreichen, weiterhin auch, weil verschiedene Staaten verschiedene Verhaltensweisen aus ihrem Verständnis von Terrorismus ausschließen und insofern eine verschiedenartige Sichtweise bei der Abgrenzung von Freiheitskämpfern und Terroristen besteht.[142] Die Begriffe „Terrorismus" und „Terror", als ursprüngliche Begrifflichkeit für „die Gewalt von oben" – also die Methoden staatlicher Schreckensherrschaften gegenüber der eigenen Bevölkerung – werden heute synonym verwendet.[143]

---

137 *Dietl/Hirschmann/Tophoven,* Das Terrorismus-Lexikon, S. 18; *Middel,* Innere Sicherheit und präventive Terrorismusbekämpfung, S. 57; *Lutz,* Was ist Terrorimus? Definitionen, Wandel, Perspektiven, in: Koch (Hrsg.), Terrorismus – Rechtsfragen der äußeren und inneren Sicherheit, S. 9, 12 f.

138 *Schneckener,* Netzwerke des Terrors, S. 10.

139 *Dietl/Hirschmann/Tophoven,* Das Terrorismus-Lexikon, S. 18.

140 *Lutz,* Was ist Terrorimus? Definitionen, Wandel, Perspektiven, in: Koch (Hrsg.), Terrorismus – Rechtsfragen der äußeren und inneren Sicherheit, S. 9, 12 f.; *Middel,* Innere Sicherheit und präventive Terrorismusbekämpfung, S. 57.

141 *Lutz,* Was ist Terrorimus? Definitionen, Wandel, Perspektiven, in: Koch (Hrsg.), Terrorismus – Rechtsfragen der äußeren und inneren Sicherheit, S. 9, 13.

142 *Dietl/Hirschmann/Tophoven,* Das Terrorismus-Lexikon, S. 19.

143 *Dietl/Hirschmann/Tophoven,* Das Terrorismus-Lexikon, S. 17. Der Rat der EU formulierte in Art. 1 Abs. 3 des Gemeinsamen Standpunkts 2001/931/GASP7, ABl. L344, 93 für den Bereich der EU eine Definition des Terrorismus. Hiernach liegt eine terroristische Handlung vor, wenn vorsätzlich Anschläge gegen das Leben oder die körperliche Unversehrtheit von Menschen vorgenommen, Entführungen oder Geiselnahmen oder sonstige Handlungen unternommen werden, die durch ihre Art oder durch ihren Kontext ein Land oder eine internationale Organisation ernsthaft schädigen können. Sie müssen allerdings mit dem Ziel begangen werden, die Bevölkerung auf

2. *Erscheinungsformen*

a. *Nationaler, internationaler und transnationaler Terrorismus*

Zunächst ist eine Unterscheidung nach räumlicher Ausdehnung nötig. Terrorismus wird in drei verschiedene Kategorien, den nationalen, den internationalen und den transnationalen Terrorismus, unterteilt.

Bei dem nationalen Terrorismus handelt es sich um den „klassischen Terrorismus", also um eine Art des Terrorismus, der auf ein Land beschränkt ist und sich somit nicht darüber hinaus erstreckt, sodass sowohl Täter als auch Opfer dem gleichen Staat angehören. Diese Variante des Terrorismus prägte das 19. und 20. Jahrhundert. Als Beispiel in Deutschland ist die RAF zu nennen.[144]

Weiterhin wird von internationalem Terrorismus gesprochen, wenn die Anschläge sich in den ideologischen Vorstellungen der Terroristen begründen, die sich aber nicht nur auf ein Land und die Gesellschaft beziehen, die Ziele damit mithin überregional angelegt sind. Die Terroristen operieren dann also über einen begrenzten Bereich hinaus und stammen ggf. auch aus verschiedenen Ländern und weiten so die terroristischen Aktivitäten aus.[145] Durch die terroristischen Handlungen soll die Weltöffentlichkeit aufmerksam werden. Meist sind die Ziele jedoch staatsintern. Als Beispiel zählt die palästinensische Hamas.[146]

Als dritte Kategorie ist der transnationale Terrorismus zu nennen, der sich über die ganze Welt erstreckt und damit keinen lokalen Bezugspunkt mehr aufweist. Ziel ist die Veränderung der internationalen Ordnung, wobei in netzwerkartigen Strukturen gearbeitet wird. Al-Qaida ist dabei eines der bekanntesten Beispiele.[147] Jedoch rückte in den vergangenen Jahren der „Islamische Staat" – der IS – durch eine Vielzahl von Anschlägen auch in Europa und Deutschland in den Vordergrund.[148]

Weiterhin sticht die nigerianische Terrorgruppe „Boko Haram" als äußerst gewalttätig – mit mehr als 15000 Toten – und mit engen Verbindungen zum

---

schwerwiegende Weise einzuschüchtern oder eine Regierung oder eine internationale Organisation unberechtigterweise zu einem Tun oder Unterlassen zu zwingen oder die politischen, verfassungsrechtlichen, wirtschaftlichen oder sozialen Grundstrukturen eines Landes oder einer internationalen Organisation ernsthaft zu destabilisieren oder zu zerstören.

144 *Deiß,* Herausforderung Terrorismus, S. 26.

145 *Dietl/Hirschmann/Tophoven,* Das Terrorismus-Lexikon, S. 19.

146 *Deiß,* Herausforderung Terrorismus, S. 27.

147 *Schneckener,* Netzwerke des Terrors, S. 5 ff.

148 Vgl. A.II

Islamischen Staat sowie zu Al-Qaida hervor. Diese Gruppe wird wohl jedoch gegen den ersten Anschein nicht als transnationales Terrornetzwerk, sondern als lokale Terrorgruppe einzuordnen sein.[149]

b. Ethno-nationaler und ideologisch-weltanschaulicher Terrorismus

Anhand der Zielsetzung und Motivation lässt sich der Terrorismus in mehrere Richtungen einteilen. Dabei ist der ethno-nationale Terrorismus vom ideologisch-weltanschaulichen Terrorismus zu unterscheiden.

Die Frage, ob der Begriff Terrorismus auch den Staatsterrorismus erfasst, wird unterschiedlich beantwortet. Unter Staatsterrorismus wird die Einschüchterung und Lähmung der unterworfenen Bevölkerung durch den Missbrauch staatlicher Macht verstanden.[150]

Der säkulare ethno-nationale Terrorismus entwickelte sich seit den 1960er Jahren aus Vorläufern und aus Widerstandsgruppen. Zielsetzung dieser Gewaltgruppen war der Separatismus, wie zum Beispiel die staatliche Unabhängigkeit einer Region, die Ausprägungen von Autonomie, die Gewährung von Mitbestimmungsrechten etc. bis zu Forderungen hin zum eigenen Staat. Dabei wurde sich oft auf marxistisch-leninistische Weltanschauungen berufen, was in den 1970ern wenig Anklang fand. Viele ethno-nationale Terrorgruppen reduzierten aufgrund des Nichterreichens des gewünschten Ziels den bewaffneten Kampf und wurden zu ausschließlich politisch relevanten Kräften. Zur Politik dieser Terrorismusform gehört somit eine Konfliktivität. Beispiele für ethno-nationalen Terrorismus sind die Tamil Tigers aus Sri Lanka, die Irisch-Republikanische Armee (IRA) in Nordirland und die baskische ETA sowie die kurdische PKK und die Palästinensische Befreiungsorganisation (PLO) in Palästina.[151] Die kurdische Arbeiterpartei kämpft für ein „Demokratisches Autonomes Kurdistan“. Mit Waffengewalt und Anschlägen versuchen die kurdischen Terroristen in der Türkei, aber auch in den benachbarten Ländern, ihre Ziele durchzusetzen.

c. Der ideologisch-weltanschauliche Terrorismus

Der ideologisch-weltanschauliche Terrorismus kann in die Richtungen sozialrevolutionärer und ideologisch-religiöser Terrorismus untergliedert werden.

---

149 Vgl. *Sändig*, Boko Haram: Lokaler oder transnationaler Terrorismus?, Aus Politik und Zeitgeschichte 24–25/2016, S. 33 ff.

150 *Middel*, Innere Sicherheit und präventive Terrorismusbekämpfung, S. 45.

151 *Dietl/Hirschmann/Tophoven*, Das Terrorismus-Lexikon, S. 22 f.; *Lang*, Das Antiterrordateigesetz, S. 81.

aa. Sozial-revolutionärer Terrorismus am Beispiel des Rechtsterrorismus

Der sozial-revolutionäre Terrorismus war vor allem in den 1970er Jahren bis Mitte der 1990er Jahre präsent. Ausgangspunkt war die Idee einer Neuausrichtung europäischer Gesellschaften in politischer und ideologischer Hinsicht. Hervorgegangen war diese Richtung des ideologisch-weltanschaulichen Terrorismus aus dem linksextremen Spektrum der post-1968er Bewegung, die hauptsächlich Repräsentanten der herrschenden Ordnung sowie symbolträchtige Gebäude im Visier hatte.

Unter Rechtsterrorismus wird der durch rechtsextremistische Akteure auf psychische und kommunikative Wirkungen zielende Einsatz von Gewalt oder die Drohung mit Gewalt zur Erzeugung von Schrecken und zur Mobilisierung zur Vermehrung des Einflusses im politischen Raum verstanden. Der Begriff bezeichnet damit einen Teil des sozial-revolutionären Terrorismus.[152] Hier wird im Namen einer nach identitätstheoretischen Kriterien wie Rasse oder Ethnie konstruierten Gruppe gewalttätig gegen die durch sie deklarierten Feinde vorgegangen.[153] Die möglichen Handlungsweisen des Rechtsterrorismus sind vielfältig und können sowohl Aktionen aus festen Strukturen und losen Netzwerken heraus, aber auch Bestrebungen von Zellen und Einzeltätern umfassen.[154]

Die Begriffe Rechtsterrorismus und Rechtsextremismus werden häufig synonym verwendet.[155] Durch den Rechtsterrorismus sollen das bestehende politische System unterwandert und „die verschütteten Kampfinstinkte für die Verteidigung der Nation und ihrer rassischen Urwerte neu erweckt“[156] werden. Diese Form von Terrorismus wird häufig in totalitären Regimen von Polizei, Streitkräften oder anderen Sicherheitskräften, z.B. Todesschwadronen, mitgetragen.[157] In Deutschland fällt in diesem Zusammenhang insbesondere auf, dass die rechtsterroristischen Akteure eher auf das Hervorrufen von Angst und

---

152 *Logvinov*, Terrorismusrelevante Indikatoren und Gefahrenfaktoren im Rechtsextremismus, Kriminalistik 2013, S. 669, 671.

153 *Logvinov*, Terrorismusrelevante Indikatoren und Gefahrenfaktoren im Rechtsextremismus, Kriminalistik 2013, S. 669, 671.

154 *Pfahl-Traughber*, Konzepte terroristischen Handelns im Rechtsextremismus, Kriminalistik 2012, S. 436 ff.

155 *Bechmann*, Terrorismus: Definitionskontroverse, historische Reflexion und politische Auswirkungen, S. 125.

156 *Löckinger*, Terrorismus, Terrorismusabwehr, Terrorismusbekämpfung, S. 43.

157 *Löckinger*, Terrorismus, Terrorismusabwehr, Terrorismusbekämpfung, S. 43.

Schrecken bei den „gegnerischen Zielgruppen" abzielen, als auf das Erzwingen von Reaktionen des Staates.[158]

Als gegenwärtiges Beispiel für den Rechtsextremismus und -terrorismus ist die Gruppe Nationalsozialistischer Untergrund (NSU) zu nennen. Die drei Mitglieder der Gruppe entstammten der ostdeutschen Neonazi-Szene und gehörten zu den Aktivisten des rechtsextremistischen „Thüringer Heimatschutzes". Über 13 Jahre hatten sie im Untergrund gelebt und von dort aus mindestens zehn Menschen ermordet.[159] Die Besonderheit des NSU als rechtsterroristische Zelle kennzeichnet sich im Vergleich zu früheren terroristischen Zellen als besonders gewaltintensiv.[160]

bb. Ideologisch- weltanschaulicher Terrorismus am Beispiel des islamistischen Terrorismus

Hingegen nahm die Bedeutung des ideologisch-religiösen Terrorismus seit den 1980er Jahren zu.[161]

Die größte Strömung innerhalb dieser Richtung ist der islamistische bzw. dschihadistische Terrorismus. Die Anhänger berufen sich dabei auf die im Koran enthaltenen Aufforderungen zum Dschihad, den „heiligen Krieg", zur Erreichung ihrer islamischen Ordnung.[162] Seit den Anschlägen am 11. September 2001 auf das World Trade Center und das Pentagon war Al-Qaida wohl als bekannteste islamistische Terrorvereinigung anzusehen. Mit der Ausrufung eines Kalifats im Juni 2014 trat dann auch der Islamische Staat in den Vordergrund. Der IS gilt derzeit als die am besten organisierte und bewaffnete Organisation im Bereich des islamistischen Terrorismus. Er verfügt über beträchtliche finanzielle Ressourcen und agiert weltweit.[163] Der IS hat nicht nur einen Kernstaat im Irak und in Syrien aufgebaut, sondern auch in Provinzen in verschiedenen Ländern. In seinen Kerngebieten gerät der IS zunehmend unter Druck.

---

158 *Logvinov*, Terrorismusrelevante Indikatoren und Gefahrenfaktoren im Rechtsextremismus, Kriminalistik 2013, S. 669, 671.

159 *Pfahl-Traughber*, Die neue Dimension des Rechtsterrorismus. Die Mordserie des „Nationalsozialistischen Untergrundes" aus dem Verborgenen, in: Pfahl-Traughber (Hrsg.), Jahrbuch für Extremismus- und Terrorismusforschung 2011/2012 (II), S. 58, 78.

160 *Pfahl-Traughber*, Die Lehren aus der Nichterkennung der NSU-Serienmorde, Kriminalistik 2013, S. 17, 17 f.

161 Dietl/Hirschmann/Tophoven, Das Terrorismus-Lexikon, S. 24.

162 *Lang*, Das Antiterrordateigesetz, S. 82.

163 Vgl. Verfassungsschutzbericht 2015, S. 186.

Die Kämpfer des Dschihad, die häufig auch als unabhängige Kämpfer arbeiten, folgen einer organisierten und strukturierten Gewaltidee, die den Islam missbraucht und nur von einer sehr geringen Minderheit der Muslime geteilt wird.

Insbesondere die Bereitschaft als Selbstmordattentäter sein Leben zu geben, ist beim ideologisch-religiösen Terrorismus besonders ausgeprägt.[164] Auf die Organisationsstruktur und die Veränderung insbesondere des islamistischen Terrorismus wird im Folgenden eingegangen.

Aber auch das Christen- und das Judentum gerieten immer wieder in die Lage, dass fanatische Gewalttäter mit politischen Anliegen Stellen aus den jeweiligen heiligen Schriften zur Rechtfertigung ihrer Anschläge nutzten.[165]

II. Organisationsstruktur des Terrorismus und seine Veränderung am Beispiel des islamistischen Terrorismus

Der Terrorismus unterliegt einem ständigen Wandel. In den letzten fünfzig Jahren hat sich nicht nur die terroristische Frequenz erhöht, sondern es sind auch eine Veränderung der Erscheinungsformen und der Organisationsstrukturen sowie eine Ergänzung der Methoden zu beobachten.[166]

Die Anschläge, Organisationen und Strukturen der terroristischen Gruppen werden zunehmend komplexer und professioneller. Zum einen profitieren die Terroristen von den Erfahrungen früherer Terroristen. Zum anderen machen sich die terroristischen Gruppen die technologischen und gesellschaftlichen Entwicklungen zunutze.[167]

Insbesondere durch den islamistischen Terrorismus hat sich die Gefahrenlage verändert. Im Folgenden sollen zunächst die Veränderungen der terroristischen Gefahren hauptsächlich im Hinblick auf den islamistischen Terrorismus betrachtet werden.

Vor allem ist beim islamistischen Terrorismus von einer Veränderung des Tatprofils zu sprechen.[168] Diese Veränderung zeigt sich auch in den terroristischen Anschlägen des IS, der zu einer neuen Dimension terroristischer Bedrohung führt.[169]

---

164 *Dietl/Hirschmann/Tophoven,* Das Terrorismus-Lexikon, S. 24.

165 *Dietl/Hirschmann/Tophoven,* Das Terrorismus-Lexikon, S. 25.

166 *Dietl/Hirschmann/Tophoven,* Das Terrorismus-Lexikon, S. 21.

167 *Dietl/Hirschmann/Tophoven,* Das Terrorismus-Lexikon, S. 21.

168 Vgl. *Schneckener,* Netzwerke des Terrors, S. 40.

169 Verfassungsschutzbericht 2014, S. 87 f.

In den 1970er und 1980er Jahren konzentrierte sich die terroristische Bedrohung auf wenige, meist gezielt ausgesuchte Personen, die als Repräsentanten des „gegnerischen Systems" ausgewählt wurden. In seiner klassischen Form stellt der Terrorismus eine primär symbolische Form von Gewalt dar, bei der es um die Signale und Botschaften geht, nämlich bestimmte Emotionen und Verhaltensreaktionen hervorzurufen. Es ging primär nicht um den Zerstörungseffekt der Angriffe.[170]

Heute steht zur Verhinderung des Vorwärtsdrangs des säkularen und hedonistischen westlichen Lebensstils, die möglichst große Zahl von Todesopfern im Vordergrund, und damit das gegenwärtige Gefühl der dauerhaften Bedrohung, der Einschüchterung, Verletzbarkeit und Angreifbarkeit bei der Bevölkerung und insbesondere die ständige Angst vor Anschlägen auf eine kaum begrenzbare Auswahl von möglichen Anschlagszielen.[171] Die jihadistischen Gruppierungen kämpfen für einen „Gottesstaat". Der Terrorismus stellt dabei das Mittel gegen „Ungläubige" dar und damit eine globale Bedrohung für die internationale Staatengemeinschaft.[172]

Besonders der „Einsatz" von Selbstmordattentätern, also die Bereitschaft zur Erreichung dieses Ziels mit dem Leben zu bezahlen, ist dabei zu nennen[173] und führt zur besonderen Unberechenbarkeit dieser Anschläge, da sie zu jeder Zeit und an jedem Ort durchgeführt werden können. Die Hoffnung auf Belohnung im Jenseits ist für die Attentäter selber ein Beweggrund und Ziel, und somit auch der Ansporn zur Begehung dieser Taten. Auch das Wissen um den „Ruhm" im Nachhinein und die Medienwirksamkeit sind entscheidende Motivationsgründe.[174]

Getragen werden diese terroristischen Handlungen durch den Hass auf die gesamte westliche Gesellschaft.[175] Im Vergleich zum traditionellen Terrorismus

---

170 *Waldmann,* Terrorismus und Bürgerkrieg, S. 28.

171 Verfassungsschutzbericht 2013, S. 193 f.; *Diwell,* Aufgabenverbund von Polizei und Geheimdiensten bei der Bekämpfung des islamistischen Terrorismus, in: *Schreckenberger* (Hrsg.), Polizei und Nachrichtendienste unter veränderten Sicherheitsbedingungen, S. 11, 15; *Göttler,* Angst, Staat und Terrorismus. Der Bürger zwischen zwei Bedrohungen, in: Riescher (Hrsg.) Sicherheit und Freiheit statt Terror und Angst, S. 47, 58 f.

172 Verfassungsschutzbericht 2014, S. 86.

173 *Deiß,* Herausforderung Terrorismus, S. 28 f.

174 *Dietl/Hirschmann/Tophoven,* Das Terrorismus-Lexikon, S. 247 ff.

175 *Göttler,* Angst, Staat und Terrorismus. Der Bürger zwischen zwei Bedrohungen, in: Riescher (Hrsg.) Sicherheit und Freiheit statt Terror und Angst, S. 47, 58 f.

kommt beim modernen Terrorismus – wie bereits angesprochen – hinzu, dass die Zielsetzung nicht mehr national begrenzbar ist und somit auch die Täter nicht mehr nur lokal operieren. Auch ist die soziale Herkunft sehr unterschiedlich.[176] Damit hat sich auch das Täterprofil geändert.

Weiterhin ist eine Veränderung der Organisationsstruktur sichtbar.[177] Die Terroristen organisieren ihre Vorhaben heute – anstelle von hierarchischen Kommandostrukturen[178] – über Netzwerke.[179] Die Netzwerkqualitäten der heutigen Form des Terrorismus ermöglichen, dass Terrorismus zu einer noch größeren, dynamischeren und komplexeren Bedrohung wird. Die Terrorgruppen können multinational operieren und der Austausch von Material, wie Waffen und Geld aber auch Informationen und Befehle, sind überall auf der Welt möglich.[180]

In diesen netzwerkartigen Terrororganisationen können zwar Führungsfiguren identifiziert werden, jedoch findet keine Fixierung allein auf diese statt, da sich in diesen Handlungsstrukturen eine Vielzahl von einzelnen autonom agierenden und ethnisch unterschiedlich zusammengesetzten Gruppierungen finden lassen.[181]

Die besondere Schwierigkeit liegt für die Sicherheitsbehörden darin, dass der Tod oder die Festnahme einzelner Mitglieder oder die Zerschlagung einer einzigen Terrorzelle keine Auswirkung auf andere Terrorzellen hat; damit kann eine solche Gruppierung nur mühsam zerschlagen werden.[182]

Ein weiteres Gefährdungspotential ergibt sich aus den Einzeltätern, deren Radikalisierung sich weitestgehend unbemerkt und ohne formale oder kommunikative Anbindung an bekannte terroristische Vereinigungen vollzieht. Durch diese fehlende Anbindung wird das Entdeckungsrisiko durch die

---

176 *Diwell*, Aufgabenverbund von Polizei und Geheimdiensten bei der Bekämpfung des islamistischen Terrorismus, in: *Schreckenberger* (Hrsg.), Polizei und Nachrichtendienste unter veränderten Sicherheitsbedingungen, S. 11, 15 f.

177 So auch *Schneckener*, Netzwerke des Terrors, S. 40 f.

178 *Münkler*, Ältere und jüngere Formen des Terrorismus in: Weidenfeld (Hrsg.) Herausforderung Terrorismus, S. 29.

179 *Diwell*, Aufgabenverbund von Polizei und Geheimdiensten bei der Bekämpfung des islamistischen Terrorismus, in: *Schreckenberger* (Hrsg.), Polizei und Nachrichtendienste unter veränderten Sicherheitsbedingungen, S. 11, 16.

180 *Deiß*, Herausforderung Terrorismus, S. 50 f.

181 *Weidenfeld*, Für ein System kooperativer Sicherheit, in: Weidenfeld (Hrsg.) Herausforderung Terrorismus, S. 11, 14; *Waldmann*, Terrorismus und Bürgerkrieg, S. 33.

182 *Deiß*, Herausforderung Terrorismus, S. 50 f.; *Weidenfeld*, Für ein System kooperativer Sicherheit, in: Weidenfeld (Hrsg.) Herausforderung Terrorismus, S. 11, 14.

Sicherheitsbehörden verringert und somit eine Verhinderung eines Anschlags erschwert.[183] Auch die Rolle der Medien als Träger und Transporteur der Botschaft der Terroristen verändert sich.[184]

Weiterhin kommt dem technischen Fortschritt Bedeutung zu, denn sowohl die Tatwerkzeuge, als auch die Angriffsziele haben sich dadurch erweitert.[185]

Ebenso entstehen durch den Zugriff auf die Informationstechnologie und durch die Komplexität dieser Systeme weitreichende Gefährdungspotentiale.[186] Insbesondere die neue Form des Terrorismus, der Cyberterrorismus, ist so gefährlich, weil die kritischen Infrastrukturen, wie die Energieversorgung, Verkehrssysteme, Sicherheits- und Rettungsdienste sowie Banken- und Finanzwesen von der Informationstechnologie abhängig sind und Störungen in diesen Systemen beträchtliche Auswirkungen haben können.[187] Elektronische Kommunikationsmittel sind damit sowohl Angriffsmittel als auch Angriffsziel.

Jihadisten haben bereits vor Jahren zur Gründung eines „Instituts für den elektronischen Jihad" aufgerufen. Dort werden ausdrücklich Angriffe auf Systeme zur Steuerung der Stromversorgung von Wasser und Gasnetzen, aber auch der Systeme von Flughäfen, Bahnnetzen, Börsen und großen Banken vorgesehen. Bislang reichen die Handlungsansätze in der digitalen Welt bei deutschen Extremisten in der Regel nicht über Cyber-Attacken auf Extremisten anderer Prägung hinaus. Digitale Recherchedatenbanken stellen jedoch ein umfangreiches, auch personenbezogenes Wissen über den politischen Gegner zur Verfügung. Damit ist das digitale „Outing" mit der realen Welt auf eine Art und Weise verbunden, die zu einer unmittelbaren Gefährdung von Personen und Objekten führen kann.[188]

Diese Art des Terrorismus kann aus der Entfernung erfolgen und bleibt anonym, weiterhin erhält dieser dennoch große Aufmerksamkeit der Öffentlichkeit und ist zudem noch kostengünstig. Die Nutzung des Internets, nicht nur

---

183 Bericht der Regierungskommission zur Überprüfung der Sicherheitsgesetzgebung in Deutschland vom 28. August 2013, S. 7.

184 *Deiß*, Herausforderung Terrorismus, S. 51.

185 *Hanning*, Ziele und Schwerpunkte des Bundesnachrichtendienstes, in: *Schreckenberger* (Hrsg.), Polizei und Nachrichtendienste unter veränderten Sicherheitsbedingungen, S. 85, 93.

186 *Hutter*, Risiken im Informationszeitalter, in: Bundesakademie für Sicherheitspolitik (Hrsg.), Sicherheitspolitik in neuen Systemen, S. 483, 489.

187 *Dietl/Hirschmann/Tophoven*, Das Terrorismus-Lexikon, S. 287; *Lang*, Das Antiterrordateigesetz, S. 75.

188 Verfassungsschutzbericht 2013, S. 58 f.

als Vorbereitungs- sondern als Terrorismusinstrument, steht derzeit noch nicht im Mittelpunkt der Betrachtung des Terrorismus, wird jedoch künftig auch eine weitere Bedrohung darstellen.[189]

III. Zusammenfassung: Gefahrenpotential des islamistischen Terrorismus

Insgesamt stellt der internationale islamistische Terrorismus nach wie vor eine massive Bedrohung sowohl für die Staatengemeinschaft als auch weiterhin eine der größten Gefahren für die innere Sicherheit Deutschlands dar.[190]

Das besondere Gefahrenpotenzial ergibt sich aus den oben genannten Merkmalen. Vor allem das Ausnutzen der Angst, das Ziel der Tötung einer Vielzahl von Menschen und die Unberechenbarkeit und Unvorhersehbarkeit von terroristischen Handlungen stehen im Vordergrund. Durch die fehlende Berechenbarkeit ergibt sich auch die besondere Schwierigkeit der Wahl von Sicherheitsmaßnahmen und Vorgehensweisen gegen die terroristischen Pläne, da diese nicht an bekannten Bewertungskriterien fest gemacht werden können.[191] Bei Betrachtung der Anschläge in Nizza und Berlin 2016 wird deutlich, dass auch Alltagsgegenstände als Tatwerkzeuge zweckentfremdet werden und so die Möglichkeit besteht, bis unmittelbar vor Beginn des Angriffs unerkannt zu bleiben, insbesondere, wenn es sich bei dem Angreifer um Einzelgänger handelt.

Erschwerend kommt also hinzu, dass es sich um vernetzte Tätergruppen oder Einzeltäter aus unterschiedlichen Herkunftsländern handelt, die die Möglichkeit haben, auch aufgrund der Nutzung von moderner Informationstechnologie ihre Operationen von jedem Standpunkt auf der Welt zu planen, anzuweisen oder durchzuführen.

Die Bereitschaft der Selbstmordattentäter, ihr eigenes Leben zur Erreichung des Ziels zu geben und ebenso, dass keine Grenzen zum eigenen Schutz der Mitglieder und Anhänger von terroristischen Vereinigungen vorhanden sind und dies zu einer besonderen Skrupellosigkeit führt, bürgt ein erhebliches Gefährdungspotential. Sie werden dadurch schwer besiegbar.[192] Auch an der Anzahl von Anhängern, die bereit sind, als Selbstmordattentäter zu fungieren, fehlt es nicht, da bei diesen in vielen Fällen der Tod keine große soziale Lücke

---

189 *Dietl/Hirschmann/Tophoven,* Das Terrorismus-Lexikon, S. 288.

190 Verfassungsschutzbericht 2013, S. 207; 2014, S. 86.

191 *Weidenfeld,* Für ein System kooperativer Sicherheit, in: Weidenfeld (Hrsg.) Herausforderung Terrorismus, S. 11, 12.

192 Vgl. zur „Unbesiegbarkeit" *Laquer,* Die globale Bedrohung, S. 182.

hinterlässt. Sie leben häufig isoliert von der Familie und ohne Zukunftsperspektive.[193]

Neben den unmittelbaren materiellen Schäden der Terrorakte stehen für die islamistischen Terroristen die langfristigen ökonomischen und politischen Folgewirkungen der Angriffe im Vordergrund und damit ebenfalls die Zerstörung der politisch-ökonomischen Grundlagen einer globalen, nichtislamistischen Ordnung.[194]

Insbesondere hat sich in den letzten Jahren durch den IS eine neue Dimension terroristischer Bedrohungen ergeben. Die Propagierung der Ziele und das Feiern der Erfolge führen zu einer stark ansteigenden Reisebewegung von Jihadisten aus Europa, um den IS zu unterstützen.[195] Bis Anfang 2015 lagen Erkenntnisse zu mehr als 600 deutschen Islamisten bzw. Islamisten aus Deutschland vor, die in Richtung Syrien oder Irak ausgereist waren, um sich dem Kampf anzuschließen und den IS zu unterstützen. Sie erlernen und erproben dort Kampfhandlungen. Nach Angaben des Verfassungsschutzes sind etwa ein Drittel der ausgereisten Personen zwischenzeitlich nach Deutschland zurückgekehrt. Diese Personen stellen ein erhebliches Risiko für die Sicherheit dar, wenn sie eine Ausbildung in den Kampflagern absolviert haben. Zu 70 dieser Rückkehrer liegen Informationen über eine Kampfbeteiligung in Syrien oder dem Irak bzw. einer Ausbildung zu Kämpfen vor.[196]

Das besondere Gefahrenpotential des gegenwärtigen Terrorismus liegt – wie bereits erörtert – unter anderem darin, dass die Strategien der Bekämpfung infolge der Netzwerkstrukturen weniger Erfolg versprechen, da die Gruppen schwerer zu infiltrieren sind und selbst der Tod des Oberhauptes einer Organisation nicht die gewünschten Folgen hervorruft.[197] Hinzu tritt die Einzeltäterproblematik durch einzelne „kampfbereite" Personen. Diese sind durch die Sicherheitsbehörden schwieriger zu kontrollieren, da sie sich bis zu der Ausführung ihrer Tat ruhig verhalten, nicht in Erscheinung treten und nicht auf einen konkreten Aufruf zu einer terroristischen Handlung

---

193 *Waldmann,* Der internationale Terrorismus in der Bundesrepublik Deutschland, in: Weidenfeld (Hrsg.) Herausforderung Terrorismus, S. 44, 52.

194 Verfassungsschutzbericht 2013, S. 193.

195 Zur Nutzung der Medien zu Propagandazwecken vgl. C.II.1.

196 Verfassungsschutzbericht 2015, S. 163.

197 So auch: *Münkler,* Ältere und jüngere Formen des Terrorismus in: Weidenfeld (Hrsg.) Herausforderung Terrorismus, S. 29, 39.

reagieren, sondern selbstbestimmt handeln.[198] Beispiele dafür ereigneten sich in jüngster Zeit auch in Ansbach und Würzburg im Juli 2016 sowie in Berlin im Dezember 2016.

Als ebenso problematisch in Zusammenhang mit dem islamistischen Terrorismus ist die Flüchtlingsbewegung anzusehen. Zum einen wird dies als problematisch angesehen, weil unter den Flüchtlingen noch mehr aktive und passive Unterstützer, Förderer und Sympathisanten terroristischer Organisationen vermutet werden, zum anderen weil islamistische Organisationen die Möglichkeit sehen, in den Flüchtlingsgruppen Anhänger zu gewinnen.[199]

Auch der IS hat den Flüchtlingsstrom genutzt, um mit diesem auch potentielle Attentäter nach Deutschland zu schicken. Es lagen Hinweise im dreistelligen Bereich auf so zugewanderte Personen vor, die im Zusammenhang mit terroristischen Organisationen stehen könnten.[200]

Die wichtigsten Herausforderungen bestehen damit darin, auf veränderte Tat- und Täterprofile, auf die dezentralen Netzwerkstrukturen, auf eine Diversität an Finanzquellen, auf schwer greifbare Unterstützer und Förderer sowie auf besondere taktische Fähigkeiten reagieren zu müssen.[201]

Das Phänomen Terrorismus hat sich von einem Problem der inneren Sicherheit eines Staates zu einer transnationalen Bedrohung und einer sicherheitspolitischen Herausforderung gewandelt, vor allem wegen der Dynamik, Komplexität und Vielgestaltigkeit der Bedrohung. Der Terrorismus heute ist „tödlicher, diffuser und internationaler geworden".[202] Die Folge dessen ist, dass sich die Terrorismusbekämpfung von einer im Wesentlichen der Polizei obliegenden Aufgabe zur Herausforderung der auch nach außen tätigen Nachrichtendienste und des Militärs geworden ist.[203] Dies zeigt sich auch in den derzeitigen Bestrebungen der Bundesregierung auch schneller auf die Bundeswehr zugreifen zu können.

---

198 Vgl. auch Bericht der Regierungskommission zur Überprüfung der Sicherheitsgesetzgebung in Deutschland vom 28. August 2013, S. 7; Verfassungsschutzbericht 2015, S. 152; 169.

199 Verfassungsschutzbericht 2015, S. 152 ff.

200 Verfassungsschutzbericht 2015, S. 164.

201 Vgl. *Schneckener*, Netzwerke des Terrors, S. 6.

202 Vgl. *Deiß*, Herausforderung Terrorismus, S. 52; *Münkler*, Ältere und jüngere Formen des Terrorismus in: Weidenfeld (Hrsg.) Herausforderung Terrorismus, S. 29.

203 *Münkler*, Ältere und jüngere Formen des Terrorismus in: Weidenfeld (Hrsg.) Herausforderung Terrorismus, S. 29 f.

B. Extremismus

Unter Extremismus allgemein werden in der Politikwissenschaft politische Einstellungs- und Verhaltensmuster verstanden, die an den äußeren Polen einer Rechts-Links-Skala zur Verdeutlichung politischer Orientierung an den jeweils äußeren Polen angesiedelt sind.[204] Auch diese Begrifflichkeit ist nicht ganz unumstritten. Überwiegend wird ein normativer, weit gefasster Extremismusbegriff vertreten, wonach unter Extremismus politische Diskurse, Programme und Ideologien verstanden werden, die sich gegen grundlegende Werte und Verfahrensregeln demokratischer Verfassungsstaaten richten.[205] Linksextremistische Gruppierungen bekennen sich zu einer radikal-egalitären Position und verfolgen das Ziel, den Gleichheitsgrundsatz auf alle Lebensbereiche auszudehnen. Anhänger des Rechtsextremismus sprechen sich gegen die Anerkennung der fundamentalen Menschenrechtsgleichheit aus.[206]

Die Einstufung von Ideen und Ordnungssystemen als rechtsextrem erfolgt somit am Maßstab des demokratischen Verfassungsstaates.[207] Auch der Islamismus ist im Zusammenhang mit dem Extremismus als Ideologie zu sehen, die einen allumfassenden Geltungsanspruch des islamischen Rechts, der Scharia, in einer totalitären, sämtliche Lebensbereiche betreffenden Auslegung propagiert.[208]

Der Verfassungsschutz orientiert sich zur Bestimmung des Begriffs an den Vorgaben des Gesetzgebers wie etwa in § 3 BVerfSchG, in dem die Aufgaben des Verfassungsschutzes genannt sind. Hierunter fallen gem. § 3 Abs. 1 Nr. 1 BVerfSchG Bestrebungen, die sich gegen die freiheitliche demokratische Grundordnung, den Bestand oder die Sicherheit des Bundes oder eines Landes richten oder die eine ungesetzliche Beeinträchtigung der Amtsführung der Verfassungsorgane des Bundes oder eines Landes oder ihrer Mitglieder zum Ziel haben.[209]

---

204 *Holtmann* (Hrsg.), Politiklexikon, S. 165.

205 Vgl. *Haverkamp,* (Rechts-)Extremismus im Internet, RdJB 2013, S. 198, 200; *Backes,* Gestalt und Bedeutung des intellektuellen Rechtsextremismus in Deutschland, Aus Politik und Zeitgeschichte 2001, S. 24.

206 Vgl. *Haverkamp,* (Rechts-)Extremismus im Internet, RdJB 2013, S. 198, 201; *Backes,* Gestalt und Bedeutung des intellektuellen Rechtsextremismus in Deutschland, Aus Politik und Zeitgeschichte 2001, S. 24.

207 *Backes,* Gestalt und Bedeutung des intellektuellen Rechtsextremismus in Deutschland, Aus Politik und Zeitgeschichte 2001, S. 24.

208 Homepage des Ministeriums des Innern; abrufbar unter: http://www.bmi.bund.de/DE/Themen/Sicherheit/Extremismusbekaempfung/Islamismus-Salafismus/islamismus-salafismus_node.html.

209 *Haverkamp,* (Rechts-)Extremismus im Internet, RdJB 2013, S. 198, 200.

I. Islamismus

1. *Begriff und Gefahren*

Ziel des Islamismus ist die Abschaffung der freiheitlich demokratischen Grundordnung und das Ersetzen dieser durch eine nach den jeweiligen Vorstellungen formierte Ordnung. Dabei wird Gewalt von einem Teil der Anhänger als ein geeignetes Mittel zur Durchsetzung der eigenen Ziele gutgeheißen, propagiert oder sogar praktiziert. Der Begriff „Islamismus" bezeichnet im Unterschied zu der Religion „Islam" eine religiös verbrämte Form des politischen Extremismus. Zentraler Bestandteil dieser Ideologie ist der propagierte allumfassende Geltungsanspruch des islamischen Rechts, der Scharia, in einer totalitären, sämtliche Lebensbereiche betreffenden Auslegung.[210]

Die Scharia wird durch die islamistische Ideologie als eine von Gott gesetzte verbindliche, unantastbare und unabänderliche Ordnung des menschlichen Lebens in allen Bereichen von Staat, Recht und Gesellschaft verstanden. Durch die abschließende Regelung aller Lebensbereiche durch die Scharia können die Elemente der demokratischen Ordnung, die durch die Verfassung festgelegten Elemente der Rechtsstaatlichkeit, weitere Verfassungsprinzipien und die Menschenrechte damit nicht in Einklang stehen und keinen Raum beanspruchen. Die durchaus vielfältigen Formen des Islamismus stellen nicht erst in ihren gewaltbereiten oder terroristischen Handlungsformen eine Bedrohung dar, sondern bereits die zugrunde liegende politische Ideologie kann eine Gefahr für die freiheitlich demokratische Grundordnung bedeuten. Besonders vom Salafismus – als dynamischste islamistische Bewegung – geht eine Gefahr für die freiheitlich demokratische Grundordnung aus. Der zeitgenössische politische Salafismus ist aktuell die am schnellsten wachsende Form des Islamismus in Deutschland in einer seiner radikalsten Ausprägungen. Salafisten sehen sich als Verfechter eines aus ihrer Sicht ursprünglichen und unverfälschten Islams, wie er vom islamischen Propheten Muhammad und den ersten Muslimen praktiziert worden sei. Sie sehen ausschließlich die Bestimmungen des Korans und der Sunna als verbindlich an. Die besondere Gefahr liegt darin, dass salafistische Bestrebungen sich in Deutschland in eine Gewalt ablehnende sowie eine Gewalt befürwortende Richtung bis hin zum Terrorismus unterteilen. Der Salafismus

---

210 Homepage des Ministeriums des Innern; abrufbar unter: http://www.bmi.bund.de/DE/Themen/Sicherheit/Extremismusbekaempfung/Islamismus-Salafismus/islamismus-salafismus_node.html.

liefert mithin den Nährboden für eine islamistische Radikalisierung und befördert den Einstieg in den gewaltbereiten Islamismus.

Die Mehrzahl der salafistischen Einrichtungen in Deutschland sind dem nicht gewaltbereiten Salafismus zuzurechnen; auch distanzieren sich einige Salafisten vom Terrorismus. Dennoch wird im Verfassungsschutzbericht betont, dass fast ausnahmslos alle Personen mit Deutschlandbezug, die zur Durchsetzung ihrer Ziele Gewalt befürworten, zuvor mit salafistischen Strukturen in Kontakt standen.[211]

2. Entwicklung

Die Verfassungsschutzberichte aus den Jahren 2013 und 2014, herausgegeben durch das Innenministerium, zeigen, dass vor allem die Zahl der bundesweit aktiven islamistischen Organisationen insgesamt gestiegen ist. 2012 und 2013 gab es 30 bundesweit aktive islamistische Organisationen, 2014 waren es 25. Das islamistische Personenpotenzial in Deutschland ist von 42.550 Islamisten (2012) auf 43.890 in 2014 gestiegen. Der Anstieg beruht insbesondere auf dem stetigen Zuwachs bei den Anhängern salafistischer Bestrebungen in Deutschland.[212]

II. Rechtsextremismus

1. Begriff und Gefahrenpotential

Der Politikwissenschaftler *Hans Georg Jaschke* definiert Rechtsextremismus als „Gesamtheit von Einstellungen, Verhaltensweisen und Aktionen, organisiert oder nicht, die von der rassisch oder ethnisch bedingten sozialen Ungleichheit der Menschen ausgehen, nach ethnischer Homogenität der Völker verlangen und das Gleichheitsgebot der Menschenrechtsdeklaration ablehnen, die den Vorrang der Gemeinschaft vor dem Individuum betonen, von der Unterordnung des Bürgers unter die Staatsräson ausgehen und die den Wertepluralismus einer liberalen Demokratie ablehnen und Demokratisierung rückgängig machen wollen".[213]

---

211 Insgesamt dazu Homepage des Ministeriums des Innern; abrufbar unter: http://www.bmi.bund.de/DE/Themen/Sicherheit/Extremismusbekaempfung/Islamismus-Salafismus/islamismus-salafismus_node.html.

212 Verfassungsschutzbericht 2013, S. 205; 2014, S. 91.

213 *Jaschke*, Rechtsextremismus und Fremdenfeindlichkeit. Begriffe, Positionen, Praxisfelder, S. 30.

Das besondere Gewaltpotenzial der Szene ergibt sich aus der rechtsextremistischen Ideologie mit Fremdenfeindlichkeit und Rassismus, Sozialdarwinismus und Antisemitismus sowie einer Ideologie der „Volksgemeinschaft".[214] Das besondere Potential der Gefahr ergibt sich aus der Missachtung der zentralen Werte der freiheitlichen demokratischen Grundordnung, wenn Herkunft oder Rasse über den Wert eines Menschen entscheiden sollen, oder wenn in der „Volksgemeinschaft" kein Raum für „Fremde" sein soll.[215]

Weiterhin zeigt sich das Gewaltpotenzial der rechtsextremistischen Szene in der Bereitschaft, Waffen, Sprengstoff und kriegerische Gegenstände aller Art einzusetzen. Meist handelt es sich dabei um Hieb- und Stichwaffen sowie funktionsunfähige „Deko-Waffen". Zum Teil werden aber auch scharfe Schusswaffen beschlagnahmt.[216] 2014 wurde bei Überprüfungen festgestellt, dass ein legaler Schusswaffenbesitz bei Rechtsextremisten im Vergleich zur Gesamtbevölkerung nicht überrepräsentiert ist. Jedoch ist hiervon nicht die illegale Waffenbeschaffung erfasst.[217]

Insbesondere aus der Konfrontation zwischen den Extremisten, also zwischen rechtsextremistischen, linksextremistischen und islamistischen Lagern erwachsen Gefahren für die innere Sicherheit.[218] Ein besonderes Ziel von Rechtsextremisten ist die Provokation von Muslimen, um das Bild vom gesetzesbrecherischen, nicht integrierbaren Muslimen zu bestätigen. Dabei ist eine widersprüchliche Bewertung des Islam zu erkennen, die sich zu einer modernen Form der Fremdenfeindlichkeit entwickelt hat. Zunächst ist beim Islamismus und beim Rechtextremismus zu erkennen, dass es vor allem um dasselbe Feindbild eines vermeintlich degenerierten, individualistischen und kapitalistischen Westens geht. Jedoch stehen dabei aus Sicht der Rechtsextremisten Fremde im Feindbild, weshalb sich diese Art der Fremdenfeindlichkeit entwickelte. Demgegenüber werden Aktionen von Islamisten außerhalb Deutschlands und außerhalb Europas völlig anders bewertet. Hier sehen sich Rechtsextremisten zum Teil von den Angriffen islamistischer Terroristen gegen die USA und gegen Israel in ihrem Weltbild bestätigt, in ihrem Antiamerikanismus ebenso wie in ihrem Antisemitismus.[219]

---

214 Verfassungsschutzbericht 2013, S. 71; 2014, S. 32 ff.
215 Verfassungsschutzbericht 2013, S. 62
216 Verfassungsschutzbericht 2013, S. 74.
217 Verfassungsschutzbericht 2014, S. 43.
218 Verfassungsschutzbericht 2013, S. 64
219 Verfassungsschutzbericht 2013, S. 65.

2. *Entwicklung*

Das rechtsextremistische Personenpotenzial ist 2013 und 2014 im Vergleich zum Jahr 2012 gesunken.[220] Dabei ist die Zahl der gewaltbereiten Rechtsextremisten 2013 gegenüber 2012 unverändert geblieben und beträgt 9600. Dies bedeutet, dass ca. jeder zweite Rechtsextremist gewaltbereit ist. Mehr als ein Viertel aller Rechtsextremisten sind Neonazis. Die Zahl der Personen in der neonazistischen Szene beträgt 5.800 Personen und ist erstmals seit einigen Jahren leicht gesunken.[221]

Über 50 Prozent aller begangenen rechtsextremistischen Gewalttaten sind fremdenfeindlich motiviert. Die Zahl der rechtsextremistischen Straftaten gegen Asylbewerberunterkünfte hat sich mit 170 gegenüber 2013 mehr als verdreifacht.[222] Die besondere Gewaltbereitschaft wird deutlich durch Kundtun von Gewaltfantasien, Körperverletzungen gegen Ausländer und Brandanschläge auf Asylunterkünfte.[223]

Rechtsextremisten versuchen in Orten mit Asylbewerberheimen oder geplanten Unterkünften durch Proteste die Bevölkerung zu radikalisieren und in ihrem Sinne zu nutzen. Dies geschieht vor allem durch Gründung oder Infiltrierung von Bürgerinitiativen, so dass der Wirkungskreis auch über die eigene Klientel hinaus erweitert werden kann, was durch die z.T. hohen Teilnehmerzahlen bei Demonstrationen auch gelungen ist. Diese Anschläge auf Asylbewerberheime entwickeln eine hohe Eigendynamik, worin eine besondere Gefahr liegt.

Parteien werben mit rechtsextremistischen Initiativen um Anerkennung als Wahlalternative, vor allem um höhere Stimmanteile in den Wahlkreisen zu erreichen, in denen Asylbewerberunterkünfte geplant oder existent sind.[224]

Seit Mitte des Jahres 2015 häufen sich die Anschläge auf Asylbewerberheime. Bewaffnete dringen in die Heime ein, es erfolgen Brandanschläge und Übergriffe. Durch verschiedene deutsche rassistische Gruppen entsteht eine terroristische Bewegung. Laut des Extremismusforschers *Andreas Zick* muss bei den Krawallen von einer Gruppe ausgegangen werden, die sich bereits über einen längeren Zeitraum organisiert und eben nicht spontan und zufällig in der

220 Verfassungsschutzbericht 2014, S. 33 f.

221 Verfassungsschutzbericht 2013, S. 68.

222 Verfassungsschutzbericht 2014, S. 35 f.

223 Verfassungsschutzbericht 2014, S. 36 ff.

224 Verfassungsschutzbericht 2013, S. 68; siehe insgesamt zur Asyldebatte und Fremdenfeindlichkeit Verfassungsschutzbericht 2014, S. 53 ff.

Zusammensetzung agiert. Laut *Zick* ist ein Zusammenhang mit PEGIDA zu vermuten.[225]

Nach Aussagen des Innenministeriums im Verfassungsschutzbericht bleibt das Gefährdungspotential weiter hoch. Insbesondere gilt dies für die alltägliche Gewalt „gegen Fremde und politisch Andersdenkende“, aber auch für die Eskalation von Protesten gegen die Asylpolitik. Vor allem bildet die Radikalisierung einzelner Personen und kleiner Gruppen ein erhebliches Gefährdungspotential.[226] Auch gab es Hinweise auf Vorstufen rechtsterroristischer Aktivitäten.[227]

III. Linksextremismus

1. Begriff und Gefahrenpotential

Der Linksextremismus ist gekennzeichnet durch heterogene, untereinander zerstrittene Richtungen, die sich in vielfältige kommunistische und anarchistische Gruppierungen aufteilen lassen. Auch an dieser Stelle ist eine einheitliche Definition aufgrund der verschiedenen Splittergruppen nicht möglich. Gemeinsamer Ausgangspunkt ist der Antikapitalismus. Jedoch differieren die Systemvorstellungen von kommunistischen Vereinigungen, die zu autoritären Strukturen tendieren, und autonomen und anarchistischen Gruppierungen, die sich für die Freiheit von Herrschaft aussprechen.[228]

Linksextremisten zielen auf eine Beseitigung und Überwindung der bestehenden, freiheitlichen demokratischen Grundordnung ab. An deren Stelle soll – je nach ideologischer Ausrichtung im Einzelnen – eine sozialistische bzw. kommunistische Gesellschaft oder eine „herrschaftsfreie“ anarchistische Gesellschaft treten. Die Linksextremisten sind bestrebt, gesellschaftliche Konflikte im Sinne ihrer revolutionären Ziele zu instrumentalisieren. Dafür engagieren sie sich in

---

225 Spiegel Online, Hass im Netz, Artikel vom 26. August 2015; abrufbar unter: http://www.spiegel.de/netzwelt/web/wie-der-hass-gegen-fluechtlinge-im-internet-gesaet-wird-kolumne-a-1049883.html; PEGIDA ist die Bewegung der Patriotischen Europäer gegen die Islamisierung des Abendlandes, die aus einer Facebookbewegung hervorging, die im Oktober 2014 gegründet worden war, vgl. *Vorländer/Herold/Schäller,* PEGIDA, S. 5 ff.

226 Verfassungsschutzbericht 2014, S. 46.

227 Verfassungsschutzbericht 2014, S. 44 f.

228 *Neugebauer,* Extremismus – Rechtsextremismus – Linksextremismus, in: Schubarth/Stöss (Hrsg.) Rechtsextremismus in der Bundesrepublik Deutschland, S. 13; *Wilm,* Linksextremismus im Netz, Kriminalistik 2014, S. 476, 477; *Haverkamp,* (Rechts-)Extremismus im Internet, RdJB 2013, S. 198, 201.

verschiedenen gesellschaftlichen Aktionsfeldern, in denen sie radikalisierend intervenieren. Autonome lehnen jede Form von staatlichen und gesellschaftlichen Normen ab. Dabei zielen Autonome – wie alle Linksextremisten – im Kern auf die Überwindung des „herrschenden Systems".[229] Dadurch soll eine radikale gesellschaftliche und politische Neuordnung und damit eine Überwindung der parlamentarischen Demokratie erreicht werden.[230]

Die Anwendung von Gewalt – auch gegen Personen – halten Autonome zur Durchsetzung ihrer Ziele für legitim. Sie rechtfertigen Gewalt als angeblich erforderliches Mittel gegen die „strukturelle Gewalt" eines „Systems von Zwang, Ausbeutung und Unterdrückung".[231]

Die Entwicklungen im gewaltbereiten Linksextremismus sind auf den ersten Blick widersprüchlich. Das Personenpotenzial ist, wie bereits dargestellt, gesunken, gleichzeitig aber ist das Aggressionsniveau angestiegen. Während die Gewalt gegen Rechtsextremisten in der Szene stets akzeptiert war, hat sich der seit Jahren erkennbare Trend weiter verstärkt, gewalttätige Angriffe auf Vertreter des Staates als Teil des „Repressionsapparates" durchzuführen oder aber zu rechtfertigen.[232]

2. *Entwicklung*

Das linksextremistische Personenpotenzial blieb Ende 2013 und Ende 2014 auf einem ähnlichen Stand (27200 im Vergleich zu 27700 im Jahr zuvor).[233]

Die Anzahl der politisch motivierten Straf- und Gewalttaten gewaltbereiter Linksextremisten ist 2013 erheblich gestiegen. Autonome Personenzusammenhänge verübten zahlreiche, auf Objekte bezogene, Anschläge. Straf- und Gewalttaten gab es zudem im Zusammenhang mit Demonstrationen und Kundgebungen, häufig als konfrontative Auseinandersetzungen mit der Polizei.[234]

Trotz der erstmaligen Rückläufigkeit der gewaltbereiten Personen in der linksextremistischen Szene, ließ sich 2013 ein erheblicher Anstieg der Zahl der Gewalttaten im Vergleich zu 2012 verzeichnen. Vor allem aber stellt das Niveau und die Akzeptanz der Gewalt eine erhebliche Gefahr dar, insbesondere für politische Gegner, vor allem für Rechtsextremisten und für die Polizei. Das Sinken

---

229 Verfassungsschutzbericht 2013, S. 136; 2014, S. 64.
230 Verfassungsschutzbericht 2013, S. 137.
231 Verfassungsschutzbericht 2013, S. 136.
232 Verfassungsschutzbericht 2013, S. 140.
233 Verfassungsschutzbericht 2013, S. 139.
234 Verfassungsschutzbericht 2013, S. 141.

der Hemmschwelle zur Gewaltbereitschaft führt regelmäßig zu durch gewaltsame Attacken hervorgerufenen schweren Körperverletzungen und kann in Einzelfällen im Rahmen spontaner Eskalation auch einen Ausgang mit tödlichen Verletzungen bedeuten.[235]

Gerade in Zusammenhang mit der Asylpolitik werden die Schicksale der Flüchtlinge genutzt, um Gesellschaft und Staat als rassistisch darzustellen und damit für den Kampf gegen das System zu instrumentalisieren.[236]

Trotz der zum Teil hemmungslosen Gewalt sind derzeit laut Verfassungsschutzbericht im Linksextremismus keine terroristischen Strukturen erkennbar. Eine terroristische Option ist jedoch auch im Linksextremismus in Betracht zu ziehen.[237]

C. Bedrohungen durch technischen Fortschritt

Die heutige Zeit ist geprägt von einer rasanten Entwicklung der Fähigkeit zur Datenverarbeitung und Kommunikation. Dadurch hat ein gesellschaftlicher, wirtschaftlicher und politischer Wandel stattgefunden. Das Informationszeitalter und insbesondere das Internet sind Errungenschaften und ein Gewinn für die heutige Gesellschaft. Es wird von einer Informationsgesellschaft gesprochen, deren Leben mit und durch die Technik gestaltet wird. Internet, Vernetzung und „Mobilsein" bedeutet Spontaneität, Flexibilität und Organisation.

Digitalisierung ermöglicht die schnelle Teilhabe immer mehr Menschen am weltweit verfügbaren Wissen und dem Austausch von Ideen.[238] Der Einsatz von Informationstechnologie bedeutet aber auch eine zunehmende Tendenz zur Ausweitung der polizeilichen, staatsanwaltlichen und nachrichtendienstlichen Aufgaben im Vorfeld von Gefahren.[239]

Die moderne Informationstechnik hat Staat und Gesellschaft also leistungsfähiger gemacht und damit signifikant zum heutigen Wohlstand beigetragen – allerdings um den Preis einer erheblichen Abhängigkeit von dieser Technologie. Die Segnungen neuer Technologien sind jedoch unzweifelhaft auch mit besonderen

---

235 Verfassungsschutzbericht 2014, S. 65.

236 Vgl. Verfassungsschutzbericht 2014, S. 65 f.

237 Verfassungsschutzbericht 2013, S. 137.

238 Vgl. *Kaczmarek*, Der Einfluss digitaler Medien auf die Gesellschaft in: Wernstedt/John-Ohnesorg (Hrsg.) Hätte Kant gesurft? Wissen und Bildung im Internet-Zeitalter, S. 18.

239 *Zöller*, Informationssysteme, S. 1 f.

Risiken verbunden.[240] Vor allem stellen die technologische Abhängigkeit und die internationale Vernetzung verbunden mit den vielfältigen Bedrohungsarten und Verwundbarkeiten Risikofaktoren unserer Gesellschaft dar.[241] Die Komplexität der Systeme, sowie die Abhängigkeit der Verfügbarkeit und Funktionsfähigkeit der Informationstechnik in Bezug auf „kritische Infrastrukturen“[242] führen zu besonderen Gefahren, da dadurch mit geringem Aufwand großer Schaden möglich ist.[243]

Aber auch die Nutzung des Internets und die damit in Zusammenhang stehenden Entfaltungsmöglichkeiten[244] zum Verbreiten von Gedankengut und Ideologien, als Plattform zur Rekrutierung von Anhängern und als Informationsplattform, muss als Bedrohung für den Staat und die Gesellschaft eingeordnet werden.

I. Cybercrime

Für die verschiedenen Facetten der „Computerkriminalität“ hat sich die Bezeichnung Cybercrime durchgesetzt. Cybercrime umfasst die Straftaten, die sich gegen das Internet, Datennetze, informationstechnische Systeme sowie deren Daten richten oder, die mittels dieser Informationstechnik begangen werden.[245]

Das Phänomen Cybercrime nimmt in der polizeilichen Aufgabenwahrnehmung eine immer größere Rolle ein. Dabei entgrenzt das Internet die Kriminalität in nahezu allen Deliktsbereichen und bietet zugleich durch die Anwendung der zahlreich vorhandenen Verschlüsselungs- und Anonymisierungsmöglichkeiten eine geeignete Plattform zur Vorbereitung und Begehung von Straftaten.[246]

---

240 *Hanning*, Ziele und Schwerpunkte des Bundesnachrichtendienstes in: Schreckenberger (Hrsg.) Polizei und Nachrichtendienste unter veränderten Sicherheitsbedingungen, S. 85, 99 f.

241 *Hutter*, Wie lassen sich offene und hochtechnologisierte Gesellschaften schützen?, in: Weidenfeld (Hrsg.) Herausforderung Terrorismus, S. 173.

242 So etwa *Hutter*, Wie lassen sich offene und hochtechnologisierte Gesellschaften schützen?, in: Weidenfeld (Hrsg.) Herausforderung Terrorismus, S. 174.

243 *Hutter*, Wie lassen sich offene und hochtechnologisierte Gesellschaften schützen?, in: Weidenfeld (Hrsg.) Herausforderung Terrorismus, S. 173, 177 f.

244 Bericht der Regierungskommission zur Überprüfung der Sicherheitsgesetzgebung in Deutschland vom 28. August 2013, S. 8.

245 Polizeiliche Kriminalstatistik 2014, S. 6; *Büchel/Hirsch*, Internetkriminalität, S. 4; Cybercrime Bundeslagebild 2013, S. 5.

246 Cybercrime Bundeslagebild 2013, S. 11.

Bereits in den Vorjahren wurde eine Veränderung der erkannten Täterstrukturen festgestellt, welche sich fortsetzt. Die Täter begehen heute nicht mehr nur die Straftaten im eigentlichen Sinne, sondern bieten auch die zur Begehung von Straftaten erforderliche Schadsoftware oder gar komplette kriminelle Infrastrukturen im „Untergrund" global zum Kauf oder zur Miete an. Diese Werkzeuge sind aufgrund ihrer einfachen Handhabung auch für Täter ohne fundierte IT-Spezialkenntnisse nutzbar. Es agieren daher nicht mehr nur hoch spezialisierte Einzeltäter mit umfassenden IT-Kenntnissen, sondern vermehrt auch Kriminelle ohne spezifische Fachkenntnisse, die für die Begehung der Straftaten arbeitsteilig zusammenwirken. Hinsichtlich der Motivation spielen neben monetären Gründen auch ideologische und politische Ziele eine Rolle. Cyberkriminelle sind hoch flexibel, suchen nach immer neuen Einfallstoren und nutzen sich bietende technische Möglichkeiten für ihre Zwecke. Dabei reagieren sie sehr schnell auf neue Sicherheitsstandards. Jeder kann Opfer werden, sei es der einzelne Bürger, Unternehmen oder auch staatliche Stellen. Proportional mit der Zunahme der Bedeutung der IT als Bestandteil des Alltags der Bürger, steigen die Manipulations- und Angriffsmöglichkeiten auf Seiten der Cyberkriminellen. Cyberkriminelle handeln global, wobei Tatorte, Taterfolgsorte und Aufenthaltsort der Täter völlig unabhängig voneinander zu sehen sind. Es kann künftig weiter von einer Zunahme der von den verschiedenen Facetten des Phänomens Cybercrime ausgehenden Gefahren in ihrem Ausmaß und in ihren Ausprägungen ausgegangen werden.[247] Aktuelle Phänomene 2015 waren vor allem die digitale Erpressung mit einer Schadsoftware „Ransomware", die Bereitstellung von Software und Dienstleistungen zur Begehung von Straftaten, digitale Schwarzmärkte, der Diebstahl digitaler Identitäten und Identitätsmissbrauch, das Phishing im Onlinebanking, die Fernsteuerung von Computern und weiterhin die Angriffe auf Netzwerke und mobile Endgeräte.[248]

II. Nutzung des Internets als Kommunikations- und Propagandamedium

Das Internet bietet durch die flächendeckende Nutzung auch die Möglichkeit, innerhalb von wenigen Augenblicken Informationen auf der ganzen Welt zu verbreiten. Nachrichten verbreiten sich sowohl über Homepages, als auch über soziale Netzwerke und Kommunikationsplattformen, wie Facebook, Twitter und Blogs. Durch das Internet kann damit eine Breitenwirkung erzielt werden, die

247 Vgl. insgesamt Cybercrime Bundeslagebild 2013, S. 11.
248 Vgl. Bundeslagebild 2015, S. 9 ff.

auf herkömmlichem Wege nicht gelingen würde. Das Medium garantiert eine schnelle Verbreitung und enorme Reichweite bei einem minimalen finanziellen Einsatz. Es bietet eine weitgehende Gestaltungsfreiheit ohne die Gefahr inhaltlicher Beschränkungen.[249] Diese Vorteile des Internets bergen jedoch in gleichem Maße auch Gefahren in verschiedener Hinsicht. Bezogen auf das Internet als Kommunikationsmedium, besteht vor allem auch die Gefahr des Ausnutzens dieser Verbreitungsmöglichkeit durch Extremisten. Laut des Verfassungsschutzberichts 2013 dient das Internet vermehrt auch Extremisten als Kommunikations- und Propagandamedium. Sie nutzen es zur Koordinierung von Aktionen und zur Rekrutierung neuer Anhänger. Das Internet wird auch als Medium zur Verbreitung des offenen Antisemitismus, als Mittel zur Popularisierung des „individuellen Jihad“ und zur Vernetzung anderer extremistischer Bereiche genutzt.

Mit der virtuellen Vernetzung entsteht ein besonderes Gefühl der Zusammengehörigkeit und Verflechtung. Auch Aktivisten und Sympathisanten in der Ferne können sich als Teil einer gemeinsamen Bewegung fühlen.

Durch Propagandaseiten wird über Veranstaltungen informiert, es werden Newsletter, Ankündigungen und Aufrufe per Mailinglisten versandt und Gewaltaktionen werden veröffentlicht. Darüber hinaus gewinnen auch die sozialen Netzwerke immer mehr an Bedeutung, insbesondere soziale Netzwerke, die neben dem Austausch von privaten Nachrichten, eine Kommunikation in geschlossenen Gruppen ermöglichen. Dies liegt vor allem daran, dass extremistische Gruppen die Internetaktivitäten von Homepages auf soziale Netzwerke verlagern. Durch die Netzwerke besteht weiterhin die Möglichkeit der Kommunikation, aber auch die Möglichkeit, Veranstaltungen zu publizieren und zu bewerben, Aufmerksamkeit zu erregen oder Gewaltausübung mit etwaigen Gegnern zu provozieren.[250]

Die schnelle Bildung netzwerkartiger Strukturen über geografische Grenzen hinweg wird als „Cyber Mobilization“ bezeichnet und reicht von Diskussionsforen über die kurzfristige Vorbereitung von Demonstrationen bis hin zur Entwicklung gewalttätiger Gruppen. Es können ohne persönliches Aufeinandertreffen der verschiedenen Teilnehmer Anschlagsplanungen verabredet werden. Diese virtuellen Gruppentreffen finden ihre Ergänzung in virtuellen Trainingslagern mit Anleitungen und Videos bis hin zu Kampfsimulationen. Geschlossene Foren und Verschlüsselungsprogramme sind als Kommunikationswerkzeuge vornehmlich für gewaltbereite Extremisten von Bedeutung.[251]

---

249 Verfassungsschutzbericht 2013, S. 50.
250 Verfassungsschutzbericht 2013, S. 54 ff.
251 Verfassungsschutzbericht 2013, S. 51.

Einen besonderen Vorteil für Extremisten bietet die Anonymität des Internets, wodurch eine Identifizierung der im virtuellen Raum befindlichen Person erschwert oder verhindert wird und somit eine Verbreitung von Hasspropaganda oder Ähnlichem möglich ist, ohne sich der Gefahr auszusetzen, von einem politischen Gegner physisch angegriffen zu werden. Die Nutzer kommunizieren in geschlossenen Foren oder Chaträumen „offener" als in öffentlich zugänglichen und für jedermann einsehbaren Bereichen.[252]

Weiterhin kann das im Internet angebotene Propagandamaterial, Radikalisierungsprozesse initiieren und beschleunigen, wie der Verfassungsschutz feststellt und vor allem auf die fehlende organisatorische Anbindung zurückführt.[253]

1. *Islamistischer Extremismus und islamistischer Terrorismus*

Besonders hat das Internet in den vergangen Jahren als zentrales Kommunikationsmedium für Terroristen an Bedeutung gewonnen.[254] Und auch für den „individuellen Jihad" und für individuelle Radikalisierungskarrieren insgesamt spielt das Internet eine übergeordnete Rolle.[255]

Um die Aufmerksamkeit zu erreichen, wird ein Weltbild suggeriert, das dem Westen ausschließlich den Part des Bösen, der Zerstörung und der Wertelosigkeit zuweist. In positivem Kontrast dazu steht das Bild der aufrechten Kämpfer des Jihad, die optimistisch lächelnd ihren Opfertod vorbereiten und die Anschläge somit als symbolische Taten dastehen lassen.[256]

Für den Terrorismus spielen die Medien eine wichtige Rolle. Einerseits sollen Sympathisanten gewonnen und Anhänger von der Wirksamkeit des Kampfes überzeugt werden. Es geht auch darum, radikalisierte Muslime zur Ausreise in Kampfgebiete zu rekrutieren oder allgemein zum Kampf, wie der Verübung eines Terroranschlags, aufzurufen. Auch Frauen werden versucht zu überzeugen, um auszureisen und einen Kämpfer zu heiraten.[257]

Auf der anderen Seite soll die Angst und Verunsicherung in der Bevölkerung verbreitet und somit der gesellschaftliche Druck erhöht werden.[258] Das Internet

---

252 Verfassungsschutzbericht 2013, S. 50.
253 Verfassungsschutzbericht 2013, S. 52.
254 Bericht der Regierungskommission zur Überprüfung der Sicherheitsgesetzgebung in Deutschland vom 28. August 2013, S. 8.
255 Verfassungsschutzbericht 2013, S. 52.
256 Verfassungsschutzbericht 2013, S. 52 f.
257 Verfassungsschutzbericht 2014, S. 96 f.
258 *Dietl/Hirschmann/Tophoven,* Das Terrorismus-Lexikon, S. 26 f.

stellt dabei eine weitere Plattform dar, um die Botschaften der Terroristen zu transportieren.

Eine Entwicklung ist in diesem Zusammenhang vor allem seit dem 11. September 2001 zu erkennen. Zuvor fanden sich vereinzelt Internetauftritte von Dschihadisten, die wenig Aufmerksamkeit erregten und nach den Anschlägen aus dem Netz genommen wurden. Seitdem werden weniger Websites von islamistischen Organisationen bereitgestellt, sondern eine Vielzahl an Foren.[259] Weiterhin spielen die sozialen Netzwerke wie Facebook, YouTube und Twitter sowie auch die Kommunikation mit Hilfe von Apps eine große Rolle. Durch das Internet können Informationen schnell verbreitet und der Jihad „in Echtzeit" dokumentiert werden, ohne Regulation von Administratoren.[260]

Auch Videoportale werden nach Feststellung des Verfassungsschutzes im Zusammenspiel mit sozialen Netzwerken zur Vernetzung und Rekrutierung neuer Anhänger genutzt, um mithilfe professioneller Bilder und Videos, die zur Emotionalisierung beitragen, das Interesse für extremistische Positionen zu wecken. Vor allem handelt es sich dort um Aufrufe sich der Sache anzuschließen, die gerade Jugendliche ansprechen sollen.[261]

Insbesondere auch der IS nutzt die Medien zu Propagandazwecken und erweckt den Eindruck eines eigenen Staatsgefüges. Der IS verfügt über eine international ausgerichtete Medienstelle, durch die Propaganda in unterschiedlichen Sprachen verbreitet wird, das „al-Hayat Media Center".[262]

2. *Links- und Rechtsextremismus*

Auch in der links und rechtsextremen Szene hat das Internet eine große Bedeutung bei der Anwerbung von neuen Anhängern und bei der Kommunikation untereinander. Diese Bedeutung wurde beim Rechtsextremismus vor allem ab 1997 festgestellt.[263]

Ebenso wird auf Websites und in Videos mit zum Teil martialischen Bildsequenzen für Demonstrationen geworben. Besonders bei diesen Videoportalen besteht das Problem, dass Jugendliche unvermittelt und unvorbereitet rechtsextremistischer Hetze ausgesetzt werden.[264]

---

259 *Haverkamp,* (Rechts-)Extremismus im Internet, RdJB 2013, S. 198, 203.

260 Verfassungsschutzbericht 2014, S. 96.

261 Verfassungsschutzbericht 2013, S. 52 f.

262 Verfassungsschutzbericht 2015, S. 186.

263 *Fromm/Kernbach,* Rechtsextremismus im Internet, S. 14.

264 Vgl. auch *Haverkamp,* (Rechts-)Extremismus im Internet, RdJB 2013, S. 198, 206 f.; Verfassungsschutzbericht 2013, S. 53; 2014, S. 43.

Im Internet kann die fremdenfeindliche Hetze offen kundgetan werden, weshalb es in der rechtsextremistischen Szene in hohem Maße zur Radikalisierung beiträgt. Die Anonymität bietet dabei einen besonderen Schutz und trägt so in besonderem Maße zur Entfaltung des fremdenfeindlichen Gedankengutes bei.[265]

Im Rechtsextremismus ist die im Internet massiv unterstützte Kampagne gegen Asylbewerber hervorzuheben.[266] Das Internet und die sozialen Medien spielen bei der derzeitigen Situation in Deutschland, der „terroristischen Bewegung" gegen die Flüchtlinge, eine wichtige, ggf. auch entscheidende Rolle. Im Internet soll es beispielsweise detaillierte Leitfäden zur Verhinderung eines Asylantenheimes geben Ebenso wird die Gründung von Facebook Gruppen empfohlen. Hervorzuheben ist auch, dass Facebook insgesamt eine große Rolle spielt.[267]

Bei Linksextremisten dient die elektronische Kommunikation zur Mobilisation zum Beispiel bei Protest und Blockade Aktionen, da diese mit den technischen Möglichkeiten leicht zu koordinieren sind. Daneben dienen auch Internetplattformen und Internetforen sowohl als Kommunikationsmittel wie auch als offenes Medium zur propagandistischen Agitation.[268]

3. Zusammenfassung und Entwicklungstendenzen

Das Innenministerium formuliert im Verfassungsschutzbericht abschließend, dass das Internet zum Katalysator neuer Strukturen im Extremismus wird, also zur Keimzelle neuer Aktionsformen in der Realität. Das Internet wird laut Bericht bei der Verbreitung extremistischer Propaganda als Kommunikationsplattform und auch bei der Koordination von Aktivitäten weiter an Bedeutung gewinnen, denen sich die Sicherheitsbehörden mit geeigneten Mitteln entgegenstellen müssen.[269]

III. Nutzung des Internets als Informationsmedium

Neben der Nutzung des Internets als Kommunikations- und Propagandamedium ist auch die Nutzung des Internets als Informationsmedium als großes

---

265 Verfassungsschutzbericht 2014, S. 43.

266 Verfassungsschutzbericht 2013, S. 53.

267 Spiegel Online, Hass im Netz, Artikel vom 26. August 2015, abrufbar unter: http://www.spiegel.de/netzwelt/web/wie-der-hass-gegen-fluechtlinge-im-internet-gesaet-wird-kolumne-a-1049883.html.

268 Verfassungsschutzbericht 2013, S. 55.

269 Verfassungsschutzbericht 2013, S. 59.

Gefährdungspotential darzustellen. Das Internet bietet unbegrenzte Möglichkeiten zur Informationensammlung.

Besondere Gefährlichkeit liegt in der Möglichkeit des unbemerkten Informierens über Werkzeuge, Vorgehensweisen und Tipps, um strafbare Handlungen zu planen, da ein Zugriff auf Informationen jederzeit problemlos und anonym erfolgen kann. Im Gegensatz zur Nutzung als Propagandamedium ist nicht die besondere Breitenwirkung des Internets entscheidend, sondern die Möglichkeit der punktuellen Abfrage.

Als Beispiel kann in diesem Zusammenhang das Bauen von Bomben angeführt werden. Das Internet liefert Anleitungen zum Herstellen von Sprengstoffen und zum Bau von Bomben.

Auch Videos sind zu finden, in denen teils von Jugendlichen vorgeführt wird, wie leicht es zu sein scheint, eine Explosion mit beachtlichem Ausmaß herzustellen.

Kriminelle nutzen das Internet aber auch als Informationsplattform zur Vorbereitung von Straftaten, wie Wohnungseinbrüchen oder Raubüberfällen. Darüberhinaus bieten gerade die Offenheit, mit der viele Menschen in sozialen Netzwerken kommunizieren, für Cyberkriminelle Gelegenheiten sich Informationen zu beschaffen.[270]

D. Zusammenfassung

Im Hinblick auf das Internet als wachsende Bedrohungsquelle bleibt festzuhalten, dass das virtuelle Netz nicht nur die Strukturen in demokratischen Gesellschaften durch bessere Partizipationschancen der Bevölkerung revolutioniert hat, sondern auch die Möglichkeiten von verschiedenen extremistischen Bewegungen, um ihr Gedankengut zu propagieren und darzustellen. Besonders die hohe Breitenwirkung, die Risikolosigkeit und Anonymität sowie die Möglichkeit der kostengünstigen Kommunikation sind Vorteile für Extremisten.[271]

Bei einem Vergleich der Kriminalitätsstatistik 2014 mit der von 2000 ist jedoch ein Rückgang von 6.264.723 Fällen auf 6.082.064 Fälle zu erkennen. Bei dem Vergleich mit den Kriminalitätsstatistiken von 2015 und 2016 ist ein Anstieg auf über 6,3 Millionen Fälle zu verzeichnen.[272] Insgesamt kann also von einer leicht steigenden Tendenz gesprochen werden.

---

270 Rede des Bayerischen Staatsministers des Innern, für Bau und Verkehr, Joachim Herrmann, anlässlich der Pressekonferenz „Cybercrime-Bekämpfung in Bayern" am 2. Januar 2015 in Nürnberg, S. 3 f.

271 Vgl. *Haverkamp*, (Rechts-)Extremismus im Internet, RdJB 2013, S. 198, 202.

272 Kriminalitätsstatistik 2016, S. 8 ff.

Anlass zur Sorge gibt vor allem auch die teilweise niedrige Hemmschwelle, Gewalt auszuüben, die vor allem bei linksextremistischen Akteuren zu beobachten ist, bei denen sich ein deutlicher Anstieg feststellen lässt. Insbesondere Polizisten sind immer wieder Zielscheibe linksextremistischer Gewalt. Dies führt zu großen Schäden für den Staat und die Allgemeinheit.[273] Auch wurde bereits das steigende Gewaltpotential von Anhängern der rechtsextremistischen Szene gegenüber Flüchtlingen, aber ebenso gegenüber der Polizei genannt.

Ebenfalls ist die in den Medien immer wieder betonte Gewaltbereitschaft Jugendlicher in Zusammenhang mit gewaltverherrlichenden Videospielen, die bereits zu Amokläufen geführt haben, ist an dieser Stelle zu nennen.

Der islamistische Terrorismus stellt eine erhebliche unverändert anhaltende internationale Bedrohung dar. Vor allem die Radikalisierung und Propagierung über das Internet und somit das Erreichen einer Vielzahl von Personen, stellt eine besondere Gefahr dar.

Des Weiteren rücken die sog. Reichsbürger, die das Bestehen der Bundesrepublik Deutschland leugnen und deren Repräsentanten sowie die gesamte Rechtsordnung ablehnen und die ebenfalls das Internet als Propagandamedium nutzen, weiter in den Fokus des Verfassungsschutzes. Das besondere Gefährdungspotenzial liegt in dem ungehemmten Waffengebrauch, insbesondere auch gegenüber der Polizei. 2016 waren schwerwiegende Gewalttaten zu verzeichnen.[274]

Um auf diese vielfältigen Gefährdungen für die freiheitlich-demokratische Grundordnung reagieren zu können, bedarf es der Fortentwicklung des Sicherheitssystems. Dies ist vielfach, vor allem seit den Terroranschlägen vom 11. September 2001, geschehen und wurde weiter betrieben, immer wieder fortentwickelt und – angestoßen durch weitere zahlreiche Anschläge – auch in der Öffentlichkeit kontrovers diskutiert. Inwieweit die Sicherheitspolitik Veränderungen vornehmen kann und welche Grenzen es gibt, bedarf auch der verfassungsrechtlichen Betrachtung des Verhältnisses von Sicherheit und Freiheit. Auf Grundlage dieser Erkenntnisse soll dann die Bewertung des Trennungsgebots und dessen Entwicklung stattfinden.

---

273 Verfassungsschutzbericht 2013, Vorwort De Maiziere.

274 Verfassungsschutzbericht 2016, S. 89 ff.

Kapitel 3: Das Verhältnis von Freiheit und Sicherheit vor dem Hintergrund der veränderten Bedrohungslage

Das Thema des Verhältnisses von Freiheit und Sicherheit ist omnispräsent und wird kontrovers diskutiert. Kernpunkte der Auseinandersetzung sind dabei vor allem die Ziele, die ein Sicherheitssystem erfüllen soll. Dies sind insbesondere die Wahrung und Erhöhung der Sicherheit und die Bewältigung der neuartigen Herausforderungen unter Zuhilfenahme und Ausschöpfung aller Möglichkeiten, die Stärkung des Sicherheitsempfindens der Bevölkerung, aber auf der anderen Seite auch die Wahrung der Freiheit gegenüber vornehmlich staatlichen Maßnahmen zur Gewährleistung der Sicherheit. Im Laufe der Zeit haben sich die Herausforderungen, vor die der Staat bei Erfüllung seiner Aufgabe – der Gewährleistung der inneren und äußeren Sicherheit – gestellt wird, verändert. Zudem haben sich auch die Möglichkeiten in technischer und organisatorischer Hinsicht gewandelt, diesen Herausforderungen begegnen zu können.[275]

Nachdem bereits ein Überblick über die Veränderung der Bedrohungslage gegeben wurde, soll im Folgenden zunächst das Verhältnis von Freiheit und Sicherheit und der Wandel des Verständnisses des Verhältnisses von Freiheit und Sicherheit aufgrund der veränderten Bedrohungslage dargestellt werden. Auf dieser Grundlage soll anschließend das Trennungsgebot im Spannungsfeld von Grundrechtsschutz und effektiver Abwehr und Vorbeugung von Gefahren betrachtet und bewertet werden. Abschließend soll herausgestellt werden, welche Wirkung das Trennungsgebot auf die Reaktionsmöglichkeiten gegenüber den aktuellen Herausforderungen des Staates hat und welche Rolle es zwischen Freiheitssicherung und effektiver Gewährleistung von Sicherheit einnimmt.

A. Freiheit und Sicherheit

I. Das Spannungsfeld von Freiheit und Sicherheit

In Anbetracht der Bedrohungen, insbesondere durch den islamistischen Terrorismus, wird das Verhältnis von Sicherheit und Freiheit ausführlich debattiert. Die Problematik wird darin gesehen, dass der Staat durch die Maßnahmen,

---

275 *Würtenberger/Tanneberger*, Sicherheitsarchitektur als interdisziplinäres Forschungsfeld, in: Riescher (Hrsg.) Sicherheit und Freiheit statt Terror und Angst, S. 97, 98.

die er ergreift, um der Bedrohung durch den Terrorismus Herr zu werden und damit größere Sicherheit für die Bürger zu erreichen, die Freiheit der Bürger einschränkt.[276] Andererseits kann die geschaffene Sicherheit ebenso der Freiheit des Einzelnen dienen, weil in der Schaffung der Sicherheit eine Stärkung der Freiheit, also eine effektive Freiheitsgarantie, zu sehen ist.[277]

Durch die Herstellung einer Balance zwischen Freiheit und Sicherheit soll – unter Einhaltung der rechtsstaatlichen Vorgaben – der Schutz der Freiheit des Einzelnen mit dem Wohl aller Bürger in Ausgleich gebracht werden.[278] Das Dilemma erscheint deutlich: Der Bürger steht zwischen zwei Bedrohungen. Zum einen wird seine Freiheit durch bestehende Gefahren, wie dem Terrorismus, bedroht. Zum anderen kann eine Bedrohung der Freiheit jedoch auch durch die Reaktion des Staates auf die bestehende Gefahrenlage und die Stärkung der Sicherheit durch staatliche, freiheitsverkürzende Maßnahmen erfolgen.[279] Auf der einen Seite kommt es durch die staatliche Überwachung zu Eingriffen u.a. in das Grundrecht auf informationelle Selbstbestimmung gem. Art. 2 Abs. 1 i.V.m. Art. 1 Abs. 1 GG, zum anderen wird durch die Stärkung der Sicherheit das Grundrecht auf Leben, körperliche Unversehrtheit und Freiheit aus Art. 2 Abs. 2 GG geschützt.[280]

Der Einsatz von Informationstechnologie ermöglicht der Polizei, der Staatsanwaltschaft und den Nachrichtendiensten eine Ausweitung ihrer Aufgaben und Befugnisse. Durch die Möglichkeit, Informationen zu sammeln, auszuwerten, auszutauschen und zu verknüpfen, ist eine schnellere Reaktion auf eintretende und bevorstehende Gefahren möglich. Insgesamt wurde die Arbeitseffektivität durch den Einsatz von Informationstechnologie gesteigert.[281]

Mit den Möglichkeiten, die sich durch den Einsatz von Informationstechnologie bieten, ist, wie auch vom Bundesverfassungsgericht im Volkszählungsurteil

---

276 So *Göttler,* Angst, Staat und Terrorismus. Der Bürger zwischen zwei Bedrohungen, in: Riescher (Hrsg.) Sicherheit und Freiheit statt Terror und Angst, S. 47.

277 Vgl. *Krings,* Terrorismusbekämpfung im Spannungsfeld zwischen Sicherheit und Freiheit, ZRP 2015, S. 167.

278 *Oppel,* Terrorismusforschung heute: Abwägung zwischen Freiheit und Sicherheit angesichts terroristischer Bedrohungen, in: Riescher (Hrsg.) Sicherheit und Freiheit statt Terror und Angst, S. 25.

279 So auch *Göttler,* Angst, Staat und Terrorismus. Der Bürger zwischen zwei Bedrohungen, in: Riescher (Hrsg.) Sicherheit und Freiheit statt Terror und Angst, S. 47.

280 Vgl. auch *Middel,* Innere Sicherheit und präventive Terrorismusbekämpfung, S. 341: *„Der überwachte und zugleich geschützte Bürger"*.

281 Vgl. *Zöller,* Informationssysteme, S. 1.

dargelegt, ein erhöhtes Schutzbedürfnis der Bürger verbunden, da sich aus ihnen für die Persönlichkeit ein gesteigertes Gefahrenpotential ergibt.[282] Dies macht das Spannungsfeld von Freiheit und Sicherheit, gerade vor dem Hintergrund der Entwicklungen der Sicherheitslage, in der viele ungewisse Faktoren vorherrschen, deutlich.

Um die Freiheit des Bürgers nicht unverhältnismäßig einzuschränken[283], muss in dem Zusammenhang also die Frage betrachtet werden, welches Ausmaß sowohl an Freiheit als auch an Sicherheit rechtlich aber auch ethisch realisiert werden soll, um einen Ausgleich zu finden[284].

Da das Thema des Verhältnisses von Sicherheit und Freiheit Inhalt vieler Bearbeitungen darstellt, soll sich die folgende Darstellung lediglich auf die Wiedergabe der wesentlichen Grundlagen beschränken. Diese Grundlagen sollen anschließend Ausgangspunkt für die Bewertung des Trennungsgebots vor dem Hintergrund von Freiheit und Sicherheit, von Grundrechtsschutz und Effektivität der Sicherheitsmaßnahmen sein.

II. Begriffsbestimmungen, Entwicklung und verfassungsrechtlicher Hintergrund

Die Begriffe Freiheit und Sicherheit sind sehr vage und bedürfen der Konkretisierung.[285] Sie sind ihrem Verständnis nach in der historischen Entwicklung nicht klar voneinander zu trennen. Als Werte und damit als Grundlage eines staatlichen Gefüges, sind sie bei rechtsstaatlichem Verständnis grundsätzlich gleichzeitig vorhanden und damit eng miteinander verknüpft.[286]

1. Der Begriff der Freiheit

Wird die Geschichte des Begriffs Freiheit betrachtet, kann von einer verschiedenartigen Auffassung des Freiheitsbegriffs gesprochen werden.

---

282 Vgl. dazu BVerfGE 65, 1 ff.; *Zöller*, Informationssysteme, S. 2 f.

283 Vgl. *Krings*, Terrorismusbekämpfung im Spannungsfeld zwischen Sicherheit und Freiheit, ZRP 2015, S. 167, 168.

284 Vgl. *Würtenberger/Tanneberger*, Sicherheitsarchitektur als interdisziplinäres Forschungsfeld, in: Riescher (Hrsg.) Sicherheit und Freiheit statt Terror und Angst, S. 97, 105.

285 So auch *Moser-Knieriem*, Vorratsdatenspeicherung, S. 12.

286 *Pietschmann*, Der Rechtsstaat im Wandel, in: Riescher (Hrsg.) Sicherheit und Freiheit statt Terror und Angst, S. 127, 131; *Moser-Knieriem*, Vorratsdatenspeicherung, S. 12.

Die Bedeutung von Freiheit reicht von der Annahme der Freiheit als Gegensatz zu Knechtschaft und Fremdbestimmung, also Willkür und Sklaverei, über die Freiheit von Normen und Zwängen und der Selbstbestimmtheit, bis hin zur Freiheit von Risiken im Leben.[287]

Die moderne Auffassung des Freiheitsbegriffs geht auf die Zeit der Aufklärung zurück. Nach *Locke* bedeutet Freiheit die Sicherheit vor dem Staat. Durch ihn setzten Differenzierungen zwischen Sicherheit vor dem Staat und durch den Staat ein, und er entwickelte Vorkehrungen, um die Rechte der Menschen vor dem Staat schützen zu können.[288]

Auch *Kant* unterschied zwischen der positiven und der negativen Freiheit.[289] Nach *Kant* wird der praktische Freiheitsbegriff zunächst negativ als „Unabhängigkeit der Willkür durch die Antriebe der Sinnlichkeit"[290] bestimmt. Die negative Freiheit ist die Bedingung für die positive Freiheit als das Vermögen der Vernunft, sich selbst ihre Gesetze zu geben. Das Vermögen des Menschen, sich unabhängig von seinen Neigungen und Trieben bestimmen zu können, befähigt ihn zur sittlichen Selbstbestimmung, der Autonomie.[291]

Zu unterscheiden sind bei den Begriffen positiver und negativer Freiheit grundsätzlich zwei (miteinander verbundene) Bedeutungen. Zum einen die „Freiheit von etwas", also die traditionelle, im europäischen Denken zentrale Forderung nach Unabhängigkeit und Abwesenheit von Zwang und Unterdrückung, und die „Freiheit für etwas", d. h. selbstbestimmt zu leben.[292]

Heute wird Freiheit als ein Grundbegriff moderner Demokratien verstanden und zählt zu den wichtigsten Grund- und Menschenrechten.[293] Freiheit ist ein Wert mit Verfassungsrang und wird durch die Grundrechte geschützt. Der

---

287 Vgl. Ergebnisse einer Grundlagenstudie zum Freiheitsverständnis der Deutschen vom Institut für Demoskopie Allensbach, Der Wert der Freiheit, 2003, S. 17 ff; mwN *Moser-Knieriem,* Vorratsdatenspeicherung, S. 11.

288 So zusammenfassend *Isensee,* Das Grundrecht auf Sicherheit, S. 6 mit Verweis auf *Locke*, Two Treatises on Government, The Second Treatise, Chap. XIX, § 228.

289 *Kant*, Grundlegung zur Metaphysik der Sitten, Dritter Abschnitt, S. 74 ff.

290 *Kant,* Kritik der reinen Vernunft, Zweiter Teil, Zweite Abteilung, Zweites Buch, III. Auflösung der kosmologischen Ideen von der Totalität der Ableitung der Weltbegebenheiten aus ihren Ursachen, S. 647.

291 *Kant,* Kritik der reinen Vernunft, Zweiter Teil, Zweite Abteilung, Zweites Buch, III. Auflösung der kosmologischen Ideen von der Totalität der Ableitung der Weltbegebenheiten aus ihren Ursachen, S. 648 ff.

292 So *Schubert/Klein,* Das Politiklexikon, Freiheit.

293 *Schubert/Klein,* Das Politiklexikon, Freiheit.

Begriff der Freiheit muss im staatsrechtlichen und rechtspolitischen Kontext der im Grundgesetz ausdrücklich niedergelegten Grundrechte verstanden werden.[294]

Nach *Jellinek* ist im Verhältnis der Bürger zum Staat eine Unterscheidung zwischen dem status negativus, dem status positivus und dem status activus als den klassischen Funktionen der Grundrechte vorzunehmen. Der status negativus bezeichnet den Zustand der Freiheit vom Staat, in dem der Einzelne seinen Lebensbereich eigenständig gestalten kann. Der Lebensbereich kann durch die Grundrechte gesichert werden, wenn diese als Abwehrrechte bestimmte Freiheiten und Rechtsgüter gegen staatliches Handeln schützen.[295]

Der status positivus bezeichnet den Zustand, in dem der Einzelne zur Schaffung und Erhaltung seiner freien Existenz auf den Staat angewiesen ist, eine Freiheit ohne den Staat also nicht möglich ist. Diese Freiheit wird durch die Grundrechte als Anspruchs-, Schutz-, Leistungs-, Verfahrens- und Teilhaberechte geschützt.[296] Der Zustand, in dem der Einzelne seine Freiheit im und für den Staat mitgestaltet, an ihm teilnimmt und bestätigt, ist der status activus.[297]

Freiheit gründet letztlich in der Menschenwürdegarantie des Art. 1 Abs. 1 GG, durch die der Mensch als freies Individuum verstanden wird, das zur Ausübung seiner Menschenwürde zur Freiheit berufen ist. Die grundrechtliche Freiheit erhält durch die Rückbindung an die Menschenwürde als oberes Verfassungsprinzip eigenen Verfassungsrang und hat ihre Ausprägung in den speziellen Freiheitsgrundrechten und in der allgemeinen Handlungsfreiheit.[298]

2. *Die Sicherheit*

Auch die Sicherheit ist wie die Freiheit als bedeutender Wert mit Verfassungsrang anzuerkennen. Der Staat hat die Aufgabe, seine Bürger zu schützen und wird damit zur Erreichung dieser Aufgabe durch Ergreifen von Maßnahmen zur Schaffung von Sicherheit legitimiert. Diese grundlegenden Aussagen führen jedoch nicht zur Klärung der Fragen, wie Sicherheit rechtlich zu erfassen ist und in welchem Verhältnis sie zur Freiheit steht. Deshalb wird an dieser Stelle eine Betrachtung der staatstheoretischen und verfassungsrechtlichen Grundlagen vorgenommen. Im Anschluss werden die Ergebnisse auch zur rechtlichen

---

294 mwN *Thiel*, Entgrenzung der Gefahrenabwehr, S. 138.
295 *Pieroth/Schlink*, Staatsrecht II, Grundrechte, § 4, Rn. 75 ff.
296 *Pieroth/Schlink*, Staatsrecht II, Grundrechte, § 4, Rn. 78 ff.
297 *Pieroth/Schlink*, Staatsrecht II, Grundrechte, § 4, Rn. 83 ff.
298 *Thiel*, Entgrenzung der Gefahrenabwehr, S. 138.

Bewertung des Trennungsgebots vor dem Hintergrund der aktuellen Sicherheitslage herangezogen.

a. *Begriff*

Die Möglichkeit der Definition des Begriffs Sicherheit ist vielseitig und in der wissenschaftlichen Literatur seit jeher Gegenstand von Diskussionen.

Objektiv kann Sicherheit als ein Vorhandensein von Schutzeinrichtungen vor Gefahrenquellen und als Fehlen von Gefahrmomenten verstanden werden. Aber auch eine subjektive Sichtweise dieses Begriffs als Gewissheit des Einzelnen bzgl. des Bestehens und der Wirksamkeit von Schutzmechanismen gegen Bedrohungen ist möglich.[299] Staatsrechtlich wird zwischen innerer und äußerer Sicherheit differenziert.[300]

Sicherheit – verstanden als die innere Sicherheit – wurde von der einen Seite stets als Unversehrtheit von Rechtsgütern seitens Privater bezeichnet.[301] Von anderer Seite lässt sich Sicherheit allgemein als Abwesenheit von Risiken beschreiben.[302]

Isensee beispielsweise versteht den Begriff Sicherheit als Schutz des Bürgers vor dem Übergriff anderer.[303] Ihm zufolge sei der Ausdruck jedoch variabel[304]

---

299 mwN *Lang,* Das Antiterrordateigesetz, S. 7 f.

300 Unter innerer Sicherheit versteht man im Allgemeinen den Schutz des Einzelnen vor Straftaten, den Schutz des Bestandes des Staates und seiner Einrichtungen und den Schutz der freiheitlich demokratischen Grundordnung. Sie umfasst damit jegliche Sicherheitsgewährleistungen, die nicht die Abwehr einer von außen kommenden Gefahr bezwecken; mwN *Kuschewitz,* Das Bundesverfassungsgericht und die neue „Sicherheitsarchitektur", S. 11 f. Äußere Sicherheit umfasst hingegen den Schutz der staatlichen Integrität und politischen Unabhängigkeit und die Verteidigung staatlicher Souveränität nach außen, womit das Verhältnis zu anderen Staaten gemeint ist; vgl. Darstellung *Möstl,* Die staatliche Garantie für die öffentliche Sicherheit und Ordnung, S. 277 ff.; *Kuschewitz,* Das Bundesverfassungsgericht und die neue „Sicherheitsarchitektur", S. 12; *Lang,* Das Antiterrordateigesetz, S. 19 f.

301 *Kirchhof,* Sicherungsauftrag und Handlungsvollmachten der Polizei, DÖV 1976, S. 449, 451; vgl. auch *Erichsen,* Polizei- und ordnungsrechtliche Handlungsvollmachten, VVDStrL 35 (1977), S. 171, 187 ff.; *Möstl,* Die staatliche Garantie für die öffentliche Sicherheit und Ordnung, S. 121; *Schwetzel,* Freiheit, Sicherheit, Terror, S. 75.

302 *Gusy,* Gewährleistung von Freiheit und Sicherheit im Lichte unterschiedlicher Staats- und Verfassungsverständnisse, VVDStRL 63, S. 159

303 So *Isensee,* Das Grundrecht auf Sicherheit, S. 21.

304 *Isensee,* Das Grundrecht auf Sicherheit, S. 22.

und werde nicht selten auch als Synonym für Freiheit vom Staat verstanden[305]. Der Begriff Sicherheit sei offen für unterschiedliche Schutzobjekte, jedoch seien die von den Grundrechten geschützten Rechtsgüter als von der Verfassung als unantastbar vorgegeben. Zum Teil wird auch eine Deckung mit dem polizeirechtlichen Begriff der „öffentlichen Sicherheit" gesehen.[306] Dies wird andererseits aber auch mit dem Argument entkräftet, dass in diesem Falle jede Norm der Rechtsordnung zum Schutzgut der inneren Sicherheit damit auch mittelbar zum Schutzgut der Verfassung werden könnte und damit als Rechtswerte mit Verfassungsrang als verfassungsunmittelbare Schranken herangezogen werden können.[307]

Der Sicherheitsbegriff gehört zu den am umstrittensten Begriffen in der internationalen Politik, da mit dem Sicherheitsbegriff über die Priorität politischer Ziele entschieden und die Wahl angemessener Strategien bestimmt wird. Eine schrittweise Erweiterung des Sicherheitsbegriffs, vom Verständnis eines engeren Begriffs, bei dem beispielsweise die militärische Bedrohung nationaler Territorialität thematisiert wurde, bis hin zum „erweiterten Sicherheitsbegriff", der auch das individuelle Risiko globaler Menschenrechtsverletzungen erfasst, zeigt, wie politische Veränderungen auch Reaktionen in der politischen Begrifflichkeit nach sich ziehen.[308]

b. Staatstheoretische und ideengeschichtliche Entwicklung des Sicherheitsgedankens

Um der Diskussion über die Bedeutung von Sicherheit folgen zu können, bedarf es einer zusammenfassenden Betrachtung der staatstheoretischen Hintergründe.[309]

Die Entwicklung der Gesellschaftsvertragstheorie von *Thomas Hobbes*, die Schritt für Schritt von *John Locke*, *Jean-Jaques Rousseau* und *Immanuel Kant*

---

305 *Isensee,* Das Grundrecht auf Sicherheit, S. 22; welcher hier Montesquieu zitiert *Montesquieu,* De l'esprit des lois, 1748, Livre XI, 2; Übersetzung von *Forsthoff,* Vom Geist der Gesetze, S. 214.

306 Vgl. *Isensee,* Das Grundrecht auf Sicherheit, S. 23; so auch *Möstl,* Die staatliche Garantie für die öffentliche Sicherheit und Ordnung, S. 119 ff.

307 *Schwetzel,* Freiheit, Sicherheit, Terror, S. 76 f.

308 *Daase,* Der erweiterte Sicherheitsbegriff, S. 3; 18.

309 Vgl. *Schwetzel,* Freiheit, Sicherheit, Terror, S. 5 mit Verweis auf *Brugger,* Gewährleistung von Freiheit und Sicherheit im Lichte unterschiedlicher Staats- und Verfassungsverständnisse, VVDStRL 63, S. 103 ff

modifiziert wurde, ist konstituierend für das heutige Verständnis von Freiheit und Sicherheit.

Nach *Hobbes* ist zum Frieden vor allem notwendig, dass jeder vor Gewalt der anderen geschützt werden soll, sodass er sicher leben kann und sich nicht vor anderen fürchten muss, solange er ihnen selbst kein Unrecht zufügt. Denn die natürliche Situation des Menschen ist die Furcht, von seinesgleichen getötet zu werden. Von *Hobbes* wird die Sicherheit, die aus der staatlichen Friedensordnung hervorgeht, für das Leben und die körperliche Unversehrtheit des Individuums gefordert. Es soll Vorsorge getroffen werden, sodass kein Grund besteht, sich unsicher zu fühlen. Die Aufgabe des Souveräns soll die Sorge für die Sicherheit des Volkes sein.[310] Sicherheit ist nach *Hobbes* der Grund, weshalb sich Individuen anderen unterwerfen.[311] Das Individuum gibt danach einen Teil seiner Freiheit auf, um vom staatlichen Souverän geschützt zu werden. Dies gründet sich auf einer vertraglichen Vereinbarung.[312] Nach dieser wird dem Staat das Recht auf Anwendung von Gewalt übertragen, der dadurch zum Frieden zwingen soll.[313]

Die Freiheitsphilosophie von *John Locke* baut die von *Hobbes* weiter aus. Sicherheit ist danach um einen geringeren Preis zu erhalten als das Opfer der Freiheit. Auch der rechtsgebundene und machtbegrenzende Staat kann Frieden gewährleisten und bürgerliche Freiheit und bürgerliche Sicherheit können zusammen finden.[314] Sicherheit erhält bei *Locke* nun eine weitere Dimension, nämlich Schutz vor dem Staat, also den Übergriffen, der Gewalt des Staates gegenüber dem Bürger[315], die sogleich ein neues Sicherheitsrisiko darstellten[316]. Die Bedeutung des Sicherheitszwecks liegt nun weniger in der Verpflichtung des Staates zur Gewährleistung von Schutz der Bürger untereinander als in der Rechtfertigung staatlicher Beschränkungen von individueller Freiheit. *Locke*

---

310 Darstellungen bei *Isensee,* Das Grundrecht auf Sicherheit, S. 3 f.; *Anter,* Die politische Idee der Sicherheit, in: Möllers/van Ooyen (Hrsg.), Jahrbuch Öffentliche Sicherheit 2008/2009, S. 15, 18 mit Verweisen auf *Hobbes,* Leviathan, 1651, II/21; De Cive, VI/3.

311 *Isensee,* Das Grundrecht auf Sicherheit, S. 3 f.; *Hobbes,* Leviathan 1651 II/21.

312 *Hobbes,* De Cive, VI/3; mwN *Schwetzel,* Freiheit, Sicherheit, Terror, S. 5.

313 *Hobbes,* Leviathan 1651, Kap. 13, 17; später weiter entwickelt: *Locke,* Two Treatises on Government, The Second Treatise, Chap. XIX, § 4 ff., 123 ff., 134 ff.

314 *Isensee,* Das Grundrecht auf Sicherheit, S. 7.

315 *Locke,* Two Treatises on Government, The Second Treatise, Chap. XIX, § 828; *Isensee,* Das Grundrecht auf Sicherheit, S. 6; mwN *Schwetzel,* Freiheit, Sicherheit, Terror, S. 5; mwN *Middel,* Innere Sicherheit und präventive Terrorismusbekämpfung, S. 23 f.

316 *Volkmann,* Sicherheit und Freiheit als Probleme des Rechtsstaats, JZ 2014, S. 696, 697.

geht dabei von einem Staat aus, der seine Autorität von seinen Bürgern ableitet und durch Rechtsordnung und Menschenrechten beschränkt ist.[317]

Bei den Gedanken *Rousseaus* steht auch die mögliche Gefährdung der Freiheit durch den Staat im Vordergrund. Zur Verhinderung von Gewalt und Fremdherrschaft soll auch hier ein Vertrag geschlossen werden, der die Achtung von Leben, Freiheit und Anerkennung gewährleisten soll, jedoch ohne sich zu unterwerfen. Anstelle dessen tritt die Übereignung aller natürlichen Rechte an den Gemeinwillen als einen Souverän zur Achtung aller Güter und Rechte. Es geht damit also vielmehr um einen demokratischen Akt der Einsetzung des Volkes als Souverän.[318]

Nach *Humboldt* ist der einzige Zweck des Staates die Sicherheit.[319] Auch *Kant* sieht den Staat als Garant der Sicherheit, der durch Gewährleistung der Sicherheit die Erhaltung der Persönlichkeit ermöglicht.[320]

Sicherheit wird in der Staatstheorie also als zentrales Legitimationselement der Freiheit gesehen.[321] Der Staatsrechtler *Carl Schmitt* fasst diesen Standpunkt gut zusammen: Derjenige, der nicht die Macht hat zu beschützen, kann nicht das Recht haben die Unterordnung und den Gehorsam zu verlangen.[322]

c. *Die Sicherheit im Verfassungsrecht*

Das Grundgesetz selbst enthält kein ausdrückliches Recht auf Sicherheit.[323] Vor allem im europäischen Vergleich wird das Fehlen einer ausdrücklichen Formulierung deutlich.[324]

So hat beispielsweise gem. Art. 6 der Grundrechtecharta und Art. 5 EMRK jede Person ein Recht auf Freiheit und Sicherheit. Das Recht auf Sicherheit gem. Art. 5 EMRK birgt jedoch kein weiteres Schutzgut in sich, sondern betont

---

317 *Middel,* Innere Sicherheit und präventive Terrorismusbekämpfung, S. 23 f.

318 *Rousseau,* Du Contrat social, 1. Buch, Kap. 8, 22; 7, 21; so zusammenfassend: *Brugger,* Gewährleistung von Freiheit und Sicherheit im Lichte unterschiedlicher Staats- und Verfassungsverständnisse, VVDStRL 63, S. 101, 117 f.

319 *Schwetzel,* Freiheit, Sicherheit, Terror, S. 6, der *Humboldt* zitiert vgl. *Humboldt,* Gesammelte Schriften, Bd. I, S. 125, 179.

320 *Kant,* Metaphysik der Sitten, Die Rechtslehre, Zweiter Teil, §§ 44, 45; mwN *Schwetzel,* Freiheit, Sicherheit, Terror, S. 6.

321 mwN *Thiel,* Entgrenzung der Gefahrenabwehr, S. 147.

322 *Schmitt,* Gespräche über die Macht und den Zugang zum Machthaber, S. 14.

323 *Thiel,* Entgrenzung der Gefahrenabwehr, S. 154.

324 *Brugger,* Gewährleistung von Freiheit und Sicherheit im Lichte unterschiedlicher Staats- und Verfassungsverständnisse, VVDStRL 63, S. 101, 130.

lediglich die Rechtssicherheit, die den Einzelnen vor dem willkürlichen Entzug seiner Bewegungsfreiheit bewahren soll.[325] Der EGMR hat diesem Recht auf Sicherheit somit keine eigenständige Bedeutung zugesprochen.[326]

Auch Art. 6 GRCh garantiert grundsätzlich – entgegen des in der deutschen Übersetzung missverständlichen Wortlauts – lediglich ein einziges, einheitliches Recht, da die Sicherheit der Freiheit gegenüber keine weitere separate Schutzsphäre bildet.[327]

Auch Art. 2 der Bundesverfassung der Schweizerischen Eidgenossenschaft enthält die Sicherheit als Staatszweck. Danach schützt die Schweizerische Eidgenossenschaft die Freiheit und die Rechte des Volkes und wahrt die Unabhängigkeit und die Sicherheit des Landes.

Obschon sich der deutschen Rechtsordnung kein explizites Sicherheitsrecht entnehmen lässt, finden sich auch in der deutschen Staatsrechtslehre verschiedene Ansätze zur Begründung eines grundgesetzlichen Sicherheitsauftrags.[328]

aa. Grundrechtliche Schutzpflichten

Zunächst sind die staatlichen Schutzpflichten, und die Möglichkeit die Sicherheit verfassungsrechtlich zu begründen, zu betrachten.

Neben den ausdrücklich im Grundgesetz verankerten Schutzpflichten (Art. 1 Abs. 1 S. 2, Art. 6 Abs. 1, 2, 4[329] und Art. 16 Abs. 2 GG)[330] hat das Bundesverfassungsgericht die Lehre der grundrechtlichen Schutzpflichten entwickelt.[331] Das Bundesverfassungsgericht hat in seinem Urteil zum Schwangerschaftsabbruch unmittelbar aus Art. 2 Abs. 2 S. 1 GG und unter Hinzuziehens von Art. 1 Abs. 1 S. 2 GG die Pflicht des Staates abgeleitet, jedes menschliche Leben zu schützen.[332] Das Bundesverfassungsgericht hat schließlich prinzipiell den Grundrechten einen staatlichen Schutzauftrag entnommen.[333]

---

325 *Valerius*, BeckOK StPO, EMRK Art. 5 Rn. 2–6.5; vgl. hierzu auch EGMR, NJW 2014, S. 283, 286.

326 Vgl. *Dörr*, in: Dörr/Grote/Marauhn (Hrsg.), EMRK/GG, Art. 5 EMRK, Rn. 10 f.

327 *Augsberg*, in: von der Groeben/Schwarze/Hatje (Hrsg.), Europäisches Unionsrecht, Art. 6, Rn. 1; vgl. aber hinsichtlich der möglichen Anerkennung eines unionsrechtlichen (Grund-) Rechts auf Sicherheit Urteile des EuGH B.II.7.

328 *Brugger*, Gewährleistung von Freiheit und Sicherheit im Lichte unterschiedlicher Staats- und Verfassungsverständnisse, VVDStRL 63, S. 101, 130.

329 *Stern*, Staatsrecht III/1, S. 937.

330 *Dietlein*, Die Lehre von den grundrechtlichen Schutzpflichten, S. 28–31.

331 BVerfGE 39, 1.

332 BVerfGE 39, 1, 42; BVerfGE 46, 160, 164.

333 *Dietlein*, Die Lehre von den grundrechtlichen Schutzpflichten, S. 33.

Nach der Lehre von den grundrechtlichen Schutzpflichten besteht die Pflicht der öffentlichen Gewalt, die Rechtsgüter der Bürger vor Gefahren zu schützen, die von Seiten des Staates, gleichwohl aber auch von Privaten, ausgehen können.[334] Insgesamt bezieht sich der Anwendungsbereich auf die Pflicht zum Schutz von Rechtsgütern, die darüber hinaus von ausländischen Staaten sowie unpersonalen Gefahren, insbesondere auch Naturkatastrophen ausgehen.[335]

Neben den primären Grundrechtsfunktionen enthalten die Abwehrrechte über die abwehrrechtliche Dimension hinaus auch (positive) Schutzpflichten des Staates zu Gunsten des geschützten Rechtsguts oder der geschützten Freiheit. Nach der Rechtsprechung des Bundesverfassungsgerichts verkörpern die Grundrechte neben den subjektiven Abwehrrechten, als verfassungsrechtliche Grundentscheidung, eine objektive Werteordnung, die für alle Bereiche gilt.[336] Sie enthalten vor allem die Verpflichtung zum aktiven Handeln des parlamentarischen Gesetzgebers, richten sich aber auch an die Exekutive.[337] Nach der Rechtsprechung des Bundesverfassungsgerichts kommt der staatlichen Gewalt bei Umsetzung der Schutzpflicht ein weiter Einschätzungsspielraum zu, der vornehmlich das Untermaßgebot zu beachten hat.[338] Insbesondere das gesetzgeberische Ermessen wird bei der Erfüllung von Schutzpflichten betont, da die grundrechtlichen Schutzpflichten – entgegen der abwehrrechtlichen Konzeption der Grundrechte – ein hoheitliches Handeln in gewissem Maße erzwingen. Durch das Untermaßgebot sei jedoch vorgegeben, dass ein angemessener Schutz im Sinne eines wirksamen Schutzes gewährleistet werde.[339]

Die staatlichen Schutzpflichten stellen objektive Verfassungsgrundsätze und Verfassungsdirektiven dar, die gerade unmittelbar keine Eingriffsbefugnisse begründen[340], sondern der Umsetzung durch Gesetz bedürfen[341], um einen

---

334 BVerfGE 39, 1, 42; *Robbers*, Sicherheit als Menschenrecht, S. 121; *Unruh*, Zur Dogmatik der grundrechtlichen Schutzpflichten, S. 20; *Stubenrauch*, Gemeinsame Verbunddateien von Polizei und Nachrichtendiensten, S. 180.

335 *Dietlein*, Die Lehre von den grundrechtlichen Schutzpflichten, S. 102 f.; *Robbers*, Sicherheit als Menschenrecht, S. 124 f.; aA. *Isensee*, in: HdStR V, § 111, S. 202 f.

336 BVerfGE 39, 1, 41; weiterhin wird ua. verwiesen auf: BVerfGE 7, 198, 205; 35, 79, 114.

337 BVerfGE 39, 1, 41; *Unruh*, Zur Dogmatik der grundrechtlichen Schutzpflichten, S. 20 ff.

338 Ua. BVerfGE 77, 170, 214 f.; 77, 381, 405; 88, 203, 254; 92, 26, 46; vgl. zum Begriff *Isensee*, in: HdStR V, § 111, Rn. 165 f.

339 BVerfGE 39, 1, 42; 88, 203, 254; 92, 26, 46.

340 *Möstl*, Die staatliche Garantie für die öffentliche Sicherheit und Ordnung, S. 86.

341 *Isensee*, Das Grundrecht auf Sicherheit, S. 42 f.; *Dietlein*, Die Lehre von den grundrechtlichen Schutzpflichten, S. 67.

Eingriff zu legalisieren.[342] Diese Gesetze wiederrum müssen dem Grundsatz der Verhältnismäßigkeit genügen, da sie Eingriffe in die Freiheit des Schutzberechtigten darstellen[343] und insofern als Freiheitseinschränkung rechtfertigungsbedürftig sind.[344] Den beiden Aspekten der Gewährleistung der Grundrechte – die Grundrechte zu achten und zu schützen – kommt demgemäß der gleiche verfassungsrechtliche Rang zu.[345]

bb. Sicherheit als Staatsziel, subjektives Recht und Gemeinwohlgut

Die Herleitung der Bindungskraft der Sicherheit als Staatsaufgabe wird weiterhin vielfältig begründet. Unter anderem wird die Sicherheit als (nicht ausdrücklich normierte) Staatszielbestimmung bezeichnet.[346] Die Herstellung von Sicherheit vor dem Hintergrund heutiger neuartiger, internationaler und organisierter Kriminalität, kann einen komplexen, dynamischen und auf staatliche Aktivität angewiesenen Prozess darstellen, weshalb die Sicherheit als Staatszielbestimmung eingeordnet werden kann.[347] Denn Staatszielbestimmungen geben bestimmte Ziele vor, lassen aber offen, mit welchem Mittel das Ziel erreicht wird, welches Schutzniveau erreicht werden soll und ob sie neben ihrer verfassungsrechtlich bindenden Justiziabilität, Direktiven oder Richtlinien darstellen.[348]

Das Bundesverfassungsgericht vertritt in verschiedenen Entscheidungen die Ansicht, dass die bereits dargestellte, aus den objektiv-rechtlichen Gehalten

---

342 *Dietlein,* Die Lehre von den grundrechtlichen Schutzpflichten, S. 69.

343 BVerfGE 49, 24, 58.

344 Vgl. auch *Stubenrauch,* Gemeinsame Verbunddateien von Polizei und Nachrichtendiensten, S. 182.

345 *Isensee,* Das Grundrecht auf Sicherheit, S. 33; *Schwetzel* stellt zur Lehre der grundrechtlichen Schutzpflichten die Gegenargumente dar, die sich zum Teil aus dem Sondervotum zweier Richter des Senats ergaben. Hauptargumente sind vor allem, dass der Sinn der Grundrechte grundsätzlich ist, Grenzen zu ziehen und nicht Einsatz zu fordern. Weiterhin werde das BVerfG als zusätzliche Instanz für die Konkretisierung von Schutzpflichten zuständig, was zu Unsicherheiten führe. Auch ergäbe sich eine Beschränkung des politischen Gestaltungsermessens des Gesetzgebers. Weiterhin wird eine Schwächung der Abwehrrechte als Argument gegen die Schutzpflichten herangeführt; mwN *Schwetzel,* Freiheit, Sicherheit, Terror, S. 19 ff.

346 mwN *Schwetzel,* Freiheit, Sicherheit, Terror, S. 61, Fn. 398; *Möstl,* Die staatliche Garantie für die öffentliche Sicherheit und Ordnung, S. 73 ff; 84.

347 *Möstl,* Die staatliche Garantie für die öffentliche Sicherheit und Ordnung, S. 76.

348 *Möstl,* Die staatliche Garantie für die öffentliche Sicherheit und Ordnung, S. 74.

der Grundrechte hergeleitete Schutzpflicht[349] einer Staatszielbestimmung nahe komme, die durch gesetzgeberische Tätigkeit zu konkretisieren sei.[350]

Weiterhin wird die Sicherheit als subjektives Recht verstanden. Die staatlichen Handlungspflichten sollen danach subjektiviert werden können.[351] Es wird die Frage behandelt, ob dem Einzelnen neben der staatlichen Schutzpflicht als rein objektive Geltungsanordnung durch die Verfassung ein durchsetzbarer Anspruch auf Gewährung von Schutz zuerkannt werden soll[352], indem die Begründung eines subjektiven Rechts auf Sicherheit durch Zugreifen auf die Menschenwürdegarantie und über den objektiven Schutzauftrag des Art. 1 Abs. 1 S. 2 GG vorgenommen wird.[353] Dieser Schutzanspruch erstrecke sich inhaltlich auf alle Grundrechte, da diese Ausfluss der Menschenwürde seien.[354]

Dieser Aussage wird entgegen gehalten, dass die Schutzpflicht des Art. 1 Abs. 1 S. 2 GG auf den elementarischen Schutz der Menschenwürde beschränkt sei und sich so nicht auf alle anderen Grundrechte übertragen lasse.[355]

Jenseits des Rückgriffs auf die Menschenwürde werden die verfassungsrechtlichen Schrankenvorbehalte und die Verfassungsprinzipien, vornehmlich das Rechtsstaatsprinzip, das Demokratie- und das Sozialstaatsprinzip, als Begründungselemente herangezogen.[356]

Zum Teil wird die Sicherheit auch schlicht als Gemeinwohlgut bezeichnet. Durch die Sicherheit können andere Gemeinwohlwerte gesichert werden.

---

349 BVerfGE 39, 1, 41 f.; 49, 89, 141 f.

350 So zusammenfassend *Kutscha,* in: Roggan/Kutscha, Handbuch zum Recht der Inneren Sicherheit, S. 32, der auf die Entscheidungen BVerfGE 46, 160, 164; 77, 170, 214 f. Bezug nimmt.

351 Begriff nutzt unter anderem *Unruh,* Zur Dogmatik der grundrechtlichen Schutzpflichten, S. 58; *Brugger,* Gewährleistung von Freiheit und Sicherheit im Lichte unterschiedlicher Staats- und Verfassungsverständnisse, VVDStRL 63, S. 101, 130 ff.; *Thiel,* Entgrenzung der Gefahrenabwehr, S. 151.

352 *Dietlein,* Die Lehre von den grundrechtlichen Schutzpflichten, S. 133 ff.

353 Dargestellt und weitere Nachweise *Dietlein,* Die Lehre von den grundrechtlichen Schutzpflichten, S. 145; mwN *Thiel,* Entgrenzung der Gefahrenabwehr, S. 150 ff.

354 *Bleckmann,* Neue Aspekte der Drittwirkung der Grundrechte, DVBl 1988, S. 938, 942.

355 *Dietlein,* Die Lehre von den grundrechtlichen Schutzpflichten, S. 146 f. mit Verweis auf: *Bleckmann,* DVBl 1988, S. 938, 942; *Thiel,* Entgrenzung der Gefahrenabwehr, S. 151.

356 *Limbach,* Ist die kollektive Sicherheit Feind der individuellen Freiheit?, AnwBl 2002, S. 454, 455; *Brugger,* Gewährleistung von Freiheit und Sicherheit im Lichte unterschiedlicher Staats- und Verfassungsverständnisse, VVDStRL 63, S. 101, 130 ff., 150; mwN *Thiel,* Entgrenzung der Gefahrenabwehr, S. 150 ff.

Sicherheit ist also unverzichtbare Voraussetzung für soziales Zusammenleben und damit ein bedeutsames Gut.[357] Jedoch hat diese Einordnung als Gemeinwohlgut an sich kaum rechtliche Relevanz.

cc. Grundrecht auf Sicherheit

Weiterhin ist in Zusammenhang mit der Gewährleistung von Sicherheit durch den Staat von einem Grundrecht auf Sicherheit als Zusammenfassung der Summe schutzrechtlicher Gewährleistung der einzelnen Grundrechte die Rede.[358]

Isensee, der die Diskussion um die Existenz des Grundrechts auf Sicherheit seit Anfang der 1980 er Jahre prägt[359], sieht in dem Grundrecht auf Sicherheit die Gesamtheit der Schutzaspekte zum Schutze der Rechtsgüter, also die Verpflichtung des Staates die Grundrechte nicht nur zu achten, sondern sie gleichermaßen auch zu schützen.[360] Durch das Grundrecht auf Sicherheit, welches (vor allem) aus der Gesamtheit der grundrechtlichen Schutzpflichten bestehen soll[361], „soll dem Staatsziel des Rechtsgüterschutzes ein Platz im Grundgesetz zugewiesen werden".[362]

Nach Isensee greife das eindimensionale Grundrechtsverständnis zu kurz, da die grundrechtliche Freiheit nicht nur des Schutzes vor dem Staat bedürfe, sondern auch durch den Staat vor dem privaten Angreifer geschützt werden müsse. Andernfalls würden für den rechtstreuen Bürger die eindimensional verstandenen Grundrechte ins Leere laufen, wenn diese eben nur vor dem Eingriff der Staatsgewalt schützen.[363] Staatliche Vorkehrungen zur Herstellung der Sicherheit nach mehrdimensionalem Verständnis seien weniger Beschränkung der grundrechtlichen Freiheit als deren Bedingung.[364]

---

357 mwN *Thiel*, Entgrenzung der Gefahrenabwehr, S. 148.

358 Vgl. *Möstl*, Die staatliche Garantie für die öffentliche Sicherheit und Ordnung, S. 84; 90.

359 Vor allem durch sein Werk Das Grundrecht auf Sicherheit, Zu den Schutzpflichten des freiheitlichen Verfassungsstaates, 1983.

360 *Isensee*, Das Grundrecht auf Sicherheit, S. 33.

361 *Isensee*, Das Grundrecht auf Sicherheit, S. 33 f.; weiterhin wird aber auch angenommen, dass dies aus dem Vertrauensschutz und einer Subjektivierung grundgesetzlicher Prinzipien hergeleitet wird, vgl. ua. *Robbers*, Sicherheit als Menschenrecht, S. 190 ff; 193 ff.

362 Vgl. *Gusy*, Gewährleistung von Freiheit und Sicherheit im Lichte unterschiedlicher Staats- und Verfassungsverständnisse, VVDStRL 63, S. 151, 168.

363 *Isensee*, Keine Freiheit ohne Sicherheit, Politische Meinung 1997, Nr. 37, S. 31, 33.

364 *Isensee*, Keine Freiheit ohne Sicherheit, Politische Meinung 1997, Nr. 37, S. 31, 35.

Das Sicherheitsgrundrecht stellt also die Gesamtheit der Schutzaspekte dar. Die neu gebildete Begrifflichkeit ändert jedoch nichts, da im Wesentlichen die vom Bundesverfassungsgericht als grundrechtliche Schutzpflichten entwickelten Aspekte gemeint sind, jedoch dabei auf die Sicht des Bürgers und dessen Schutzbedürftigkeit abgestellt wird. Insoweit ist die Bezeichnung als Grundrecht nicht wortgenau zu nehmen.[365]

Zu den Rechtsfolgen des Grundrechts auf Sicherheit soll zunächst gehören, dass die Staatsaufgabe Sicherheit – dann als grundrechtlich festgelegte Kompetenz – Rechte und Pflichten für die Staatsorgane begründet, entgegenstehende Grundrechte einzuschränken.[366]

Ob den durch die Existenz des Grundrechts auf Sicherheit gewünschten Sicherheitsansprüchen Genüge getan werden kann, wird jedoch als fraglich angesehen, weil das Grundrecht auf Sicherheit „nichts anderes begründen [könne], als den subjektiv-rechtlich formulierten Appell an die Grundrechtsadressaten, Rechtsgüterschutz bei der Erfüllung der eigenen Aufgaben zu berücksichtigen".[367]

Auch *Isensee* bezeichnet das Grundrecht auf Sicherheit als gesetzesmediatisiertes Grundrecht, jedoch laufe aber das Grundrecht auf Sicherheit nicht leer, sondern bringe die sicherheitsrelevanten Regelungen aller Rechtsgebiete zusammen und ordne sie.[368] Konsequenzen für die Bedeutung des Grundrechts auf Sicherheit wären danach aber nicht, dass durch das Grundrecht eine allgemeine Pflicht zur Nichtstörung begründet werden kann, die unmittelbar zwischen den Privaten gilt. Denn nach *Isensee* steht die Konzeption der „grundrechtlichen Schutz- und Eingriffsbeziehungen" nicht im Zusammenhang mit den Lehren der Drittwirkung von Grundrechten, so dass dieses Grundrecht nicht unmittelbar oder auch mittelbar zwischen den Privaten gelten kann.[369]

Weiterhin entstehen für die Träger öffentlicher Gewalt Verpflichtungen nur dann, wenn das Sicherheitsgrundrecht inhaltlich über die ohnehin geltenden

---

365 *Isensee,* Das Grundrecht auf Sicherheit, S. 33 f.; Nach Isensee kann die Qualifikation als Grundrecht „nur cum grano salis *erfolgen*".

366 *Gusy,* Gewährleistung von Freiheit und Sicherheit im Lichte unterschiedlicher Staats- und Verfassungsverständnisse, VVDStRL 63, S. 151, 168.

367 *Gusy,* Gewährleistung von Freiheit und Sicherheit im Lichte unterschiedlicher Staats- und Verfassungsverständnisse, VVDStRL 63, S. 151, 169; 172.

368 *Isensee,* Das Grundrecht auf Sicherheit, S. 44.

369 *Isensee,* Das Grundrecht auf Sicherheit, S. 35.

grundrechtlichen Schutzpflichten hinausgeht[370], sodass an das Grundrecht damit in der Hinsicht keine Rechtsfolgen knüpfen.

Auch beschreibt *Isensee* die weiteren Konsequenzen. Durch die grundrechtlichen Schutzpflichten entstehen keine unmittelbaren Rechtswirkungen zugunsten oder zulasten des Bürgers, da sie aufgrund ihrer Konkretisierungsbedürftigkeit und aufgrund des Vorbehalts des Gesetzes der Umsetzung durch das Gesetz bedürfen. Der Vorbehalt des Gesetzes entfalle gerade nicht durch die verfassungsrechtliche Sanktionierung, da sich die Schutzpflichten grundsätzlich über den Eingriff realisieren, der eines Gesetzes bedarf.[371]

Isensee verdeutlicht damit, dass die grundrechtlichen Schutzpflichten und somit auch das Grundrecht auf Sicherheit die formellen Voraussetzungen des rechtsstaatlichen Handelns nicht aufheben.[372]

Es werden jedoch zahlreiche Argumente gegen das Grundrecht auf Sicherheit geäußert.

Vor allem werde durch das Grundrecht auf Sicherheit der Sicherheit in nicht vertretbarem Maße Vorrang vor der Freiheit eingeräumt. Dadurch entstehe der Eindruck, dass der Staat nicht mehr den Freiheitseingriff, der Bürger aber seine Freiheitsausübung rechtfertigen müsse.[373] Weiterhin würden die Grundrechte „interpretatorisch unterwandert", dadurch, dass sie durch die Akzentuierung der Sicherheit nur noch „variable Größen" darstellten.[374]

Auch spricht gegen die Annahme eines wörtlich genommenen Grundrechts auf Sicherheit, dass kein Staat totale Sicherheit garantieren kann. Die Sicherheit wird als relativ und niemals zu erfüllen bezeichnet.[375]

---

370 *Gusy*, Gewährleistung von Freiheit und Sicherheit im Lichte unterschiedlicher Staats- und Verfassungsverständnisse, VVDStRL 63, S. 151, 169.

371 *Isensee*, Das Grundrecht auf Sicherheit, S. 42 f.

372 Vgl. *Isensee*, Das Grundrecht auf Sicherheit, S. 43.

373 Ua. *Thiel*, Entgrenzung der Gefahrenabwehr, S. 156; *Kutscha*, in: Roggan/Kutscha, Handbuch zum Recht der Inneren Sicherheit, S. 32; *Brugger*, Gewährleistung von Freiheit und Sicherheit im Lichte unterschiedlicher Staats- und Verfassungsverständnisse, VVDStRL 63, S. 101, 132.

374 *Kutscha*, in: Roggan/Kutscha, Handbuch zum Recht der Inneren Sicherheit, S. 32; *Kniesel*, „Innere Sicherheit" und Grundgesetz, ZRP 1996, S. 482, 486.

375 *Isensee*, Das Grundrecht auf Sicherheit, S. 41; *Gusy*, Rechtsgüterschutz als Staatsaufgabe – Verfassungsfragen der „Staatsaufgabe Sicherheit", DÖV 1996, S. 573, 578 ff.; *Gusy*, Gewährleistung von Freiheit und Sicherheit im Lichte unterschiedlicher Staats- und Verfassungsverständnisse, VVDStRL 63, S. 151, 169; *Thiel*, Entgrenzung der Gefahrenabwehr, S. 157.

Es sei weiterhin fraglich, ob sich Sicherheitsbedürfnisse überhaupt in einem Grundrecht zusammenfassen ließen.[376]

Wie schon dargestellt, sieht auch das Bundesverfassungsgericht die Sicherheit von Staat und Bürgern als unverzichtbare Verfassungswerte und Staatsziele an[377]; sieht aber weiterhin die Grundrechte primär als Abwehrrechte, die bei Vorliegen von Gefahren durch die staatlichen Schutzpflichten ergänzt werden, welche durch den Gesetzgeber konkretisiert werden müssen. Diese Schutzverpflichtung soll aber unter Umständen, nämlich dann, wenn das Ziel nicht oder nicht ernsthaft verfolgt wird[378], zunehmen können.[379]

Insgesamt kann von einem eigenständigen Grundrecht auf Sicherheit nicht ausgegangen werden. Allerdings wirkt sich das Grundrecht auf Sicherheit ohnehin nicht in der plakativen Form seines Namens aus, wie auch schon *Isensee* anmerkte[380], sondern betone die vom Bundesverfassungsgericht hergeleiteten grundrechtlichen Schutzpflichten. Allenfalls ein Anwendungsbereich sollte gegeben sein, wenn diese grundrechtlichen Schutzpflichten nicht mehr ausreichen.

Auch wenn der Anwendungsbereich im Ergebnis abgelehnt wird, wurde der Versuch des Zusammenfassens mehrerer Sicherheitsaspekte durch das Grundrecht auf Sicherheit getätigt. Der Gedanke, durch die Bezeichnung als Grundrecht, die Sicherheit auf Höhe der Freiheit zu formulieren und damit den gleichen „Rang" deutlich zu machen, ist jedenfalls nicht zu verwerfen.

Zusammenfassend kann dem Grundrecht auf Sicherheit neben den grundrechtlichen Schutzpflichten somit eine appellative Wirkung zugesagt werden.[381] In einem nichttechnischen Sinne kann also von einem Grundrecht auf Sicherheit

---

376 *Gusy,* Gewährleistung von Freiheit und Sicherheit im Lichte unterschiedlicher Staats- und Verfassungsverständnisse, VVDStRL 63, S. 151, 168 f.

377 BVerfGE 49, 24, 56 f.

378 auf Grundlage von BVerfGE 77, 170, 214 f. den Vergleich zu Schutzpflichten herstellend *Möstl,* Die staatliche Garantie für die öffentliche Sicherheit und Ordnung, S. 78; 74.

379 Vgl. BVerfGE 39, 1, 42; 46, 160, 164; 49, 24, 53; 49, 89, 140 ff.; 53, 30, 57 ff; 56, 54, 73 ff; 77, 170, 214 f., 88, 203, 251 ff.; *Brugger,* Gewährleistung von Freiheit und Sicherheit im Lichte unterschiedlicher Staats- und Verfassungsverständnisse, VVDStRL 63, S. 101, 132.

380 *Isensee,* Das Grundrecht auf Sicherheit, ua. S. 33 f.

381 *Gusy,* Gewährleistung von Freiheit und Sicherheit im Lichte unterschiedlicher Staats- und Verfassungsverständnisse, VVDStRL 63, S. 151, 170;

gesprochen werden, wenn der Ausdruck als Bezeichnung für die Inhalte des Rechts auf Schutz verstanden wird.[382]

Auch hinsichtlich der möglichen Anerkennung eines „europäischen Grundrechts auf Sicherheit" griff der EuGH in seiner Entscheidung vom 08. April 2014[383] und 15. Februar 2016[384] ein „unionsrechtliches (Grund-)Recht auf Sicherheit auf".[385] Die Betrachtung der offenen Fragen hinsichtlich dogmatischer Konturen eines solchen Sicherheitsgrundrechts wird ebenfalls Teil der weiteren Bearbeitung sein.[386]

d. Zwischenergebnis

Im Ergebnis ist festzuhalten, dass sich weder aus der Verfassungsdogmatik, noch aus der Entwicklung der Ideengeschichte eindeutige Aussagen bezüglich der verfassungsrechtlichen Bedeutung der Sicherheit treffen lassen.[387]

Sicherheit wird in der Auseinandersetzung sowohl als Staatsaufgabe, als Staatsziel, als Gemeinwohlgut aber auch als Grundrecht – dem Grundrecht auf Sicherheit – qualifiziert. Das Bundesverfassungsgericht sieht in den grundrechtlichen Schutzpflichten die Grundlage einer staatlichen Verpflichtung zur Gewährleistung von Sicherheit.[388]

Der Sicherheit kann aufgrund der grundrechtlichen Schutzpflichten eine subjektiv-rechtliche Seite zugesprochen werden. Es kann daraus eine verfassungsrechtliche Pflicht des Staates und ein Schutzauftrag zugunsten verfassungsrechtlicher Güter hergeleitet werden.[389]

Die Aufgabe der Sicherheit stellt somit ein legitimes staatliches Betätigungsfeld dar, ohne dass die subjektiv-rechtliche Position, die diese staatliche Verpflichtung begründet, ebenfalls die Existenz eines Grundrechts auf Sicherheit als „Sammelbegriff" nötig ist.

---

382 *Alexy,* Aussprache und Schlussworte: Gewährleistung von Freiheit und Sicherheit im Lichte unterschiedlicher Staats- und Verfassungsverständnisse, VVDStRL 63, S. 191, 194 f.

383 EuGH, Urteil v. 8. April 2014, Rs. C-293/12 und C-594/12.

384 EuGH, Rs. C-601/15 PPU.

385 Vgl. B.II.7.

386 B.II.7.

387 *Thiel,* Entgrenzung der Gefahrenabwehr, S. 141.

388 Vgl. *Thiel,* Entgrenzung der Gefahrenabwehr, S. 158.

389 Vgl. ua. *Möstl,* Die staatliche Garantie für die öffentliche Sicherheit und Ordnung, S. 69 f.; *Thiel,* Entgrenzung der Gefahrenabwehr, S. 158.

III. Das Verhältnis von Freiheit und Sicherheit in der wissenschaftlichen Literatur und in der Rechtsprechung

Es stellt sich also weiterhin die Frage, welche Bedeutung die Qualifizierung der Sicherheit als Aufgabe mit Verfassungsrang hat, und was diese Qualifizierung für das Verhältnis der Sicherheit zur Freiheit bedeutet.

Das Verhältnis zwischen Freiheit und Sicherheit wird vor dem Hintergrund der aktuellen Herausforderungen durch den internationalen Terrorismus, insbesondere seit dem 11. September 2001, in Politik und Wissenschaft kontrovers diskutiert und dringt aufgrund der terroristischen Anschläge in jüngster Vergangenheit vermehrt in das Bewusstsein der Bevölkerung vor.

Die weltweit veränderte Sicherheitslage führt dazu, dass das Verlangen nach strengeren und stärkeren Sicherheitsmaßnahmen größer wird. Es entsteht der Eindruck, dass die individuellen Handlungsfreiheiten nur noch durch eine Verstärkung der Sicherheitsmaßnahmen zu schützen seien. Die Bürger fühlen sich unsicher und sind häufig auch dazu bereit, Freiheitseinbußen hinzunehmen, um ein Gefühl von Sicherheit zu gewinnen.[390]

In der wissenschaftlichen Auseinandersetzung geht es vornehmlich um die Frage nach dem Verhältnis von Sicherheit und Freiheit. Diskutiert wird insbesondere, ob sich Freiheit und Sicherheit gegenseitig bedingen oder ausschließen[391] und welcher Position im Zweifel Vorrang einzuräumen ist.

Einerseits verfolgen Sicherheit und Freiheit das gleiche Ziel, das darin besteht, dem Einzelnen freies Handeln zu ermöglichen. Andererseits kollidieren sie dabei, da der Staat, um den Bürger vor in dessen Rechtssphäre eingreifenden Freiheitsbetätigungen anderer zu schützen, kontrollierend eingreifen muss.[392]

Nach *Isensee* besteht keine Antinomie zwischen den beiden Werten Sicherheit und Freiheit, sondern eine „Spannung", deren Ausgleich Aufgabe des Gesetzgebers oder des Rechts sei.[393] Seiner Ansicht nach hängen *„Sicherheit und Freiheit […] untrennbar zusammen. Sie sind zwei Seiten einer Medaille, verschiedene staatsrechtliche Aspekte derselben Sache: des Lebens, der Freiheit der Person, des*

---

390 Ua. zusammenfassend *Pietschmann*, Der Rechtsstaat im Wandel., in: Riescher (Hrsg.) Sicherheit und Freiheit statt Terror und Angst, S. 127, 147.

391 mwN *Kutscha*, in: Roggan/Kutscha, Handbuch zum Recht der Inneren Sicherheit, S. 28; *Moser-Knierim*, Vorratsdatenspeicherung, S. 122 f.; *Pietschmann*, Der Rechtsstaat im Wandel., in: Riescher (Hrsg.) Sicherheit und Freiheit statt Terror und Angst, S. 127, 146 f.

392 *Schwetzel*, Freiheit, Sicherheit, Terror, S. 4.

393 *Isensee*, Das Grundrecht auf Sicherheit, S. 21.

Eigentums wie der sonstigen privaten Rechtsgüter. Sicherheit und Freiheit bezeichnen die Unversehrtheit der Rechtsgüter, erstere im Verhältnis zu Privaten, letztere im Verhältnis zur öffentlichen Gewalt. Unter dem ersten Aspekt hat der Staat Übergriffe anderer zu verhindern, unter dem zweiten selbst Übergriffe zu unterlassen. Hier zeigen sich allerdings praktische Unterschiede. Der Staat braucht das Recht nur zu wahren, um Freiheit zu ermöglichen. Um aber effektive Sicherheit herzustellen, muß er im Konfliktfalle positive Leistungen der Gefahrenabwehr und des Rechtsschutzes erbringen. Der Staat erfüllt seine Sicherheitsaufgabe nicht schon durch den Erlaß von Gesetzen, sondern erst durch deren wirksamen Vollzug. […] Der Schutz des Staates konstituiert den status positivus des Bürgers, die Rechtswahrung den status negativus."[394]

Nach *Isensees* Ausführungen ist die Herstellung der Sicherheit also weniger Beschränkung der Freiheit als ihre Bedingung. Die Sicherheit bleibt nach seiner Ansicht unverzichtbarer und fundamentaler Zweck des Staates. Es sei ideengeschichtlich nicht richtig, den Einsatz für die Sicherheit als nicht liberal zu diffamieren.[395]

Auch in weiteren Teilen der Literatur und in der Rechtsprechung wird von dem gegenseitigen Bedingen von Freiheit und Sicherheit ausgegangen.[396] Dies wird vor allem auch auf das Grundgesetz gestützt, aus dem die Pflicht zur Gewährleistung von Freiheit und Sicherheit – zum einen aus den Grundrechten und zum anderen aus dem Rechtsstaatsprinzip – hergeleitet werden kann. Zur Wahrung der öffentlichen Sicherheit und Ordnung kann nämlich die Pflicht zum Eingreifen in die Grundrechte bestehen, es sind aber ebenso Grenzen für das staatliche Handeln enthalten.[397] Es bestehen einerseits Handlungspflichten des Staates und andererseits Handlungsgrenzen für den Staat.[398]

Wie bereits dargestellt, ist auch die Gewährleistung von Sicherheit legitime staatliche Tätigkeit.[399] Fraglich ist jedoch, wie sich das Verhältnis von Freiheit und Sicherheit, namentlich der individuellen Freiheit und der kollektiven Sicherheit, darstellt.

---

394 *Isensee,* Das Grundrecht auf Sicherheit, S. 21.

395 *Isensee,* Keine Freiheit ohne Sicherheit, Politische Meinung 1997, Nr. 337, S. 31, 34 f.

396 Vgl. *Gusy,* Vom neuen Sicherheitsbegriff zur neuen Sicherheitsarchitektur, VerwArch 101 (2010), S. 320, 331; *Thiel,* Entgrenzung der Gefahrenabwehr, S. 180 ff; *Bull,* Die Staatsaufgaben nach dem GG, S. 202 ff.

397 Vgl. *Hopfauf,* in: Schmidt-Bleibtreu/Klein, GG, Einleitung Rn 145.

398 *Callies,* Sicherheit im freiheitlichen Rechtsstaat, ZRP 2002, S. 1, 5.

399 So auch *Möstl,* Die staatliche Garantie für die öffentliche Sicherheit und Ordnung, S. 70.

Für die Vertreter des unbedingten Vorrangs der Freiheit steht die Verteidigung des absolut geschützten Kernbereichs privater Lebensgestaltung im Vordergrund. Es wird unter anderem problematisiert, dass die Sicherheitsstrukturen bei der Gewährung des Vorrangs der Sicherheit, insbesondere die präventiven Maßnahmen, mit dem Konzept rechtsstaatlicher Grundsätze nicht vereinbar seien. Der Bürger gerate durch die präventiven Maßnahmen generell unter Verdacht, was einen offensichtlichen Widerspruch insbesondere zur Unschuldsvermutung und zum fair-trail Prinzip darstelle.[400]

Weiterhin wird angeführt, dass durch den zunehmenden Schutzpflichtcharakter der abwehrrechtliche Charakter der Grundrechte vernachlässigt werde.[401] Das Grundgesetz fordere mehr Achtung der Grundrechte, als dies durch die aktuellen Entwicklungen der Sicherheitspolitik beachtet werde.[402]

Gegen den von *Isensee* vorgebrachten Grundsatz[403], dass bei einem echten Kollisionsverhältnis der Vorrang der Gesamtrechtsordnung und damit der Sicherheit gelte, wird argumentiert, dass damit das Verhältnis von Freiheit und Sicherheit in der Konzeption der Grundrechte in ihr Gegenteil verkehrt werde.[404]

Dem Grundsatz „in dubio pro libertate", nach dem der Freiheit stets der Vorrang einzuräumen ist[405], und der damit an das klassische Verständnis der Grundrechte als Abwehrrechte anknüpft, kann heute jedoch nicht mehr uneingeschränkt gefolgt werden. Vor allem die Veränderung der Bedrohungslage, die damit einhergehende Veränderung des Wunsches nach Sicherheit und die Reaktionen der Legislative, der Exekutive und der Judikative auf diese

400 *Leutheusser-Schnarrenberger,* Auf dem Weg in den autoritären Staat, Blätter für die deutsche und internationale Politik, 01/2008, S. 61, 65; *Roggan,* Der Rechtsstaat auf dem Sterbebett, 31.08.2002, Abs. 3; abrufbar unter: http://www.ag-friedensforschung.de/bewegung/hannover2002/roggan.html. Weitere Nachweise zum Vorrang der Freiheit *Alexy,* Staatszwecke im Verfassungsstaat, Aussprache und Schlussworte VVDStRL 48 (1990), S. 118, 123; *Bull,* Die Staatsaufgaben nach dem GG, S. 202 ff.

401 *Moser-Knierim,* Vorratsdatenspeicherung, S. 123.

402 Vorwort und Ankündigung der Präsentation des Grundrechte Reports 2007 der Humanistischen Union; so dargestellt auch bei *Pietschmann,* Der Rechtsstaat im Wandel., in: Riescher (Hrsg.) Sicherheit und Freiheit statt Terror und Angst, S. 127, 149.

403 *Isensee,* Der Verfassungsstaat als Friedensgarant, in: Kirchhof/Mellinghoff (Hrsg.), Die Erneuerung des Verfassungsstaates, Symposion aus Anlass des 60. Geburtstages von Prof. Paul Kirchhof, S. 7, 31.

404 *Moser-Knierim,* Vorratsdatenspeicherung, S. 125.

405 Vgl. *Alexy,* Theorie der Grundrechte, S. 517; *Möstl,* Die staatliche Garantie für die öffentliche Sicherheit und Ordnung, S. 42; mwN *Schwetzel,* Freiheit, Sicherheit, Terror, S. 101.

Bedrohungslage, zeigen die Notwendigkeit der Veränderung – der Neujustierung – des Abwägungsvorgangs.

Es spricht weiterhin gegen die Annahme des Vorrangs der Freiheit, dass durch den Grundsatz „in dubio pro libertate" die Sicherheit und die Freiheit nicht als sich gegenseitig bedingend dargestellt werden, sondern sich gegenseitig ausschließend.[406] Vor allem der Aspekt des Schutzes der Freiheit durch die Sicherheit kommt bei der Argumentation, die die Abwägung grundsätzlich zugunsten der Freiheit auflösen will, zu kurz.

Bei differenzierter Betrachtung kann gleichwohl nicht vertreten werden, dass der Sicherheit bei der Abwägung stets Vorrang zu gewähren und damit der Grundsatz, im Zweifel für die Sicherheit, umzudrehen ist.[407] Denn aufgrund der historischen Geschehnisse, ist eine Verhinderung der Instrumentalisierung und Pervertierung der Sicherheit zu Machtzwecken zu verhindern.[408] Auch die Überlegung, dass von einem Bestreben nach größtmöglicher Freiheit im Verfassungsrecht ausgegangen werden muss, was sich auch darin zeigt, dass dem Staat ein großer Ermessensspielraum bei der Entscheidung über die Umsetzung seiner Schutzpflichten zukommt, der Ausgangspunkt also immer die Freiheit sein soll, spräche gegen den Vorrang der Sicherheit.

Dennoch folgt aus der Bejahung des Verfassungsrangs der Sicherheit, dass dadurch bei der Rechtfertigung des Freiheitseingriffs der Sicherheit im Rahmen der Abwägung in der Verhältnismäßigkeit ein besonderes Gewicht zukommen kann.[409] Allerdings ist nicht nur wegen des Verfassungsrangs grundsätzlich eine hohe Bedeutung für die Rechtfertigung eines Eingriffs in Freiheitsrechte anzunehmen. Auch Gemeinwohlbelange können – zumindest bei Grundrechten mit einfachem Gesetzesvorbehalt – Grundrechtseingriffe rechtfertigen.[410] Hier führt der Verfassungsrang des Sicherheitszwecks folglich nicht zu einer wesentlichen Modifikation der Prüfung der Rechtfertigung eines Grundrechtseingriffs.[411]

---

406 Vgl. mwN *Thiel,* Entgrenzung der Gefahrenabwehr, S. 180.

407 *Di Fabio,* Risikoentscheidungen im Rechtsstaat, S. 35 f.; ähnlich auch mwN *Möstl,* Die staatliche Garantie für die öffentliche Sicherheit und Ordnung, S. 70 f., der zusammenfasst, dass der Verfassungsrang nicht zu einem Vorrang der Sicherheit führen und es eben keine Rangordnung zwischen den Rechtsgütern geben soll.

408 So auch *Thiel,* Entgrenzung der Gefahrenabwehr, S. 179.

409 Vgl. *Stern,* Staatsrecht III/2, S. 828; *Möstl,* Die staatliche Garantie für die öffentliche Sicherheit und Ordnung, S. 70, Fn. 158

410 *Lerche,* in: HdStR V, § 122, Rn. 15; *Möstl,* Die staatliche Garantie für die öffentliche Sicherheit und Ordnung, S. 71 f.

411 *Möstl,* Die staatliche Garantie für die öffentliche Sicherheit und Ordnung, S. 72.

Dagegen können Eingriffe in vorbehaltlos gewährleistete Grundrechte nur durch kollidierendes Verfassungsrecht, also Grundrechte Dritter und weiterer Güter mit Verfassungsrang, gerechtfertigt werden.[412] Dies liegt auch bei der Erfüllung grundrechtlicher Schutzpflichten so.[413] Die Balance von Sicherheit und Freiheit darf sich also nicht gänzlich verschieben oder gar umkehren. Jedoch entbindet die grundsätzliche Einschränkbarkeit nicht von einer Abwägung im Rahmen der Verhältnismäßigkeit im Einzelfall.[414]

Die Relevanz des Verhältnisses von Freiheit und Sicherheit wird auch bei Betrachtung der Rechtsprechung des Bundesverfassungsgerichts deutlich. In der Regel wird die Einordnung bei der Beurteilung der Verhältnismäßigkeit gerichtlich zu überprüfender Maßnahmen relevant.[415] Im Rahmen der Prüfung der Verhältnismäßigkeit stellt das Bundesverfassungsgericht keine hohen Anforderungen an die Geeignetheit und Erforderlichkeit, betont aber im Rahmen seiner Ausführungen bei der Prüfung der Angemessenheit die Aufgabe des Gesetzgebers. Im Rahmen der Prüfung der Angemessenheit werden die Maßnahmen und die Einschränkungen der Freiheit gegenübergestellt und abgewogen. Je schwerer der Grundrechtseingriff, desto höher müssen die Rechtsgüter wiegen. Dabei sei es Aufgabe des Gesetzgebers, eine angemessene Balance zwischen Freiheit und Sicherheit herzustellen und Voraussetzungen zum Ausgleich widerstreitender Interessen zu schaffen. Nach Auffassung des Gerichts dürfen die Gewichte jedoch nicht grundlegend verschoben werden.[416] Weiterhin müssen die rechtsstaatlichen Vorgaben hinreichend beachtet werden, weil die staatlichen Schutzpflichten eben nicht dazu führen dürfen, dass das Verbot unangemessener Eingriffe in die Grundrechte leer läuft.[417]

Das Bundesverfassungsgericht positioniert sich aber vor allem in der Rechtsprechung zum Luftsicherheitsgesetz klar und führt im Rahmen der Güterabwägung aus, dass selbst im Falle besonders schwerwiegender Bedrohungen, der Schutz verfassungsrechtlich absolut geschützter Güter begrenzt sein kann.[418]

---

412 Vgl. *Stern*, Staatsrecht III/2, S. 807 f.; *Möstl*, Die staatliche Garantie für die öffentliche Sicherheit und Ordnung, S. 72.

413 BVerfGE 49, 24, 56.

414 Vgl. Stern, Staatsrecht III/2, S. 809.

415 Vgl. etwa BVerfGE 109, 279; 113, 348; 120, 274; 118, 186; 120, 378; 125, 260.

416 BVerfGE 115, 320, 358.

417 BVerfGE 115, 320, 359; Ergebnisse zusammenfassend *Moser-Knierim*, Vorratsdatenspeicherung, S. 128 f.

418 BVerfGE 115, 118, 151 ff.

Hinsichtlich des Verhältnisses von Freiheit und Sicherheit bei Kollision wird – vor allem aufgrund der Konzeption Grundrechte als Abwehrrechte – vertreten, dass im Falle einer Situation eines „Patts“ nach der Abwägung[419] der Freiheit der Vorrang vor der Sicherheit zu gewähren sei. Dies wird vor allem damit begründet, dass der Sicherheit eine dienende Funktion zugewiesen und sie somit als Voraussetzung der Freiheit betrachtet wird. Sicherheit sei gerade kein Selbstzweck, sondern finde die Rechtfertigung erst im Schutz der Freiheit.[420]

Der grundsätzlichen Annahme des Vorrangs der Freiheit ist aber entgegenzuhalten, dass aus dem bisher Gesagten folgt, dass die Gewährleistung von Freiheit und Sicherheit gleichermaßen Aufgabe des Staates darstellen und sich als „Doppelauftrag“[421] des Staates bezeichnen lässt. Es kann kein grundsätzliches Rangverhältnis von Sicherheit und Freiheit festgelegt sein.[422]

Im Ergebnis steht damit fest, dass jedenfalls keinem der Verfassungsgüter ein genereller Vorrang einzuräumen ist. Der Staat ist Garant sowohl von Freiheit als auch von Sicherheit. Staatliches Handeln muss aktiviert und diszipliniert werden. Dies spiegelt sich auch in den Grundrechten wider. Die Grenzen für den Ausgleich sind durch das Übermaßverbot und das Untermaßverbot umrissen.[423]

Angesichts der Bedrohungslage – vor allem durch den Terrorismus – ist die Zielsetzung, den Ausgleich zwischen beiden Zielsetzungen zu finden. Dabei sei „das maximale Maß an Freiheit durch eine optimale Gewährleistung von Sicherheit“ zu erhalten.[424] An dieser Aussage wird nochmals deutlich, dass Freiheit und Sicherheit sich in einem Rechtsstaat bedingen. Es geht dabei eben nicht um ein „Entweder Oder“.[425] Bei Versuchen, den grundsätzlichen Vorrang der Freiheit bei einem „Patt“ damit zu begründen, dass der Vorrang der Sicherheit aufgrund

---

419 Ua. *Alexy,* Theorie der Grundrechte, S. 518; *Schwetzel,* Freiheit, Sicherheit, Terror, S. 103; *Moser-Knierim,* Vorratsdatenspeicherung, S. 132; *Stubenrauch,* Gemeinsame Verbunddateien von Polizei und Nachrichtendiensten, S. 194; zumindest begrifflich auch *Callies,* Sicherheit im freiheitlichen Rechtsstaat, ZRP 2002, S. 1, 6.

420 Vgl. ua. *Roßnagel,* Freiheit im Cyberspace, Informatik-Spektrum 2002, S. 33, 37; so auch *Stubenrauch,* Gemeinsame Verbunddateien von Polizei und Nachrichtendiensten, S. 194.

421 *Callies,* Sicherheit im freiheitlichen Rechtsstaat, ZRP 2002, S. 1, 5; *Middel,* Innere Sicherheit und präventive Terrorismusbekämpfung, S. 326 f.

422 Vgl. *Stern,* Staatsrecht III/2, S. 829; so auch *Thiel,* Entgrenzung der Gefahrenabwehr, S. 182.

423 So auch *Middel,* Innere Sicherheit und präventive Terrorismusbekämpfung, S. 325 ff.

424 *Denninger,* Freiheit durch Sicherheit?, StV 2002, S. 96, 97.

425 Vgl. *Denninger,* Freiheit durch Sicherheit?, StV 2002, S. 96, 97.

der Unmöglichkeit der Gewährleistung absoluter Sicherheit auszuschließen sei[426], wird das einander Bedingen von Freiheit und Sicherheit und die Notwendigkeit der Möglichkeit einzelfallbezogener Entscheidungen verkannt.

Auch verfassungsrechtlich ist somit kein grundsätzlicher Vorrang der Freiheit im Falle der Kollision zu begründen.[427] Können gewisse Mindestvorgaben für das Verhältnis von Freiheit und Sicherheit festgehalten werden, hat eine konkrete Bewertung doch im Einzelfall und unter Einhaltung rechtsstaatlicher Grundsätze zu erfolgen.[428]

B. Aktuelle Reaktionen auf die Bedrohungslagen

Es ist die Aufgabe der Politik ein rechtsstaatlich gebotenes und ausgewogenes Verhältnis von Freiheit und Sicherheit herzustellen. Die Exekutive hat dabei grundsätzlich geeignete Maßnahmen gegen den Terrorismus zu treffen und gesetzliche Anpassungen vorzuschlagen. Insgesamt müssen Planungen frühzeitig aufgedeckt und verhindert werden. Dazu muss der Blick der Sicherheitspolitik weiter auf die Arbeit des Verfassungsschutzes und der Nachrichtendienste gerichtet werden, die durch ihre Arbeit bei der Bekämpfung der gegenwärtigen Ausprägungen des Terrorismus einen großen Teil tragen. Angesichts der neueren Entwicklungen, insbesondere des technischen Fortschritts und neuer Bedrohungsszenarien müssen punktuell weitere notwendige Veränderungen vorgenommen werden, um diesen Gegebenheiten entgegenwirken zu können.[429]

---

426 *Gusy,* Gewährleistung von Freiheit und Sicherheit im Lichte unterschiedlicher Staats- und Verfassungsverständnisse, VVDStRL 63, S. 151, 168; *Stubenrauch,* Gemeinsame Verbunddateien von Polizei und Nachrichtendiensten, S. 193 f.; *Moser-Knierim,* Vorratsdatenspeicherung, S. 131 f.

427 Vgl. *Stern,* Staatsrecht III/2, S. 829; *Thiel,* Entgrenzung der Gefahrenabwehr, S. 182.

428 Vgl. *Thiel,* Entgrenzung der Gefahrenabwehr, S. 183 f., der das BVerfG zitiert, nachdem „die Verfassung [...] den Gesetzgeber nicht grundsätzlich daran [hindert], die traditionellen rechtsstaatlichen Bindungen im Bereich des Polizeirechts auf der Grundlage einer seiner Prärogative unterliegenden Feststellung neuartiger oder veränderter Gefährdungs- und Bedrohungssituationen fortzuentwickeln."; BVerfGE 115, 320, 360.

429 Vgl. *Krings,* Terrorismusbekämpfung im Spannungsfeld zwischen Sicherheit und Freiheit, ZRP 2015, S. 167, 168 f.

I. Veränderung der Arbeit von Polizei und Nachrichtendiensten durch Veränderung von Bedrohung und Kriminalität

Nach dem 11. September 2001 kam es zur Effektivierung der Bekämpfung des Terrorismus zur Erweiterung der Befugnisse von Polizei und Nachrichtendiensten. So enthält das Terrorismusbekämpfungsgesetz vom 22. Dezember 2001[430] Regelungen, die für die jeweilige Behörde terrorismusspezifische Befugnisse und damit auch Erweiterungen der Befugnisse erlauben.[431]

Durch Erweiterung einschlägiger technischer Möglichkeiten ist seither vor allem die polizeiliche Eingriffsverwaltung von Informationseingriffen geprägt. Zudem kann als Folge der Veränderung der Bedrohungslage auch eine Entwicklung und Veränderung des polizeirechtlichen Gefahrenbegriffs verzeichnet werden.[432] Folge dessen ist das Verschwimmen der Abgrenzung von polizeilichen Aufgaben und Befugnissen von denen der Nachrichtendienste.

Um zu verdeutlichen, dass die Abgrenzung unscharf ist, werden überblicksartig einige umstrittene Maßnahmen, wie die präventive Rasterfahndung und die Onlinedurchsuchung, aber später auch die Vorratsdatenspeicherung angeführt, um die Entwicklung der Sicherheitsgesetzgebung, aber auch die Beurteilung dieser Maßnahmen durch das Bundesverfassungsgericht zu betrachten.

1. Verschiebung und Überschneidung der Aufgabenbereiche von Polizei und Nachrichtendiensten

Vor Einführung der neuen Polizeigesetze bis Mitte der 1980er Jahre ließen sich die Aufgabenbereiche von Polizei und Nachrichtendiensten deutlich abgrenzen. Die polizeilichen Aufklärungsmaßnahmen begannen dabei bei Vorliegen ausreichender tatsächlicher Anhaltspunkte für eine Gefahr oder einer Gefahr für polizeiliche Schutzgüter, wohingegen dem Verfassungsschutz die Informationsbeschaffung im Vorfeld von Gefahr und Anfangsverdacht bis zur Vornahme von Handlungen gegen die freiheitlich demokratische Grundordnung und danach oblag. Die Schwelle zum Tätigwerden des Verfassungsschutzes in Bezug auf den Verdacht war also stets herabgesenkt.[433]

Seitdem fand eine Entwicklung in den Zuständigkeitsbereichen von Polizei und Nachrichtendiensten statt, welche von einer andauernden Annäherung des

---

430 BGBl. 2002 I, S. 361.

431 *Kugelmann*, Der polizeiliche Gefahrenbegriff in Gefahr?, DÖV 2003, S. 781, 784.

432 *Kugelmann*, Der polizeiliche Gefahrenbegriff in Gefahr?, DÖV 2003, S. 781, 781 ff.

433 *Zöller*, Informationssysteme, S. 321.

Polizei- und Strafprozessrechts und des Nachrichtendienstrechts geprägt ist.[434] Diese fortschreitende Angleichung der Bereiche wird oft mit den Schlagworten „Verpolizeilichung der Nachrichtendienste" und „Vernachrichtendienstlichung der Polizei" beschrieben.[435] Die Polizei verfügt über immer mehr Befugnisse[436] zur verdeckten oder ereignisunabhängigen Gewinnung und Auswertung von Informationen.[437] Die Eingriffsbefugnisse der Polizei wurden auf Tätigkeiten im Vorfeld von Gefahr und Anfangsverdacht ausgeweitet, die ursprünglich Zuständigkeitsbereich der Nachrichtendienste waren.[438] Die Nachrichtendienste hingegen verfügen inzwischen auch über gesetzliche Ermächtigungen, die ursprünglich der Polizei vorbehalten waren.[439]

Die Erweiterungen der Befugnisse der Polizei sind und waren aufgrund der verstärkt auftretenden organisierten Kriminalität außerhalb des Staatsschutzbereichs[440], aber besonders auch bei der Terrorismusbekämpfung[441], angezeigt. Die Polizei wird wohl auch künftig konkrete Gefahren abwehren bzw. konkrete Straftaten verfolgen und die ihr eröffneten Möglichkeiten der nachrichtendienstlichen Arbeit nur in Einzelfällen einsetzen. Weiterhin wird aufgrund der Spezialität auch kein Konflikt bei den Arbeitsfeldern der Polizei im Verhältnis zum BND oder MAD entstehen.[442]

---

434 *Gröpl,* Die Nachrichtendienste im Regelwerk der deutschen Sicherheitsverwaltung, S. 314 f.; *König,* Trennung und Zusammenarbeit von Polizei und Nachrichtendiensten, S. 232.

435 *König,* Trennung und Zusammenarbeit von Polizei und Nachrichtendiensten, S. 232; *Zöller*, Informationssysteme, S. 327.

436 Bspw. § 98 a StPO, § 100 a StPO, § 110 a StPO.

437 *König,* Trennung und Zusammenarbeit von Polizei und Nachrichtendiensten, S. 232; *Albert,* Gedanken zum Verhältnis von Polizei und Verfassungsschutz, in: Bundesamt für Verfassungsschutz (Hrsg.), S. 85, 96.

438 *Nehm,* Das nachrichtendienstliche Trennungsgebot und die neue Sicherheitsarchitektur, NJW 2004, S. 3289, 3292 f.; *Bergemann*, in: Lisken/Denninger, Handbuch des Polizeirechts, H Rn. 32.

439 *König,* Trennung und Zusammenarbeit von Polizei und Nachrichtendiensten, S. 233: etwa die Befugnis zur (offenen) Einholung von Auskunft bestimmter Personen, die mittels Verwaltungsakt durchgesetzt werden kann gem. § 2 I 2 G10; vgl. dazu weiterhin B.I.4.

440 *Gröpl,* Die Nachrichtendienste im Regelwerk der deutschen Sicherheitsverwaltung, S. 314 f.; BT-Drs. 11/7663.

441 Dazu umfassend: *Gusy,* Trennungsgebot, in: Möllers/van Ooyen (Hrsg.), Jahrbuch Öffentliche Sicherheit 2008/2009, S. 177, 185 ff.

442 *Gröpl,* Die Nachrichtendienste im Regelwerk der deutschen Sicherheitsverwaltung, S. 315.

Es ist zu einer Ausweitung, vor allem der polizeilichen Aufgaben und Befugnisse, gekommen.[443] Dadurch ist es der Polizei möglich geworden, in Bezug auf die Aufgaben in das Vorfeld von Gefahr und Anfangsverdacht vorzudringen, und in Bezug auf die Befugnisse, die spezifischen nachrichtendienstlichen Mittel zu nutzen. Insbesondere bei den Vorfeldmaßnahmen findet durch die Überschneidungen teilweise eine „Verwässerung der Eigenständigkeit beider Institutionen" statt.[444]

Da die Aufgaben, Befugnisse und Handlungsweisen beider Institutionen grundsätzlich trotzdem verschieden sind[445], stellt sich die Frage, die im Verlauf dieser Arbeit zu beantworten ist, nach der Vereinbarkeit dieser Entwicklung mit dem Trennungsgebot.[446] Fest steht jedoch, dass die „Vernachrichtendienstlichung" der Polizei damit zu einem Wandel des Sicherheitsrechts geführt hat und die Trennlinie zwischen den verschiedenen Institutionen hat schmaler werden lassen.[447]

2. *Veränderung des Gefahrenbegriffs*

Mit der Veränderung der Struktur der Sicherheitsarchitektur und der Verlagerung der polizeilichen Eingriffsbefugnisse in das Gefahrenvorfeld, geht auch eine Veränderung des polizeirechtlichen Gefahrenbegriffs einher. Diese Entwicklung ist durch den Zweck dieser Maßnahmen bedingt, nämlich die Entstehung von Gefahren im Vorfeld zu verhindern.[448]

Das Gefahrenvorfeld ist durch unbestimmte Verdachtsmomente gekennzeichnet. Dadurch ist eine erhöhte Wahrscheinlichkeit für Fehlprognosen gegeben, weshalb polizeiliche Zwangsmittel hier unzulässig sind. Die Überwachung dieses Bereichs war deshalb grundsätzlich den Nachrichtendiensten zugewiesen.[449]

Die präventive Gefahrenabwehr bezweckt hingegen die Bekämpfung einer Gefahr. Von polizeilichen Maßnahmen ist grundsätzlich nur im Falle einer mit hinreichender Wahrscheinlichkeit eintretenden Gefahr Gebrauch zu machen.

---

443 Zu den Beispielen vgl. B.I.4.

444 *Zöller*, Informationssysteme, S. 328.

445 *Zöller*, Informationssysteme, S. 328.

446 Vgl. Kapitel 4 B und insb. auch das Ergebnis B.V.

447 *Zöller*, Informationssysteme, S. 328.

448 *Kuschewitz,* Das Bundesverfassungsgericht und die neue „Sicherheitsarchitektur", S. 59.

449 *Kuschewitz,* Das Bundesverfassungsgericht und die neue „Sicherheitsarchitektur", S. 15 f.

Nur das Vorliegen einer konkreten Gefahr berechtigt zu Abwehrmaßnahmen im Einzelfall.[450] Im Rahmen der Strafverfolgung stehen den Strafverfolgungsbehörden weitergehende Ermittlungsbefugnisse und Zwangsmittel zur Verfügung. Hier kommt dem Anfangsverdacht als Ermächtigung zum Einsatz von Ermittlungsmaßnahmen, die grundrechtsintensiv sind, Bedeutung zu (§ 152 Abs. 2 StPO).[451]

Jedoch wurde sich in diesem Bereich zunehmend von der Konzeption der Gefahr als Eingriffsschwelle für das polizeiliche Tätigwerden entfernt und anstelle des Gefahrbegriffs mehr auf Tatbestandsmerkmale, die an bestimmte Personen, Umstände und Sachen anknüpfen, abgestellt.[452] Das Tätigwerden obliegt somit der Einschätzungsprärogative des Exekutivorgans, wodurch die Entstehung von Gefahren bereits im Vorfeld verhindert werden soll.[453]

3. *Zwischenergebnis*

Die herkömmliche Aufgabenzuweisung anhand von Gefahrengraden verliert im Rahmen dieser Entwicklung an Bedeutung.[454] Insbesondere sind also Eingriffe der Polizei durch Gewinnung oder Verarbeitung von Informationen nicht mehr ausschließlich an das Vorliegen einer konkreten Gefahr gebunden. Es erfolgt gleichzeitig eine Verlagerung der Eingriffsbefugnisse der Polizei in das Gefahrenvorfeld.[455]

4. *Beispiele in der Sicherheitsgesetzgebung*

Beispiele für das Verschwimmen der Aufgaben- und Befugnisbereiche von Polizei und Nachrichtendiensten in der Sicherheitsgesetzgebung, vor allem für die Zunahme an Befugnissen für heimliche und verdeckte Maßnahmen – auch ereignisunabhängig –, sind die Möglichkeiten des Einsatzes von verdeckten

---

450 *Schenke,* Polizei- und Ordnungsrecht, § 3, Rn. 69 ff.; insoweit ist weiterhin die Entwicklung der Polizeigesetze der einzelnen Länder zu beobachten.

451 *Kuschewitz,* Das Bundesverfassungsgericht und die neue „Sicherheitsarchitektur", S. 15 ff., 59.

452 Etwa besonders qualifizierte Orte oder Straftaten von erheblicher Bedeutung, *Gusy,* Polizei- und Ordnungsrecht, Rn. 185 ff.

453 *Kugelmann,* Der polizeiliche Gefahrenbegriff in Gefahr?, DÖV 2003, S. 781, 781 f.; *Kuschewitz,* Das Bundesverfassungsgericht und die neue „Sicherheitsarchitektur", S. 17.

454 *Kuschewitz,* Das Bundesverfassungsgericht und die neue „Sicherheitsarchitektur", S. 17.

455 So im Ergebnis auch: *Kugelmann,* Der polizeiliche Gefahrenbegriff in Gefahr?, DÖV 2003, S. 781, 789.

Ermittlern, die Telekommunikationsüberwachung, die Regelung in einigen Landesgesetzen der automatischen Kennzeichenerfassung sowie die präventive Rasterfahndung und die Infiltration von technischen Systemen (Onlinedurchsuchung).

a. Automatische Kennzeichenerfassung

Bei der automatisierten Kennzeichenerfassung werden die Fahrzeuge zunächst von einer Videokamera optisch erfasst. Mit Hilfe einer Software wird aus dem Bild die Buchstaben- und Zeichenfolge des Kennzeichens ausgelesen. Die Kennzeichen, die mithilfe der Software ermittelt werden, werden automatisch mit polizeilichen Fahndungsdateien abgeglichen und auf Treffer untersucht. Daraufhin werden Kennzeichen, Ort, Zeit der Treffermeldung und weitere Informationen festgehalten, sodass sich ggf. polizeiliche Maßnahmen anschließen können. Bei fehlender Übereinstimmung des Kennzeichens mit dem Fahndungsbestand werden das Bild und das erfasste Kennzeichen umgehend gelöscht.[456]

Rechtsgrundlagen für die automatische Kennzeichenerfassung fanden sich in den Polizeigesetzen von Bayern, Bremen, Hamburg, Hessen und Rheinland-Pfalz. Auch das LVwG von Schleswig-Holstein enthielt in § 184 Abs. 5, das HSOG in § 14 Abs. 5 eine entsprechende Regelung.

Den Polizeibehörden wurde hierdurch eine massenhafte und anlasslose Erhebung von Daten erlaubt, die sonst nicht in ihre Aufgaben und Befugnisse fiel.[457]

Das Bundesverfassungsgericht hat in seiner Entscheidung vom 11. März 2008[458] § 14 Abs. 5 HSOG und § 184 Abs. 5 LVwG für verfassungswidrig und nichtig erklärt.

Eine automatisierte Erfassung von Kraftfahrzeugkennzeichen zwecks Abgleichs mit dem Fahndungsbestand greift laut Bundesverfassungsgericht dann in den Schutzbereich des Grundrechts auf informationelle Selbstbestimmung ein, wenn der Abgleich nicht unverzüglich erfolgt, und das Kennzeichen nicht ohne weitere Auswertung sofort und spurenlos gelöscht wird.

Der bayerische Gesetzgeber reagierte bereits im Sommer 2008 mit einer Novellierung des PAG, in Art. 33 Abs. 2 bis 5 PAG, der nun in Absatz 2 Satz 4 und 5 weitere Einschränkungen enthält. Zum einen enthält die Vorschrift eine Beschränkung auf solche Fälle, in denen ein Abgleich zur Abwehr einer im Einzelfall oder im Hinblick auf bestimmte Ereignisse allgemein bestehende Gefahr

456 Vgl. BVerfGE 120, 378, 379 f.
457 BVerfGE 120, 378, 383 f.
458 BVerfGE 120, 378–433.

erforderlich ist und diese Gefahr Anlass für die Kennzeichenerfassung war. Weiterhin darf die Kennzeichenerfassung nicht flächendeckend eingesetzt werden. Gegen diese Regelungen wurde erneut Klage erhoben. Die Klage wurde vom BVerwG abgewiesen[459] und in seinen Entscheidungsgründen unter anderem ausführt, dass alleine das Ansehen von Kennzeichendaten durch einen Polizeibeamten keinen Grundrechtseingriff darstelle, wenn der Polizeibeamte bei einem „Nicht-Treffer" die Identität des Fahrzeughalters nicht feststelle und den Datensatz umgehend lösche, ohne dass die Anonymität des Inhabers aufgehoben wird.[460]

b. Präventive Rasterfahndung

Die Rasterfahndung ist eine polizeiliche Fahndungsmethode, die mit Hilfe elektronischer Datenverarbeitung durchgeführt wird. Durch andere öffentliche oder private Stellen werden den Polizeibehörden personenbezogene Daten übermitteln, um einen automatisierten Abgleich, eine Rasterung, mit anderen Daten vorzunehmen. Durch diesen Abgleich soll die Schnittmenge von Personen ermittelt werden, auf welche bestimmte, vorab festgelegte und für die weiteren Ermittlungen als bedeutsam angesehene Merkmale zutreffen.[461] Eine spezialgesetzliche Grundlage für die Rasterfahndung zu strafprozessualen Zwecken wurde 1992 in § 98 a StPO geschaffen.[462]

Ziel der Rasterfahndung ist es insbesondere, Personen zu erfassen, sog. Schläfer, die zu terroristischen Handlungen bereit sind, sich jedoch lange Zeit hindurch sorgfältig um ein gesetzeskonformes und möglichst unauffälliges Verhalten bemühen, um ihr kriminelles Vorhaben dann im entscheidenden Zeitpunkt überraschend und damit besonders wirkungsvoll verwirklichen zu können.[463]

Durch die präventive Rasterfahndung wurden den Polizeibehörden damit weitreichende Befugnisse im Vorfeld eingeräumt. Das Bundesverfassungsgericht erklärte am 4. April 2006 „eine präventive polizeiliche Rasterfahndung der in § 31 PolG NW 1990 geregelten Art" als nicht mit dem Grundrecht auf informationelle Selbstbestimmung vereinbar, wenn keine konkrete Gefahr für

---

459 BVerwG, Urteil v. 22.10.2014, Az. 6 C 7.13.

460 BVerwG, Urteil v. 22.10.2014, Az. 6 C 7.13, Leitsatz.

461 BVerfGE 115, 320, 321 f.

462 Durch das Gesetz zur Bekämpfung des illegalen Rauschgifthandels und anderer Erscheinungsformen der Organisierten Kriminalität (OrgKG) vom 15. Juli 1992 (BGBl I S. 1302).

463 Vgl. BVerfGE 115, 320, 323.

hochrangige Rechtsgüter wie den Bestand oder die Sicherheit des Bundes oder eines Landes oder für Leib, Leben oder Freiheit einer Person gegeben ist. Im Vorfeld der Gefahrenabwehr scheidet eine solche Rasterfahndung damit aus. Eine allgemeine Bedrohungslage, wie sie im Hinblick auf terroristische Anschläge seit dem 11. September 2001 durchgehend besteht oder außenpolitische Spannungslagen, reichen für die Anordnung der Rasterfahndung nicht aus. Vorausgesetzt ist vielmehr das Vorliegen weiterer Tatsachen, aus denen sich eine konkrete Gefahr, etwa für die Vorbereitung oder Durchführung terroristischer Anschläge, ergibt.[464]

c. *Infiltration technischer Systeme (Online-Durchsuchung)*

Unter einem heimlichen Zugriff auf ein informationstechnisches System, ist eine technische Infiltration zu verstehen, die etwa Sicherheitslücken des Zielsystems ausnutzt oder über die Installation eines Spähprogramms erfolgt. Die Infiltration des Zielsystems ermöglicht es, dessen Nutzung zu überwachen, die Speichermedien durchzusehen oder gar das Zielsystem fernzusteuern.[465]

Explizit war eine solche Regelung in § 5 Abs. 2 Nr. 11 des Verfassungsschutzgesetzes von NRW zu finden. Diese Regelung enthielt das heimliche Beobachten und sonstiges Aufklären des Internets, wie insbesondere die verdeckte Teilnahme an seinen Kommunikationseinrichtungen bzw. die Suche nach ihnen sowie den heimlichen Zugriff auf informationstechnische Systeme.

Insbesondere, wenn Personen aus extremistischen oder terroristischen Kreisen gespeicherte Dateien und Kommunikationsinhalte verschlüsseln oder verstecken, könnten Ermittlungen mit den klassischen Methoden, wie etwa einer Beschlagnahme von informationstechnischen Systemen und Speichermedien oder einer netzbasierten Telekommunikationsüberwachung, erheblich erschwert oder sogar ganz unmöglich gemacht werden. Der Ermittlungserfolg bliebe aus.[466] Wegen der Heimlichkeit des Zugriffs ist der Betroffene, anders als etwa bei einer offen durchgeführten Wohnungsdurchsuchung, nicht für die Zukunft vorgewarnt. Soweit der Nutzer eines Rechners Daten nur in verschlüsselter Form ablegt, können solche Daten im Rahmen einer „Online-Durchsuchung" gegebenenfalls in unverschlüsselter Form erhoben werden. Denn durch die Infiltration des Rechners kann die Behörde in der Weise auf die Daten zugreifen, wie der Nutzer sie im fraglichen Zeitpunkt verwendet.[467]

---

464 Vgl. BVerfGE 115, 320, Ls. 1 und 2.
465 Vgl. BVerfGE 120, 274, 276.
466 Vgl. BVerfGE 120, 274, 278.
467 Vgl. BVerfGE 120, 274, 279.

Das Bundesverfassungsgericht entschied am 27. Februar 2008, dass die technische Infiltration nur dann zulässig ist, wenn tatsächliche Anhaltspunkte einer konkreten Gefahr für ein überragend wichtiges Rechtsgut bestehen. Überragend wichtig sind demnach Leib, Leben und Freiheit der Person oder solche Güter der Allgemeinheit, deren Bedrohung die Grundlagen oder den Bestand des Staates oder die Grundlagen der Existenz der Menschen berührt. Für die Rechtfertigung der Onlinedurchsuchung reicht es aus, wenn sich noch nicht mit hinreichender Wahrscheinlichkeit feststellen lässt, dass die Gefahr in näherer Zukunft eintritt, sofern bestimmte Tatsachen auf eine im Einzelfall durch bestimmte Personen drohende Gefahr für das überragend wichtige Rechtsgut hinweisen. Die Maßnahme muss unter Richtervorbehalt stehen. Die Regelung § 5 Abs. 2 Nr. 11 des Verfassungsschutzgesetzes von NRW a.F. wurde daraufhin für verfassungswidrig und nichtig erklärt. Auch entwickelte das Bundesverfassungsgericht in diesem Urteil das Grundrecht auf Vertraulichkeit und Integrität informationstechnischer Systeme.[468]

Auch das BKAG enthielt in § 20 k BKAG a.F., § 49 BKAG n.F. eine Regelung zur Online-Durchsuchung und auch in einigen Landespolizeigesetzen sind solche Regelungen zu finden, wonach auch Polizeibehörden ein technisches System infiltrieren können.[469]

II. Zusammenfassung der aktuellen Entwicklung der Gesetzgebung im Sicherheitsbereich und der Rechtsprechung des Bundesverfassungsgerichts und des EuGH

1. Verlängerung des Terrorismusbekämpfungsgesetzes

Am 9. Januar 2002 trat das Terrorismusbekämpfungsgesetz in Kraft, welches unter anderem Regelungen zur Ausweitung der Kompetenzen der Nachrichtendienste, die Stärkung der Rolle des BKA und der Kompetenzen des Bundesgrenzschutzes sowie weitere Regelungen, z.B. solche des Ausländer- und Asylrechts enthielt und zunächst befristet war.[470]

2007 folgte dann das Terrorismusbekämpfungsergänzungsgesetz, das auf einer umfassenden Überprüfung der Regelungen, die im Terrorismusbekämpfungsgesetz enthalten sind, beruht und das bis 2012 befristet war.[471] Insbesondere wurde

---

468 Vgl. BVerfGE 120, 274, Ls. 1 und 2.
469 Vgl. zum Urteil des BVerfG B.II.5.
470 BGBl. I 2002, S. 361.
471 BGBl. I 2007, S. 2.

die Ausweitung von Auskunftsbefugnissen und die Absenkung der bisherigen Eingriffsschwellen für nachrichtendienstliche Auskunftsbefugnisse geregelt.

Nach Artikel 9 des Gesetzes zur Änderung des Bundesverfassungsschutzgesetzes vom 7. Dezember 2011[472] war die Anwendung der durch das Terrorismusbekämpfungsgesetz, das Terrorismusbekämpfungsergänzungsgesetz und das Änderungsgesetz geschaffenen und geänderten Vorschriften des BVerfSchG, des MADG, des BNDG und des Sicherheitsüberprüfungsgesetzes (SÜG) von der Bundesregierung vor dem 10. Januar 2016 zu evaluieren.

Der Bundestagsinnenausschuss hat der Verlängerung befristeter Regelungen zur Terrorismusbekämpfung um fünf Jahre am 04.11.2015 zugestimmt.

Sinn und Zweck der neuen Befristung, die am 10. Januar 2021 abläuft, ist es, die Beobachtung der Entwicklung gesetzgeberisch zu gewährleisten. Daher sollen die Befugnisse vor Ablauf der neuen Frist erneut evaluiert werden.[473]

2. *Die Gesetze über die Datei zur Bekämpfung des Rechtsextremismus (RED) und die Antiterrordatei (ATD) und das Urteil des Bundesverfassungsgerichts*[474]

Durch das Gemeinsame-Dateien-Gesetz vom 22. Dezember 2006[475] sollte der Informationsaustausch zwischen der Polizei und den Nachrichtendiensten verbessert werden. Das Gesetz betrifft die Einrichtung gemeinsamer Dateien von Polizeibehörden und Nachrichtendiensten des Bundes und der Länder, insbesondere die Einrichtung der Antiterrordatei. Weiterhin wird daneben aber durch Ergänzungen des Bundesverfassungsschutzgesetzes, des Bundesnachrichtendienstgesetzes und des Bundeskriminalamtsgesetzes diesen Behörden und Ämtern die Möglichkeit eröffnet, anlassbezogene Projektdateien einzurichten.[476]

Mit dem Gesetz zur Errichtung einer standardisierten zentralen Antiterrordatei von Polizeibehörden und Nachrichtendiensten von Bund und Ländern (Antiterrordateigesetz – ATDG) vom 31.12.2006 hat der Gesetzgeber eine

---

472 BGBl. I 2011, S. 2576.

473 BT Drs. 18/5924 S. 7.

474 BVerfGE 133, 277.

475 BGBl. I 2006, S. 3409.

476 Das Gemeinsame-Datei-Gesetz enthält fünf Artikel, wobei in Artikel 1 das Gesetz zur Errichtung der ATD niedergelegt ist, in Artikel 2 bis 4 die Ergänzung von Vorschriften in das BVerfSchG, BNDG und das BKAG zu projektbezogenen Dateien; siehe weiterhin *Kugelmann*, Polizei- und Polizeirecht in der föderalen Ordnung des Grundgesetzes in: Härtel (Hrsg.), Handbuch Föderalismus, Bd. 3, Rn. 64.

Verbunddatei von Polizei und Nachrichtendiensten geschaffen. Ziel des ATDG ist die Verbesserung des Informationsaustauschs zwischen den Sicherheitsbehörden[477], also eine schnellere und leichtere Zugänglichkeit und Auffindbarkeit von terrorrelevanten Erkenntnissen durch beide Behörden.

Sowohl das Gesetz als auch das Urteil des Bundesverfassungsgerichts vom 24. April 2013, in dem es um die Verfassungsmäßigkeit der ATD geht, wird Gegenstand der weiteren Betrachtung – gerade im Hinblick auf das Trennungsgebot zwischen Polizei und Nachrichtendiensten – sein.

Das Bundesverfassungsgericht erklärte die Datei in seinen Grundzügen als mit der Verfassung vereinbar, aber erklärte einige Normen für nicht verfassungskonform. Es leitete aus dem Grundrecht auf informationelle Selbstbestimmung ein informationelles Trennungsprinzip her, nach dem ein Informationsaustausch zwischen den Behörden grundsätzlich unzulässig ist, aber unter gewissen Umständen ein Austausch möglich sein kann. Das Urteil des Bundesverfassungsgerichts zeigt damit die Notwendigkeit einer gemeinsamen Datei zur Vereinfachung des Informationsaustauschs zwischen Polizei und Nachrichtendiensten zugunsten der Sicherheit auf.[478]

Am 31. August 2012 trat das Rechtsextremismus-Datei-Gesetz in Kraft.[479] Das Gesetz ist auf die Bekämpfung des gewaltbereiten Rechtsextremismus gerichtet[480] und weitgehend dem ATDG nachgebildet. Es bezieht sich aber auf einen anderen Datenkranz und wurde deshalb nicht in Zusammenhang mit der ATD als deren Erweiterung geregelt.[481]

Das Urteil des Bundesverfassungsgerichts hat damit auch Auswirkungen auf das RED-G. Das Gesetzt wurde ebenfalls durch das Gesetz zur Änderung des ATDG und anderer Gesetze geändert.[482]

---

477 BR-Drs. 672/06, S. 1 ff.

478 BVerfGE 133, 277, 280, Rn. 3:„Durch das Antiterrordateigesetz wurde die Rechtsgrundlage für die Antiterrordatei, eine der Bekämpfung des internationalen Terrorismus dienende Verbunddatei von Polizeibehörden und Nachrichtendiensten des Bundes und der Länder, geschaffen. Die Datei erleichtert und beschleunigt den Informationsaustausch zwischen den beteiligten Polizeibehörden und Nachrichtendiensten, indem bestimmte Erkenntnisse aus dem Zusammenhang der Bekämpfung des internationalen Terrorismus, über die einzelne Behörden verfügen, für alle beteiligten Behörden schneller auffindbar und leichter zugänglich werden."

479 BGBl. I 2012, S. 1798 ff.

480 § 1 Abs. 1 REDG

481 BT-Drs. 17/8672, S. 10 f.

482 BGBl. I 2014, S. 2318.

Am 01. Januar 2015 trat das Gesetz zur Änderung des Antiterrordateiengesetzes und anderer Gesetze vom 18.12.2014 in Kraft.[483]

3. *Strafrechtliche Erweiterungen und Änderungen im Pass- und Personalausweisrecht*

Vor allem in Zusammenhang mit gewaltbereiten Islamisten wurden weitere Regelungen geschaffen, die vor allem die Ausreise zum Zwecke der Beteiligung an terroristischen Anschlägen oder der Ausbildung in Terrorcamps verhindern sollen. Zum einen ist da die Erweiterung des § 89 a StGB zu nennen, der bereits den Versuch zu diesen Zwecken auszureisen unter Strafe stellt[484], zum anderen die Strafbarkeit der Terrorismusfinanzierung gem. § 89 c StGB einschließlich der Reisetätigkeit.

Weiterhin gegen die Ausreise mit terroristischen Hintergründen wirkt unter anderem die Schaffung des § 6 a Personalausweisgesetzes (PAuswG) durch das Gesetz zur Änderung des Personalausweisgesetzes zur Einführung eines Ersatz-Personalausweises und zur Änderung des Passgesetzes, das am 21. Juni 2015 in Kraft trat.[485] § 6 a PAuswG regelt in Absatz 1 zum einen die Versagung unter den Voraussetzungen des § 7 Abs. 1 Nr. 1 oder Nr. 10 PassG und in § 6 Abs. 3 PAuswG die Entziehung des Personalausweises bei gleichzeitiger Einführung eines Ersatz-Personalausweises. Dieser Ersatz-Personalausweis dient dann lediglich zur Identifizierung im Inland, berechtigt aufgrund eines Sperrvermerks aber nicht mehr zum Verlassen Deutschlands, § 5 Abs. 3 a des PAuswG. Damit kann verhindert werden, dass gewaltbereite deutsche Islamisten mit ihren Personalausweisen beispielsweise über die Türkei weiter nach Syrien oder in den Irak ziehen, wie dies der Fall wäre, wenn nur der Pass nach den Vorschriften des Passgesetzes entzogen würde.[486]

---

483 BGBl. I 2014, S. 2318.

484 Die Bundesregierung hat damit auch die Resolution des Sicherheitsrats der Vereinten Nationen vom September 2014 zu „Foreign Terrorist Fighters“ umgesetzt (S/RES/2178 (2014).

485 BGBl. I 2015, S. 970 ff.

486 Vgl. insgesamt *Krings*, Terrorismusbekämpfung im Spannungsfeld zwischen Sicherheit und Freiheit, ZRP 2015, S. 167.

4. *Vorratsdatenspeicherung*

a. *Gesetzliche Regelungen*

Die Vorratsdatenspeicherung stellt grundsätzlich ein Instrument zur anlasslosen Speicherung von Verkehrsdaten dar, mit dessen Hilfe Informationen über die Telekommunikationsverbindungen und alle Umstände der Telekommunikation gewonnen werden können.

Verkehrsdaten i.S.d. § 96 des Telekommunikationsgesetzes (TKG) sind die Daten, die bei einer Telekommunikation anfallen, also zum Beispiel die Rufnummer der beteiligten Anschlüsse sowie Zeit und Ort eines Gesprächs. Es geht dabei nicht um die Inhalte der Telekommunikation, sondern um die Frage, ob und wann Telekommunikation überhaupt stattgefunden hat.[487]

Grundlage für die Vorratsdatenspeicherung in Deutschland waren vor allem § 113 a und § 113 b TKG a.F. Gem. § 113 a Abs. 1 TKG sollten diejenigen, die öffentlich zugängliche Telekommunikationsdienste für Endnutzer erbringen, verpflichtet sein, die von ihm bei der Nutzung seines Dienstes erzeugte oder verarbeitete Verkehrsdaten nach Maßgabe des § 113 a Abs. 2 bis 5 TKG a.F. sechs Monate im Inland oder in einem anderen Mitgliedstaat der Europäischen Union zu speichern. Wer öffentlich zugängliche Telekommunikationsdienste für Endnutzer erbringt, ohne selbst Verkehrsdaten zu erzeugen oder zu verarbeiten, hatte danach sicherzustellen, dass die Daten gemäß Satz 1 gespeichert werden, und der Bundesnetzagentur auf deren Verlangen mitzuteilen, wer diese Daten speichert.

In § 113 b TKG war die Verwendung der Daten gem. § 113 a TKG geregelt. Danach durfte der nach § 113 a TKG Verpflichtete, die allein auf Grund der Speicherungsverpflichtung nach § 113 a TKG gespeicherten Daten zur Verfolgung von Straftaten, zur Abwehr von erheblichen Gefahren für die öffentliche Sicherheit oder zur Erfüllung der gesetzlichen Aufgaben der Verfassungsschutzbehörden des Bundes und der Länder, des Bundesnachrichtendienstes und des Militärischen Abschirmdienstes, an die zuständigen Stellen auf deren Verlangen übermitteln, soweit dies in den jeweiligen gesetzlichen Bestimmungen unter Bezugnahme auf § 113 a TKG vorgesehen und die Übermittlung im Einzelfall angeordnet war. Für andere Zwecke mit Ausnahme einer Auskunftserteilung nach § 113 TKG durfte er die Daten nicht verwenden.

---

487 Gesetzesentwurf zur Einführung einer Speicherpflicht und einer Höchstspeicherfrist für Verkehrsdaten, BT-Drs. 18/5088, S. 1.

Durch die Vorratsspeicherung werden flächendeckend über den gesamten Zeitraum von sechs Monaten sämtliche Telekommunikationsverkehrsdaten aller Bürger ohne Anknüpfung an ein zurechenbar vorwerfbares Verhalten, eine auch nur abstrakte Gefährlichkeit oder sonst eine qualifizierte Situation erfasst.

b. Urteil des Bundesverfassungsgerichts

Das Bundesverfassungsgericht erklärte die Vorschriften zur Vorratsdatenspeicherung § 113 a TKG, § 113 b TKG in der Fassung des Artikel 2 Nr. 6 des Gesetzes zur Neuregelung der Telekommunikationsüberwachung und anderer verdeckter Ermittlungsmaßnahmen und den auf diese Vorschriften verweisenden § 100 g Abs. 1 S. 1 StPO in der Fassung des Artikel 1 Nr. 11 des Gesetzes zur Neuregelung der Telekommunikationsüberwachung und anderer verdeckter Ermittlungsmaßnahmen, soweit danach Verkehrsdaten nach § 113 a TKG erhoben werden durften, am 2. März 2010 als für insgesamt nicht mit Art. 10 GG vereinbar.

Zusammenfassend genügen weder die gesetzlichen Vorgaben für die Datensicherheit, noch die Vorschriften zur Verwendung der Daten gem. § 113 b S. 1 Nr. 1 TKG in Verbindung mit § 100 g StPO, § 113 b S. 1 Nr. 2 und 3 TKG und § 113 b S. 1 HS 2 TKG den verfassungsrechtlichen Anforderungen. Damit fehlt es zugleich auch der Speicherungspflicht gem. § 113 a TKG selbst an einer verfassungsrechtlich tragfähigen Rechtfertigung.[488]

Das Bundesverfassungsgericht führte zunächst unter Bezugnahme auf ältere Entscheidungen[489] an, dass eine sechsmonatige anlasslose Speicherung von Telekommunikationsverkehrsdaten für qualifizierte Verwendungen im Rahmen der Strafverfolgung, der Gefahrenabwehr und der Aufgaben der Nachrichtendienste, wie sie die §§ 113 a, 113 b TKG anordnen, mit Art. 10 GG nicht schlechthin unvereinbar ist. Der Gesetzgeber kann mit einer solchen Regelung legitime Zwecke verfolgen, für deren Erreichung eine solche Speicherung im Sinne des Verhältnismäßigkeitsgrundsatzes geeignet und erforderlich ist. Auch fehle es von vornherein nicht an einer Rechtfertigungsfähigkeit und damit der Verhältnismäßigkeit im engeren Sinne.[490] Allerdings sei die besondere Schwere des Eingriffs aufgrund der hohen Streubreite und die Aussagekraft der Daten zu beachten.[491]

488 BVerfGE 125, 260, 347 ff; 358.
489 Vgl. BVerfGE 65, 1, 46 f.; 115, 320, 350; 118, 168, 187.
490 BVerfGE 125, 260, 316 ff., Rn. 205 ff.
491 BVerfGE 125, 260, 318 ff., Rn. 210 ff.

Jedoch ist für die verfassungsrechtliche Unbedenklichkeit der sechsmonatigen Speicherung der Verkehrsdaten Voraussetzung, dass die Ausgestaltung der Speicherung und der Verwendung der Daten dem besonderen Gewicht einer solchen Speicherung angemessen Rechnung trägt.[492]

Maßgeblich ist hierfür zunächst, dass die vorgesehene Speicherung der Telekommunikationsverkehrsdaten nicht direkt durch den Staat, sondern durch eine Verpflichtung der privaten Dienstanbieter verwirklicht wird. Die Daten werden damit bei der Speicherung selbst noch nicht zusammengeführt, sondern bleiben verteilt auf viele Einzelunternehmen und stehen dem Staat unmittelbar als Gesamtheit nicht zur Verfügung.[493]

Weiterhin hebt eine sechsmonatige Speicherung der Telekommunikationsverkehrsdaten, auch nicht bereits aus sich heraus, das Prinzip des Art. 10 Abs. 1 GG als solches auf; sie verletzt weder dessen Menschenwürdekern (Art. 1 Abs. 1 GG), noch dessen Wesensgehalt (Art. 19 Abs. 2 GG).[494]

Eine Speicherung der Telekommunikationsverkehrsdaten für sechs Monate stellt sich auch nicht als eine Maßnahme dar, die auf eine Totalerfassung der Kommunikation oder Aktivitäten der Bürger insgesamt angelegt wäre. Sie knüpft vielmehr in noch begrenzt bleibender Weise an die besondere Bedeutung der Telekommunikation in der modernen Welt an und reagiert auf das spezifische Gefahrenpotential, das sich mit dieser verbindet.[495]

Dies bedeutet jedoch nicht, dass die Speicherung der Telekommunikationsverkehrsdaten, die auf eine möglichst flächendeckende vorsorgliche Speicherung aller für die Strafverfolgung oder Gefahrenprävention nützlichen Daten zielte, den Regelfall darstellen darf.[496]

Jedoch genügen die angegriffenen Vorschriften den durch das Bundesverfassungsgericht festgelegten Anforderungen nicht. § 113 a TKG widerspricht zwar nicht schon deshalb Art. 10 Abs. 1 GG, weil die Reichweite der Speicherungspflicht gemäß § 113 a Abs. 1 bis 7, 11 TKG von vornherein unverhältnismäßig wäre. Dennoch entsprechen die Regelungen zur Datensicherheit zu den Zwecken und zur Transparenz der Datenverwendung sowie zum Rechtsschutz nicht den verfassungsrechtlichen Anforderungen. Damit fehlt es an einer dem Verhältnismäßigkeitsgrundsatz entsprechenden Ausgestaltung der Regelung insgesamt.

492 BVerfGE 125, 260, 324, Rn. 219.
493 BVerfGE 125, 260, 321 f., Rn. 214.
494 BVerfGE 125, 260, 322, Rn. 215.
495 BVerfGE 125, 260, 322, Rn. 216.
496 BVerfGE 125, 260, 323 f.

§§ 113 a, 113 b TKG und § 100 g StPO, soweit dieser den Abruf der nach § 113 a TKG zu speichernden Daten erlaubt, sind deshalb mit Art. 10 Abs. 1 GG nicht vereinbar.[497]

Die Vorschriften wurden daraufhin für nichtig erklärt.[498]

c. *EU-Richtlinie und Urteil des EuGH*

Grundlage für die Vorratsdatenspeicherung war die EU-Richtlinie 2006/24/EG aus dem Jahr 2006. Im Oktober 2011 wurden Deutschland und Rumänien durch die Europäische Kommission gem. Art. 258 AEUV aufgefordert, die Richtlinie vollständig umzusetzen.[499]

Am 11. Juli 2012 wurde durch die Europäische Kommission gegen die Bundesrepublik Deutschland ein Vertragsverletzungsverfahren eingeleitet, da die Frist zur Umsetzung bereits am 15. September 2007 abgelaufen war. Danach war festzustellen, dass die Bundesrepublik Deutschland dadurch gegen ihre Verpflichtungen aus der Richtlinie 2006/24/EG des Europäischen Parlaments und des Rates vom 15. März 2006 über die Vorratsspeicherung von Daten, die bei der Bereitstellung öffentlich zugänglicher elektronischer Kommunikationsdienste oder öffentlicher Kommunikationsnetze erzeugt oder verarbeitet werden, und zur Änderung der Richtlinie 2002/58/EG[500] verstoßen hat, dass sie die erforderlichen Rechts- und Verwaltungsvorschriften zur Umsetzung dieser Richtlinie nicht vollständig erlassen und jedenfalls der Kommission diese Vorschriften nicht vollständig mitgeteilt hat. Der Bundesrepublik Deutschland sollte deshalb gem. Art. 260 Abs. 3 AEUV wegen des Verstoßes gegen die Verpflichtung zur Mitteilung von Umsetzungsmaßnahmen die Zahlung eines Zwangsgeldes in der Höhe von 315.036,54 € pro Tag auferlegt werden.[501]

Am 8. April 2014 entschied der EuGH über die Unvereinbarkeit der EU-Richtlinie mit den EU-Grundrechten Art. 7 und 8 der GrCh. Der Gerichtshof sah in der Verpflichtung zur Vorratsspeicherung dieser Daten und der Gestattung des Zugangs der zuständigen nationalen Behörden zu diesen Daten einen besonders schwerwiegenden Eingriff der Richtlinie in die Grundrechte auf Achtung des Privatlebens und auf Schutz personenbezogener Daten. Außerdem sei

---

497 BVerfGE 125, 260, 347.

498 BVerfGE 125, 260, 363 f.

499 Pressemitteilung EU Kommission; abrufbar unter: http://europa.eu/rapid/press-release_IP-11-1248_de.htm.

500 ABl. L 105 vom 13.4.2006, S. 54–63.

501 Klage, eingereicht am 11. Juli 2012 – Europäische Kommission / Bundesrepublik Deutschland; (Rechtssache C-329/12).

der Umstand, dass die Vorratsspeicherung der Daten und ihre spätere Nutzung vorgenommen werden, ohne dass der Teilnehmer oder der registrierte Benutzer darüber informiert werde, geeignet, bei den Betroffenen das Gefühl zu erzeugen, dass ihr Privatleben Gegenstand einer ständigen Überwachung ist.[502]

Das materielle Ziel der Richtlinie, wie sich aus Art. 1 Abs. 1 ergibt, besteht darin die Verfügbarkeit der Daten zwecks Ermittlung, Feststellung und Verfolgung schwerer Straftaten, wie sie von jedem Mitgliedstaat in seinem nationalen Recht bestimmt werden, sicherzustellen. Materielles Ziel der Richtlinie ist es demnach, zur Bekämpfung schwerer Kriminalität und somit letztlich zur öffentlichen Sicherheit beizutragen.[503]

Nach der Rechtsprechung des EuGH, in der auf weitere Entscheidungen Bezug genommen wird[504], *„stellt die Bekämpfung des internationalen Terrorismus zur Wahrung des Weltfriedens und der internationalen Sicherheit eine dem Gemeinwohl dienende Zielsetzung der Union dar. Das Gleiche gilt für die Bekämpfung schwerer Kriminalität zur Gewährleistung der öffentlichen Sicherheit. Im Übrigen ist insoweit festzustellen, dass nach Art. 6 der Charta jeder Mensch nicht nur das Recht auf Freiheit, sondern auch auf Sicherheit hat.“*[505]

Wegen der beträchtlichen Zunahme der Möglichkeiten bei der elektronischen Kommunikation sind nach Ansicht des Rats Justiz und Inneres die Daten über die Nutzung elektronischer Kommunikation besonders wichtig und daher ein nützliches Mittel bei der Verhütung von Straftaten und der Bekämpfung der Kriminalität, insbesondere der organisierten Kriminalität.

Die durch die Richtlinie 2006/24 vorgeschriebene Vorratsspeicherung von Daten zu dem Zweck, sie gegebenenfalls den zuständigen nationalen Behörden zugänglich machen zu können, stellt nach Ansicht des Gerichtshof somit eine dem Gemeinwohl dienende Zielsetzung dar.[506]

Der EuGH bejaht weiterhin auch die Geeignetheit der Richtlinie. Durch die Speicherung von Daten auf Vorrat werden den nationalen Strafverfolgungsbehörden weitere Möglichkeiten zur Aufklärung schwerer Straftaten geboten und

---

502 Gerichtshof der Europäischen Union, PRESSEMITTEILUNG Nr. 54/14, abrufbar unter: http://curia.europa.eu/jcms/upload/docs/application/pdf/2014-04/cp140054de.pdf.

503 EuGH, Urteil v. 08. April 2014, Rs. C-293/12 und C-594/12, Rn. 41.

504 Vgl. Kadi und Al Barakaat International Foundation/Rat und Kommission, C-402/05 P und C-415/05 P, EU:C:2008:461, Rn. 363, sowie Al-Aqsa/Rat, C-539/10 P und C-550/10 P, EU:C:2012:711, Rn. 130.

505 EuGH, Urteil v. 8. April 2014, Rs. C-293/12 und C-594/12, Rn. 42.

506 EuGH, Urteil v. 8. April 2014, Rs. C-293/12 und C-594/12, Rn. 43 f.

sei insoweit als geeignet anzusehen, vor allem auch vor dem Hintergrund der fortschreitenden Bedeutung der Technik.[507]

Jedoch könne eine solche dem Gemeinwohl dienende Zielsetzung, trotz ihrer grundlegenden Bedeutung für sich genommen, die Erforderlichkeit einer Speicherungsmaßnahme, wie in der Richtlinie vorgesehen, für die Kriminalitätsbekämpfung nicht rechtfertigen.[508]

Des Weiteren formuliert der EuGH die Anforderungen an die Unionsregelungen, die klare und präzise Regeln für die Tragweite und die Anwendung der fraglichen Maßnahmen vorsehen und Mindestanforderungen für einen wirksamen Schutz von personenbezogenen Daten vor Missbrauch und unberechtigten Zugriffen und Nutzungen als Garantien für die betroffenen Personen statuieren[509], insbesondere dann, wenn eine erhebliche Gefahr des unberechtigten Zugangs zu diesen Daten besteht[510].

Vor allem moniert der EuGH die fehlende Beschränkung des überwachten Personenkreises, die fehlende Differenzierung nach Art der erhobenen Daten und die fehlende Bindung an den Verdacht auf Straftaten.[511] Weiterhin werden die fehlenden Ausnahmeregelung für Personen, die dem Berufsgeheimnis unterliegen[512], die fehlende Beschränkung auf die Verfolgung schwerer Straftaten[513], die fehlende Zweckbindung[514], keine vorherige gerichtliche oder behördliche Kontrolle[515] und weitere Versäumnisse, zum Beispiel die fehlende Vorgabe zur Vernichtung und zu Schutzmaßnahmen der gespeicherten Daten[516], moniert.

Die Richtlinie hatte damit keine Bindungswirkung für die Mitgliedstaaten mehr. Am. 5. Juni 2014 wurde die Klage gegen Deutschland vor dem EuGH durch Beschluss des Präsidenten des Gerichtshofes zurückgenommen.[517]

Auch hinsichtlich der möglichen Anerkennung eines „europäischen Grundrechts auf Sicherheit" ergeben sich aus diesem Anhaltspunkte. Die Betrachtung

507 EuGH, Urteil v. 8. April 2014, Rs. C-293/12 und C-594/12, Rn. 49 f.
508 EuGH, Urteil v. 8. April 2014, Rs. C-293/12 und C-594/12, Rn. 51.
509 EuGH, Urteil v. 8. April 2014, Rs. C-293/12 und C-594/12, Rn. 52 ff.
510 EuGH, Urteil v. 8. April 2014, Rs. C-293/12 und C-594/12, Rn. 55.
511 EuGH, Urteil v. 8. April 2014, Rs. C-293/12 und C-594/12, Rn. 57 f.
512 EuGH, Urteil v. 8. April 2014, Rs. C-293/12 und C-594/12, Rn. 58.
513 EuGH, Urteil v. 8. April 2014, Rs. C-293/12 und C-594/12, Rn. 60.
514 EuGH, Urteil v. 8. April 2014, Rs. C-293/12 und C-594/12, Rn. 59, 61.
515 EuGH, Urteil v. 8. April 2014, Rs. C-293/12 und C-594/12, Rn. 62.
516 EuGH, Urteil v. 8. April 2014, Rs. C-293/12 und C-594/12, Rn. 66 ff.
517 Beschluss des Präsidenten des EuGH in der Rechtssache C-329/12; ECLI:EU:C:2014:2034.

offener Fragen hinsichtlich der möglichen dogmatischen Konturen wird ebenfalls Teil der weiteren Bearbeitung sein.[518]

d. Neuregelung der Vorratsdatenspeicherung

Bis zur Neuregelung konnten die Strafverfolgungsbehörden auf der Grundlage von § 100 g StPO Verkehrsdaten bei den Telekommunikationsunternehmen bei Vorliegen eines Anfangsverdachts und entsprechender richterlicher Anordnung erheben. Dies galt jedoch nur für künftig anfallende Daten sowie für Daten, die zum Zeitpunkt der Anfrage noch gespeichert waren. Die Speicherdauer war dabei sehr unterschiedlich und reicht von einer sehr kurzen Dauer bis zu vielen Monaten. Daher war es vom Zufall abhängig, ob Verkehrsdaten zum Zeitpunkt der Anfrage noch vorhanden waren oder nicht. Dadurch können Lücken bei der Strafverfolgung und bei der Gefahrenabwehr entstehen. Dies führt im Einzelfall zur Erfolglosigkeit von strafrechtlichen Ermittlungen.[519]

Für die Neuregelung der Vorratsdatenspeicherung hatte der deutsche Gesetzgeber die Vorgaben des Bundesverfassungsgerichts als auch des EuGH zu berücksichtigen. Das neue Gesetz zur Einführung einer Speicherpflicht und einer Höchstspeicherfrist für Verkehrsdaten wurde am 16. Oktober 2015[520] beschlossen und ist am 18. Dezember 2015 in Kraft getreten.[521] Die wieder eingeführten Speicherpflichten sind spätestens ab 1. Juli 2017 zu erfüllen (§ 150 Abs. 13 TKG).

Es wurde eine Regelung zur zeitlich befristeten Speicherung von Verkehrsdaten zur Strafverfolgungsvorsorge und zur Gefahrenabwehr geschaffen. Diese soll die Eingriffe in Art. 10 GG und Art. 7 und 8 GrCh aus Gründen der effektiven Strafverfolgung in zulässiger Weise gestalten. Dazu wurde eine Pflicht der Telekommunikationsanbieter vorgesehen, im Einzelnen bezeichnete Verkehrsdaten für eine beschränkte Zeit zu speichern. Jedoch wird die Erhebung der Daten durch staatliche Stellen aber nur unter sehr engen Voraussetzungen ermöglicht. Die Intensität des Eingriffs wird dadurch reduziert, dass keine verpflichtende Speicherung von Daten von Diensten der elektronischen Post mehr

518 B.II.7

519 Gesetzentwurf der Fraktionen der CDU/CSU und SPD vom 9. Juni 2015 und Gesetzesentwurf der Bundesregierung vom 15. Juni 2015 zur Einführung einer Speicherpflicht und einer Höchstspeicherfrist für Verkehrsdaten, BT-Drs. 18/5088, S. 2.

520 Tagesaktuelles Plenarprotokoll 18131.

521 BGBl. I 2015, S. 2218 ff.

verlangt wird und nur eine sehr kurze Speicherfrist (vier bzw. zehn Wochen) im Vergleich zur vorhergehenden Ausgestaltung besteht.[522]

Durch Artikel 2 des Gesetzes zur Einführung einer Speicherpflicht und einer Höchstspeicherfrist für Verkehrsdaten vom 10. Dezember 2015[523] wurden die §§ 113 a und 113 b TKG a.F. durch die §§ 113 a bis 113 g TKG ersetzt.

§ 113 a TKG bestimmt den Kreis der zur Speicherung von Verkehrsdaten Verpflichteten und sieht aus Gründen der Verhältnismäßigkeit eine Entschädigungsregelung vor, wenn die Speicherpflicht zu unbilligen Härten führen würde.

In § 113 b TKG wird die Speicherung von genau bezeichneten Verkehrsdaten angeordnet. Dabei wird hinsichtlich der Speicherdauer differenziert. Die Verbindungsdaten sind danach für zehn Wochen zu speichern, die Speicherung der besonders sensiblen Standortdaten hingegen, ist auf vier Wochen beschränkt.

Die Änderungen im Telekommunikationsgesetz dienen ansonsten im Wesentlichen der Umsetzung der Vorgaben in den Urteilen des Bundesverfassungsgerichts und des Gerichtshofs der Europäischen Union. Sie regeln vor allem die Einzelheiten zu den Speicherpflichten, zur Verwendung und Gewährleistung der Sicherheit der Daten sowie zur Protokollierung der Zugriffe auf die Daten.[524]

Für die Erhebung der Daten zum Zweck der Verfolgung von besonders schweren Straftaten sieht der durch Artikel 1 des Gesetzes zur Einführung einer Speicherpflicht und einer Höchstspeicherfrist für Verkehrsdaten vom 10. Dezember 2015[525] eingeführte § 100 g StPO nach Eingriffsintensität abgestufte Befugnisse vor, die zwischen den bei den Erbringern öffentlich zugänglicher Telekommunikationsdienste zu geschäftlichen Zwecken gespeicherten Verkehrsdaten (§ 100 g Abs. 1 StPO) und den nach Maßgabe der §§ 113 a ff. TKG verpflichtend gespeicherten Verkehrsdaten (§ 100 g Abs. 2 StPO) differenzieren.[526]

Eine Erhebung der verpflichtend zu speichernden Verkehrsdaten soll nur zur Verfolgung der in § 100 g Abs. 2 StPO bezeichneten besonders schweren

---

522 Gesetzentwurf der Fraktionen der CDU/CSU und SPD vom 9. Juni 2015 und Gesetzesentwurf der Bundesregierung vom 15. Juni 2015 zur Einführung einer Speicherpflicht und einer Höchstspeicherfrist für Verkehrsdaten, BT-Drs. 18/5088, S. 2 f.

523 BGBl. I 2015, S. 2218 ff.

524 Gesetzesbegründung zur Einführung einer Speicherpflicht und einer Höchstspeicherfrist für Verkehrsdaten, BT-Drs. 18/5088, S. 28.

525 BGBl. I 2015, S. 2218 ff.

526 Gesetzentwurf der Fraktionen der CDU/CSU und SPD vom 9. Juni 2015 und Gesetzesentwurf der Bundesregierung vom 15. Juni 2015 zur Einführung einer Speicherpflicht und einer Höchstspeicherfrist für Verkehrsdaten, BT-Drs. 18/5088, S. 2 f.

Straftaten, die auch im Einzelfall schwer wiegen müssen, unter engen Voraussetzungen möglich sein. Die Erhebung von gespeicherten Standortdaten ist nur unter denselben engen Voraussetzungen möglich. Außerdem werden die Anforderungen an eine Funkzellenabfrage präzisiert, um zu gewährleisten, dass auch bei diesen Datenerhebungen die Verhältnismäßigkeit gewahrt ist.

Weiterhin ist in § 202 d StGB[527] der Straftatbestand der Datenhehlerei eingefügt. Danach wird mit Freiheitsstrafe bis zu drei Jahren bestraft, wer sich oder einem anderen nicht öffentlich zugängliche Daten, die ein anderer durch eine rechtswidrige Tat erlangt hat, verschafft, wer sie einem anderen überlässt, wer sie verbreitet oder in sonstiger Weise zugänglich macht, um sich oder einen Dritten zu bereichern oder einen anderen zu schädigen.

e. Urteil des EuGH vom 21.12.2016

Im Urteil der Großen Kammer des EuGH vom 21.12.2016[528] wurden strenge Anforderungen an die Vorratsdatenspeicherung formuliert. In der Verpflichtung zur Vorratsspeicherung und des Zugriffs der Behörden auf diese Daten liege wegen der Möglichkeit, die Quellen und Adressaten einer Nachricht sowie weitere Umstände der Kommunikation zurückverfolgen zu können (Art. 8 GRCh)[529], wegen der Möglichkeit sehr genaue Schlüsse auf das Privatleben von Personen ziehen zu können (Art. 7 GRCh)[530] sowie der Möglichkeit der Beeinflussung des Kommunikationsverhaltens, welches als Ausdruck der Meinungsfreiheit wesentliche Grundlagen einer demokratischen und pluralistischen Gesellschaft sei (Art. 11 GRCh)[531], ein besonders schwerwiegender Eingriff in Grundrechte vor.

Das Gericht sieht diesen Eingriff jedoch nicht als gerechtfertigt an.

Gem. Art. 52 Abs. 1 S. 1 GRCh muss jede Einschränkung der Ausübung der in der Charta anerkannten Rechte und Freiheiten gesetzlich vorgesehen sein und den Wesensgehalt dieser Rechte und Freiheiten achten. Gem. S. 2 dürfen unter Wahrung des Grundsatzes der Verhältnismäßigkeit Einschränkungen der Ausübung dieser Rechte und Freiheiten nur vorgenommen werden, wenn sie erforderlich sind und den von der Union anerkannten dem Gemeinwohl dienenden

527 Gesetzentwurf der Fraktionen der CDU/CSU und SPD vom 9. Juni 2015 und Gesetzesentwurf der Bundesregierung vom 15. Juni 2015 zur Einführung einer Speicherpflicht und einer Höchstspeicherfrist für Verkehrsdaten, BT-Drs. 18/5088, S. 3.

528 EuGH, Urteil v. 21.12.2016, Rs. C-203/15 und C-698/15.

529 EuGH, Urteil v. 21.12.2016, Rs. C-203/15 und C-698/15, Rn. 98.

530 EuGH, Urteil v. 21.12.2016, Rs. C-203/15 und C-698/15, Rn. 99.

531 EuGH, Urteil v. 21.12.2016, Rs. C-203/15 und C-698/15, Rn. 93.

Zielsetzungen oder den Erfordernissen des Schutzes der Rechte und Freiheiten anderer tatsächlich entsprechen.

Eine (nationale) gesetzliche Grundlage lag in dem Fall vor. Die gegenständliche schwedische Regelung sah eine allgemeine und unterschiedslose Vorratsspeicherung sämtlicher Verkehrs- und Standortdaten aller Teilnehmer und registrierten Nutzer in Bezug auf alle elektronischen Kommunikationsmittel vor und verpflichtet die Betreiber elektronischer Kommunikationsdienste, diese Daten systematisch und kontinuierlich auf Vorrat und ausnahmslos zu speichern.[532]

Nach Ansicht des Gerichtshofs ist der Wesensgehalt der Grundrechte gewahrt. Der Eingriff in die Grundrechte sei zwar von großem Ausmaß und als besonders schwerwiegend anzusehen, da die Vorratsspeicherung der Daten vorgenommen wird, ohne dass die Nutzer der elektronischen Kommunikationsdienste darüber informiert werden und dadurch bei den Betroffenen das Gefühl erzeugt, dass ihr Privatleben Gegenstand einer ständigen Überwachung ist. Jedoch erstreckt sich die Vorratsdatenspeicherung nicht auf den Inhalt einer Kommunikation. Weiterhin sind in den nationalen Regelungen Vorschriften zum Datenschutz und der Datensicherheit enthalten.[533]

Der Eingriff in die Grundrechte entsprechen einer dem Gemeinwohl dienenden Zielsetzung i.S.d. Art. 52 Abs. 1 S. 2 GRCh.[534]

Der Gerichtshof sieht die Eingriffe jedoch als unverhältnismäßig an, da eine solche, dem Gemeinwohl dienende Zielsetzung für sich genommen, die Erforderlichkeit einer nationalen Regelung, die die allgemeine und unterschiedslose Vorratsspeicherung sämtlicher Verkehrs- und Standortdaten vorsieht, für die Kriminalitätsbekämpfung nicht rechtfertigen kann.[535] Die Vorratsdatenspeicherung sei zwar geeignet und als nützliches und effektives Mittel für die Arbeit der Gefahrenabwehr- und Strafverfolgungsbehörden anzusehen, jedoch als nicht erforderlich für die angestrebte Zielerreichung zu erachten. Sie könne nicht als in einer demokratischen Gesellschaft gerechtfertigt angesehen werden, wie es Art. 15 Abs. 1 der Richtlinie 2002/58 im Licht der Art. 7, 8 und 11 sowie des Art. 52 Abs. 1 der Charta verlange.[536]

---

532 EuGH, Urteil v. 21.12.2016, Rs. C-203/15 und C-698/15, Rn. 97.

533 EuGH, Urteil v. 21.12.2016, Rs. C-203/15 und C-698/15, Rn. 100 f.

534 EuGH, Urteil v. 21.12.2016, Rs. C-203/15 und C-698/15, Rn. 102.

535 EuGH, Urteil v. 21.12.2016, Rs. C-203/15 und C-698/15, Rn. 103.

536 EuGH, Urteil v. 21.12.2016, Rs. C-203/15 und C-698/15, Rn. 103 ff, insb. Rn. 107.

Die nationale Regelung erstrecke sich allgemein auf alle Teilnehmer und registrierten Nutzer und erfasse alle elektronischen Kommunikationsmittel sowie sämtliche Verkehrsdaten. Sie betreffe pauschal sämtliche Personen, die elektronische Kommunikationsdienste nutzen, ohne dass sich diese Personen auch nur mittelbar in einer Lage befinden, die Anlass zur Strafverfolgung geben könnte, differenziere demnach nicht und schränke nicht ein. Die Vorschriften gelten somit auch für Personen, bei denen keinerlei Anhaltspunkte dafür bestehen, dass ihr Verhalten in irgendeinem Zusammenhang mit schweren Straftaten stehen könnte und sehe keine Ausnahme vor. Dies stelle im Hinblick auf den besonderen Schutz der Berufsgeheimnisträger nach nationalen Rechtvorschriften ein Problem dar.[537]

Weiterhin verlange eine solche Regelung keinen Zusammenhang zwischen den Daten, deren Vorratsspeicherung vorgesehen ist, und einer Bedrohung der öffentlichen Sicherheit. Es gäbe keine Beschränkung der Vorratsdatenspeicherung auf Zeit, Ort oder einen Personenkreis, der in Zusammenhang mit der Straftat gebracht werden könne oder deren auf Vorrat gespeicherte Daten aus anderen Gründen zur Bekämpfung von Straftaten beitragen könnten.[538] Eine nationale Regelung müsse sich auf objektive Anknüpfungspunkte stützen, durch die es ermöglicht wird, Personenkreise zu erfassen, deren Daten geeignet sind, einen zumindest mittelbaren Zusammenhang mit schweren Straftaten sichtbar zu machen, auf irgendeine Weise zur Bekämpfung schwerer Kriminalität beizutragen oder eine schwerwiegende Gefahr für die öffentliche Sicherheit verhindern zu können, beispielsweise auch durch ein geografisches Kriterium.[539] Die schwedische Regelung wurde damit als nicht verhältnismäßig angesehen.

f. Ergebnis und Konsequenzen

Der EuGH formuliert an die Durchführung der Vorratsdatenspeicherung damit hohe Anforderungen. Den Sicherheitsbehörden kommt damit ein effizientes Mittel zur Aufklärung und Verhinderung von Straftaten abhanden. Der Sicherheitsaspekt ist somit hinter den der Freiheit getreten. Die Effektivität der Sicherheitsbehörden findet damit durch das Urteil bedauerlicherweise eine Grenze.

Auch die deutschen Vorschriften zur Vorratsdatenspeicherung enthalten Vorschriften, die die Speicherung nicht auf das absolut Notwendigste begrenzen (vgl. §§ 113 a und 113 b TKG). Eilanträge vor dem Bundesverfassungsgericht

537 EuGH, Urteil v. 21.12.2016, Rs. C-203/15 und C-698/15, Rn. 105.
538 EuGH, Urteil v. 21.12.2016, Rs. C-203/15 und C-698/15, Rn. 106.
539 EuGH, Urteil v. 21.12.2016, Rs. C-203/15 und C-698/15, Rn. 111.

blieben erfolglos.[540] Die deutschen Vorschriften dürften demnach ebenso gegen europäische Grundrechte verstoßen.

5. *Urteil des Bundesverfassungsgerichts zum BKAG*

Am 20. April 2016 erging das Urteil des Bundesverfassungsgerichts zum BKAG. Die Verfassungsbeschwerden richteten sich vornehmlich gegen Regelungen des Unterabschnittes 3 a, die mit dem Gesetz zur Abwehr von Gefahren des internationalen Terrorismus durch das Bundeskriminalamt vom 25. Dezember 2008[541] eingefügt wurden. Sie ermächtigen das Bundeskriminalamt zu verdeckten Maßnahmen wie der längerfristigen Observation, der akustischen wie optischen Wohnraumüberwachung, der Onlinedurchsuchung und der Telekommunikationsüberwachung sowie zur zweckändernden Verwendung vorhandener Daten und zu ihrer Übermittlung an andere Behörden und ins Ausland.[542]

---

540 Beschlüsse v. 26. März 2017 – 1 BvR 3156/15, 1 BvR 141/16.

541 BGBl. I 2008, S. 3083.

542 Im Einzelnen richteten sich die Verfassungsbeschwerden gegen einzelne der in §§ 20 g-w BKAG enthaltenen Regelungen. § 20 g BKAG ermächtigte das Bundeskriminalamt zu besonderen Mitteln der Überwachung wie längerfristige Observation, Anfertigung von Bildaufnahmen oder dem Abhören von außerhalb von Wohnungen geführten Gesprächen sowie den Einsatz von Vertrauenspersonen und verdeckten Ermittlern.
Durch § 20 h BKAG wird die optische und akustische Wohnraumüberwachung („Lauschangriff") ermöglicht.§ 20 k BKAG war die Rechtsgrundlage für den Zugriff auf informationstechnische Systeme wie beispielsweise den Zugriff auf eine Computerfestplatte mittels eines Trojaners. § 20 l BKAG ermächtigte das Bundeskriminalamt zur Überwachung von Telefongesprächen. § 20 u BKAG regelte den Schutz bestimmter Berufsgruppen vor Überwachungsmaßnahmen, wobei unterschieden wird zwischen Geistlichen, Verteidigern und Mitgliedern des Bundestages einerseits sowie Rechtsanwälten, Ärzten und Journalisten andererseits. § 20 v BKAG betraf die Verwendung und Übermittlung von Informationen, darunter die Übermittlung an andere Behörden im Inland wie Verfassungsschutzbehörden, den militärischen Abschirmdienst oder den Bundesnachrichtendienst. Eine der Verfassungsbeschwerden greift darüber hinaus § 14 BKAG an, der die Übermittlung von Daten durch das Bundeskriminalamt in das Ausland regelt. § 20 w BKAG enthielt Benachrichtigungspflichten nach Abschluss der Maßnahme.
Schließlich wurden die Befugnisse des Bundeskriminalamts zur Rasterfahndung (§ 20 j BKAG) und zur Erhebung von Telekommunikationsverkehrsdaten (§ 20 m BKAG) angegriffen.

a. Allgemeine Aussagen

Das Bundesverfassungsgericht erklärte in seinem Urteil zum BKAG, dass die Ermächtigung des BKA zum Einsatz von heimlichen Überwachungsmaßnahmen zur Abwehr von Gefahren des internationalen Terrorismus im Grundsatz mit den Grundrechten des Grundgesetzes vereinbar ist, und die Ausgestaltung solcher Befugnisse dem Grundsatz der Verhältnismäßigkeit genügen muss. Insbesondere betonte das Gericht, dass Befugnisse, die in das Privatleben eingreifen, auf den Schutz oder die Bewehrung hinreichend gewichtiger Rechtsgüter begrenzt sein müssen. Die Gefährdung dieser Rechtsgüter müsse darüber hinaus hinreichend konkret absehbar sein und die Befugnisse dürfen sich nur unter eingeschränkten Bedingungen auf nichtverantwortliche Dritte aus dem Umfeld der Zielperson erstrecken. Weiterhin verlangten solche Befugnisse überwiegend besondere Regelungen zum Schutz des Kernbereichs privater Lebensgestaltung sowie einen Schutz von Berufsgeheimnisträgern. Sie müssen weiteren formellen Anforderungen genügen.[543]

Auch formulierte das Gericht Anforderungen an die Nutzung und Übermittlung staatlich erhobener Daten, wie die Grundsätze der Zweckbindung und Zweckänderung und die weitere Nutzung der Daten. Danach kann der Gesetzgeber nämlich eine Datennutzung über das für die Datenerhebung maßgebende Verfahren hinaus im Rahmen der ursprünglichen Zwecke dieser Daten erlauben, wenn es sich um eine Verwendung der Daten durch dieselbe Behörde zur Wahrnehmung derselben Aufgabe und zum Schutz derselben Rechtsgüter handelt. Hierbei gelten für Daten aus Wohnraumüberwachungen oder einem Zugriff auf informationstechnische Systeme weitere Anforderungen. Weiterhin sei eine Zweckänderung möglich, wobei sich die Verhältnismäßigkeitsanforderungen am Grundsatz der hypothetischen Datenneuerhebung, dem „hypothetischen Ersatzeingriff“[544] orientierten. Die neue Nutzung der Daten muss danach dem Schutz von Rechtsgütern oder der Aufdeckung von Straftaten eines solchen Gewichts dienen, die verfassungsrechtlich ihre Neuerhebung mit vergleichbar schwerwiegenden Mitteln rechtfertigen könnten. Das Vorliegen eines konkreten Ermittlungsansatzes reiche dafür aus. Anders wurde dies bei Daten aus Wohnraumüberwachungen und Online-Durchsuchungen durch das Bundesverfassungsgericht beurteilt. Hier darf die Verwendung zu einem geänderten Zweck

543 Vgl. BVerfGE 141, 220, Ls. 1.
544 So bereits BVerfGE 130, 1, 34.

nur dann zulässig sein, wenn auch die für die Datenerhebung maßgeblichen Anforderungen an die Gefahrenlage erfüllt sind.[545]

b. Aussagen hinsichtlich der Übermittlung von Daten an ausländische staatliche Stellen

Weiterhin traf das Bundesverfassungsgericht auch Aussagen über die Anforderung an die Übermittlung von Daten an ausländische staatliche Stellen. Der Datenaustausch mit anderen Staaten ist als wichtig für die zwischenstaatlichen Beziehungen sowie die außenpolitische Handlungsfreiheit der Bundesregierung anzusehen.[546]

aa. Grundsätze der Zweckänderung und Zweckbindung

Die Übermittlung von Daten unterliegt damit nach Ansicht des Bundesverfassungsgerichts ebenfalls den allgemeinen verfassungsrechtlichen Grundsätzen von Zweckänderung und Zweckbindung. Für eine Übermittlung sei es ausreichend, dass sich im Einzelfall aus den übermittelten Informationen oder der Anfrage des empfangenden Staates ergäbe, dass konkrete Ermittlungsansätze zur Aufdeckung von Straftaten bzw. zur Abwehr von drohenden Gefahren vorlägen. Bei Daten, die aus den Maßnahmen der Wohnraumüberwachung sowie der Online-Durchsuchung resultieren würden, hätten – aufgrund des schweren Eingriffsgewichts – die maßgeblichen Eingriffsschwellen vollständig vorzuliegen.[547] Jedoch dürfe dabei nicht unberücksichtigt bleiben, dass die Rechtsordnungen anderer Staaten nicht mit den Wertungen der deutschen Rechtsordnung identisch seien. Dies stehe jedoch den Datenübermittlungen nicht grundsätzlich entgegen. Vielmehr sei dies über die Mitteilung von Verwendungsbeschränkungen zu lösen.[548]

bb. Rechtsstaatlicher Umgang mit Daten im Empfängerland

Die grundgesetzlichen Grenzen der inländischen Datenerhebung und Datenverarbeitung dürften nach Aussage des Bundesverfassungsgerichts bei der Datenübermittlung nicht unterlaufen werden. Bei der Beurteilung der Übermittlung von Daten ins Ausland und der neuen Verwendung wird deshalb verlangt, dass – trotz Anerkennung der Verschiedenartigkeit der Rechtsordnungen – ein

545 Vgl. BVerfGE 141, 220, Ls. 2; 324, Rn. 276 ff..
546 BVerfGE 141, 220, 341 f., Rn. 325.
547 BVerfGE 141, 220, 342 f., Rn. 330.
548 BVerfGE 141, 220, 343, Rn. 331.

Umgang mit den Daten durch den Empfängerstaat zu erwarten ist, der den rechtsstaatlichen Grundsätzen – insbesondere der Gewährleistung eines angemessenen materiellen datenschutzrechtlichen Niveaus im Umgang mit den empfangenen Daten – entspricht.[549] Hierbei hätten insbesondere die Zweckbindung, die Löschungspflichten sowie grundlegende Anforderungen an Kontrolle und Datensicherheit Beachtung zu finden.[550] Für die Einschätzung des Schutzniveaus eines Empfängerstaates reiche grundsätzlich eine „generalisierende tatsächliche Einschätzung der Sach- und Rechtslage der Empfängerstaaten durch das BKA", die nur durch entgegenstehende Tatsachen erschüttert werden könne. Ist eine solche allgemeine Entscheidung für einen Empfängerstaat nicht möglich, bedürfe es einer Einzelfallprüfung. Die getroffene Entscheidung müsse nachvollziehbar dokumentiert und regelmäßig aktualisiert werden.[551]

Bei Anhaltspunkten der Verletzung elementarer rechtsstaatlicher Grundsätze in einem Empfängerland wäre eine Datenermittlung auszuschließen.[552]

cc. Inländische Kontrolle und Grundsatz der Bestimmtheit

Ebenso bedürfe es auch hier einer inländischen Kontrolle. Weiterhin seien die entwickelten Grundsätze durch Regelungen, die den Grundsätzen der Bestimmtheit und der Normenklarheit entsprechen, sicherzustellen.[553]

dd. Ergebnis

Das Bundesverfassungsgericht formuliert damit Grenzen und Voraussetzungen an die Übermittlung an andere Staaten. An die Datenübermittlung sind damit hohe Voraussetzungen gestellt, wobei an die Beurteilung des Schutzniveaus im Ausland die Besonderheiten der anderen Rechtsordnungen Beachtung finden. Die Aussagen, die das Bundesverfassungsgericht in diesem Zusammenhang trifft, stellen auch Grundlagen für die geplanten Zentren zur europäischen Zusammenarbeit im Bereich der Terrorismusbekämpfung dar. Sie führen somit die rechtsstaatlichen Schutzmechanismen in die europäische Zusammenarbeit ein.

549 BVerfGE 141, 220, 342, Rn. 327.
550 BVerfGE 141, 220, 344 f., Rn. 335 f.
551 BVerfGE 141, 220, 345 ff., Rn. 337 ff.
552 BVerfGE 141, 220, 342, Rn. 328.
553 BVerfGE 141, 220, 346 f., Rn. 340 f.

c. *Verfassungswidrigkeit einiger Vorschriften*

§ 20 h Abs. 1 Nr. 1 c und § 20 v Abs. 6 Satz 5 BKAG wurden für verfassungswidrig und nichtig erklärt, da sie nicht den verfassungsrechtlichen Anforderungen genügten, und auch eine Nachbesserung durch den Gesetzgeber nicht Abhilfe leisten könne.[554]

Weiterhin wurden § 20 g Abs. 1 bis 3 BKAG, §§ 20 h, 20 j, 20 k, 20 l, § 20 m Abs. 1, 3 BKAG – sowie auch § 20 v Abs. 6 S. 3, 2. Hs. BKAG – und § 20 u Abs. 1, 2 BKAG und § 20 v Abs. 4 S. 2, Abs. 5 S. 1 bis 4 BKAG ohne S. 3 Nr. 2, § 14 Abs. 1 S. 1 Nr. 1 und 3, S. 2 BKAG für nicht als mit der Verfassung vereinbar, aber als vorübergehend geltend erklärt.[555]

Auch mit diesem Urteil verdeutlicht das Bundesverfassungsgericht die Notwendigkeit der Stärkung der Befugnisse, die dem Schutz der Sicherheit dienen, hier der Einsatz heimlicher Überwachungsmaßnahmen, unter gleichzeitiger Berücksichtigung der Freiheit der Bürger, indem das Bundesverfassungsgericht die Grenzen aufzeigt.

6. *Änderung des BVerfSchG und des BNDG*

Am 21. November 2015 traten die Änderungen des BVerfSchG – das Gesetz zur Verbesserung der Zusammenarbeit im Bereich des Verfassungsschutzes – in Kraft.[556] Diese Regelungen waren seit 2012 Inhalt des Reformprozesses, um extremistischen und terroristischen Bestrebungen künftig effektiver entgegentreten zu können.[557]

Zentrale Ziele des Gesetzes sind vor allem die Stärkung der Zentralstelle und die Verbesserung des Verfassungsschutzverbundes, die Verbesserung von Informationsfluss und Informationsverfügbarkeit, der Ausbau der Analysefähigkeit sowie Klarheit beim Einsatz von V-Leuten.

Grundlegende Bedeutung hat zunächst die Neuregelung der Aufgaben des Bundesamts für Verfassungsschutz. Zum einen werden die originären Aufgaben des Bundesamts für Verfassungsschutz dadurch erweitert, zum anderen wird die Zentralstellenfunktion deutlich konturiert.

In der Systematik des Gesetzes zur Verbesserung der Zusammenarbeit werden dabei die §§ 5, 6 BVerfSchG neu geordnet. § 5 BVerfSchG regelt künftig speziell

---

554 Vgl. BVerfGE 141, 220, 351, Rn. 356.

555 Vgl. BVerfGE 141, 220, 351, Rn. 357.

556 BGBl. I 2015, S. 1938 ff.

557 Gesetzesentwurf der Bundesregierung zur Verbesserung der Zusammenarbeit im Bereich des Verfassungsschutzes v. 20. April 2015, BT-Drs. 18/4654, S. 1.

die Zuständigkeiten des Bundesamt für Verfassungsschutz.[558] In § 5 Abs. 1 BVerfSchG werden die Beobachtungszuständigkeiten um Nr. 2 bei gewaltorientierten Bestrebungen erweitert. Weiterhin in § 5 Abs. 2 bis 5 BVerfSchG geregelt, werden nun die zentrale Auswertung aller Erkenntnisse, die Koordinierungsfunktion des BfV und die Unterstützung des BfV der Landesbehörden geregelt.

§ 6 BVerfSchG regelt nun die gegenseitige Unterrichtung der Landesbehörden für Verfassungsschutz und des Bundesamtes, einschließlich der Übermittlungsvorschriften, die bisher in § 5 Abs. 1, 3 BVerfSchG geregelt waren. Weiterhin bezieht sich die Übermittlungspflicht danach künftig auf die relevanten Informationen für die Empfängeraufgaben, nicht mehr auf die erforderlichen, um vorab eine Einschätzung der Relevanz durch die übermittelnde Stelle zu erhalten.[559] Weiterhin sind die Verfassungsschutzbehörden gem. § 6 Abs. 2 BVerfSchG künftig verpflichtet, gemeinsame Dateien zu führen. Die bisherigen tatbestandlichen Begrenzungen hinsichtlich der zulässigen Inhalte von Dateien wurden weitgehend gestrichen, die Datei muss damit nicht mehr wie bisher als bloße Hinweisdatei aufgebaut werden.[560]

Des Weiteren werden die Einsätze der V-Leute klar geregelt. §§ 9a und 9b BVerfSchG enthalten neue Regelungen zu V-Personen und verdeckten Ermittlern. Die unter Legende eingesetzten Behördenbeschäftigten gem. § 9 a BVerfSchG bilden die Grundnorm, da zu entsprechend eingesetzten Privatpersonen, den Vertrauensleuten gem. § 9 b BVerfSchG besondere Zusatzregelungen zum Anforderungsprofil hinzutreten. Diese Ausschlussgründe sind in § 9 b Abs. 2 BVerfSchG geregelt. Ihr „dauerhafter Einsatz zur Aufklärung von verfassungsfeindlichen Bestrebungen" ist nach § 9 a Abs. 1 S. 2 BVerfSchG (ggf. iVm § 9 b I BVerfSchG) nur bei „Bestrebungen von erheblicher Bedeutung" zulässig. Um eine solche soll es sich „insbesondere" handeln, wenn diese darauf gerichtet ist, Gewalt anzuwenden oder Gewaltanwendung vorzubereiten. Gewalttätigkeit ist damit nur als ein Beispiel formuliert, nicht als notwendige Voraussetzung.[561]

---

558 *Marscholleck,* Das Gesetz zur Verbesserung der Zusammenarbeit im Bereich des Verfassungsschutzes, NJW 2015, S. 3611, 3612.

559 Vgl. *Marscholleck,* Das Gesetz zur Verbesserung der Zusammenarbeit im Bereich des Verfassungsschutzes, NJW 2015, S. 3611, 3612, 3613.

560 *Bergemann,* Die Freiheit im Kopf? – Neue Befugnisse der Nachrichtendienste, NVwZ 2015, 1705, 1705.

561 *Marscholleck,* Das Gesetz zur Verbesserung der Zusammenarbeit im Bereich des Verfassungsschutzes, NJW 2015, S. 3611, 3612, 3614; *Bergemann,* Die Freiheit im Kopf? – Neue Befugnisse der Nachrichtendienste, NVwZ 2015, 1705, 1707.

Weiterhin wurden die Übermittlungsvorschriften §§ 18 ff. BVerfSchG geändert sowie später im Zuge der Gesetzesänderungen aufgrund des Urteils des Bundesverfassungsgerichts zum BKAG §§ 22 b und c BVerfSchG eingefügt[562], die eine Errichtung gemeinsamer Dateien mit ausländischen Nachrichtendiensten sowie die Teilnahme an gemeinsamen Dateien mit ausländischen Nachrichtendiensten ermöglichen. Die Betrachtung der Übermittlungsvorschriften auch in Bezug auf das Trennungsgebot erfolgt im Kontext mit der informationellen Trennung und in Zusammenhang mit dem Urteil des Bundesverfassungsgerichts zur Antiterrordatei.[563]

Die Änderungen des BNDG aufgrund des Urteils des Bundesverfassungsgerichts zum BKAG betreffen insbesondere die Ausland-Ausland-Fernmeldeaufklärung.[564] Auch hier wurden in §§ 26, 27 BNDG Rechtsgrundlagen für die Einrichtung gemeinsamer Dateien mit ausländischen öffentlichen Stellen eingeführt.

7. Die Aussagen des EuGH hinsichtlich eines „Europäischen (Grund-) Rechts auf Sicherheit“

a. Entscheidungen des EuGH vom 08. April 2014 und vom 15. Februar 2016

Im bereits betrachteten Urteil zur Vorratsdatenspeicherung aus 2014 betonte der EuGH erstmals ausdrücklich, dass in der Bekämpfung des internationalen Terrorismus und in der Bekämpfung schwerer Kriminalität zur Wahrung des Weltfriedens und zur Wahrung und Gewährleistung der internationalen Sicherheit, eine dem Gemeinwohl dienende Zielsetzung der Union zu sehen sei. Weiterhin wird in diesem Zusammenhang ausdrücklich Art. 6 GRCh genannt, wonach jeder Mensch nicht nur das Recht auf Freiheit, sondern auch auf Sicherheit hat.[565]

In seiner Entscheidung vom 15. Februar 2016 betonte der EuGH erneut, dass jeder Mensch nach Art. 6 GRCh nicht nur das Recht auf Freiheit, sondern auch auf Sicherheit habe.[566]

In dem Fall ging es um einen Kläger in den Niederlanden, der zunächst 2005 einen Asylantrag stellte, der abgelehnt wurde. Im Folgenden trat der Kläger in 21 Fällen strafrechtlich in Erscheinung. Alle folgenden weiteren Asylanträge

562 InfoAustG, BGBl. I 2016, S. 1818.

563 Vgl. Kapitel 4 B.IV.2.a.

564 Vgl. Kapitel 1 B.III.

565 EuGH, Urteil v. 8. April 2014, Rs. C-293/12 und C-594/12, Rn. 42.

566 EuGH, Rs. C-601/15 PPU, Rn. 53 mit Verweis auf das Urteil Digital Rights Ireland u.a., C-293/12 und C-594/12, EU:C:2014:238, Rn. 42.

wurden abgelehnt, der letzte im Jahr 2014. Es wurde gleichzeitig angeordnet, dass der Kläger die Europäische Union unverzüglich zu verlassen habe. Weiterhin wurde ein Einreiseverbot für die Dauer von zehn Jahren verhängt. Die dagegen erhobene Klage wurde rechtskräftig abgewiesen. Der Kläger des Ausgangsverfahrens wurde daraufhin Anfang 2015 im niederländischen Hoheitsgebiet wegen Diebstahls und Verstoßes gegen das ihm auferlegte Einreiseverbot festgenommen. Wegen dieser beiden Taten wurde er am 11. Februar 2015 zu einer Freiheitsstrafe von zwei Monaten verurteilt. Nach Verbüßung der Strafe wurde er als Asylbewerber in Haft genommen, u.a. um zu beurteilen, ob er zu seinem inzwischen gestellten Asylantrag, über den aus gesundheitlichen Gründen noch nicht entschieden werden konnte, gehört werden könne. Im April 2015 wurde er aus der Haft entlassen, weil die zu dieser Zeit vorgesehene Höchstdauer der Haft überschritten zu werden drohte. Im Juni 2015 wurde der Kläger erneut wegen Diebstahls und Verstoßes gegen das ihm auferlegte Einreiseverbot festgenommen. Wegen dieser beiden Taten wurde er im Juli 2015 zu einer Freiheitsstrafe von drei Monaten verurteilt, die er bis September 2015 verbüßte.

Da zu diesem Zeitpunkt noch immer medizinische Gründe seiner Anhörung zu seinem vierten Asylantrag entgegenstanden, wurde er durch Beschluss vom 14. September 2015 auf der Grundlage von Art. 59 b Abs. 1 lit. d des Ausländergesetzes, mit dem Art. 8 Abs. 3 Unterabs. 1 lit. e der Richtlinie 2013/33 umgesetzt wird, erneut als Asylbewerber in Haft genommen, da davon ausgegangen wurde, dass er sich zwar aufgrund seines vierten Asylantrags gem. Art. 8 Buchst. f des Ausländergesetzes rechtmäßig in den Niederlanden aufhalte, doch sei seine Inhaftierung zum Schutz der nationalen Sicherheit oder der öffentlichen Ordnung gerechtfertigt, weil er wegen Straftaten verurteilt worden sei und weiterer Straftaten verdächtigt werde.[567]

Im Urteil des EuGH ging es um die Frage der Gültigkeit des Art. 8 Abs. 3 Unterabs. 1 lit. e der Richtlinie 2013/33/EU des Europäischen Parlaments und des Rates vom 26. Juni 2013 zur Festlegung von Normen für die Aufnahme von Personen, die internationalen Schutz beantragen (ABl. L 180, S. 96). Nach dieser Richtlinie kann ein Asylbewerber inhaftiert werden, wenn dies aus Gründen der nationalen Sicherheit oder der öffentlichen Ordnung erforderlich ist.

Der Gerichtshof entschied, dass die in der Richtlinie vorgesehene Inhaftierung einer von der Union anerkannten, dem Gemeinwohl dienenden Zielsetzung tatsächlich entspricht. Der Schutz der „nationalen Sicherheit" und der „öffentlichen Ordnung" trage nach Auffassung des EuGH auch zum Schutz der

567 EuGH, Rs. C-601/15 PPU, Rn. 21 ff.

Rechte und Freiheiten anderer bei. Weiterhin prüfte der EuGH, ob der Unionsgesetzgeber die Grenzen dessen beachtete, was zur Erreichung der zulässigen verfolgten Ziele geeignet und erforderlich ist, und ob er einen angemessenen Ausgleich zwischen dem Recht auf Freiheit des Asylbewerbers und den mit dem Schutz der nationalen Sicherheit oder der öffentlichen Ordnung verbundenen Erfordernissen gewahrt hat.[568]

Der Gerichtshof betonte in dieser Entscheidung somit die Wichtigkeit der Sicherheit, erkannte aber an, dass sich – angesichts der Bedeutung der Freiheit – die Einschränkungen, die durch einen solchen schweren Eingriff in das Recht auf Freiheit ergeben, nur unter Beachtung von verschiedenen Voraussetzungen erfolgen darf und dieser strenge Rahmen durch die Auslegung der Begriffe „nationale Sicherheit“ und „öffentliche Ordnung“ gewährleistet wird.

Dem Wortlaut der Entscheidungen ist an verschiedenen Stellen zu entnehmen, dass der EuGH von der Existenz eines Rechts auf Sicherheit ausgeht. Inwieweit dabei jedoch von einer Einordnung als Grundrecht auszugehen ist, lässt sich nicht abschließend klären, explizite Bezugnahmen auf das eigenständige Grundrecht an entsprechenden Stellen – etwa im Rahmen der Prüfung der Verhältnismäßigkeit – fehlen.

b. *Dogmatische Überlegungen in Bezug auf ein unionsrechtliches Grundrecht auf Sicherheit*

Wie bereits ausgeführt[569], kann nach überwiegender Ansicht in Art. 5 EMRK keine eigenständige Gewährleistung eines Rechts auf Sicherheit gesehen werden. Diese fehlende Eigenständigkeit und die Verknüpfung der Sicherheit mit der Freiheit werden auch in der Rechtsprechung des EGMR deutlich.[570] Ebenso wurde auch im Hinblick auf Art. 6 GRCh überwiegend ein eigenständiger Grundrechtsgehalt auf Sicherheit verneint. Dafür spricht unter anderem, dass gem. Art. 52 Abs. 3 S. 1 GRCh der Schutz durch die Grundrechte der Charta den Grundrechten der EMRK in Tragweite und Bedeutung entsprechen müssen.

Jedoch kann diesem Argument der Art. 52 Abs. 3 S. 2 GRCh entgegen gehalten werden, wonach ein weitergehender Schutz gewährt werden kann. Es bestünde

568 EuGH, Rs. C-601/15 PPU, Rn. 54 ff.

569 Vgl. A.II.2.c; bzgl. der dogmatischen Fragen und der generellen Vorbehalte gegen ein Grundrecht auf Sicherheit in der deutschen Literatur wird ebenfalls auf die obigen Ausführungen verwiesen.

570 Vgl. etwa EGMR, Urteil v. 13.01.2009 – 37048/04, Rn. 52; Urteil v. 01.06.2004 – 24561/94, Rn. 57.

demnach die Möglichkeit, dass der EuGH, bei Entsprechung der Grundrechte aus GRCh und EMRK, ein eigenständiges Recht auf Sicherheit annimmt.

Jedoch wird auf ein „unionsrechtliches Grundrecht auf Sicherheit" in den Entscheidungen nicht explizit Bezug genommen bzw. es nicht angewendet oder dogmatisch weiter ausgeformt. In der Literatur wird ein derartiges Vorgehen – die mehrmalige beiläufige Andeutung der rechtlichen Figur und Bezugnahme auf entsprechende Ausführungen – als „repeat game" bezeichnet, wodurch schrittweise eine Anerkennung erreicht werden kann.[571]

Ob sich dieses Vorgehen fortsetzt, bleibt abzuwarten.

Ebenso wie auch bei der Diskussion um ein „deutsches Grundrecht auf Sicherheit" ist grundsätzlich nach dem Mehrwert eines solchen Sicherheitsgrundrechts zu fragen. Dieser könnte in der Ausgestaltung als Schutzpflicht liegen.[572]

Insbesondere die Frage, ob das unionsrechtliche Recht auf Sicherheit einen über die eigenständigen Grundrechte hinausgehenden Schutz gewährleisten soll und kann, oder ob darin lediglich ein Grundsatz – ein Strukturprinzip – zu sehen ist, bleibt vor dem Hintergrund einer notwendigen Veränderung der Sicherheitspolitik spannend.

C. Exkurs: Kritische Auseinandersetzung in der Gesellschaft – Die präventive Funktionslogik der öffentlichen Sicherheitsdienste als Gefahr für den freiheitlichen Rechtsstaat?

In der Gesellschaft, der Presse und der wissenschaftlichen Literatur werden die – infolge der Reaktionen der Sicherheitspolitik auf die neuartigen und veränderten Gefährdungs- und Bedrohungssituation – zunehmende Gewichtigkeit, die der Sicherheit in der Abwägung zugesprochen werden kann, und damit die weitereichenden Möglichkeiten der Einschränkung von Freiheit, kritisiert.[573] Zu untersuchen ist, ob die Kritikpunkte geeignet sind, um bei einer möglicherweise notwendigen weiteren Entwicklung und Veränderung der Sicherheitsgesetzgebung, Berücksichtigung zu finden.

---

571 Ausführliche Darstellung mwN. *Leuschner*, EuGH und Vorratsdatenspeicherung, EuR 2016, S. 431, 439.

572 Vertiefend insgesamt *Leuschner*, EuGH und Vorratsdatenspeicherung, EuR 2016, S. 431 ff.

573 So auch *Schwetzel*, Freiheit, Sicherheit, Terror, S. 99.

I. Die Überwachung und die Furcht vor dem Verlust von Freiheit

Durch die staatlichen Sicherheitsmaßnahmen, insbesondere die heimlichen Maßnahmen im Vorfeld der Gefahren, entsteht in der Bevölkerung das Gefühl des Überwachtwerdens. Es ist die Rede von einem Überwachungsstaat.[574] Die Bürger fühlen sich, als könnten sie sich nicht mehr frei bewegen und müssten durch die ständige Überwachung ihr Verhalten ändern.[575] Es entsteht der Eindruck, dass unbescholtene Bürger ins Visier von Ermittlungen geraten würden.[576]

Weit verbreitet ist auch die Ansicht, dass eine einmal beschlossene Verschärfung der Sicherheitsgesetze und der damit verbundene Verlust an Freiheit nicht oder schwer wieder rückgängig zu machen sei[577] und insofern eine ständige und stetige Minimierung der Freiheitsräume stattfinde.

Des Weiteren wird bekundet, dass in einer Risikogesellschaft, in der wir leben, mit sicherheitsgefährdenden Vorfällen zu rechnen sei. Da es ohnehin keine absolute Sicherheit geben könne, könne dafür auch nicht die Freiheit in einem so großen Umfang eingeschränkt werden. Es wird vertreten, dass ein freiheitlicher Rechtsstaat letztlich akzeptieren muss, angreifbar zu sein.[578]

Laut einer Umfrage befürchten 37,38 Millionen Bürger[579] in Deutschland, dass sich die staatliche Überwachung infolge des technischen Fortschritts steigern wird.[580]

---

574 Ua. *Moser-Knierim,* Vorratsdatenspeicherung, S. 71.

575 Gesellschaftliche Stimmung wiedergebend Süddeutsche Zeitung *Weber,* Aus Angst vor dem Volk, Artikel vom 13.8.2013; abrufbar unter http://www.sueddeutsche.de/politik/ueberwachung-durch-geheimdienste-aus-angst-vor-dem-volk-1.1745365.

576 So auch die Argumentation des Beschwerdeführers der Verfassungsbeschwerde gegen das ATDG; BVerfGE 133, 277, 298 f., Rn. 43.

577 So darstellend mwN *Middel,* Innere Sicherheit und präventive Terrorismusbekämpfung, S. 326.

578 *Pietschmann,* Der Rechtsstaat im Wandel., in: Riescher (Hrsg.) Sicherheit und Freiheit statt Terror und Angst, S. 127, 149.

579 Zahlen sind Ergebnis einer Hochrechnung von 7.009 Befragten auf 69,24 Mio. Personen in 2015.

580 IfD Allensbach. Anzahl der Personen in Deutschland, die befürchten, dass der Staat infolge der technischen Weiterentwicklung die Bürger immer stärker überwachen wird, von 2013 bis 2015. http://de.statista.com/statistik/daten/studie/282285/umfrage/staatliche-ueberwachung-der-buerger--befuerchtung-in-deutschland/ (zugegriffen am 04. Februar 2016).

In einer weiteren Umfrage gaben 75 % der ca. 1000 Befragten im Juli 2009 an, dass die Einschränkung von Freiheitsrechten durch Maßnahmen zur Erhaltung und Sicherung der inneren Ordnung unzumutbar seien.[581]

Einer anderen Umfrage zufolge mit ca. 3000 Teilnehmern, die bereits im Jahr 2008 durchgeführt wurde, gaben etwa die Hälfte der Teilnehmer an, dass ihnen im Streitfall die Bürgerrechte wichtiger seien, als die Sicherheit und Ordnung (47 % im Gegensatz zu 46 % für den Vorrang der Sicherheit und Ordnung).[582] Diese Ergebnisse verdeutlichen die Furcht der Bürger vor dem Verlust von Freiheit durch staatliche Sicherheitsmaßnahmen.

II. Grundmisstrauen gegenüber dem Staat und dessen Sicherheitsbehörden

Insgesamt wird dem Handeln der Sicherheitsbehörden ein Misstrauen entgegengebracht. Zunächst ist das grundsätzliche Misstrauen gegenüber staatlichen Maßnahmen – vor allem gegenüber den Geheimdiensten – zu erwähnen.

Ein in der Schweiz ermittelter Datenverbrauchsindex zeigt beispielhaft für die Schweiz an, dass sich die Angst vor einem Datenmissbrauch durch Geheimdienste verstärkt hat, und der Mittelwert auf einer Skala von 1 „sehr stark bedroht" bis 10 „überhaupt nicht bedroht" bei 4,6 Punkten liegt.[583] Auch in Deutschland geben 21 % der Befragten einer Umfrage an, dass sie aufgrund bekannt gewordener Geheimdienstaktivitäten vorsichtiger im Umgang mit E-mails und Telefonaten geworden sind.[584] Gerade wegen der Heimlichkeit der Durchführung der

---

581 dbb beamtenbund und tarifunion. Halten Sie es für zumutbar, dass Maßnahmen zur Erhaltung der inneren Sicherheit auch die Freiheitsrechte einzelner Menschen einschränken können?. http://de.statista.com/statistik/daten/studie/152474/umfrage/meinung-zur-zumutbarkeit-der-einschraenkung-von-freiheitsrechten-fuer-die-innere-sicherheit/ (zugegriffen am 04. Februar 2016).

582 Friedrich-Naumann-Stiftung. Was ist Ihnen im Streitfall wichtiger, Sicherheit und Ordnung oder Bürgerrechte?. http://de.statista.com/statistik/daten/studie/166083/umfrage/wichtigkeit-von-buergerrechten-und-sicherheit-fuer-die-deutschen/ (zugegriffen am 04. Februar 2016).

583 2014 waren es noch 5.1 Punkte. Quelle: Schweizer Daten-Vertrauensindex 2015, Medienmitteilung comparis.ch; abrufbar unter: https://www.comparis.ch/-/media/files/mediencorner/medienmitteilungen/2015/telecom/daten-vertrauensindex-2015.pdf.

584 Befragung von 1005 Teilnehmern 2014; ARD, und Infratest dimap. Sind Sie aufgrund der bekannt gewordenen Geheimdienstaktivitäten vorsichtiger im Umgang mit Telefonaten und E-Mails geworden?. http://de.statista.com/statistik/daten/studie/280471/umfrage/umfrage-zur-aenderung-des-verhaltens-aufgrund-von-geheimdienstaktivitaeten/ (zugegriffen am 24. Februar 2016).

staatlichen Sicherheitsmaßnahmen kann ein Gefühl von Willkür und Missbrauch der Daten entstehen, insbesondere auch, da die Rechtsschutzmöglichkeiten eingeschränkt sind.

In Bezug auf den islamistischen Terrorismus werden die Maßnahmen der Sicherheitsbehörden als problematisch betrachtet. Als besonders diskriminierend wird das „Racial profiling“ empfunden. Unter „Racial profiling“ wird eine Vorgehensweise verstanden, bei der für die Auswahl zu polizeilichen Maßnahmen bei Personen allein auf ihre äußere Erscheinung sowie die daraus hergeleitete Zugehörigkeit zu einer ethnischen oder religiösen Gruppe und die Herkunft abgestellt wird.[585]

Insgesamt besteht der Eindruck, dass, weil die Bedrohungslagen nicht zu beherrschen sind, jede Möglichkeit ergegriffen wird, die Kontrolle und wirksame Prävention verspricht.[586]

III. Die vermeintliche Ineffizienz der Sicherheitsgesetze

Der Sicherheitsgesetzgebung wird häufig mit dem in Frage stellen der Effektivität einer konkreten gesetzlichen Maßnahme entgegengetreten.[587]

Vor allem wird dabei der Beweis der grundsätzlichen Untauglichkeit einer Sicherheitsmaßnahme und der Arbeit der Sicherheitsbehörden in der Nichtverhinderung einer Straftat oder eines terroristischen Anschlags gesucht. Insbesondere werden solche Maßnahmen dann als nicht erforderlich angesehen, wenn es abschließend keine greifbaren Nachweise dafür gibt, dass diese für die Gefahrenabwehr und die Strafverfolgung zielführend waren.[588]

---

585 *Egenberger,* Polizeiarbeit auch ohne „Racial Profiling“?, Vorgänge 2013, Nr. 201/202, S. 134, 135 f.

586 Vgl. *Hassemer,* Zum Spannungsfeld von Freiheit und Sicherheit. Drei Thesen, Vorgänge 2002, Nr. 159, Abschnitt 3.2.2.

587 Vgl. dazu weiterhin Kapitel 3 E; vgl. auch in der politischen Debatte um die Vorratsdatenspeicherung: Tagesaktuelles Plenarprotokoll 18131 vom 16. Oktober 2015, S. 4 ff.; Nachweise in der Presse Zeit Online, *Kühl,* Mehr Überwachung ist verständlich – und trotzdem falsch, Artikel vom 17. November 2015, S. 2; abrufbar unter http://www.zeit.de/digital/datenschutz/2015-11/vorratsdatenspeicherung-ueberwachung-paris-anschlag-terrorismus; Legal Tribune Online, *Herr/Lorenz,* Nach dem Terror in Paris: Mehr Polizei, mehr Grenzkontrollen, mehr Vorratsdatenspeicherung?., Artikel vom 17. November 2015, abrufbar unter http://www.lto.de/persistent/a_id/17554/.

588 Vgl. beispielhaft in Bezug auf die Vorratsdatenspeicherung *Wawzyniak* (DIE LINKE), Tagesaktuelles Plenarprotokoll 18131 v. 16. Oktober 2015, S. 4 ff.

In diesem Zusammenhang stellt sich die Frage, inwieweit ein nicht stattgefundener Anschlag Beweis für die ineffektiven und untauglichen Maßnahmen sein kann. Dies ist erst recht zweifelhaft, wenn doch der konkrete Angriff durch eine Handlung der Sicherheitsbehörden auf Grundlage der kritisierten Gesetze verhindert wurde. Die Frage, nach welchen Kriterien der Gesetzgeber eine Bewertung der Geeignetheit und Erforderlichkeit vornimmt, soll weiterhin Gegenstand der Bearbeitung sein.

IV. Zusammenfassung Exkurs

In der Zusammenfassung dieser Standpunkte wird deutlich, dass die sicherheitsakzentuierte Gesetzgebung und Handlungsweise der Sicherheitsbehörden, als Gefahr für den Rechtsstaat angesehen werden und somit ein Unwohlsein und ein Grundmisstrauen in der Gesellschaft schüren. Diese Aspekte sollen auch Teil der nachfolgenden Bewertung des Verhältnisses von Sicherheit und Freiheit vor dem Hintergrund der veränderten Bedrohungslage werden.

D. Die Beurteilung des Verhältnisses von Freiheit und von Sicherheit vor dem Hintergrund der gegenwärtigen Bedrohungslage

Aus dem zuvor Gesagten folgt, dass aufgrund der Veränderung der Bedrohungslage ein sicherheitsbetonteres Handeln des Staates zu verzeichnen ist. Die Gefahrenvorsorge durch den Staat gewinnt immer mehr an Bedeutung, um bereits der Entstehung von Krisen langfristig vorzubeugen.[589] Sowohl die Entwicklung in der Sicherheitsgesetzgebung, als auch die Rechtsprechung des Bundesverfassungsgerichts machen deutlich, dass die Notwendigkeit besteht, auf die veränderte Sicherheitslage – insbesondere durch den internationalen Terrorismus, aber auch die Entwicklungen im digitalen Bereich – umfassend zu reagieren. Während das polizeiliche Handeln stets an das Vorliegen einer Gefahr geknüpft war, hat sich schrittweise eine Entwicklung bis hin zu einer vorbeugenden Verbrechensbekämpfung vollzogen.[590] Auch auf europäischer Ebene wird deutlich,

---

589 *Kluth*, Verfassungsrechtliche Direktiven der Bekämpfung des internationalen Terrorismus am Beispiel der Dschihadisten, ZRP 2015, S. 6, 7.

590 Vgl. *Hoffmann-Riem*, Freiheit und Sicherheit im Angesicht terroristischer Anschläge, ZRP 2002, S. 497, 499; weitere Nachweise *Grimm*, Verfassungsrechtliche Anmerkungen zum Thema Prävention, KritV 1 (1986), S. 38, 39; 44; *Roßnagel*, Sicherheit für Freiheit?, S. 17, 20; *Waechter*, Die aktuelle Situation des Polizeirechts, JZ 2002, S. 854, 855.

dass das Verhältnis von Freiheit und Sicherheit durch diese Entwicklungen nicht starr zugunsten der Freiheit entschieden werden kann. Der EuGH betont in seinem Urteil vom 15. Februar 2016 abermals, dass der Schutz der nationalen Sicherheit und der öffentlichen Ordnung auch zum Schutz der Rechte und Freiheiten anderer beiträgt und jeder Mensch gem. Art. 6 GrCh das Recht nicht nur auf Freiheit, sondern auch auf Sicherheit habe.[591]

Speziell vor dem Hintergrund des islamistischen Terrorismus ist ein präventives Ansetzen unumgänglich.[592] Insbesondere die Unberechenbarkeit von vor allem islamistischen Terroristen, die allgemeine Unvorhersehbarkeit von Zeitpunkten, Zielen und die Vielfältigkeit von Möglichkeiten, wo und wann ein Anschlag stattfinden kann, macht dieses Phänomen so gefährlich. Hinzu treten die vielseitigen technischen Möglichkeiten der Planungen schon weit im Vorfeld der Ausführung einer terroristischen Tat.[593] Damit die Arbeit der Sicherheitsbehörden Erfolg haben kann, hat der Staat also umso mehr bei den Gefährdern anzusetzen, wenn die potenziellen Ziele der Terroristen nicht bestimmbar und eingrenzbar sind, und eine Abschreckung durch Strafandrohung weitestgehend versagt.[594]

Kritik zu dieser Entwicklung wird mit rechtsstaatlichen Aspekten begründet. *Denninger* bezeichnet die Bekämpfung der neuen Risiken durch Vorfeld-Prävention als „Sprengung rechtsstaatlicher Zäune".[595] Vor allem ergäben sich durch diese Entwicklung Probleme mit dem Gebot der Normenklarheit und Normenbestimmtheit, mit dem Verhältnismäßigkeitsgrundsatz und dem Zweckbindungsgebot.[596]

Jedoch darf an dieser Stelle nicht schon die Rechtsstaatlichkeit angezweifelt werden. Vielmehr spricht diese Feststellung für die Notwendigkeit einer

---

591 EuGH, Rs. C-601/15 PPU, Rn. 53.

592 So auch *Krings,* Terrorismusbekämpfung im Spannungsfeld zwischen Sicherheit und Freiheit, ZRP 2015, S. 167, 168 f.; mwN *Würtenberger,* Entwicklungslinien des Sicherheitsverfassungsrechts, in: Ruffert, Dynamik und Nachhaltigkeit, S. 285, 289, der von der Balance von Freiheit und Sicherheit als Leitmotiv für die Sicherheitspolitik spricht.

593 Vgl. *Kluth,* Verfassungsrechtliche Direktiven der Bekämpfung des internationalen Terrorismus am Beispiel der Dschihadisten, ZRP 2015, S. 6, 9.

594 Vgl. *Krings,* Terrorismusbekämpfung im Spannungsfeld zwischen Sicherheit und Freiheit, ZRP 2015, S. 169.

595 *Denniner,* Freiheit durch Sicherheit?, Das Parlament 2002, S. 22 f.; Zitiert auch bei *Hoffmann-Riem,* Freiheit und Sicherheit im Angesicht terroristischer Anschläge, ZRP 2002, S. 497, 500.

596 Vertiefend hierzu *Middel,* Innere Sicherheit und präventive Terrorismusbekämpfung, S. 344 ff.

Neujustierung von Parametern in der Sicherheitsgesetzgebung aufgrund der sich weiterentwickelnden Bedrohungslage.

Bei der Prognose und der Beweisführung führt die besondere Qualität vor allem der dschihadistisch motivierten Terrorakte dazu, dass deutlich geringere Anforderungen zulässig sein müssen, als dies in anderen Bereichen der Fall ist. Das Verfassungsrecht steht einer solchen Entwicklung nicht entgegen, legt es aber nahe, sie durch eine intensive Auswertung der Erkenntnisse aus der Anwendung der Instrumente abzusichern, damit sowohl die Qualität der Prognosen als auch die Ausgestaltung der Anknüpfungsmerkmale in den gesetzlichen Tatbeständen nachgeführt und präzisiert werden können.[597]

Insgesamt ist es dennoch wichtig hervorzuheben, dass dies nicht bedeuten kann und auch nicht bedeuten darf, dass die Grundrechte – und damit die Freiheit – aufgrund von sich immer weiter entwickelnden Bedrohungsszenarien grundsätzlich in den Hintergrund treten. Bedrohungsszenarien dürfen nicht dazu verleiten, dass – um eine Höchstmaß an Sicherheit zu erhalten – die Freiheit aufgegeben wird.[598] Das Aufrechterhalten dieser Grundsätze zeigt sich auch in der Rechtsprechung des EuGH zur Vorratsdatenspeicherung. Der EuGH verdeutlicht mit den engen Grenzen für die Vorratsdatenspeicherung, dass trotz der Entwicklung der Bedrohungslage den Grundrechten Vorrang einzuräumen sein kann. Auch wenn diese Entscheidung, insbesondere auf Grund der Gefahrenlage, nicht in allen Punkten nachvollziehbar erscheint, zeigt sie doch, dass der Schutz der Freiheit nicht hinter den Diskussionen über ein Höchstmaß an Sicherheit zurücktritt.

Vor allem können auch die Garantie der Menschenwürde, die Verfassungsgerichtsbarkeit und das Rechtsstaatsprinzip als im Grundgesetz enthaltene Sicherungen, aber ebenfalls die durch das Grundgesetz vorgegeben Mechanismen wie die Gesetzesvorbehalte, der Verhältnismäßigkeitsgrundsatz, der Kernbereichsschutz, das Bestimmtheitsgebot und weitere rechtsstaatliche Sicherungsmechanismen als Argumente zur Sicherstellung der Verhinderung eines „Überwachungsstaates" hervorgebracht werden, deren Vorhandensein einen „Überwachungsstaat" klar ausschließen.[599] Auch das Trennungsgebot, dessen Inhalt, Geltung und Veränderung weiterhin Thema der Bearbeitung sein wird,

597 Vgl. *Kluth*, Verfassungsrechtliche Direktiven der Bekämpfung des internationalen Terrorismus am Beispiel der Dschihadisten, ZRP 2015, S. 6, 9.

598 Vgl. *Hoffmann-Riem*, Freiheit und Sicherheit im Angesicht terroristischer Anschläge, ZRP 2002, S. 497, 501.

599 So ua. *Papier*, Rechtsstaat im Risiko, DVBl 2010, S. 801, 803.

kann als ein weiterer Schutzmechanismus der Freiheit herangeführt werden. Im weiteren Verlauf wird ebenso Teil der Untersuchung sein, wie sich das Trennungsgebot auch auf die Sicherheit auswirkt.

In der Darstellung der Sicherheitsgesetze zuvor zeigt sich, dass auch das Bundesverfassungsgericht die Grundrechte in der Abwägung nicht hinter der Sicherheit zurück treten lässt, sondern umfassend würdigt. Weiterhin kann gegen die Argumentation der Missbrauchsgefahr durch den Staat und insbesondere durch die heimlich arbeitenden Nachrichtendienste hervorgebracht werden, dass trotz der Heimlichkeit der Arbeit der Nachrichtendienste sowohl die parlamentarische als auch die gerichtliche Kontrolle als rechtsstaatliche Verfahrenssicherungen nicht unbeachtet bleiben sollten.

Der Eindruck, der in der Gesellschaft von den staatlichen Datenerhebungen besteht, ist von Missbrauchsgedanken geprägt. Dieser Wahrnehmung müssen das punktuelle Heranziehen der Daten in Einzelfällen und die rechtsstaatliche Sicherung durch den Zweckbindungsgrundsatz entgegengehalten werden.[600] Alle diese Instrumente, die unter strenger Einhaltung rechtsstaatlicher Grundsätze der Möglichkeit der Verhinderung von schweren Straftaten dienen, sollten als gewinnbringend anerkannt werden, denn sie dienen der Verwirklichung eines wehrhaften Rechtsstaates.[601]

Ebenso zeigt ein Blick in die anderen Staaten, wie beispielsweise in die USA, dass der Schutz der informationellen Selbstbestimmung in Deutschland trotz allem ein sensibles Thema darstellt und hinreichend gewährleistet wird. Die übermäßige Empfindsamkeit hinsichtlich der Erhebung von Daten muss bei der Übertragung auf andere Lebensbereiche kritisch betrachtet werden. Dazu ist beispielsweise anzuführen, dass für die staatliche Datenerhebung eine deutliche Empfindsamkeit vernommen werden kann, als dass dies für das möglicherweise

---

600 Vgl. dazu ein Zitat in Zusammenhang mit der Vorratsdatenspeicherung von *Winkelmeier-Becker* (CDU/CSU): Tagesaktuelles Plenarprotokoll 18131 vom 16. Oktober 2015, S. 6: *„[Die erhobenen Daten] werden nicht beliebig zusammengeführt, einmal herumgerührt und dann irgendwie missbraucht, sondern sie werden immer nur punktuell im Zusammenhang mit ganz konkreten Ermittlungen in Fällen schwerer Kriminalität herangezogen. Das zeigt vor allem, worum es nicht geht: Es geht nicht um Meinungskontrolle, nicht um Generalverdacht, nicht um generelle Überwachung oder das Erstellen von Bewegungsprofilen.*

601 So in Zusammenhang mit der Vorratsdatenspeicherung *Ullrich* (CDU/CSU-Fraktion) Tagesaktuelles Plenarprotokoll 18131 vom 16. Oktober 2015, S. 14.

gewaltsame Eingreifen durch einen Polizisten in bestimmten Situationen erkennbar ist.[602]

Als besonders problematisch muss jedoch das „Racial Profiling" betrachtet werden. Hierbei wird allein von vorhandenen Eigenschaften auf ein konkretes Täterprofil geschlossen. Dabei finden eine Stereotypisierung und eine Verallgemeinerung statt, die nicht mit dem allgemeinen Gleichbehandlungsgrundsatz zu vereinbaren sind. Auch wenn es gewisse Stereotypen gibt, die unterbewusst bei der anlasslosen Kontrolle zweifelsohne eine Rolle spielen, kann diese Diskriminierung nicht zugunsten der Sicherheit gerechtfertigt werden. Auch wenn gewisse Lageerkenntnisse und Erfahrungswerte vorliegen, die stets zu Ermittlungserfolgen führten, sollte die Überprüfung alleine wegen des äußeren Erscheinungsbildes nicht Teil der Sicherheitsvorsorge sein. Solange keine weiteren Hinweise vorliegen, ist dieses Vorgehen, also die anlasslose Kontrolle nach Stereotypen, nicht mit den rechtsstaatlichen Grundsätzen zu vereinbaren.[603] Ebenfalls kann angeführt werden, dass gerade in Zeiten, in denen sich auch Europäer – und darunter auch junge deutsche Frauen, die heiratswillig sind und sich durch die Propaganda des IS berufen fühlen – radikalisieren und in die Ausbildungscamps ausreisen und zurückkehren bzw. die Radikalisierung in Deutschland stattfindet, auch die Hautfarbe, Ethnie und die daraus vermutete religiöse Zugehörigkeit keine Maßstäbe zur Beurteilung eines „Musters" – in dem Fall „dunkelhaarig und männlich" – darstellen.

Um Aussagen über die Effektivität von Sicherheitsgesetzen treffen zu können, um positive wie auch negative Gesetzesfolgen zu beobachten, und um die Bewertung der Zielerreichung einer Regelung vornehmen zu können, gibt es die Evaluierung. Durch die Evaluierung soll den Schwierigkeiten der Bewertung von präventiven Maßnahmen, also die Schwierigkeiten der Beurteilung der Gefahr im Vorhinein, im Nachhinein besser entgegengetreten werden können, indem die Evaluierung durch unabhängige Sachverständige und auf Grundlage konkreter und verlässlicher Informationen erfolgt.[604]

---

602 Vgl. *Volkmann*, Verbund oder Trennung- Zu einem neuen Verhältnis von Polizei und Nachrichtendiensten, JURA 2014, S. 820, 830.

603 Zur Vermeidung dieses Vorgehens, gibt es Vorschläge einige Befugnisse zur anlasslosen Kontrolle zu streichen, vgl. dazu die Darstellung ua. Bei *Egenberger*, Polizeiarbeit auch ohne „Racial Profiling"?, Vorgänge 2013, Nr. 201/202, S. 134, 137 ff.

604 Bericht zur Evaluierung des Antiterrordateigesetzes, 17/12665 (neu), S. 6 ff.; *Weinzierl*, Die Evaluierung von Sicherheitsgesetzen, Anregungen aus menschenrechtlicher Perspektive, Policy Paper 2006, Deutsches Institut für Menschenrechte, S. 4.

Weiterhin muss auch erwähnt werden, dass die Wirksamkeit eines präventiven Sicherheitsinstruments gar nicht empirisch zu ermitteln ist.[605] Zum einen gibt es viele unsichere Faktoren, die auch in der Person des oder der Täter liegen können. Ein Nachweis über die Entschlossenheit oder andere innerer Umstände, die den Täter bewogen haben, die Tat trotz eines festen Tatplans und jeglicher getroffener Vorkehrungen ggf. doch nicht zu begehen, die aber zunächst auf das Bevorstehen einer konkreten Gefahr hindeuteten, kann in einem solchen Fall nicht erbracht werden. Zum anderen ist die tatsächliche Sicherheit im Allgemeinen ein Produkt, dass durch viele Faktoren beeinflusst wird, so dass auch mehrere miteinander verbundene Informationen dazu führen können, Hinweise zu erhalten, die eine Straftat verhindern oder aufklären. Dadurch kann auch ein kleiner Teil oder ein kleines Stück dazu beitragen, einen Ansatz zu erhalten, der dann genügt, um die Ermittlungen aufzunehmen und zu einem entscheidenden Hinweis führt, der aber nicht mehr als Gewinn der jeweiligen Ermittlungsmethode identifizierbar ist.[606]

Weiterhin muss gegen die oft auch unzureichend argumentativ gestützte Haltung gegen die Sicherheitsgesetzgebung schlussendlich angeführt werden, dass es nicht vertretbar wäre, nicht in rechtsstaatlichem Maße alle Möglichkeiten für die Herstellung der Sicherheit auszuschöpfen, um wenigstens einen Beitrag zur Verhinderung von Attentaten oder Straftaten leisten zu können, insbesondere dann nicht, wenn der Einzelne ins Blickfeld der Sicherheitsbehörden bei Maßnahmen gelangte, an die strenge rechtsstaatliche Anforderungen gestellt sind.[607]

Sicherlich kann nicht davon ausgegangen werden, dass durch die freiheitsverkürzenden Maßnahmen jede Art von Terroranschlag oder Gewaltverbrechen verhindert werden kann. Dies kann jedoch nicht als Argument gegen die Tauglichkeit einer Maßnahme gelten, ebenso wenig, dass ein Gesetz nicht angewendet worden sei. Denn es geht um die Möglichkeit der Verhinderung eines Verbrechens, das im schlimmsten Falle eine sehr große Zahl an Menschen mit in den Tod reißt. Ein Einbüßen der Chance auf Sicherheit ist nicht zu rechtfertigen,

605 Vgl. dazu auch Bericht zur Evaluierung des Antiterrordateigesetzes vom 07. März 2013, BT-Drs. 17/12665 (neu), S. 48 ff.

606 So auch vertreten in der Diskussion um die Vorratsdatenspeicherung *Winkelmeier-Becker* (CDU/CSU): Tagesaktuelles Plenarprotokoll 18131 vom 16. Oktober 2015, S. 6; *Becker*, Stellungnahme zum Regierungsentwurf eines Gesetzes zur Einführung einer Speicherpflicht und einer Höchstspeicherfrist für Verkehrsdaten, S. 37 f.; vgl. weiterhin Kapitel 3 E.

607 So auch *Schwetzel*, Freiheit, Sicherheit, Terror, S. 99: *„Verglichen mit der Gefahr von Todesfällen scheinen meist nur geringe Freiheitsverluste minderwertig.“*

wenn auf der Seite der Freiheit rechtsstaatliche Sicherungsmaßnahmen zur Verfügung stehen, deren Einhaltung der ständigen Kontrolle unterliegen.

Der Besorgnis, dass die Freiheit dadurch verloren gehe, dass die Sicherheit verfassungsrechtlich fundiert sei, kann demnach nicht uneingeschränkt gefolgt werden. Im Gegenteil, dient die Betonung des Verfassungsrangs der Sicherheit der Vorbeugung der Gefahr, das Spannungsverhältnis „einseitig zugunsten der Freiheit aufzulösen“.[608]

Im Ergebnis besteht die zentrale Herausforderung für den Gesetzgeber und für die Wissenschaft deshalb – erst einmal allgemein formuliert – vor allem auch darin, die bereits erhaltenen Erkenntnisse aus der Anwendung der Instrumente zum Schutz der Sicherheit besser für die Optimierung der Anwendung – aber andererseits dann auch für die Umsetzung und Weiterentwicklung gesetzlicher Regelungen – zu nutzen, um dadurch die Wirksamkeit der Regelungen zu erhöhen. In dieser Weise kann auch den verfassungsrechtlichen Vorgaben, wie dem Grundsatz der Verhältnismäßigkeit, Rechnung getragen werden.[609]

E. Der Grundsatz der Verhältnismäßigkeit in der Sicherheitsgesetzgebung

Der Gesetzgeber hat bei seinen Reaktionen auf die Sicherheitslage und auf die sich wandelnden technischen Gegebenheiten, verfassungsrechtliche Vorgaben zu beachten, die sich aus den Grundrechten ergeben. Die Herausforderung für den Gesetzgeber besteht dabei darin, dauerhaft die angemessene und verfassungsrechtlich tragfähige Balance zwischen dem Bedürfnis nach hinreichender Sicherheit vor Kriminalität einerseits und dem Anspruch der Bürgerinnen und Bürger auf größtmögliche Achtung und Wahrung ihrer persönlichen Freiheit und Privatheit andererseits herbeizuführen, die auch vor dem Bundesverfassungsgericht Bestand haben müssen.[610]

---

608 So im Ergebnis auch *Möstl,* Die staatliche Garantie für die öffentliche Sicherheit und Ordnung, S. 72.

609 *Kluth,* Verfassungsrechtliche Direktiven der Bekämpfung des internationalen Terrorismus am Beispiel der Dschihadisten, ZRP 2015, S. 6, 9.

610 Bericht der Regierungskommission, S. 9, verweisend auf *Voßkuhle,* Das Verhältnis von Freiheit und Sicherheit – Hat der 11. September 2011 das deutsche Verfassungsrecht verändert? in: Heckmann (Hrsg.), Verfassungsstaatlichkeit im Wandel, Festschrift für Thomas Würtenberger, 2013, S. 1101 ff. unter Hinweis auf *Grimm,* Die Freiheit sichern! Ohne starke Bürgerrechte bleibt Sicherheit wertlos, in: Zypries (Hrsg.), Die Renaissance der Rechtspolitik, 2008, S. 25, 26.

Gerade aufgrund des Wandels von der Verfolgung von vergangenen Straftaten in die Verhütung von künftigen Straftaten, müssen strenge Anforderungen an die Ermächtigungsgrundlagen gestellt werden.[611]

In der Gesellschaft, aber auch von Seiten der Politik, wird häufig an der Tauglichkeit von staatlichen Maßnahmen oder diesen zugrunde liegenden Gesetzen gezweifelt. Insbesondere die Erforderlichkeit von Sicherheitsgesetzen und damit die Frage, ob ein bestimmtes Instrument überhaupt erforderlich für die Gewährleistung der Sicherheit ist, also kein milderes gleich geeignetes Mittel zur Erreichung des Zweckes zur Verfügung steht, stellt einen Mittelpunkt der Auseinandersetzung dar.

Dies zeigt auch die Diskussion um die Vorratsdatenspeicherung.

Allgemein ist im Rahmen der Geeignetheit und der Erforderlichkeit die Einschätzungsprärogative des Gesetzgebers zu beachten. Die Frage, die sich in diesem Kontext jedoch stellt, ist die, wie der Gesetzgeber bestimmt, oder auch bestimmen sollte, dass ein Sicherheitsgesetz als geeignet und erforderlich und damit als verhältnismäßig und der Eingriff als gerechtfertigt anzusehen ist.

Grundsätzlich kann im Gefahrabwehrrecht für den zu erbringenden Nachweis von Zusammenhängen formuliert werden, dass die Begründungslast des Gesetzgebers je höher ist, desto geringer die Prognosewahrscheinlichkeit in Bezug auf eine konkrete Verantwortung für die Verursachung einer Gefahr.[612]

Insbesondere im Zusammenhang mit der Terrorismusbekämpfung ist der plausible Nachweis, ein Instrument sei tauglich, jedoch schwer zu erbringen, zumal bei einem verhinderten Anschlag dieser nicht stattgefunden hat. Eine verlässliche Aussage, ob dieser ansonsten hätte stattfinden können, ist nicht verlässlich möglich.

Diese Begründungslast kann durch Vorgaben zur Evaluation vermindert werden.[613] Denn die Evaluierung von Sicherheitsgesetzen kann ein geeignetes Instrument zur rechtsstaatlichen Sicherung von Qualität und damit auch Instrument des effektiven Grundrechtsschutzes sein.[614]

---

611 *Krings,* Terrorismusbekämpfung im Spannungsfeld zwischen Sicherheit und Freiheit, ZRP 2015, S. 167, 170.

612 *Kluth,* Verfassungsrechtliche Direktiven der Bekämpfung des internationalen Terrorismus am Beispiel der Dschihadisten, ZRP 2015, S. 6, 8 mit Verweis auf BVerwGE 116, 347 und Entscheidung des LandesVerfG Sachsen-Anhalts Urteil v.11.11..2014–LVG9/13.

613 *Kluth,* Verfassungsrechtliche Direktiven der Bekämpfung des internationalen Terrorismus am Beispiel der Dschihadisten, ZRP 2015, S. 6, 8

614 *Gusy/Kapitza,* Evaluation von Sicherheitsgesetzen in: *Gusy* (Hrsg.) Evaluation von Sicherheitsgesetzen, S. 9, 34.

Bei der Gesetzesevaluation wird – im Vergleich zur Gesetzesfolgenabschätzung – geltendes Recht als Teil der Rechtsordnung betrachtet und anhand von Fakten, Daten, Entscheidungen und Zahlen von bereits eingetretenen Gesetzesfolgen bewertet. Bei der Gesetzesfolgenabschätzung als Bestandteil des Gesetzgebungsverfahrens hingegen, geht es um die Überprüfung der Zwecktauglichkeit von Gesetzen.[615]

Die Evaluierung von Sicherheitsgesetzen wird hinsichtlich des konkret zu evaluierenden Gesetzes und der damit zusammenhängenden verfassungsrechtlichen Gefährdungslage konzipiert. Die Analyse umfasst dabei die wirkungsorientierte und die juristisch-normative Perspektive.[616]

Die Bewertung der Geeignetheit und der Erforderlichkeit eines Gesetzes kann im Rahmen der Evaluierung durch das Zusammenspiel der juristisch-normativen Bewertung von der Anwendungswirklichkeit erfolgen. Kann erwiesen werden, dass ein Gesetz ungeeignet oder nicht erforderlich ist, ist es unverhältnismäßig. Kann sich jedoch die Wirksamkeit durch die wirkungsorientierte Analyse aufgrund von empirischen Erkenntnissen nicht feststellen lassen, ist aufgrund dessen keine Unverhältnismäßigkeit anzunehmen, der Gesetzgeber darf das Ziel, gegebenenfalls unter strengen Überprüfungsanforderungen, weiter verfolgen.[617]

Im Zusammenhang mit Sicherheitsgesetzen kann insbesondere die Bestimmung der Erforderlichkeit eines Gesetzes auch durch die empirische Analyse schwierig sein. Denn auch in Zusammenhang mit der ATD ergab sich, dass eine quantitative Erfassung der Wirkung der ATD „und besonders die Identifikation von Ermittlungserfolgen, nach denen basierend auf Informationen in der ATD schwere Straftaten wie terroristische Anschläge vereitelt werden konnten, nicht möglich“[618] ist. Die Erfolge der personenbezogenen Maßnahmen werden erst in der Gesamtschau aller Maßnahmen deutlich. Denn eine konkrete Maßnahme der Gefahrenabwehr oder der Aufklärung einer Straftat lässt sich äußerst selten

615 *Gusy/Kapitza,* Evaluation von Sicherheitsgesetzen in: *Gusy* (Hrsg.) Evaluation von Sicherheitsgesetzen, S. 9, 16 ff.

616 *Kötter,* Von Daten zur Empfehlung: Folgerungen aus der wirkungsbezogenen und der juristisch-normativen Evaluierung von Sicherheitsgesetzen in: *Gusy* (Hrsg.) Evaluation von Sicherheitsgesetzen, S. 59, 66, 68 ff.

617 *Kötter,* Von Daten zur Empfehlung: Folgerungen aus der wirkungsbezogenen und der juristisch-normativen Evaluierung von Sicherheitsgesetzen in: *Gusy* (Hrsg.) Evaluation von Sicherheitsgesetzen, S. 59, 77.

618 Bericht zur Evaluierung des Antiterrordateigesetzes vom 07. März 2013, BT-Drs. 17/12665 (neu), S. 48.

auf eine einzelne Erkenntnis stützen. Vielmehr verdichten sich vielfältige Informationsquellen zu einem Gesamtbild.[619]

Diese Aussagen verdeutlichen, dass das Produkt mehrerer Faktoren zu einer effektiven Abwehr von Gefahren führt. Denn allein ein kleiner Hinweis, der durch das jeweils in Frage stehende Instrument auf Grundlage des Sicherheitsgesetzes erlangt werden konnte, müsste schon für dessen Erforderlichkeit sprechen, obwohl dies eben isoliert nicht festzustellen ist.

Dies ist bei der Beurteilung von gesetzgeberischen Entscheidungen zu beachten. Es ist danach also durch den Gesetzgeber zu beurteilen, ob ein Sicherheitsgesetz tatsächlich zur Förderung des Zwecks beitragen kann und im Folgenden dann auch, ob es eine andere entsprechende Maßnahme gibt, die einen ebenso hohen Beitrag zur Förderung des Zwecks leisten kann.[620]

Durch die Beachtung der Möglichkeit des Beitrags zur Förderung des Zwecks durch den Gesetzgeber kann den Gegebenheiten, die sich aus der aktuellen Bedrohungslage und aus den Anforderungen an das Sicherheitssystem ergeben, Rechnung getragen werden.

F. Ergebnis: Die Konsequenzen der Veränderung der Bedrohungslage auf das Verhältnis von Freiheit und Sicherheit und die Arbeit der Sicherheitsbehörden

Die Veränderung der Bedrohungslage im Allgemeinen, aber konkret vor allem die Terroranschläge in Nizza, Paris, Istanbul, Berlin und Barcelona im November 2015, Januar und Juli, Dezember 2016 und im August 2017 rufen die Bedrohung auch in das Bewusstsein der europäischen Bevölkerung.

Dass ein wachsendes Sicherheitsbedürfnis in der Bevölkerung, vor allem nach dem verstärkten Auftreten des Islamischen Staates und den zunehmenden Medienberichten über die Hintergründe der Terrororganisation, die islamistisch motivierten Anschläge im Januar 2015 auf Mitarbeiter des Satiremagazins „Charlie Hebdo", die Anschläge in Tunesien und zuletzt die Anschläge in Paris im November 2015 und in Istanbul im Januar 2016, zu verzeichnen ist, zeigen Umfragewerte ganz deutlich.[621]

---

619 Bericht zur Evaluierung des Antiterrordateigesetzes vom 07. März 2013, BT-Drs. 17/12665 (neu), S. 48 ff.

620 Ähnlich auch *Moser-Knieriem,* Vorratsdatenspeicherung, S. 259, die die Korrektur als „Verhältnismäßigkeitsprüfung Plus" bezeichnet.

621 Dies zeigt auch eine weitere Umfrage, nach der 68 % der Befragten fürchten, dass es Anschläge in Deutschland geben wird; Anfang 2015 waren es noch 45%.

Einer weiteren Umfrage, durchgeführt im November und Dezember 2015 zur Folge, stimmen 74 % der Befragten der Aussage, dass in Zusammenhang mit der Terrorbedrohung in Deutschland mehr getan werden müsse, um weitere Sicherheitslücken zu entdecken, eher zu.[622]

Weiterhin gaben 70 % von 1004 Befragten bei einer Umfrage Anfang Januar 2016 an, dass sie eine grundsätzliche Verschärfung der Überwachungsmaßnahmen zur Bekämpfung des Terrorismus als richtig ansehen.[623]

Diese Statistiken zeigen, dass das Sicherheitsbedürfnis – aber auch die Bereitschaft, für mehr Sicherheit die Freiheit zu opfern – durch das zunehmende Gefahrenbewusstsein – insbesondere durch den Terrorismus – steigt.

Auch die Entwicklungen in der Gesetzgebung zeigen, dass die Notwendigkeit der Ausschöpfung aller rechtsstaatlich vertretbaren Maßnahmen besteht, um die Effektivität der Arbeit der Sicherheitsbehörden zu gewährleisten, um den Herausforderungen gerecht werden zu können.

Schwierigkeiten bestehen vor allem in der Unvorhersehbarkeit der Gefahren. Insbesondere die Bewertung von Situationen und die Einschätzbarkeit von Gefahren wird durch das Problem von Schläfern, also Personen, die sich so lange still verhalten und dann in unerwartetem Moment zuschlagen, immer schwieriger.

Insgesamt haben die Erfahrungen mit dem Terrorismus zu einer Grenzverschiebungen in Richtung Prävention geführt, die eine rechtzeitige Gefahrenabwehr ermöglichen kann.[624]

ARD-DeutschlandTREND. Fürchten Sie, dass es in nächster Zeit in Deutschland terroristische Anschläge geben wird oder fürchten Sie dies nicht?. http://de.statista.com/statistik/daten/studie/493158/umfrage/umfrage-zur-angst-vor-terroranschlaegen-in-deutschland/ (zugegriffen am 24. Februar 2016).

622 ARD, und Infratest dimap. Welche Auffassung vertreten Sie im Hinblick auf die folgenden Aspekte der Terrorbedrohung in Deutschland?. http://de.statista.com/statistik/daten/studie/166448/umfrage/ansichten-zur-terrorbekaempfung-in-deutschland/ (zugegriffen am 24. Februar 2016).

623 ARD-DeutschlandTREND. Finden Sie diese Vorschläge zur Bekämpfung des Terrorismus in Deutschland richtig oder finden Sie sie nicht richtig?. http://de.statista.com/statistik/daten/studie/500500/umfrage/umfrage-zur-bewertung-der-massnahmen-zur-terrorismusbekaempfung/ (zugegriffen am 24. Februar 2016).

624 Vgl. *Hoffmann-Riem*, Freiheit und Sicherheit im Angesicht terroristischer Anschläge, ZRP 2002, S. 497, 499; weitere Nachweise *Grimm*, *Dieter*, Verfassungsrechtliche Anmerkungen zum Thema Prävention, KritV 1 (1986), S. 38, 39; 44; *Roßnagel*, Sicherheit für Freiheit?, S. 17, 20 f; *Waechter*, Die aktuelle Situation des Polizeirechts, JZ 2002, S. 854, 855.

Es bedarf also einer dauerhaften Überprüfung und Weiterentwicklung des Sicherheitsrechts und der polizeilichen Instrumente, um auf die ständigen Entwicklungen reagieren zu können und den digitalen und international vernetzen Herausforderungen mit wirksamer Gefahrenabwehr und Strafverfolgung zu begegnen.[625]

Dies erfordert die Stärkung von Verfahrenssicherungen, wie der Regelung von Kompetenzen im Falle der Notwendigkeit des Gebrauchs, die Kontrolle durch Gerichte und Parlament, aber auch durch Datenschutzbeauftragte und der Löschungs-, Sperrungs-, sowie Benachrichtigungspflichten. Aber auch die Evaluierung der Sicherheitsgesetze bietet die Möglichkeit, die Gesetze an den nötigen Stellen zu korrigieren[626] und ständig die Wirksamkeit der Regelungen zu überprüfen, um so auch den verfassungsrechtlichen Vorgaben, wie dem Grundsatz der Verhältnismäßigkeit, Rechnung tragen zu können.[627]

Sicher können diese Vorkehrungen zum Schutze der Freiheit nicht in jedem Fall die Freiheit uneingeschränkt schützen, aber sie tragen dazu bei, die Effektivität des Schutzes der Sicherheit unter Wahrung der Freiheit des Einzelnen zu erhöhen.

Neben den bereits betrachteten Entwicklungen im Rahmen der Sicherheitsgesetzgebung, muss weiterhin die Arbeit des Verfassungsschutzes und der Nachrichtendienste in den Fokus rücken. Angesichts neuerer – vor allem technischer – Entwicklungen und neuer Bedrohungsszenarien müssen punktuell weitere notwendige Veränderungen vorgenommen werden.[628]

---

625 Vgl. *Münch,* Praktische Nutzung der „Vorratsdatenspeicherung", ZRP 2015 130, 132.

626 So auch *Middel,* Innere Sicherheit und präventive Terrorismusbekämpfung, S. 356 ff.

627 *Kluth,* Verfassungsrechtliche Direktiven der Bekämpfung des internationalen Terrorismus am Beispiel der Dschihadisten, ZRP 2015, S. 6, 9.

628 Vgl. auch *Krings,* Terrorismusbekämpfung im Spannungsfeld zwischen Sicherheit und Freiheit, ZRP 2015, S. 167, 169, der die seit dem 11. September 2001 modernisierte Sicherheitsarchitektur als sich im Grundsatz bewährt bezeichnet; im Ergebnis so auch *Griesbaum*, Strafverfolgung zur Verhinderung terroristischer Anschläge, NStZ 2013, S. 369–378, jedoch kritisch gegenüber der präventivpolizeilichen Arbeit bei der Terrorismusbekämpfung. De Maizière betont im Verfassungsschutzbericht 2013, dass zur Neuausrichtung des Verfassungsschutzes auch eine Stärkung der Spionageabwehr gehöre. „*Globalisierung, Digitalisierung und geopolitische Veränderungen erfordern personelle, organisatorische und technische Veränderungen. Dabei ist der Ausbau der Kompetenzen des Verfassungsschutzes im Bereich der Cyberspionageabwehr hervorzuheben. Wirksame Spionageabwehr und Wirtschaftsschutz tragen wesentlich zur Sicherung nationaler Souveränität und des Wirtschaftsstandortes Deutschland bei*"; vgl. Verfassungsschutzbericht 2013, S. 4 f.

Ebenso bedarf es der Stärkung der Kooperation der Nachrichtendienste in Europa. Bei der Aufklärung des transnational operierenden und vernetzten Terrorismus ist es von großer Bedeutung, die Erkenntnisse der nationalen und internationalen Behörden zusammenzuführen, um diese übergreifend analysieren zu können.[629]

Dazu wurde bereits eine Counter Terrorism Group (CTG) gegründet, bestehend aus den Nachrichtendiensten in der Europäischen Union sowie der Dienste aus Norwegen und der Schweiz mit insgesamt 30 Behörden. In diesem Zentrum soll ein informeller Zusammenschluss in der Zentrale des niederländischen Nachrichtendiensts AIVD[630] in der Nähe von Den Haag stattfinden, das den Austausch von Informationen zwischen den Sicherheitsbehörden erleichtern und beschleunigen soll.[631] Eine technische Unterstützung der Zusammenarbeit soll auch durch eine gemeinsame Datei, deren Einrichtung beim Bundesamt für Verfassungsschutz zunächst nicht möglich war, da ein entsprechendes Gesetz bislang fehlte, erfolgen. Durch die Änderungen auf Grund des Urteils zum BKAG wurden dazu Regelungen in die Fachgesetze der Nachrichtendienste eingefügt.[632]

Zusammenfassend ist zu konstatieren, dass Effektivität nicht bedeutet, dass die Freiheit aufgegeben oder hinter der Sicherheit zurück treten muss. Ebenfalls bedeutet dies nicht, dass die Sicherung der Freiheit die Effektivität beschneiden muss. Für die weitere Untersuchung ist das Ergebnis festzuhalten, dass im Verhältnis von Freiheit und Sicherheit von einem Doppelauftrag des Staates ausgegangen werden muss und der Grundsatz „in dubio pro libertate" keine Geltung (mehr) beanspruchen kann. Die Veränderung der Bedrohungslage führt dazu, dass eine Gesetzgebung erforderlich ist, die – unter Einhaltung rechtsstaatlicher Vorgaben – flexiblere Handlungsmöglichkeiten zur rechtzeitigen Gefahrenabwehr ermöglicht. Auch müssen die Exekutive und Judikative die bedrohungsabhängige Veränderung des Verhältnisses von Sicherheit und Freiheit im Einzelfall bei der Auslegung und Anwendung der Gesetze beachten und diese Argumente auf Seiten der Sicherheit mit in die Abwägung einbeziehen.

---

629 Gesetzesentwurf BT-Drs. 18/8702, S. 1.

630 Vgl. dazu weiterhin Kapitel 5 C.I.

631 ua. Spiegel Online, Artikel vom 19. Februar 2016; abrufbar unter http://www.spiegel.de/politik/ausland/terrorismus-europaeische-geheimdienste-richten-anti-terror-zentrum-ein-a-1078201.html,; Tagesspiegel, Artikel vom 4. Januar 2016; abrufbar unter http://www.tagesspiegel.de/politik/anti-terror-zentrum-in-den-haag-geheimdienste-sollen-staerker-kooperieren/12789050.html,.

632 Vgl. dazu Kapitel 4 B.IV.4.a.

Im Folgenden soll weiter untersucht werden, ob das Gebot der Trennung als freiheitssicherndes und deshalb notwendiges Instrument nach heutigem Verständnis der Effektivität der Arbeit der Sicherheitsbehörden zuträglich ist, und inwieweit das Trennungsgebot im Spannungsfeld von Sicherheit und Freiheit steht.

Gerade im Hinblick auf das ATDG hat das Bundesverfassungsgericht eine Entscheidung getroffen, die sowohl das Trennungsprinzip von Polizei und Nachrichtendiensten als freiheitssicherndes Instrument konturiert, als auch die Bedrohung durch den Terrorismus in die Abwägung einbezieht. Die Aussagen zum Trennungsprinzip und die Konsequenzen der Entscheidung werden Teil der weiteren Arbeit sein.

Kapitel 4: Das Trennungsgebot

A. Einführung

Durch Veränderung der Bedrohungslage ist die Notwendigkeit der Zusammenarbeit von Polizei und Nachrichtendiensten zweifellos gegeben. Im Zeitalter des technischen Wandels und der unbegrenzten Kommunikations-, Speicherungs- und Auswertungskapazitäten, ist auch die Ausnutzung dieser Möglichkeiten dieser Zusammenarbeit wichtiger als jemals zuvor. Dabei, stellt sich die Frage, welche Rolle das Trennungsgebot in dem Spannungsfeld von Grundrechtsschutz und Effektivität der Sicherheitsmaßnahmen einnimmt.

Wie bereits in dem historischen Teil dargestellt[633], ging es zunächst darum, den Nachrichtendiensten keine polizeilichen Zwangsbefugnissen einzuräumen und eine Angliederung der Nachrichtendienste an die Polizei zu verhindern.

Fraglich ist, welche Bedeutung heute hinter dem Begriff des Trennungsgebots steht.

Teilweise wird es als ein Instrument und rechtsstaatliches Optimierungsgebot verstanden, dem durch das Bestreben eines ganzheitlichen Ansatzes zur Bekämpfung des Terrorismus und den wissenschaftlichen Diskussionen die Funktion entzogen wird.[634]

Bedingt durch die veränderten Bedrohungslagen, durch die zunehmenden technischen Möglichkeiten und durch die etwaige Veränderung des Bedürfnisses der Bürger nach Sicherheit, könnte es nahe liegen, dass dem Trennungsgebot nicht die Bedeutung zugesprochen werden kann, dass eine Trennung zwischen der Polizei und den Nachrichtendiensten besteht, sondern, dass der Terminus „Trennungsgebot“ verwendet und für wichtig und unabdingbar befunden wird, ohne im Ergebnis den tatsächlichen Bereich zu beschreiben, auf den sich die Trennung bezieht.

Es ist also der Frage nachzugehen, ob das Trennungsgebot längst eine Überschrift eines Rechtsinstituts bedeutet, für das es kaum noch einen eigenständigen Anwendungsbereich gibt, so dass der Begriff eine leere Hülle darstellt. Die Konsequenz dieser Erkenntnis könnte bedeuten, dass an den Wertungen, die aus diesem Prinzip gewonnen wurden, weiterhin festgehalten werden sollte,

633 Vgl. Einleitung C.

634 *Hilbrans,* Schriftliche Stellungnahme, Innenausschuss A-Drs. 16(4)131 K, S. 3.

aber ohne das Trennungsgebot dabei als unumgänglich zu postulieren und es auf einen „Sockel“[635] zu erheben, obwohl es kaum noch Gehalt hat.

Dies würde nicht bedeuten, dass die Befugnisse und Aufgaben der Behörden ineinander verschmelzen müssten. Es geht vielmehr darum, Klarheit darüber zu erhalten, wie weit das Trennungsgebot heute überhaupt noch Wirkung entfaltet bzw. entfalten kann. Denn gerade für die informationelle Zusammenarbeit und die Kooperation bei der Analyse könnten solche Trennungserwägungen als hinderlich für die Gewährleistung von Sicherheit angesehen werden.[636]

Um abschließend eine Bewertung über den Rang und die Wandelbarkeit bzw. das „Erschüttern“ des Trennungsgebots vornehmen zu können, ist es notwendig, so präzise wie möglich zu bestimmen, welche Facetten das Trennungsgebot heute tatsächlich (noch) aufweist und dabei die rechtliche Einordnung des „Instituts“ Trennungsgebot herauszuarbeiten.

Vor allem soll untersucht werden, ob das Trennungsgebot ein Organisationsprinzip darstellt und welche materiellen Vorgaben hinter dem Begriff stehen. Es geht somit um die Einordnung des „Gebildes Trennungsgebot“ vor dem Hintergrund der aktuellen Sicherheitslage in Deutschland und damit um die Frage: Was ist vom Trennungsgebot, als Folge der Geschichte der Bundesrepublik Deutschland, als Prinzip, welches in einer Zeit entstand und sich entwickelte, als technischer Fortschritt und insbesondere der internationale Terrorismus in dem Ausmaß noch nicht im Vordergrund der Sicherheitspolitik standen und dadurch informationelle Zusammenarbeit nicht nötig und auch nicht möglich war, übrig geblieben?

B. Inhaltliche Aspekte des Trennungsgebots

Zunächst sollen die inhaltlichen Aspekte dargestellt werden, durch welche das Trennungsgebot beschrieben werden kann. Inwieweit diese inhaltlichen Aspekte heute noch eingehalten werden, und wie dies im Hinblick auf das Trennungsgebot zu beurteilen ist, wird weiter Gegenstand der Arbeit sein.

Die wesentlichen Aspekte, die zur Beschreibung des Trennungsgebots zwischen Polizei und Nachrichtendiensten im Vordergrund stehen, sind die

---

635 *Singer*, Das Trennungsgebot – Teil 2, Die Kriminalpolizei 2006, abrufbar unter http://www.kriminalpolizei.de/ausgaben/2006/detailansicht-2006/artikel/das-trennungsgebot-teil-2.html.

636 Vgl. dazu *Diwell*, Aufgabenverbund von Polizei und Geheimdiensten bei der Bekämpfung des islamistischen Terrorismus, in: *Schreckenberger* (Hrsg.), Polizei und Nachrichtendienste unter veränderten Sicherheitsbedingungen, S. 11, 27.

Trennung der Befugnisse, die organisatorische Trennung, die funktionelle Trennung und die informationelle Trennung. Wie bereits dargestellt, sind im BVerfSchG, aber auch im BNDG und im MADG[637] Vorschriften enthalten, die eine Angliederung der Nachrichtendienste an eine Polizeistelle untersagen – als Aspekt der organisatorischen Trennung – und zum anderen als Aspekt der Trennung der Befugnisse, den Nachrichtendiensten polizeiliche Befugnisse nicht zugestehen. Die Vorschrift der Trennung der Befugnisse wurde aufgrund der Weisung der Militärgouverneure in den Entwurf der Bundesregierung mit eingefügt. Beide Regelungen sind seit dem Erlass des Gesetzes über den Bundesverfassungsschutz 1950[638] in Kraft.[639]

I. Aspekte der Trennung der Befugnisse

Kern des Trennungsgebots ist die Trennung der Befugnisse von nachrichtendienstlichem Verfassungsschutz und Polizei, deren Inhalt sich unmittelbar aus dem Polizeibrief der Alliierten entnehmen lässt[640]. Primär ist das Verbot der Ausübung polizeilicher Befugnisse oder Weisungsrechte durch die Nachrichtendienste (§ 8 Abs. 3 BVerfSchG, § 2 Abs. 3 BNDG, § 4 Abs. 2 MADG) zu nennen.[641] Mit dem Zitat „wer alles weiß, soll nicht alles können, wer alles kann soll nicht alles wissen“[642], kann die Trennung der Befugnisse zusammenfassend beschrieben werden.

Wie bereits beschrieben, ist jeder Behörde ein bestimmter Aufgabenbereich zur eigenständigen Wahrnehmung übertragen. Die Trennung der Befugnisse umfasst den Ausschluss der Nachrichtendienste von polizeilichen Zwangsbefugnissen. Gem. § 8 Abs. 3 BVerfSchG, § 2 Abs. 3 BNDG, § 4 Abs. 2 MADG stehen polizeiliche Befugnisse oder Weisungsbefugnisse dem Bundesamt für

---

637 Vgl. § 8 Abs. 3 BVerfSchG, § 2 Abs. 3 BNDG, § 4 Abs. 2 MADG.

638 BGBl. 1950 S. 682.

639 *Roewer*, Trennung von Polizei und Verfassungsschutzbehörden, DVBl 1986, S. 205, 207.

640 Nr. 2 des Schreibens der Militärgouverneure zum Grundgesetz („Polizei-Brief“) vom 14. April 1949: *„Der Bundesregierung wird es ebenfalls gestattet, eine Stelle zur Sammlung und Verbreitung von Auskünften über umstürzlerische, gegen die Bundesregierung gerichtete Tätigkeiten einzurichten. Diese Stelle soll keine Polizeibefugnis haben.“*

641 *Singer*, Das Trennungsgebot – Teil 1, Die Kriminalpolizei 2006, abrufbar unter http://www.kriminalpolizei.de/themen/polizei/detailansicht-polizei/artikel/das-trennungsgebot-teil-1.html.

642 Ua. in der Weise dargestellt bei *Lisken* in: Lisken/Denninger Handbuch des Polizeirechts, Kapitel C, Rn. 109.

Verfassungsschutz, dem Bundesnachrichtendienst und dem Militärischen Abschirmdienst nicht zu. Diese dürfen die Polizei auch nicht im Wege der Amtshilfe um Maßnahmen ersuchen, welche ihnen selber nicht zustehen.

Nachrichtendienste dürfen gem. § 8 Abs. 2 BVerfSchG Methoden, Gegenstände und Instrumente zur heimlichen Informationsbeschaffung, wie den Einsatz von Vertrauensleuten und Gewährspersonen, Observationen, Bild- und Tonaufzeichnungen, Tarnpapiere und Tarnkennzeichen anwenden, sich also lediglich nachrichtendienstlicher Mittel zur Erfüllung ihrer Aufgaben bedienen. Kennzeichnend für ein nachrichtendienstliches Mittel ist dabei die Heimlichkeit einer Maßnahme. Unter polizeilichen Befugnissen werden hingegen die traditionellen Zwangsmaßnahmen, wie Festnahmen, Durchsuchungen, Personenüberprüfungen, Beschlagnahmen etc. verstanden.[643] Den Nachrichtendiensten ist demnach der Einsatz polizeilicher Befugnisse untersagt, die unter Einsatz von rechtlichem oder faktischem Zwang vollzogen werden.[644] Zwar erfolgn die heimlichen Maßnahmen durch die Nachrichtendienste in der Regel ohne oder auch gegen den Willen des Betroffenen, jedoch stellt dies keinen Zwang dar, da wesentliches Merkmal eines Zwanges eine subjektive psychische oder physische Bemerkbarkeit voraussetzt.[645]

Zum anderen umfasste dieser Aspekt der Trennung auch das Verbot nachrichtendienstlicher Mittel für die Polizei, womit auch der Polizei der Rückgriff auf nachrichtendienstliche Befugnisse verwehrt sein sollte, bzw. diese Möglichkeit begrenzt werden sollte.[646] Jedoch wurden hiervon bereits Ausnahmen anerkannt, etwa bei Abwehr konkreter Gefahren oder die Bekämpfung bestimmter Straftaten.[647] Zum Teil wurde ein Rückschluss nicht zugelassen

---

643 *Singer,* Das Trennungsgebot – Teil 1, Die Kriminalpolizei 2006, abrufbar unter http://www.kriminalpolizei.de/themen/polizei/detailansicht-polizei/artikel/das-trennungsgebot-teil-1.html.

644 *Lisken*, „Nachrichtendienste" extra legem?, ZRP 1984, S. 144, 145; *Gusy,* Gebot der Trennung von Polizei und Nachrichtendiensten, ZRP 1987, S. 45, 49; *Stubenrauch,* Gemeinsame Verbunddateien von Polizei und Nachrichtendiensten, S. 46.

645 *Singer,* Das Trennungsgebot – Teil 1, Die Kriminalpolizei 2006, abrufbar unter http://www.kriminalpolizei.de/themen/polizei/detailansicht-polizei/artikel/das-trennungsgebot-teil-1.html.

646 *Albert,* Das „Trennungsgebot"- ein für Polizei und Verfassungsschutz überholtes Entwicklungskonzept?, ZRP 1995, 105, 106; *Singer,* Das Trennungsgebot – Teil 1, Die Kriminalpolizei 2006, abrufbar unter http://www.kriminalpolizei.de/themen/polizei/detailansicht-polizei/artikel/das-trennungsgebot-teil-1.html.

647 Vgl. *Riegel,* Die Tätigkeit der Nachrichtendienste und ihre Zusammenarbeit mit der Polizei, NJW 1979, S. 952, 953.

und der Polizei nachrichtendienstliche Kompetenzen im Bereich der Mittel eingeräumt.[648]

Grundsätzlich ist eine Aufteilung der Befugnisse zur Aufrechterhaltung des Trennungsgebots also gefordert und nur unter bestimmten Voraussetzungen sollen die Polizei und Staatsanwaltschaft auch nachrichtendienstliche Mittel einsetzten dürfen. Ansonsten ist die Zusammenführung ihrer Befugnisse in der Hand einer Behörde zunächst aber vom historischen Standpunkt aus betrachtet, zu verhindern.[649] Das Argument, dass bei der Bekämpfung von Straftaten alle staatlichen Möglichkeiten ausgeschöpft werden und eine Bündelung der Aufgabenbereiche von Polizei und Nachrichtendiensten einen effektiveren Weg bieten können[650], ist nicht von der Hand zu weisen. Dieser Gedankengang soll weiterhin Gegenstand dieser Arbeit sein. Um hieran wieder anknüpfen zu können, ist zunächst festzuhalten, dass die befugnisrechtliche Trennung einen Beitrag zum Schutze der Grundrechte leistet, da die unmittelbaren Eingriffe in die Freiheit der Betroffenen grundsätzlich den Polizeibehörden vorenthalten bleibt.[651]

II. Aspekte der organisatorischen Trennung

Weiterhin bezieht sich die Trennung auch auf die organisatorische Ebene. Gem. § 2 Abs. 1 S. 3 BVerfSchG, § 1 Abs. 1 S. 2 BNDG, § 1 Abs. 4 MADG dürfen das Bundesamt für Verfassungsschutz, der Bundesnachrichtendienst und der Militärische Abschirmdienst einer polizeilichen Dienststelle nicht angegliedert werden. Aus dem bereits im Zusammenhang mit der Trennung der Befugnisse genannten § 8 Abs. 3 BVerfSchG ergibt sich – wenn auch nicht explizit genannt – dass dies auch umgekehrt gilt, dass also keine polizeiliche Dienststelle einer Verfassungsschutzbehörde nachgeordnet sein darf. § 8 Abs. 3 BVerfSchG schließt Weisungsbefugnisse des Verfassungsschutzes gegenüber der Polizei aus. Dieser wechselseitige Ausschluss führt dazu, dass eine personelle Verflechtung und eine Leitung beider Behörden in einer Hand zusammengefasst, nicht durchgeführt werden kann.[652]

---

648 *Paeffgen/Gärditz,* Die föderale Seite des „Trennungsgebotes", KritV 83 (2000), S. 65, 66.

649 So auch *Albert,* Das „Trennungsgebot"- ein für Polizei und Verfassungsschutz überholtes Entwicklungskonzept?, ZRP 1995, S. 105, 106.

650 Vgl. *Albert,* Das „Trennungsgebot"- ein für Polizei und Verfassungsschutz überholtes Entwicklungskonzept?, ZRP 1995, S. 105, 106.

651 *Streiß,* Das Trennungsgebot zwischen Polizei und Nachrichtendiensten, S. 169.

652 *Gusy,* Gesetzliches Trennungsgebot zwischen Polizei und Verfassungsschutz, Die Verwaltung 24 1991, S. 467, 483 f.

Die organisatorische Trennung steht damit im engen Zusammenhang mit der Trennung der Befugnisse.[653] Denn wenn die Nachrichtendienste keine polizeilichen Zwangsbefugnisse haben dürfen, so sind die beiden Behörden auch organisatorisch zu trennen.[654] Würden polizeiliche Zwangsbefugnisse in die nachrichtendienstliche Tätigkeit hineinfließen, könnte der rechtsstaatliche Sinn des Trennungsgebots nicht gewährleistet werden, was aber bei einer organisatorischen Vermengung oder Zusammenlegung der Behörden kaum verhindert werden könnte.[655] Jedoch liegt keine Angliederung, sondern Amtshilfe vor, wenn Polizei und etwa der Verfassungsschutz einen gemeinsamen Observationseinsatz bestreiten. Gem. § 8 Abs. 3 BVerfSchG darf das BfV die Polizei aber auch im Wege der Amtshilfe nicht um Maßnahmen ersuchen, zu denen es selbst nicht befugt ist.

Aufgaben und Befugnisse beider Institutionen dürfen in der Person des jeweiligen Innenministers zusammen koordiniert werden.[656]

III. Aspekte der funktionellen Trennung

Zum Aspekt der Aufgabentrennung findet sich weder eine historische noch eine gesetzliche Begründung. Dennoch kann im Trennungsgebot ein schwacher aufgabenbezogener Aspekt gesehen werden, da die Trennung im Hinblick auf die Befugnisse und in organisationsrechtlicher Hinsicht keinen Sinn ergeben kann, wenn sie dieselben Aufgaben wahrnehmen.[657] Ohne auch den Verfassungsrang später daraus ableiten zu wollen, bildet laut des Bundesverfassungsgerichts die Gesetzgebungskompetenz aus Art. 73 Nr. 1 GG den verfassungsrechtlichen Ausgangspunkt für die Grenzen der funktionellen Annäherung zwischen BND und Polizei und Strafverfolgungsbehörden. Art. 73 Nr. 1 GG berechtigt den Bundesgesetzgeber nämlich gerade nicht dazu, dem Bundesnachrichtendienst Befugnisse einzuräumen, die darauf gerichtet sind, Straftaten als solche zu verhüten, verhindern oder zu verfolgen, was jedoch Überschneidungen in den verschiedenen Beobachtungs- und Informationsbereichen nicht ausschließt, solange keine

653 *Singer,* Das Trennungsgebot – Teil 1, Die Kriminalpolizei 2006, abrufbar unter http://www.kriminalpolizei.de/themen/polizei/detailansicht-polizei/artikel/das-trennungsgebot-teil-1.html.

654 *Streiß,* Das Trennungsgebot zwischen Polizei und Nachrichtendiensten, S. 172.

655 *Stubenrauch,* Gemeinsame Verbunddateien von Polizei und Nachrichtendiensten, S. 47.

656 *Borgs* in: Borgs/Ebert, Das Recht der Geheimdienste, S. 105.

657 *Singer,* Das Trennungsgebot – Teil 1, Die Kriminalpolizei 2006, abrufbar unter http://www.kriminalpolizei.de/themen/polizei/detailansicht-polizei/artikel/das-trennungsgebot-teil-1.html.

Vermischung der Aufgaben- und Tätigkeitsfelder, die die Kompetenzverteilung vorgibt, stattfindet.[658]

Die Aufgabenverteilung zwischen Polizei und Verfassungsschutz ließ sich bis Mitte der 1980 er Jahre eindeutig abgrenzen. Die Polizei war, wie auch grundsätzlich heute, zuständig für die Gefahrenabwehr und die Aufklärung von Straftaten (vgl. 163 StPO) und der Verfassungsschutz und der Bundesnachrichtendienst zur Sammlung und Auswertung von Informationen über bestimmte Bestrebungen, vgl. § 3 Abs. 1 BVerfSchG, § 1 Abs. 2 BNDG, § 1 Abs. 1 MADG.[659] Der Polizei ist damit der Schutz aller Rechtsgüter übertragen, während die Nachrichtendienste eine „institutionelle verselbständigte, rein informationelle, im Gefahrenvorfeld ansetzende Hilfsfunktion“[660] ausführen, die den Bestand und die Sicherheit des Staates und der demokratischen Grundordnung schützen. Wie bereits beschrieben, kann die Abgrenzung der Aufgabenbereiche zum Teil heute nicht mehr ganz deutlich vorgenommen werden. Jedoch haben sowohl Polizei als auch Nachrichtendienste jeweils zugewiesene Aufgabenbereiche.

Unter Anknüpfung an die bereits beschriebene Aufgabenverteilung folgt aus dem Trennungsgebot der Aspekt der funktionellen Trennung, welcher eine Doppelzuständigkeit ausschließt und den Nachrichtendiensten die Aufgabe des Schutzes der Verfassung und der auswärtigen Belange der Bundesrepublik Deutschland grundsätzlich vorbehält. Den Nachrichtendiensten hingegen ist ein Tätigwerden außerhalb dieser Bereiche verwehrt.[661]

IV. Aspekte der informationellen Trennung

Informationelle Trennung von Polizei und Nachrichtendiensten bedeutet zunächst, dass zwischen den Sicherheitsbehörden grundsätzlich kein Informationsaustausch möglich sein sollte.

Fraglich ist jedoch, ob das Trennungsgebot auf informationeller Ebene eine strikte Trennung von Polizei und Nachrichtendiensten beinhalten kann. Dies ist umstritten.

Würde von einer strikten Trennung der Polizei und Nachrichtendienste auf informationeller Ebene ausgegangen werden, bedeutete dies eine Untersagung des Austauschs von Informationen, also das Verbot einer Zusammenarbeit

---

658 BVerfGE 100, 313, 369 f.

659 *Gusy,* Gesetzliches Trennungsgebot zwischen Polizei und Verfassungsschutz, Die Verwaltung 24 1991, S. 467, 472.

660 *Möstl,* Die staatliche Garantie für die öffentliche Sicherheit und Ordnung, S. 405.

661 *Stubenrauch,* Gemeinsame Verbunddateien von Polizei und Nachrichtendiensten, S. 38.

in Form eines gegenseitigen Benachrichtigens. Folge dessen wäre damit, dass jede Behörde für sich Daten erheben müsste und nicht auf die Informationen der jeweils anderen Behörde zugreifen dürfte.[662] Damit würde die Effizienz der Arbeit der Sicherheitsbehörden beeinträchtigt werden.[663]

Es kann deshalb nicht von einer strikten Trennung ausgegangen werden. Jedoch muss der Informationsaustausch begrenzt werden. Er wird dazu fachgesetzlichen Übermittlungsvorschriften unterworfen[664], die im weiteren Verlauf dargestellt werden. Insbesondere auch der Grundsatz der Zweckbindung von Daten ist in diesem Zusammenhang relevant. Dieser Grundsatz der Zweckbindung verhindert das Unterlaufen der grundrechtlich und rechtsstaatlich ausdifferenzierten Systematik der Übermittlungsvorschriften der Spezialgesetze durch eine schrankenlose Übermittlung und sich daran anschließenden unbegrenzten Verwendung der Daten.[665]

1. *Die Auseinandersetzung mit der informationellen Trennung in der Literatur und Herleitungsansätze bis zum Urteil des Bundesverfassungsgerichts zur Antiterrordatei*

Die Frage nach dem informationellen Trennungsgebot wurde in der rechtswissenschaftlichen Literatur schon lange bevor der informationelle Fortschritt, aber auch die Gefährdungspotenziale, wie vor allem der internationale Terrorismus, derart präsent erschienen, diskutiert. Das Bundesverfassungsgericht hat in seinem Urteil zum ATDG im April 2013 Aussagen hinsichtlich eines informationellen Trennungsprinzips getroffen, das aus dem Grundrecht auf informationelle Selbstbestimmung hergeleitet wird.[666]

Teilweise wurde in der Literatur vor der Entscheidung bzgl. des informationellen Trennungsgebots durch das Bundesverfassungsgericht angenommen, dass eine Zusammenarbeit im informationellen Bereich zulässig sein müsse. Auch wurde eine – so zu dem Zeitpunkt vertretene – generell fehlende

662 *Lang,* Das Antiterrordateigesetz, S. 125.

663 So ua. *Roggan/Bergemann,* Die „neue Sicherheitsarchitektur" der Bundesrepublik Deutschland- Anti-Terror-Datei, gemeinsame Projektdateien und Terrorismusbekämpfungsergänzungsgesetz, NJW 2007, S. 876.

664 Vgl. ua. *Reitlinger,* Zollbehörden in der informationellen Kooperation nationaler Sicherheitsbehörden, S. 74.

665 Vgl. dazu ua. *Käß,* Das Urteil des Bundesverfassungsgerichts zum Antiterrorgesetz, BayVBl. 2013, S. 709, 712.

666 Vgl. B.IV.3.

verfassungsrechtliche Verankerung als Argument gegen eine informationelle Trennung angeführt. Da sich auch aus dem einfachen Gesetz kein Verbot der informationellen Zusammenarbeit ergibt, wurde eine informationelle Trennung abgelehnt.[667] Es wurde vertreten, dass die partielle Übereinstimmung von Aufgaben und Methoden, auf die Notwendigkeit der Zusammenarbeit zwischen Nachrichtendiensten und den Sicherheits- bzw. Strafverfolgungsbehörden, hindeuten würde. Gerade weil die Nachrichtendienste eigenständig weder Gefahrenabwehr noch Strafverfolgung betreiben würden, seien sie darauf angewiesen, ihre Erkenntnisse den zuständigen Stellen zugänglich zu machen, um diesen die Reaktion auf drohende Gefahren und begangene Straftaten zu ermöglichen. Es wurde daher stets angenommen, dass die den Nachrichtendiensten gestellte Aufgabe der Vorfeldbeobachtung im Ansatz von einer informationellen Zusammenarbeit ausginge.[668]

Andererseits wurden Ansichten vertreten, die eine informationelle Trennung nicht grundsätzlich ablehnen, diese aber einschränken und dem Trennungsgebot somit „keinen eigenständigen informationellen Gehalt" im Sinne eines informationellen Trennungsgebots zuschreiben wollten.[669] Das Trennungsgebot

---

667 *Roewer,* Trennung von Polizei und Verfassungsschutzbehörden, DVBl 1986, 205, 208; *Paeffgen/Gärditz,* Die föderale Seite des „Trennungsgebotes", KritV 83 (2000), S. 65, 68, wonach das Trennungsgebot in keiner „Leseart" die Übermittlung von Daten der Nachrichtendienste an die Polizei verbietet.

668 Vgl. dazu die ausführliche Darstellung bei *Nehm,* Das nachrichtendienstliche Trennungsgebot und die neue Sicherheitsarchitektur, NJW 2004, S. 3289, 3293; zum Teil wird hier wiederum auch der Wortlaut des Art. 73 Abs. 1 Nr. 10 GG herangezogen und angenommen, dass, dem Wortlaut entsprechend, aus Art. 73 Abs. 1 Nr. 10 GG eine Zusammenarbeit zwischen Polizei und Nachrichtendiensten ausdrücklich festlege, und aus § 1 BVerfSchG, mit der Überschrift „Zusammenarbeit", eine Zusammenarbeit zwischen Polizei und Nachrichtendiensten geschlussfolgert werden muss. Diese beziehe sich auch auf den informationellen Aspekt, womit auch hiernach eine informationelle Trennung nicht mit der Verfassung vereinbar wäre. Aus den Ergebnissen zu den befugnisrechtlichen, organisatorischen und funktionellen Aspekten des Trennungsgebots ist demnach zu schließen, dass die Zusammenarbeit dann auf informationeller Ebene stattfinden muss. Jedoch beziehe sich diese Verfassungsregelung lediglich auf das Verhältnis zwischen Bund und Ländern, nicht dagegen auf das Verhältnis zwischen Verfassungsschutzbehörden und Polizei. Vgl. weiterhin auch *Roewer,* Trennung von Polizei und Verfassungsschutzbehörden, DVBl 1986, 205, 207; *Stubenrauch,* Gemeinsame Verbunddateien von Polizei und Nachrichtendiensten, S. 49.

669 Vgl. *Lisken,* Polizei und Verfassungsschutz – Aspekte der gesetzlichen Zusammenarbeit, NJW 1982, S. 1481, 1486, *Zöller,* Informationssysteme, S. 325; *Stubenrauch,* Gemeinsame Verbunddateien von Polizei und Nachrichtendiensten, S. 49. Vgl.

sei nach dieser Auffassung, schon durch die organisatorische und funktionelle Trennung bedingt, insgesamt auch auf die informationelle Zusammenarbeit von verschiedenen Behörden mit Aufgaben des Staatsschutzes bezogen.[670]

Nach Auffassungen, die das Trennungsgebot grundsätzlich befürworteten, wurden Datenübermittlungen zwischen Polizei und Geheimdiensten nicht grundsätzlich als unzulässig angesehen. Sie sollten sich jedoch auf gesetzlich geregelte Einzelfälle als Ausnahmefälle beschränken. Eine „planmäßige" Zusammenführung[671] von jeweils vorhandenen Erkenntnissen etwa wurde aber als Widerspruch zum Grundgedanken des Trennungsgebots angesehen, da dadurch die jeweiligen gesetzlichen Voraussetzungen für Datenerhebungen verschwimmen würden, womit die Nutzung von Informationen durch die Polizei ermöglicht werde, die sie selber nicht besitzen dürfte.[672] Eine umfassende informationelle Vernetzung und die Degradierung des Trennungsgebots zu einer leeren Hülle war nach dieser Ansicht zu verhindern, ebenso wie die Verschmelzung der Aufgaben- und Befugnisregelungen.[673] Nach dieser Argumentation haben die für die unterschiedlichen Behörden gesetzlich ausdifferenzierten Eingriffsbefugnisse nämlich gerade den Sinn, die Grenzen der Staatsgewalt für die verschiedenen Handlungsbereiche jeweils präzise und für den Bürger erkennbar festzulegen. Dies müsse auch für den Informationsaustausch gelten, da ansonsten die jeweils verschiedenen gesetzlichen Aufgaben- und Befugniszuweisungen ausgehöhlt würden. Ein Datenaustausch wäre danach also nur als Ausnahme unter gesetzlich genau umschriebenen Voraussetzungen im Einzelfall zulässig.[674]

---

weiterhin *Kutscha,* Die Antinomie des Verfassungsschutzes, NVwZ 2013, 324, 325; *Mehde,* Terrorismusbekämpfung durch Organisationsrecht, JZ 2005, S. 815, 819, wonach kein generelles Verbot der Übermittlung personenbezogener Daten angenommen werden dürfe.

670 *Roggan/Bergemann,* Die „neue Sicherheitsarchitektur" der Bundesrepublik Deutschland- Anti-Terror-Datei, gemeinsame Projektdateien und Terrorismusbekämpfungsergänzungsgesetz, NJW 2007, S. 876.

671 *Roggan/Bergemann,* Die „neue Sicherheitsarchitektur" der Bundesrepublik Deutschland- Anti-Terror-Datei, gemeinsame Projektdateien und Terrorismusbekämpfungsergänzungsgesetz, NJW 2007, S. 876.

672 *Roggan/Bergemann,* Die „neue Sicherheitsarchitektur" der Bundesrepublik Deutschland- Anti-Terror-Datei, gemeinsame Projektdateien und Terrorismusbekämpfungsergänzungsgesetz, NJW 2007, S. 876.

673 *Kutscha,* in: Roggan/Kutscha, Handbuch zum Recht der Inneren Sicherheit, S. 81.

674 *Kutscha,* Die Aktualität des Trennungsgebots zwischen Polizei und Verfassungsschutz, ZRP 1986, S. 194, 197.

Nach dieser Argumentationslinie geht es somit eben nicht um ein gesetzliches Verbot jeglicher Kooperation, sondern um rechtmäßige Ausgestaltung der gesetzlich vorgeschriebenen Zusammenarbeit und damit um die Frage, wie der Informationsaustausch gestaltet werden sollte.[675]

Nach der von *Gusy* ursprünglich vertretenden Auffassung begründet und begrenzt jede Behördenzuständigkeit zugleich ihre Informationszuständigkeit und damit auch den Bereich, in welchem Daten gesammelt und verarbeitet werden dürfen. Die Behördenzuständigkeit soll somit festlegen, dass auch nur diese Daten gesammelt und verarbeitet werden dürfen, die auch zur Erfüllung der jeweiligen Aufgaben benötigt werden und damit auch, dass bei unterschiedlichen Aufgaben unterschiedliche Daten erlangt werden. Wie bereits in Zusammenhang mit den Aufgaben und Befugnissen erörtert, überschneiden sich diese Aufgaben und Befugnisse in einigen Bereichen ebenso wie die benötigten Daten. Ist dies der Fall, also werden von beiden Behörden dieselben Daten benötigt, so wurde angenommen, dass diese auch gemeinsam verarbeitet werden dürfen. Damit sollte die „Maximalgrenze" der gemeinsamen Datenverarbeitung festgelegt und Daten, die nicht von Polizei und Nachrichtendiensten benötigt wurden, nicht in gemeinsamen Datenbeständen geführt werden. Direktabrufrechte seien – zur Vermeidung der Umgehung des Trennungsgebots durch die dauerhafte Abrufmöglichkeit – nur zulässig soweit die Dateien von beiden Seiten gemeinsam benötigte Informationen enthielten.[676] Das Trennungsgebot soll nach dieser Ansicht dabei also nicht die Zusammenarbeit zwischen den beiden Behörden verhindern, sondern die Rechtmäßigkeitsvoraussetzungen dieser Zusammenarbeit auf dem informationellen Gebiet konkretisieren, da die Frage nach der Art der Ausgestaltung durch das Grundgesetz offen gelassen werde. Da sich auch einfachgesetzlich kein Ausschluss finden lasse, sei aufgrund von § 8 Abs. 3 BVerfSchG davon auszugehen, dass ein Informationsaustausch dann unvereinbar mit dem Trennungsgebot wäre, wenn die Übermittlung eine Umgehung der Beschränkung der befugnisrechtlichen Zusammenarbeit zur Folge hätte, wenn also die Verfassungsschutzbehörden durch eine Übermittlung solcher Daten faktische polizeiliche Kontrollbefugnisse erhielten. Eine Erweiterung der Befugnisse des Verfassungsschutzes durch Weitergabe der Daten finde somit

---

675 *Gusy,* Gesetzliches Trennungsgebot zwischen Polizei und Verfassungsschutz, Die Verwaltung 24 1991, S. 467, 487 f.

676 *Gusy,* Gesetzliches Trennungsgebot zwischen Polizei und Verfassungsschutz, Die Verwaltung 24 1991, S. 467, 487 f.

nach *Gusy* nicht statt.[677] Die Trennung auf Ebene der Befugnisse wird damit nach dieser Auffassung nicht umgangen.

Auch die Betrachtung der klassischen Aufgabenbereiche der Nachrichtendienste, nämlich dem Tätigwerden im Vorfeld einer konkreten Gefahr, spräche dafür, ein striktes informationelles Trennungsgebot abzulehnen. Die Konsequenz daraus wäre andernfalls, dass Nachrichtendienste überflüssig wären, da die Aufgabe der Informationsbeschaffung in Bezug auf konkrete Gefahren ihren Zweck nicht erfüllen könnte, weil die Informationen nicht weiter gegeben werden dürften und die Nachrichtendienste ansonsten nicht handlungsfähig wären.[678] Jedoch müsse, zur Verhinderung der Umgehung des funktionellen Aspekts des Trennungsgebots, auch in funktioneller Hinsicht eine Begrenzung der informationellen Zusammenarbeit stattfinden. Die Trennung der Aufgabenbereiche von Polizei und Nachrichtendiensten würde ansonsten leer laufen und wäre damit sinnlos, wenn einer Behörde von einer anderen Behörde Daten übermittelt werden, welche die Daten übermittelnde Behörde bei Wahrnehmung ihres Aufgabenbereichs gewonnen hat, die Daten empfangende Behörde diese Informationen aber selbst gar nicht hätte erheben können, weil sie etwa (noch) nicht tätig werden durfte.[679] Mithin wurde angenommen, dass die Informationszuständigkeit durch den Aufgabenbereich begrenzt wird[680], zumindest dann, wenn es sich bei den auszutauschenden Informationen nicht um solche handelte, die innerhalb eines beiden Sicherheitsbehörden zukommenden Aufgabengebiets gewonnen wurden.[681] Auch gemeinsame Daten der Behörden wären danach also nicht gänzlich ausgeschlossen, aber müssten sich auf die Schnittmenge derjenigen Daten beschränken, die im Rahmen von Kompetenzen und

---

677 Eine solche Instrumentalisierung der Polizeibehörden ist jedoch zu verneinen, wenn die Verfassungsschutzbehörden rechtmäßig erhobene Dateien nutzen dürfen, da die Zwangsmittel im Zeitpunkt der Informationsübermittlung bereits eingesetzt worden waren und die Befugnisse der Nachrichtendienste sich dadurch nicht erweitern und vor allem auch keine Kontrollrechte gegenüber dem Bürger erlangen; vgl. *Gusy*, Gesetzliches Trennungsgebot zwischen Polizei und Verfassungsschutz, Die Verwaltung 24 1991, S. 467, 488 ff.

678 Vgl. *Lang*, Das Antiterrordateigesetz, S. 126.

679 *Lang*, Das Antiterrordateigesetz, S. 134 f.

680 mwN *Schafranek*, Die Kompetenzverteilung zwischen Polizei und Verfassungsschutzbehörden in der Bundesrepublik Deutschland, S. 174.

681 *Lang*, Das Antiterrordateigesetz, S. 135.

durch Methoden erhoben wurden, die beiden Seiten des Datenaustauschs zur Verfügung stehen.[682]

Eine konsequent bejahende Auffassung eines eigenständigen informationellen Trennungsgebots kann nach dieser Argumentationslinie somit nicht angenommen werden. Die informationelle Trennung wird danach als Reflex aus der Befugnistrennung[683], aber auch der funktionellen Trennung angesehen.[684]

Wird dieser Argumentation gefolgt, kann ein informationelles Trennungsgebot also nicht bedeuten, dass keinerlei Informationen zwischen den Behörden ausgetauscht werden dürfen. Um jedoch die funktionellen und befugnisrechtlichen Aspekte des Trennungsgebots nicht zu umgehen, bedarf es einer Begrenzung der informationellen Zusammenarbeit.

2. Der Austausch von Daten zwischen Polizei und Nachrichtendiensten

a. Die Übermittlungsvorschriften der Fachgesetze

Der Austausch zwischen den Nachrichtendiensten erfolgt grundsätzlich im konkreten Einzelfall über die Übermittlungsvorschriften der Fachgesetze.

Die Übermittlungsvorschriften der Spezialgesetze für die Nachrichtendienste finden sich in den §§ 17 bis 26 BVerfSchG, §§ 8 bis 10 BNDG und in §§ 10 bis 12 MADG. Im Entwurf[685] und später im verabschiedeten Gesetz zur Verbesserung der Zusammenarbeit im Bereich des Verfassungsschutzes[686], wurden auch die Hinweise des Bundesverfassungsgerichts im Rahmen des Urteils zur Antiterrordatei hinsichtlich der Bedenklichkeit der Übermittlungsvorschriften berücksichtigt. Insbesondere § 19 Abs. 1 BVerfSchG und infolge dessen auch die entsprechenden Übermittlungsvorschriften im BNDG und MADG erfuhren Änderungen. Die Darstellung der Neuregelungen und die Bewertung der Umsetzung wird Teil der weiteren Bearbeitung sein.[687]

---

682 *Baumann*, Vernetzte Terrorimsubekämpfung oder Trennungsgebot?, DVBl 2005, S. 798, 800; *Wolff/Scheffczyk*, Verfassungsrechtliche Fragen der gemeinsamen Antiterrordatei von Polizei und Nachrichtendiensten, Juristische Arbeitsblätter 2008, S. 81, 84.

683 *Singer*, Das Trennungsgebot – Teil 1, Die Kriminalpolizei 2006, abrufbar unter http://www.kriminalpolizei.de/themen/polizei/detailansicht-polizei/artikel/das-trennungsgebot-teil-1.html.

684 Vgl. *Lang*, Das Antiterrordateigesetz, S. 134 ff.

685 BT-Drs. 18/4654.

686 BGBl. I 2015, S. 1938.

687 Kapitel 4 B.IV.2.a(3).

§ 18 BVerfSchG, § 23 BNDG n.F. und § 10 MADG, die nur wenige Änderungen erfuhren, enthalten Regelungen, die die Übermittlung von Informationen an den Bundesnachrichtendienst regeln.

Insbesondere relevant für die Übermittlung von Daten durch die Nachrichtendienste an die Polizei sind die §§ 19 Abs. 1 und 20 BVerfSchG, § 24 BNDG sowie § 11 MADG. Besonderheiten ergeben sich für die projektbezogenen gemeinsamen Dateien, vgl. § 22 a BVerfSchG, § 25 BNDG, § 17 BKAG. Diese werden an späterer Stelle Teil der Bearbeitung sein. Die Änderungen des BVerfSchG betrafen auch den für die Übermittlung von Daten maßgeblichen § 19 Abs. 1 BVerfSchG. Zur Angleichung an § 19 Abs. 1 S. 1 BVerfSchG wurde auch § 9 BNDG a.F. – nunmehr § 24 BNDG n.F. – entsprechend geändert.[688]

Wie bereits ausgeführt, wurden dann später noch die § 22 b und § 22 c BVerfSchG und entsprechend §§ 26, 27 BNDG für gemeinsame Dateien mit ausländischen öffentlichen Stellen eingeführt.[689]

Im Folgenden sollen die in Zusammenhang mit dem Gebot der Trennung von Polizei und Nachrichtendiensten relevanten Regelungen als Grundlage für die weitere Betrachtung kurz dargestellt werden.

aa. Ursprüngliche Regelungen

Relevant für die weitere Betrachtung sind insbesondere die Änderungen der Rechtsgrundlagen für die Übermittlung personenbezogener Daten durch die Nachrichtendienste gem. § 19 Abs. 1 BVerfSchG, §§ 9 BNDG a.F., nunmehr § 24 BNDG, § 11 MADG, wobei die Gesetze des Bundesnachrichtendienstes und des Militärischen Abschirmdienstes auf die Regelungen im BVerfSchG verweisen. Gem. § 19 BVerfSchG a.F. war die Voraussetzung für die Übermittlung durch das Bundesamt für Verfassungsschutz die Erforderlichkeit für die Erfüllung der Aufgaben der inländischen öffentlichen Stelle oder das Benötigen der Daten zum Schutz der freiheitlich demokratischen Grundordnung oder für weitere Zwecke der öffentlichen Sicherheit.

---

688 BGBl. I 2015, S. 1938.

689 Vgl. Kapitel 3 B.II.6; InfoAustG, BGBl. I 2016, S. 1818.

bb. Entwicklung der Übermittlungsvorschriften der Spezialgesetze und Konsequenzen des Urteils des Bundesverfassungsgerichts

(1) Geltende Regelungen im BVerfSchG

Bei Bekanntwerden von Tatsachen, die sicherheitsgefährdende oder geheimdienstliche Tätigkeiten für eine fremde Macht oder die Bestrebungen im Geltungsbereich des BVerfSchG erkennen lassen, die durch Anwendung von Gewalt oder darauf gerichtete Vorbereitungshandlungen gegen die in § 3 Abs. 1 Nr. 1, 3 und 4 genannten Schutzgüter gerichtet sind, unterrichten gem. § 18 Abs. 1 BVerfSchG, die Behörden des Bundes und der bundesunmittelbaren juristischen Person des öffentlichen Rechts das Bundesamt für Verfassungsschutz oder die Verfassungsschutzbehörden des Landes von sich aus über alle ihnen bekanntgewordenen Informationen einschließlich personenbezogener Daten über Bestrebungen und Tätigkeiten nach § 3 Abs. 1 BVerfSchG. Die weiteren Absätze von § 18 BVerfSchG enthalten Regelungen zur Übermittlung von Informationen weiterer Behörden an das Bundesamt für Verfassungsschutz.

Gem. § 19 Abs. 1 S. 1 BVerfSchG darf das Bundesamt für Verfassungsschutz personenbezogene Daten, die mit den Mitteln nach § 8 Abs. 2 BVerfSchG erhoben worden sind, an die Staatsanwaltschaften, die Finanzbehörden nach § 386 Abs. 1 der Abgabenordnung, die Polizeien, die mit der Steuerfahndung betrauten Dienststellen der Landesfinanzbehörden, die Behörden des Zollfahndungsdienstes sowie andere Zolldienststellen, soweit diese Aufgaben nach dem Bundespolizeigesetz wahrnehmen, übermitteln, soweit dies erforderlich ist gem. § 19 Abs. 1 S. 1 Nr. 1 BVerfSchG zur Erfüllung eigener Aufgaben der Informationsgewinnung (§ 8 Abs. 1 S. 2 und 3 BVerfSchG), gem. § 19 Abs. 1 S. 1 Nr. 2 BVerfSchG zur Abwehr einer im Einzelfall bestehenden Gefahr für den Bestand oder die Sicherheit des Bundes oder eines Landes oder für Leib, Leben, Gesundheit oder Freiheit einer Person oder für Sachen von erheblichem Wert, deren Erhaltung im öffentlichen Interesse geboten ist, gem. Nr. 3 zur Verhinderung oder sonstigen Verhütung von Straftaten von erheblicher Bedeutung oder gem. Nr. 4 zur Verfolgung von Straftaten von erheblicher Bedeutung. Gem. § 19 Abs. 1 S. BVerfSchG bleibt § 20 BVerfSchG unberührt. Im Übrigen darf das Bundesamt für Verfassungsschutz an inländische öffentliche Stellen personenbezogene Daten übermitteln, wenn dies zur Erfüllung seiner Aufgaben erforderlich ist, oder der Empfänger die Daten zum Schutz der freiheitlichen demokratischen Grundordnung oder sonst für erhebliche Zwecke der öffentlichen Sicherheit benötigt. Der Empfänger darf die übermittelten Daten, soweit gesetzlich nichts anderes bestimmt ist, nur zu dem Zweck verwenden, zu dem sie ihm übermittelt wurden.

In § 19 Abs. 2 BVerfSchG geht es um die Übermittlung von Daten an Dienststellen der Stationierungsstreitkräfte. § 19 Abs. 3 BVerfSchG normiert weiterhin die Voraussetzungen der Übermittlung an ausländische öffentliche Stellen sowie an über- und zwischenstaatliche Stellen und § 19 Abs. 4 die Übermittlung an andere Stellen, wobei § 19 Abs. 5 BVerfSchG Einschränkungen enthält.

Gem. § 20 Abs. 1 BVerfSchG übermittelt das Bundesamt für Verfassungsschutz den Staatsanwaltschaften und, vorbehaltlich der staatsanwaltschaftlichen Sachleitungsbefugnis, den Polizeien von sich aus, die ihm bekanntgewordenen Informationen einschließlich personenbezogener Daten, wenn tatsächliche Anhaltspunkte dafür bestehen, dass die Übermittlung zur Verhinderung oder Verfolgung von Staatsschutzdelikten erforderlich ist. Delikte nach § 20 Abs. 1 S. 1 BVerfSchG sind die in §§ 74 a und 120 GVG genannten Straftaten sowie sonstige Straftaten, bei denen auf Grund ihrer Zielsetzung, des Motivs des Täters oder dessen Verbindung zu einer Organisation tatsächliche Anhaltspunkte dafür vorliegen, dass sie gegen die in Art. 73 Nr. 10 lit. b oder c GG genannten Schutzgüter gerichtet sind. Das Bundesamt für Verfassungsschutz übermittelt dem Bundesnachrichtendienst von sich aus die ihm bekanntgewordenen Informationen einschließlich personenbezogener Daten, wenn tatsächliche Anhaltspunkte dafür bestehen, dass die Übermittlung für die Erfüllung der gesetzlichen Aufgaben des Empfängers erforderlich ist.

Gem. § 20 Abs. 2 BVerfSchG dürfen die Polizeien zur Verhinderung von Staatsschutzdelikten nach § 20 Abs. 1 S. 2 das Bundesamt für Verfassungsschutz um Übermittlung der erforderlichen Informationen einschließlich personenbezogener Daten ersuchen. Der Bundesnachrichtendienst darf zur Erfüllung seiner Aufgaben das Bundesamt für Verfassungsschutz um die Übermittlung der erforderlichen Informationen einschließlich personenbezogener Daten ersuchen.

Weiterhin enthält § 23 BVerfSchG die Übermittlungsverbote.

(2) Geltende Regelungen im BNDG und MADG

Die Regelungen im BNDG und im MADG entsprechen weitestgehend den Regelungen im BVerfSchG. Für den Bundesnachrichtendienst ist die Regelung des § 24 Abs. 1 BNDG relevant

§ 11 Abs. 1 S. 1 bis 3 MADG regelt die Übermittlung personenbezogener Daten durch den Militärischen Abschirmdienst. An die Stelle der Zustimmung des Bundesministeriums des Innern tritt diejenige des Bundesministeriums der Verteidigung. Für vom Verfassungsschutz übermittelte personenbezogene Daten im Sinne des § 18 Abs. 1 a S. 1 BVerfSchG gilt § 18 Abs. 1 a S. 2 bis 4 BVerfSchG entsprechend.

Die wesentlichen Voraussetzungen zur Datenübermittlung finden sich demnach in § 19 Abs. 1 BVerfSchG in der nunmehr seit dem 15.11.2015 geltenden Fassung.

(3) Überblick über die Änderungen

§ 18 BVerfSchG erfuhr kleinere Änderungen, so wurde in § 18 BVerfSchG im Absatz 1 a die Übermittlung von Informationen durch das Bundesamt für Migration und Flüchtlinge und der Ausländerbehörden des Landes geregelt. Ebenso wurde ein Absatz 1 b eingefügt, der die Unterrichtung des Bundesamts für Verfassungsschutz durch die Staatsanwaltschaften regelt, welche vorher von Abs. 1 erfasst waren.

In Zusammenhang mit dem Urteil des Bundesverfassungsgerichts ist insbesondere die Änderung des § 19 Abs. 1 BVerfSchG und der entsprechenden Vorschriften interessant. Zunächst wurde der Empfängerkreis deutlich benannt. Weiterhin wurden in § 19 Abs. 1 S. 1 BVerfSchG Regelungen eingeführt, die näher konkretisieren, in welchen Fällen eine Übermittlung stattfinden darf.

Es wurden als Konkretisierungen die Nrn. 1 bis 4 eingefügt. Danach darf das Bundesamt für Verfassungsschutz an die genannten Behörden personenbezogene Daten übermitteln, soweit dies erforderlich ist gem. Nr. 1 zur Erfüllung eigener Aufgaben der Informationsgewinnung (§ 8 Abs. 1 S. 2 und 3), gem. Nr. 2 zur Abwehr einer im Einzelfall bestehenden Gefahr für den Bestand oder die Sicherheit des Bundes oder eines Landes oder für Leib, Leben, Gesundheit oder Freiheit einer Person oder für Sachen von erheblichem Wert, deren Erhaltung im öffentlichen Interesse geboten ist, gem. Nr. 3 zur Verhinderung oder sonstigen Verhütung von Straftaten von erheblicher Bedeutung oder gem. Nr. 4 zur Verfolgung von Straftaten von erheblicher Bedeutung.

Dabei dient Nr. 1 nicht zu eigenen operativen Maßnahmen durch den Empfänger, sondern der eigenen Informationsgewinnung des Bundesamts für Verfassungsschutz. In Bezug auf Nr. 2 dieser Regelung ist zu beachten, dass leichte Beeinträchtigungen ausgeschlossen sein sollen. Der in Nrn. 3 und 4 verwendete Begriff der „Straftat von erheblicher Bedeutung" soll neben Verbrechen auch schwerwiegende Vergehen, wenn die Straftat im Einzelfall mindestens dem Bereich der mittleren Kriminalität zuzurechnen ist, sie den Rechtsfrieden empfindlich stört und dazu geeignet ist, das Gefühl der Rechtssicherheit der Bevölkerung erheblich zu beeinträchtigen, erfassen[690].[691] In § 19 Abs. 1 S. 2 BVerfSchG wird der Spezialitätsgehalt des § 20 Abs. 1 BVerfSchG deutlich erkennbar, der

690 BT-Drs. 16/5846, S. 40.

691 Gesetzesbegründung BT-Drs. 18/4654, S. 33 f.

den besonderen Bereich des Staats- und Verfassungsschutzes regelt und qualifizierend voraussetzt, dass es sich nicht um Kriminalität im Allgemeinen handelt, sondern die Tat gegen Schutzgüter, die in Art. 73 Abs. 1 Nr. 10 lit. b oder c GG genannt sind, gerichtet ist, an deren Schutz ein herausragendes öffentliches Interesse besteht.[692]

Weiterhin bleibt in § 19 Abs. 1 S. 3 BVerfSchG die allgemeine Regelung enthalten. Jedoch wird die alte Regelung des § 19 Abs. 1 S. 1 BVerfSchG a.F. derart beschränkt, dass die Übermittlung erheblichen Zwecke der öffentlichen Sicherheit zu dienen hat und nicht mehr „sonst für Zwecke der öffentlichen Sicherheit". Mit Anhebung dieser Übermittlungsschwelle sollen Sachverhalte geringerer Bedeutung ausscheiden.[693]

Entsprechende Änderungen wurden auch an den Übermittlungsvorschriften von BNDG und MADG vorgenommen.

b. Die Antiterrordatei: Darstellung der Normen und Funktionsweise der ATD

aa. Allgemeines

Gem. § 1 Abs. 1 ATDG führen das Bundeskriminalamt, die in der Rechtsverordnung nach § 58 Abs. 1 des Bundespolizeigesetzes bestimmte Bundespolizeibehörde, die Landeskriminalämter, die Verfassungsschutzbehörden des Bundes und der Länder, der Militärische Abschirmdienst, der Bundesnachrichtendienst und das Zollkriminalamt beim Bundeskriminalamt zur Erfüllung ihrer jeweiligen gesetzlichen Aufgaben zur Aufklärung oder Bekämpfung des internationalen Terrorismus mit Bezug zur Bundesrepublik Deutschland eine gemeinsame standardisierte zentrale Antiterrordatei.

Gem. § 1 Abs. 2 Nr. 1 und 2 ATDG können auch Landesbehörden unter bestimmten Voraussetzungen, als beteiligte Behörden zur Teilnahme an der Antiterrordatei berechtigt werden.

bb. Inhalt der Datei und Speicherungspflicht

In § 2 S. 1 ATDG wird der Inhalt der ATD und die Speicherungspflicht geregelt. Danach sind die beteiligten Behörden verpflichtet, bereits erhobene Daten nach § 3 Abs. 1 ATDG, der die Datenarten, die zu speichern sind, näher bestimmt, in der Antiterrordatei zu speichern, wenn sie gemäß den für sie geltenden Rechtsvorschriften über polizeiliche oder nachrichtendienstliche Erkenntnisse verfügen, aus denen sich tatsächliche Anhaltspunkte dafür ergeben, dass die Daten

692 Gesetzesbegründung BT-Drs. 18/4654, S. 34.
693 Gesetzesbegründung BT-Drs. 18/4654, S. 34.

sich auf Personen beziehen, die einer terroristischen Vereinigung nach § 129 a StGB, die einen internationalen Bezug aufweist, oder einer terroristischen Vereinigung nach § 129 a i.V.m. § 129 b Abs. 1 S. 1 StGB mit Bezug zur Bundesrepublik Deutschland angehören oder diese unterstützen (Nr. 1a). Weiterhin Gruppierungen, die eine Vereinigung nach Buchstabe a unterstützen, angehören (Nr. 1b) oder eine Gruppierung nach Buchstabe b willentlich in Kenntnis der den Terrorismus unterstützenden Aktivität der Gruppierung unterstützen (Nr. 1c).

Des Weiteren bezieht sich die Speicherungspflicht gem. § 2 S. 1 Nr. 2 ATDG auf Personen, die rechtswidrig Gewalt als Mittel zur Durchsetzung international ausgerichteter politischer oder religiöser Belange anwenden oder eine solche Gewaltanwendung unterstützen, vorbereiten oder durch ihre Tätigkeiten, insbesondere durch Befürworten solcher Gewaltanwendungen, vorsätzlich hervorrufen, oder gem. § 2 S. 1 Nr. 3 a Vereinigungen, Gruppierungen, Stiftungen oder Unternehmen oder gem. Nr. 3 b Sachen, Bankverbindungen, Anschriften, Telekommunikationsanschlüsse, Telekommunikationsendgeräte, Internetseiten oder Adressen für elektronische Post, bei denen tatsächliche Anhaltspunkte die Annahme begründen, dass sie im Zusammenhang mit einer Person nach Nummer 1 oder Nummer 2 stehen und durch sie Hinweise für die Aufklärung oder Bekämpfung des internationalen Terrorismus gewonnen werden können.

Darüber hinaus muss gem. § 2 S. 2 ATDG die Kenntnis der Daten für die Aufklärung oder Bekämpfung des internationalen Terrorismus mit Bezug zur Bundesrepublik Deutschland erforderlich sein. Satz 1 gilt gem. § 2 S. 3 ATDG nur für Daten, die die beteiligten Behörden nach den für sie geltenden Rechtsvorschriften automatisiert verarbeiten dürfen.

cc. Zu speichernde Daten

In § 3 ATDG werden die zu speichernden Datenarten benannt. Gem. § 3 Abs. 1 Nr. 1 a und b werden zu den nach § 2 S. 1 Nr. 1 und 2 ATDG betroffenen Personen die Grunddaten, wie Familienname, Vornamen, frühere Namen, Geschlecht, Geburtsdatum etc. gespeichert, darüber hinaus die erweiterten Grunddaten, wie zum Beispiel Telekommunikationsanschlüsse, Bankverbindungen, Fahrzeuge, Familienstand etc.

Gem. § 3 Abs. 1 Nr. 2 ATDG werden die Angaben zur Identifizierung der in § 2 S. 1 Nr. 3 ATDG genannten Vereinigungen etc. gespeichert.

Gem. § 3 Abs. 1 Nr. 3 ATDG werden zu den jeweiligen Daten nach Nr. 1 und 2 die Angabe der Behörde, die über die Erkenntnisse verfügt sowie das zugehörige

Akten- oder Geschäftszeichen sowie die ggf. jeweilige Einstufung als Verschlusssache gespeichert. § 3 Abs. 2 ATDG enthält Regelungen bzgl. der Kontaktpersonen nach § 3 Abs. 1 Nr. 1 b lit. oo. § 3 Abs. 3 und 4 ATDG enthält ergänzende Vorschriften.

dd. Beschränkte und verdeckte Speicherung

§ 4 ATDG regelt die unter bestimmten Umständen mögliche beschränkte Speicherung in Fällen des besonderen Geheimhaltungsinteresses oder besonders schutzwürdigen Interesses des Betroffenen und die verdeckte Speicherung aller jeweiligen Daten in § 2 Nr. 1–3 ATDG.

Gem. § 4 Abs. 1 S. 2 ATDG entscheidet über die beschränkte oder verdeckte Speicherung der jeweilige Behördenleiter oder ein von ihm besonders beauftragter Beamter des höheren Dienstes.

Unter beschränkter Speicherung wird gem. § 4 Abs. 1 S. 1 ATDG das vollständige oder teilweise Absehen von einer Speicherung der in § 3 Abs. 1 Nr. 1 lit. b ATDG genannten Grunddaten verstanden.

Verdeckte Speicherung bedeutet gem. § 4 Abs. 1 S. 1 ATDG die Eingabe der Daten in der Weise, dass die anderen beteiligten Behörden im Falle einer Abfrage die Speicherung der Daten nicht erkennen und keinen Zugriff auf die gespeicherten Daten erhalten. Dies gilt für die in § 2 ATDG genannten Personen und Vereinigungen, Gruppierungen etc.

In § 4 Abs. 2 ATDG wird das Verfahren bei Abfrage verdeckt gespeicherter Daten beschrieben. Die Behörde, die die Daten eingegeben hat, wird bei verdeckt gespeicherten Daten automatisiert durch Übermittlung aller Anfragedaten über die Abfrage unterrichtet und hat unverzüglich mit der abfragenden Behörde Kontakt aufzunehmen, um zu klären, ob Erkenntnisse nach § 7 ATDG übermittelt werden können. § 7 ATDG regelt die Übermittlung von Erkenntnissen und verweist auf die Übermittlungsvorschriften der jeweiligen Behörde. Die Behörde, die die Daten eingegeben hat, sieht von einer Kontaktaufnahme gem. § 4 Abs. 2 S. 2 ATDG nur ab, wenn Geheimhaltungsinteressen auch nach den Umständen des Einzelfalls überwiegen. Die wesentlichen Gründe für die Entscheidung nach § 4 Abs. 2 S. 2 ATDG sind gem. § 4 Abs. 2 S. 3 ATDG zu dokumentieren. Die übermittelten Anfragedaten sowie die Dokumentation nach § 4 Abs. 2 S. 3 ATDG sind gem. § 4 Abs. 2 S. 4 ATDG spätestens zu löschen oder zu vernichten, wenn die verdeckt gespeicherten Daten zu löschen sind.

§ 4 Abs. 3 ATDG enthält einen Katalog von Maßnahmen. Personenbezogene Daten, die durch diese Maßnahmen erlangt worden sind, sind verdeckt zu speichern.

ee. Zugriff auf die Daten und Eilfall

In § 5 ATDG ist der Zugriff auf die Daten geregelt.

(1) Grundatz: Nutzung im automatisierten Verfahren

Gem. § 5 Abs. 1 S. 1 ATDG dürfen die beteiligten Behörden die in der Antiterrordatei gespeicherten Daten im automatisierten Verfahren nutzen, soweit dies zur Erfüllung der jeweiligen Aufgaben zur Aufklärung oder Bekämpfung des internationalen Terrorismus erforderlich ist. Im Falle eines Treffers erhält die abfragende Behörde gem. § 5 Abs. 1 S. 2 ATDG bei einer Abfrage zu Personen Zugriff auf die zu ihnen gespeicherten Grunddaten (Nr. 1 a) oder bei einer Abfrage zu Vereinigungen, Gruppierungen, Stiftungen, Unternehmen, Sachen, Bankverbindungen, Anschriften, Telekommunikationsanschlüssen, Telekommunikationsendgeräten, Internetseiten oder Adressen für elektronische Post nach § 2 Satz 1 Nr. 3 auf die dazu gespeicherten Daten (Nr. 1 b), und auf die Daten nach § 3 Abs. 1 Nr. 3, also zu den jeweiligen Daten aus Nr. 1 und 2 die Angabe der Behörde, die über die Erkenntnisse verfügt sowie Aktenzeichen, Geschäftszeichen und die ggf. vorhandene Einstufung als Schlusssache (Nr. 2).

Laut § 5 Abs. 1 S. 3 ATDG kann die abfragende Behörde auf erweiterte Grunddaten im Falle eines Treffers dann zugreifen, wenn die Behörde, die die Daten eingegeben hat, dies im Einzelfall auf Ersuchen gewährt, was sich gem. S. 4 nach den geltenden Übermittlungsvorschriften richtet. § 5 Abs. 1 S. 5 ATDG legt weiterhin fest, dass wenn die abfragende Behörde ohne Angabe eines Namens nach § 3 Abs. 1 Nr. 1 lit. a ATDG mittels Angaben in den erweiterten Grunddaten sucht, sie im Falle eines Treffers lediglich Zugriff auf die Daten nach § 3 Abs. 1 Nr. 3 ATDG erhält (sog. Inverssuche). § 5 Abs. 1 S. 5 ATDG gilt gem. § 5 Abs. 1 S. 6 ATDG entsprechend, wenn die Suche trotz Angabe eines Namens mehrere Treffer erzeugt.

(2) Eilfall

(a) Funktionsweise

§ 5 Abs. 2 ATDG regelt den sog. Eilfall. Gem. § 5 Abs. 2 S. 1 ATDG darf die abfragende Behörde im Falle eines Treffers unmittelbar auf die erweiterten Grunddaten zugreifen, wenn dies aufgrund bestimmter Tatsachen zur Abwehr einer gegenwärtigen Gefahr für Leib, Leben, Gesundheit oder Freiheit einer Person oder für Sachen von erheblichem Wert, deren Erhaltung im öffentlichen Interesse geboten ist, unerlässlich ist, und die Datenübermittlung aufgrund eines Ersuchens nicht rechtzeitig erfolgen kann. Ob ein Eilfall vorliegt, entscheidet gem. S. 2 der Behördenleiter oder ein von ihm besonders beauftragter Beamter des höheren Dienstes. Die Entscheidung und ihre Gründe sind gem. § 5 Abs. 2

S. 3 ATDG zu dokumentieren. Der Zugriff ist gem. § 5 Abs. 2 S. 4 ATDG unter Hinweis auf die Entscheidung nach S. 3 zu protokollieren. Die Behörde, die die Daten eingegeben hat, muss laut § 5 Abs. 2 S. 5 TDG unverzüglich um nachträgliche Zustimmung ersucht werden. Wird die nachträgliche Zustimmung verweigert, ist die weitere Verwendung dieser Daten gem. § 5 Abs. 2 S. 6 ATDG unzulässig. Gem. § 5 Abs. 2 S. 7 ATDG hat die abfragende Behörde die Daten unverzüglich zu löschen oder nach § 11 Abs. 3 ATDG zu sperren. Sind die Daten einem Dritten übermittelt worden, ist dieser unverzüglich darauf hinzuweisen, dass die weitere Verwendung der Daten unzulässig ist, § 5 Abs. 2 S. 8 ATDG.

Gem. § 5 Abs. 3 und 4 ATDG erhalten innerhalb der beteiligten Behörden ausschließlich hierzu ermächtigte Personen Zugriff auf die Antiterrordatei. Bei jeder Abfrage müssen der Zweck und die Dringlichkeit angegeben und dokumentiert werden und erkennbar sein.

(b) Voraussetzung der „gegenwärtigen Gefahr für Leib, Leben, Gesundheit einer Person oder für Sachen von erheblichem Wert“

§ 5 Abs. 2 ATDG fordert für einen direkten Zugriff auf die Daten aufgrund bestimmter Tatsachen im Falle, dass ein Ersuchen nach Abs. 1 Satz 4 nicht rechtzeitig erfolgen kann, dass dieser Zugriff unerlässlich ist zur Abwehr einer gegenwärtigen Gefahr für Leib, Leben, Gesundheit oder Freiheit einer Person oder für Sachen von erheblichem Wert, deren Erhaltung im öffentlichen Interesse geboten ist. Fraglich ist jedoch, welche konkreten Anforderungen der Gesetzgeber an den Begriff der Gefahr stellt. Eine gesetzliche Definition gibt das ATDG dafür nicht vor. Jedoch wird die Voraussetzung der gegenwärtigen Gefahr durch das Erfordernis des Vorliegens „bestimmter Tatsachen“ ergänzt. Die Voraussetzung des Vorliegens bestimmter Tatsachen spricht dafür, dass eine konkrete Gefahr gefordert wird. Ebenso verwies das Bundesverfassungsgericht auch in der Entscheidung zur Rasterfahndung darauf, dass nur bei Vorlage von Tatsachen eine Prognose darüber getroffen werden könne, ob eine konkrete Gefahr vorläge.[694] Ebenso deckt sich diese Feststellung mit dem polizeilichen Gefahrenbegriff, die sich in einigen Landespolizeigesetzen niedergeschlagen hat.[695] Dies spricht für die Notwendigkeit des Vorliegens einer konkreten Gefahr, um direkt auf die Daten Zugriff erhalten zu können. Dies bedeutet auch, dass bei Vorliegen eines

694 Vgl. BVerfG 115, 320, 364.

695 Vgl. § 2 Nr. 1 b Nds.SOG, § 2 Nr. 3 b BremPolG, wonach eine gegenwärtige Gefahr eine Gefahr ist, *„bei der die Einwirkung des schädigenden Ereignisses bereits begonnen hat oder bei der diese Einwirkung unmittelbar oder in allernächster Zeit mit einer an Sicherheit grenzenden Wahrscheinlichkeit bevorsteht“*.

bloßen Gefahrenverdachts ein direkten Zugriff nicht möglich sein darf.[696] Diese Auslegung des Wortlauts deckt sich auch mit den Aussagen des Bundesverfassungsgerichts im Urteil zur ATD. Das Bundesverfassungsgericht differenziert nämlich zwischen dem Vorliegen tatsächlicher Anhaltspunkte und bestimmter Tatsachen. Nach Auffassung des Gerichts würde das Vorliegen tatsächlicher Anhaltspunkte nicht genügen.[697] Dies spricht auch für das Erfordernis strengerer Voraussetzungen für den Zugriff auf die Daten in der Datei im Einzelfall.

Fraglich ist weiterhin, ob bereits eine einfache Körperverletzung oder ein nicht unbedeutender Sachschaden an einem Gebäude einen unmittelbaren Zugriff gestatten würde.[698] Diese Auslegung des Wortlauts führt auch zu weitreichender Kritik.[699] Nach Aussage des Bundesverfassungsgerichts seien offensichtlich nur schwerwiegende Gesundheitsverletzungen mit dauerhaften Folgen zu verstehen. Ebenso gehe es nicht um den Schutz des Eigentums oder der Sachwerte als solcher, sondern um Sachen, „deren Erhaltung im öffentlichen Interesse geboten ist.[700] Ein Zugriff ist damit nur zum Schutz besonders gewichtiger Rechtsgüter möglich.

ff. Weitere Verwendung der Daten

§ 6 ATDG regelt die ausnahmsweise zulässige Verwendung der Daten außerhalb der Wahrnehmung der Aufgaben der Aufklärung und Bekämpfung des internationalen Terrorismus. Gem. § 6 Abs. 1 S. 2 ATDG ist eine Verwendung zu einem anderen Zweck als zur Wahrnehmung ihrer jeweiligen Aufgabe zur Aufklärung oder Bekämpfung des internationalen Terrorismus oder zu Zwecken nach § 6 a ATDG, der die erweiterte projektdatenbezogene Nutzung von Daten regelt, nur zulässig, soweit dies zur Verfolgung einer besonders schweren Straftat oder zur Abwehr einer Gefahr für Leib, Leben, Gesundheit oder Freiheit einer Person

---

696 So auch *Arzt* in: *Schenke/Graulich/Ruthig*(Hrsg.), Sicherheitsrecht des Bundes, Kommentar, § 5, Rn. 14.

697 BVerfGE 133, 277, 365, Rn. 203; so bereits auch im Zusammenhang mit der Rasterfahndung, vgl. BVerfGE 115, 320, 364. Hier hatte das BVerfG auch explizit Bezug auf Dauergefahren, die insbesondere durch Schläfer in terroristischen Gruppen ausgehen.

698 So *Wolff/Scheffczyk*, Verfassungsrechtliche Fragen der gemeinsamen Antiterrordatei von Polizei und Nachrichtendiensten, Juristische Arbeitsblätter 2008, S. 81, 87; *Ruhmannseder*, Informationelle Zusammenarbeit von Polizeibehörden und Nachrichtendiensten, StraFo 2007, S. 184, 189.

699 Vgl. dazu B.IV.3.b.

700 BVerfGE 133, 277, 365, Rn. 203.

erforderlich ist (Nr. 1), und die Behörde, die die Daten eingegeben hat, der Verwendung zustimmt (Nr. 2).

§ 6 Abs. 2 ATDG enthält Regelungen für den Eilfall. Im Eilfall darf die abfragende Behörde die Daten auf die sie zugegriffen hat, nur zur Abwehr einer gegenwärtigen Gefahr nach § 5 Abs. 2 S. 1 ATDG bei Unerlässlichkeit in Zusammenhang mit der Bekämpfung des internationalen Terrorismus verwenden. § 6 Abs. 3 ATDG regelt die Kennzeichnungspflicht in Fällen der Datennutzung nach Abs. 1 S. 2 und Abs. 2. § 6 Abs. 4 ATDG enthält eine Übermittlungsvorschrift an den Generalbundeanwalt zu Zwecken der Strafverfolgung.

gg. Regelung der erweiterten projektbezogenen Datennutzung

§ 6 a ATDG regelt die erweiterte projektdatenbezogene Datennutzung.[701]

Zur Begriffsklärung können § 6 a Abs. 4 und 5 ATDG herangezogen werden. In § 6 a Abs. 4 ATDG findet sich die Definition eines Projekts, welche sowohl für § 6 a Abs. 1, 2 und 3 ATDG relevant ist. Ein Projekt ist danach eine gegenständlich abgrenzbare und auf bestimmte Zeiträume bezogene Aufgabe, der durch die Gefahr oder den drohenden Schaden, die am Sachverhalt beteiligten Personen, die Zielsetzung der Aufgabe oder deren Folgewirkungen, eine besondere Bedeutung zukommt.

Um erweiterte Nutzung handelt es sich gem. § 6 a Abs. 5 S. 1 ATDG beim Herstellen von Zusammenhängen zwischen Personen, Personengruppierungen, Institutionen, Objekten und Sachen, beim Ausschluss von unbedeutenden Informationen und Erkenntnissen, bei Zuordnung eingehender Informationen zu bekannten Sachverhalten sowie bei statistischer Auswertung der gespeicherten Daten. Hierzu dürfen die beteiligten Behörden des Bundes nach § 6 a Abs. 5 S. 2 ATDG Daten auch mittels phonetischer oder unvollständiger Daten (Nr. 1), der Suche über eine Mehrzahl von Datenfeldern (Nr. 2), der Verknüpfung von Personen, Institutionen (Nr. 3), Organisationen, Sachen oder der zeitlichen Eingrenzung der Suchkriterien (Nr. 4) aus der Datei abfragen sowie räumliche und sonstige Beziehungen zwischen Personen und Zusammenhänge zwischen Personen, Personengruppierungen, Institutionen, Objekten und Sachen darstellen sowie die Suchkriterien gewichten.

Gem. § 6 a Abs. 1 ATDG darf eine beteiligte Behörde des Bundes zur Erfüllung ihrer gesetzlichen Aufgaben die in der Datei nach § 3 ATDG gespeicherten Datenarten mit Ausnahme der nach § 4 ATDG verdeckt gespeicherten Daten erweitert nutzen, soweit dies im Rahmen eines bestimmten einzelfallbezogenen

701 Vgl. dazu im weiteren Verlauf die Betrachtung des § 6 a ATDG in Punkt B.IV.3.e.aa.

Projekts zur Sammlung und Auswertung von Informationen über eine internationale terroristische Bestrebung, bei der bestimmte Tatsachen die Annahme rechtfertigen, dass Straftaten des internationalen Terrorismus nach den §§ 129 a, 129 b und 211 StGB begangen werden sollen und dadurch Gefahren für Leib, Leben oder Freiheit von Personen drohen, im Einzelfall erforderlich ist, um weitere Zusammenhänge des Einzelfalls aufzuklären.

Eine beteiligte Behörde des Bundes darf gem. § 6 a Abs. 2 ATDG zur Erfüllung ihrer gesetzlichen Aufgaben die in der Datei nach § 3 ATDG gespeicherten Datenarten mit Ausnahme der nach § 4 ATDG verdeckt gespeicherten Daten erweitert nutzen, soweit dies im Rahmen eines bestimmten einzelfallbezogenen Projekts für die Verfolgung qualifizierter Straftaten des internationalen Terrorismus im Einzelfall erforderlich ist, um weitere Zusammenhänge des Einzelfalls aufzuklären. Qualifizierte Straftaten des internationalen Terrorismus sind Taten des internationalen Terrorismus, die einen Straftatbestand nach den §§ 89 a, 89 b, 91, 102, 129 a, 129 b, 211 oder 212 StGB erfüllen.

Eine beteiligte Behörde des Bundes darf weiterhin gem. § 6 a Abs. 3 ATDG zur Erfüllung ihrer gesetzlichen Aufgaben die in der Datei nach § 3 ATDG gespeicherten Datenarten mit Ausnahme der nach § 4 ATDG verdeckt gespeicherten Daten erweitert nutzen, soweit dies im Rahmen eines bestimmten einzelfallbezogenen Projekts für die Verhinderung von qualifizierten Straftaten des internationalen Terrorismus erforderlich ist, um weitere Zusammenhänge des Einzelfalls aufzuklären, und Tatsachen die Annahme rechtfertigen, dass eine solche Straftat begangen werden soll. Dabei sind gem. § 6 a Abs. 2 S. 2 ATDG qualifizierte Straftaten des internationalen Terrorismus Taten des internationalen Terrorismus, die einen Straftatbestand nach den §§ 89 a, 89 b, 91, 102, 129 a, 129 b, 211 oder 212 StGB erfüllen.

§ 6 a Abs. 6 ATDG legt dabei die zugriffsberechtigten Personen auf die unmittelbar mit Arbeiten auf diesem Anwendungsgebiet betraut sind, fest. Weiterhin werden in § 6 a Abs. 6 S. 2 und 3 ATDG Fristbeschränkungen auf höchstens zwei Jahre und deren Möglichkeit zur Verlängerung zweimalig auf jeweils ein Jahr festgehalten.

In § 6 a Abs. 7 ATDG ist das Antragserfordernis und dessen Voraussetzungen geregelt.

§ 6 a Abs. 8 ATDG regelt das Zustimmungserfordernis der G 10-Kommission im Falle der nach § 6 a Abs. 7 ATDG angeordneten erweiterten Nutzung. § 6 a Absatz 10 ATDG legt die datenschutzrechtliche Verantwortung für die Durchführung des Projekts der antragsstellenden Behörde fest. § 6 a Abs. 11 ATDG trifft weiterhin Regelungen für die Landesbehörden.

Danach sind die nach § 1 Abs. 1 ATDG berechtigten Landesbehörden nach Maßgabe landesrechtlicher Regelungen, die den Vorgaben der Absätze 1 bis 10 entsprechen, befugt, die in der Datei nach § 3 ATDG gespeicherten Datenarten mit Ausnahme der nach § 4 ATDG verdeckt gespeicherten Daten zu den in den Absätzen 1 bis 3 genannten Zwecken erweitert zu nutzen. Satz 1 gilt auch für Landesbehörden, die durch eine Rechtsverordnung nach § 1 Abs. 2 ATDG zur Teilnahme an der Datei berechtigt werden.

hh. Weitere verfahrensrechtliche Regelungen

§ 7 ATDG enthält die bereits genannte Verweisung auf die Übermittlungsvorschriften der jeweiligen Behörden.

Die §§ 8 ff. ATDG enthalten zunehmend datenschutzrechtliche Vorschriften. So wird in § 8 ATDG die datenschutzrechtliche Verantwortung geregelt, die bei der eintragenden Behörde liegt. § 9 ATDG regelt die Protokollierung durch das Bundeskriminalamt, technische und organisatorische Maßnahmen und in § 9 Abs. 3 ATDG, dass erstmalig zum 1.8.2017 ein Bericht des Bundeskriminalamts über den Datenbestand und die Nutzung der Antiterrordatei dem Deutschen Bundestag vorgelegt wird.

In § 10 ATDG wird die Kontrolle der Durchführung des Datenschutzes dem Beauftragten für den Datenschutz und die Informationsfreiheit gem. § 24 Abs. 1 BDSG festgelegt. In § 10 Abs. 3 ATDG wird die Auskunftserteilung an den Betroffenen geregelt.

§ 11 ATDG enthält Vorschriften zur Berichtigung, Löschung und Sperrung von Daten. Danach sind unrichtige Daten zu berichtigen und personenbezogene Daten zu löschen, wenn ihre Speicherung unzulässig ist oder ihre Kenntnis für die Aufklärung oder Bekämpfung des internationalen Terrorismus nicht mehr erforderlich ist. Sie sind spätestens zu löschen, wenn die zugehörigen Erkenntnisse nach den für die beteiligten Behörden jeweils geltenden Rechtsvorschriften zu löschen sind.

Gem. § 11 Abs. 3 ATDG tritt an die Stelle einer Löschung eine Sperrung, wenn Grund zu der Annahme besteht, dass durch die Löschung schutzwürdige Interessen eines Betroffenen beeinträchtigt würden. Gesperrte Daten dürfen nur für den Zweck abgerufen und genutzt werden, für den die Löschung unterblieben ist; sie dürfen auch abgerufen und genutzt werden, soweit dies zum Schutz besonders hochwertiger Rechtsgüter unerlässlich ist, und die Aufklärung des Sachverhalts ansonsten aussichtslos oder wesentlich erschwert wäre oder der Betroffene einwilligt.

Gem. § 11 Abs. 4 ATDG prüfen die eingebenden Behörden nach den Fristen, die für die Erkenntnisdaten gelten, und bei der Einzelfallbearbeitung, ob personenbezogene Daten zu berichtigen oder zu löschen sind.

§ 12 ATDG enthält die Errichtungsanordnung. In § 13 ATDG wird dem Zitiergebot gem. Art. 19 Abs. 1 S. 2 GG Rechnung getragen und die Einschränkung von Art. 10 und Art. 13 GG durch die Antiterrordatei genannt.

3. *Die Antiterrordatei und die Aussagen des Bundesverfassungsgerichts im Hinblick auf die informationelle Trennung*

Vor allem die besonderen Strukturen terroristischer Vereinigungen und deren Planungen möglicher Anschläge zeigen, dass eine fehlende Zusammenarbeit der Behörden dazu führen kann, dass bevorstehende Anschläge nicht verhindert werden oder ggf. auch im Nachhinein nicht aufgeklärt werden können, weil die Informationen einer Behörde vorliegen, deren Befugnisse nicht zulassen etwas zu unternehmen oder aber verschiedenen Dienststellen einzelne Informationen vorliegen, die unbeachtet bleiben, da sie durch die verschiedenen, nicht zusammenarbeitenden Behörden nicht zu einem Bild zusammengesetzt werden können. Hinweise, die auf einen Anschlag hindeuten, können somit nicht erkannt werden.[702] Eben das Ziel der Verbesserung des Informationsaustauschs zwischen der Polizei und den Nachrichtendiensten verfolgt das Gemeinsame-Dateien-Gesetz vom 22. Dezember 2006[703].

Bei Auseinandersetzung mit dem Thema der gemeinsamen Verbunddateien der Polizei und Nachrichtendienste und im Speziellen mit der Antiterrordatei hängt auch die Auseinandersetzung mit dem Stand des Trennungsgebots zwischen Polizei und Nachrichtendiensten unmittelbar zusammen.

Problematisiert wurde seit Beginn der Auseinandersetzungen mit einer Antiterrordatei, dass eine Zusammenführung und Speicherung personenbezogener Daten mit Grundrechtsbezug insbesondere das Recht auf informationelle Selbstbestimmung berührt. Durch eine solche gemeinsame Datei werden personenbezogene Daten zusammengeführt, die von verschiedenen Behörden mit verschiedenen Befugnissen auf Grundlage verschiedener Ermächtigungsnormen zu unterschiedlichen Zwecken gesammelt werden. Werden diese Informationen aber zu einem anderen Zweck verwendet, stellt dies laut

---

702 Vgl. ua. *Geiger*, Schriftliche Stellungnahme, Innenausschuss A-Drs. 16(4)131 I, S. 2; *Volkmann*, Verbund oder Trennung- Zu einem neuen Verhältnis von Polizei und Nachrichtendiensten, JURA 2014, S. 820, 820 f.

703 BGBl. I 2006, S. 3409.

Bundesverfassungsgerichts[704] einen eigenständigen Grundrechtseingriff dar, deren besondere Brisanz weiterhin darin liegt, dass die Bereiche der verschiedenen Behörden zusammengeführt werden und der Bedeutungshintergrund der Daten verwischt wird.[705]

Alle diese Probleme wurden vom Bundesverfassungsgericht in seinem Urteil von 24. April 2013[706] aufgegriffen, in dem es um die Klärung der Verfassungsmäßigkeit des Antiterrordateigesetzes ging.

Das Urteil ist vor allem aufgrund allgemeiner Aussagen bedeutsam und konkretisiert die Grenzen, die der Gesetzgeber für die Sicherheitsgesetzgebung zu beachten hat.[707]

Im Folgenden werden nun die Normen und die Funktionsweise der Datei näher beleuchtet. Es erfolgt weiterhin eine Auseinandersetzung mit den wesentlichen Aussagen des Bundesverfassungsgerichts und vor allem der Bedeutung der Antiterrordatei für das Trennungsgebot zwischen Polizei und Nachrichtendiensten. Weiterhin werden die Besonderheiten der Antiterrordatei im Verhältnis zu den Übermittlungsvorschriften der Spezialgesetze betrachtet und die datenschutzrechtliche Kontrolle.

Die Bewertung soll sich auf die Grundstrukturen der ATD und insbesondere auf die Trennung von Polizei und Nachrichtendiensten beschränken. Auf die in Zusammenhang mit der ATD getroffenen Aussagen der RED soll nur am Rande eingegangen werden.

a. Das Urteil des Bundesverfassungsgerichts

In dem Urteil vom 24. April 2013 entschied das Bundesverfassungsgericht über die Verfassungsmäßigkeit des ATDG vom 22. Dezember 2006[708].

Das Gesetz ist in seinen Grundstrukturen verfassungsgemäß, jedoch durch das Bundesverfassungsgericht in einigen Teilen als verfassungswidrig beanstandet worden und musste geändert werden. Eine Übergangsfrist sollte dem Gesetzgeber die Möglichkeit geben, zu prüfen, ob auch Vorschriften anderer Gesetze,

---

704 BVerfGE 109, 279, 375.

705 So zusammenfassend *Geiger,* Schriftliche Stellungnahme, Innenausschuss A-Drs. 16(4)131 I, S. 2.

706 BVerfGE 133, 277.

707 *Schaar/Bergemann,* „Trennung ist unser Los, Wiedersehen ist unsere Hoffnung", in: Roggan/Busch (Hrsg.), Das Recht in guter Verfassung, Festschrift für Martin Kutscha, S. 123.

708 BGBl. I 2006, S. 3409.

die den angegriffenen Vorschriften des ATDG ähnlich sind, in dem Zusammenhang überarbeitet werden sollten.[709]

Die bloße Unvereinbarkeitserklärung, verbunden mit einer befristeten Fortgeltung der verfassungswidrigen Regelung war hier hinzunehmen[710], da die Datei vom Gesetzgeber mit plausiblen Gründen als wesentliche Verbesserung für eine wirksame Terrorismusabwehr angesehen wurde. Die Grundanlage der Datei und damit auch des Informationsaustauschs wurde vom Gericht als „differenziert ausgestaltet“ und mit der Verfassung grundsätzlich vereinbar angesehen. Die Verfassungswidrigkeit betraf vornehmlich Einzelfragen der Ausgestaltung, sodass sich die vorübergehende weitere Anwendung aufgrund der Bedeutung der Datei für die Abwehr des internationalen Terrorismus bei einer Gesamtabwägung rechtfertigte.[711]

Am 16. Oktober 2014 beschloss der Bundestag die Neufassung des ATDG, welche am 7. November 2014 den Bundesrat passierte. Am 01. Januar 2015 trat sodann das Gesetz zur Änderung des Antiterrordateiengesetzes und anderer Gesetze vom 18.12.2014 in Kraft.[712] Die neuen Vorschriften korrigieren die vom Bundesverfassungsgericht beanstandeten Verstöße des alten ATDG in der Fassung vom 22. Dezember 2006 gegen das Bestimmtheitsgebot und das Übermaßverbot. Vor allem betrifft dies Vorschriften, die *„[...]die Reichweite der als terrorismusnah erfassten Personen, die Einbeziehung von Kontaktpersonen, die Nutzung von verdeckt bereitgestellten erweiterten Grunddaten, die Konkretisierungsbefugnis der Sicherheitsbehörden für die zu speichernden Daten und die Gewährleistung einer wirksamen Aufsicht und die Einbeziehung von Daten in die Antiterrordatei, die durch Eingriffe in das Brief- und Fernmeldegeheimnis und das Recht auf Unverletzlichkeit der Wohnung erhoben wurden [...]*“[713], regeln.

---

709 BVerfGE 133, 277, 377, Rn. 232.

710 Vgl. für diesen Fall der Fortgeltung von verfassungswidrigen Regelung in Fällen, in denen die sofortige Ungültigkeit von Normen dem Schutz überragend wichtiger Güter des Gemeinwohls die Grundlage entziehen würde BVerfGE 109, 190, 235 f.

711 BVerfGE 133, 277, 376, Rn. 230.

712 BGBl. I 2014, S. 2318.

713 BT Drs. 18/1565, S. 12.

aa. Grundsätzliche Aussagen des Urteils

(1) Verhältnismäßigkeit der Grundzüge des Gesetzes

Nach dem Urteil des Bundesverfassungsgerichts ist die ATD in seinen Grundstrukturen mit dem Grundsatz der Verhältnismäßigkeit zu vereinbaren.[714]

(a) Legitimes Ziel

Die ATD dient nach Aussagen des Bundesverfassungsgerichts der Erleichterung des Informationsaustauschs, der auf die Terrorismusbekämpfung begrenzt ist und dabei die Übermittlungsvorschriften der Fachgesetze unberührt lassen soll. Den Sicherheitsbehörden soll es möglich sein, schnell und einfach Kenntnis darüber zu erhalten, ob bei anderen Behörden Informationen über bestimmte Personen im Zusammenhang mit dem Terrorismus vorliegen.

Es gehe dabei nicht um einen allgemeinen Austausch personenbezogener Daten aller Sicherheitsbehörden oder den Abbau jeglicher Informationsgrenzen zwischen ihnen. Der Grundsatz der Zweckbindung soll dadurch nicht unterlaufen werden. Es ehe vielmehr also um eine begrenzte Erleichterung des Informationsaustauschs. Dies stelle einen legitimen Zweck dar.[715]

(b) Geeignetheit und Erforderlichkeit

Durch Schaffung eines Grunddatenbestandes mit den in §§ 1 bis 4 ATDG niedergelegten Speicherungspflichten, ist es den Sicherheitsbehörden möglich, weitere Informationsabfragen vorzubereiten oder im Eilfall Informationen zur Abwehr von terrorismusspezifischen Gefahren zur Verfügung zu stellen. Das Bundesverfassungsgericht geht davon aus, dass es kein weniger belastendes vergleichbar effektives Mittel gibt.[716]

(c) Angemessenheit

Das Gewicht des Grundrechtseingriffs dürfe bei einer Gesamtabwägung nicht außer Verhältnis zu dem Gewicht der sie rechtfertigenden Gründe stehen.[717]

Als besonders schwerwiegend sei ein Eingriff in das Recht auf informationelle Selbstbestimmung zunächst dadurch anzusehen, dass die ATD einen Informationsaustausch zwischen einer großen Zahl von Sicherheitsbehörden mit zum Teil deutlich verschiedenen Aufgaben und Befugnissen ermöglicht. Bedeutung

---

714 Vgl. insgesamt BVerfGE 133, 277, 322, Rn. 108 ff.

715 BVerfGE 133, 277, 321, Rn. 106.

716 BVerfGE 133, 277, 321 f., Rn. 107.

717 BVerfGE 133, 277, 322, Rn. 109.

habe hierbei insbesondere, dass sie auch den Informationsaustausch zwischen Nachrichtendiensten und Polizeibehörden umfasst.[718]

(i) Grundsatz der Zweckbindung und informationelles Trennungsprinzip

Das Bundesverfassungsgericht führt in seiner Entscheidung aus, dass Informationen zwischen den verschiedenen Sicherheitsbehörden nicht umfassend und frei ausgetauscht werden dürfen, da dies von der Verfassung durch den datenschutzrechtlichen Grundsatz der Zweckbindung grundsätzlich vorgegeben und gewollt sei. Die Datenerhebungs- und Datenverarbeitungsbefugnisse im Falle der personenbezogenen Daten seien auf die spezifischen Aufgaben der jeweiligen Behörde zugeschnitten und begrenzt, schließen jedoch Zweckänderungen nicht gänzlich aus.[719]

Regelungen, die den Austausch von Daten zwischen Polizei und Nachrichtendiensten ermöglichen, unterliegen deshalb gesteigerten verfassungsrechtlichen Anforderungen; in der Bundesrepublik Deutschland ist nach Aussage des Bundesverfassungsgerichts keine Geheimpolizei vorgesehen.[720]

Das Bundesverfassungsgericht begründet dies mit den verschiedenartigen Aufgaben und Befugnissen der Sicherheitsbehörden.[721]

Das Gericht geht davon aus, dass den Nachrichtendiensten die Aufgabe der Aufklärung im Vorfeld von Gefährdungslagen zukommt, und der Datenzugriff den gesetzlich vorgeschriebenen Zielen dient.[722] Dazu haben die Nachrichtendienste die mannigfaltigen Bestrebungen auf ihr Gefahrenpotenzial hin allgemein zu beobachten, was grundsätzlich verdeckt geschieht, und die Bestrebungen, gerade auch unabhängig von konkreten Gefahren, in den Blick zu nehmen[723]. Die Arbeit der Nachrichtendienste beschränke sich somit auf die politische Einschätzung der Sicherheitslage. Dabei zeichne sich die Arbeit durch geringe Eingriffsschwellen aus.[724] Demgegenüber handele die Polizei zur operativen Aufgabenwahrnehmung und gehe dabei grundsätzlich offen vor. Die

718 BVerfGE 133, 277, 323, Rn. 112.
719 BVerfGE 133, 277, 323 f, Rn. 113 f.
720 BVerfGE 133, 277, 324 ff., Rn. 115; 122 f.
721 BVerfGE 133, 277, 324 ff., Rn. 115 ff.
722 Vgl. § 3 Abs. 1 BVerfSchG, § 1 Abs. 2 BNDG, § 1 Abs. 1 MADG, § 1 Abs. 1 i.V.m. § 3 Abs. 1 und § 5 Abs. 1 G 10
723 Vgl. BVerfGE 122, 120, 145.
724 BVerfGE 133, 277, 325 ff., Rn. 116 ff.

Eingriffsschwellen für die Polizeibehörden seien höher und setzen in der Regel eine Gefahr oder einen Tatverdacht voraus.[725]

In diesem Zusammenhang leitet das Bundesverfassungsgericht aus dem Grundrecht auf informationelle Selbstbestimmung, welches aus dem allgemeinen Persönlichkeitsrecht gem. Art. 1 Abs. 1 i.V.m. Art. 2 Abs. 1 GG hergeleitet wird, ein informationellen Trennungsprinzip her[726]. Insofern dürfen Daten zwischen Nachrichtendiensten und Polizei grundsätzlich nicht ausgetauscht werden. Einschränkungen der Trennung der Daten sind damit nach Ansicht des Bundesverfassungsgerichts nur unter gesteigerten verfassungsrechtlichen Anforderungen zulässig.

Der Austausch von Daten zum operativen Tätigwerden muss nach Auffassung des Bundesverfassungsgerichts einem herausragenden öffentlichen Interesse dienen, um den besonders schweren Eingriff zu rechtfertigen. Dieser ergäbe sich daraus, dass ein Zugriff durch die Polizeibehörden unter den niedrigeren Erhebungsschwellen, die eigentlich für die Nachrichtendienste gelten, möglich wird.

Das Bundesverfassungsgericht betont, dass ein Zugriff auf die Daten durch hinreichend konkrete und qualifizierte Eingriffsschwellen auf der Grundlage normenklarer gesetzlicher Regelungen gesichert sein muss, und dass dabei auch die Eingriffsschwellen für die Erlangung der Daten nicht unterlaufen werden dürfen.[727]

(ii) Minderung des Eingriffsgewichts durch Beschränkung auf die Informationsanbahnung

Das Eingriffsgewicht der ATD sei jedoch als dadurch gemindert anzusehen, dass sie als Verbunddatei ausgestaltet sei und sich in ihrem Kern auf die Informationsanbahnung beschränke, die als Grundlage für weitere Datenübermittlungen anzusehen sei. Die Nutzung der Daten in der Datei zur direkten operativen Aufgabenwahrnehmung sei nur in dringenden Ausnahmefällen, nämlich im Eilfall gem. § 5 Abs. 2 und § 6 Abs. 2 ATDG, vorgesehen.[728] Ansonsten erfolgt ein Austausch von Daten zur unmittelbaren Nutzung für die Aufklärung und Bekämpfung des internationalen Terrorismus nur unter den rechtlichen Voraussetzungen der einzelnen Übermittlungsvorschriften.[729]

---

725 BVerfGE 133, 277, 327, Rn. 120.

726 BVerfGE 133, 277, Ls 2; 329, Rn. 123.

727 BVerfGE 133, 277, Leitsätze; 329, Rn. 123.

728 BVerfGE 133, 277, 329, Rn. 124.

729 BVerfGE 133, 277, 330 f..Rn. 126.

Die Antiterrordatei stelle sich so als vorgelagerter Bestandteil eines fachgesetzlichen Austauschs dar.[730] Durch die Datei werde zwar schon unmittelbar selbst ein Datenaustausch zwischen den beteiligten Behörden in Gang gesetzt, indem sie nämlich Recherchen in allen Grunddaten erlaube und den abfragenden Behörden gem. § 5 Abs. 1 Satz 1 und 2 ATDG einen Zugriff auf die einfachen Grunddaten des § 3 Abs. 1 Nr. 1 a ATDG gewähre. Jedoch dürfen die so erlangten Informationen gem. § 6 Abs. 1 Satz 1 ATDG grundsätzlich nur genutzt werden, um zu entscheiden, ob und gegenüber welcher Behörde um weitere Informationen nachgesucht werden soll, und um solche Einzelübermittlungsersuchen besser zu begründen.

Die ATD selbst bereite damit nur den Informationsaustausch vor, für die Übermittlung selber sind die jeweiligen Ermittlungsvorschriften der Spezialgesetze und deren rechtlichen Voraussetzungen maßgeblich. Dies gelte erst recht für die erweiterten Grunddaten gem. § 3 Abs. 1 Nr. 1 b ATDG.[731]

Weiterhin führt das Bundesverfassungsgericht aus, dass das ATDG aus den fachrechtlichen Grundlagen die rechtsstaatlichen Grenzen zieht. Das Bundesverfassungsgericht erläutert in diesem Zusammenhang die unterschiedlichen Anforderungen für die Informationsanbahnung im Vorfeld und für den Austausch von Daten zur unmittelbaren Nutzung für die Aufklärung des internationalen Terrorismus.[732]

Durch den Verweis auf die differenzierteren Grenzziehungen[733] bei der Datenübermittlung zur unmittelbaren Nutzung außerhalb des Eilfalles fängt die ATD nach Ansicht des Bundesverfassungsgerichts die geringen, letztlich auf das Kriterium der Erforderlichkeit beschränkten Anforderungen in § 5 Abs. 1 ATDG für die Informationsanbahnung im Vorfeld auf.

Die Übermittlungsvorschriften müssten dann wiederrum den verfassungsrechtlichen Anforderungen genügen und können sich jedenfalls für Datenübermittlungen zwischen den Nachrichtendiensten und der Polizei nach Ansicht des Bundesverfassungsgerichts nicht mit vergleichbar niederschwelligen Voraussetzungen wie der Erforderlichkeit für die Aufgabenwahrnehmung oder der Wahrung der öffentlichen Sicherheit begnügen.[734]

---

730 BVerfGE 133, 277, 331, Rn. 127.
731 BVerfGE 133, 277, 329 f., Rn. 125.
732 BVerfGE 133, 277, 330 f., vgl. Rn. 126.
733 Vgl. dazu weiterhin B.IV.3.a(2).
734 BVerfGE 133, 277, 330 f., Rn. 126.

Trotz Begrenzung der Funktion auf die Informationsanbahnung sieht das Bundesverfassungsgericht weiterhin eine Erheblichkeit des Eingriffsgewichts. Zum einen sei dies gegeben durch einen Austausch von Erkenntnissen als vorgelagerter Bestandteil dieses fachgesetzlichen Austauschs[735], der trotzdem stattfinde und die belastende Wirkung für den Einzelnen durch die Zuordnung zum Umkreis des Terrorismus, die auf bloßen Prognosen und subjektiven Einschätzungen beruhen und damit weitere Konsequenzen für den Betroffenen haben können[736], und zum anderen aber auch, durch den Informationsaustausch im Eilfall[737].

Jedoch stehe diesem Eingriffsgewicht das öffentliche Interesse an der Bekämpfung des internationalen Terrorismus gegenüber. In diesem Zusammenhang sei ein zielführender Austausch der Erkenntnisse zwischen den Behörden notwendig und damit auch die Wichtigkeit einer gemeinsamen Datei für die demokratische und für die freiheitliche Grundordnung von besonderer Bedeutung.[738]

Hinsichtlich des Eilfalls erkennt das Bundesverfassungsgericht die Überwindung des informationellen Trennungsprinzips an, vertritt aber die Auffassung, dass die Voraussetzungen eng genug gefasst seien. Vor allem ist die Nutzung der Daten nur zum Schutz von besonders gewichtigen Rechtsgütern möglich. Weiterhin seien die Eingriffsschwellen hoch, indem es für die Schutzgüter einer gegenwärtigen Gefahr bedürfe, die sich nicht nur auf tatsächliche Anhaltspunkte stützt, sondern durch bestimmte Tatsachen unterlegt sein müsse. Dabei seien Zugriff und Nutzung der Daten nur erlaubt, wenn die Erlangung der Daten über den üblichen Weg nicht rechtzeitig erfolgen könne.[739]

(2) Kontrolle

Das Bundesverfassungsgericht stellt weiterhin fest, dass das ATDG hinsichtlich der Herstellung von Transparenz und Gewährleistung von individuellem Rechtsschutz auf wenige Regelungen bzgl. des Auskunftsrechts begrenzt ist.[740] Vor allem als maßgebliche Regelung wird § 10 Abs. 2 ATDG aF (entspricht § 10 Abs. 3 ATDG nF) betrachtet. Insgesamt sieht das Bundesverfassungsgericht die Auskunftsansprüche als vertretbar ausgestaltet an, auch wenn es davon ausgeht, dass den Ausnahmen für die Auskunftserteilung, die durch Verweis auf § 19

735 BVerfGE 133, 277, 331, Rn. 127.
736 BVerfGE 133, 277, 331 f., Rn. 128.
737 BVerfGE 133, 277, 332, Rn. 129.
738 BVerfGE 133, 277, 332, Rn. 129 ff.
739 BVerfGE 133, 277, 364 f., Rn. 202 f.
740 BVerfGE 133, 277, 367, , Rn. 208.

BDSG und die Rechtsvorschriften der datenverantwortlichen Behörde, für die ATD Bedeutung zukommen wird. Auch wird die Geltendmachung von Auskunftsansprüchen bei verdeckt gespeicherten Daten gem. § 4 ATDG erschwert.[741]

Insgesamt sieht das Gericht die Ausgestaltung der Auskunftsansprüche als verfassungsrechtlich hinnehmbar an.[742]

Das Bundesverfassungsgericht erkennt weiterhin an, dass der Grundsatz der Offenheit denklogisch bei Ermittlungen zur Abwehr des Terrorismus ausgeschlossen ist. Auch ein Richtervorbehalt erscheine im Rahmen der ATD nicht als geeignetes Mittel und würde „wegen der geringen rechtlichen Durchformung der Befugnisse gemäß § 5 Abs. 1 ATDG und der Eilbedürftigkeit der Entscheidung bei einem Zugriff gemäß § 5 Abs. 2 ATDG" leer laufen.[743]

Aufgrund der eingeschränkten Möglichkeiten bzgl. der Transparenz und des individuellen Rechtsschutzes sieht das Gericht eine effektive aufsichtliche Kontrolle sowohl auf Ebene des Gesetzes als auch bei der Arbeit der Verwaltung als Ausgleich für notwendig an. Die Zugriffe und Änderungen des Datenbestandes seien dabei zu protokollieren. Die Gewährleistung dieser Kontrolle kann sowohl auf Bundes- als auch auf Landesebene durch den jeweiligen Datenschutzbeauftragten wahrgenommen werden. Die Kontrolle, die das Einstellen und Abrufen der Daten seitens der Landesbehörden betrifft, obliegt also den Landesbeauftragten. Den Datenschutzbeauftragten soll es aber aufgrund der Gestaltung der Antiterrordatei als Verbunddatei gestattet sein, zusammenzuarbeiten und sich im Wege der Amtshilfe durch Delegation oder Ermächtigung bei der Wahrnehmung ihrer Befugnisse gegenseitig zu unterstützen. Auch soll sichergestellt werden, dass im Zusammenspiel der verschiedenen Aufsichtsinstanzen, eine Kontrolle der durch Maßnahmen nach dem Artikel 10-Gesetz gewonnenen Daten wirksam stattfindet.[744]

Die Kontrollen sollen regelmäßig in angemessenen Abständen durchgeführt werden. Das Bundesverfassungsgericht legt als Höchstmaß zwei Jahre fest.[745] Insoweit kommt dem Gesetzgeber für § 10 ATDG eine Nachbesserungspflicht zu.[746]

Weiterhin sind zur Kompensation des Mindestmaßes an Transparenz und den damit verbundenen Schwierigkeiten eines effektiven Rechtsschutzes hinsichtlich

741 BVerfGE 133, 277, 367, Rn. 209 ff.
742 BVerfGE 133, 277, 368 f., Rn. 212.
743 BVerfGE 133, 277, 369, Rn. 213.
744 BVerfGE 133, 277, 370, Rn. 215 f.
745 BVerfGE 133, 277, 370 f., Rn. 217.
746 Vgl. BVerfGE 133, 277, 371, Rn. 219.

des Datenbestandes und der Nutzung der Antiterrordatei regelmäßige Berichte des BKA gegenüber dem Parlament und der Öffentlichkeit gesetzlich sicherzustellen. Dadurch soll die öffentliche Diskussion über den mit der Antiterrordatei ins Werk gesetzten Datenaustausch ermöglicht werden, sodass dieser einer demokratischen Kontrolle und Überprüfung unterworfen werden kann.[747]

(3) Konsequenzen der hohen Anforderungen bei Datenerhebungen, die Art. 10 und Art. 13 GG und auch das Grundrecht auf Vertraulichkeit und Integrität informationstechnischer Systeme betreffen für das ATDG

Auch würdigt das Bundesverfassungsgericht in seinem Urteil die besondere Bedeutung von Art. 10 Abs. 1 und Art. 13 Abs. 1 GG und auch des Grundrechts auf Vertraulichkeit und Integrität informationstechnischer Systeme. Für Datenerhebungen, die in diese Grundrechte eingreifen, gelten nach Aussage des Bundesverfassungsgerichts besonders strenge Anforderungen, die sich auch für die Weitergabe und Zweckänderung der gewonnenen Daten fortwirken. Diese Daten müssten gekennzeichnet werden und könnten nicht uneingeschränkt einbezogen werden, da – neben strenger Anforderungen an die Erhebung der Daten – auch das Vorliegen erhöhter Eingriffsschwellen vorausgesetzt wird. Durch das Einstellen in die Antiterrordatei könnten diese Daten einer großen Anzahl von Behörden ohne weiteres als Vorabinformationen zugänglich gemacht und zur Recherche zur Verfügung gestellt werden. Die Behörden könnten sich damit über die Identität dieser Person ein Bild machen und daraufhin entscheiden, ob sie die jeweilige Behörde gem. § 6 Abs. 1 S. 1 ATDG Ersuchen, um weitere Informationen zu erhalten. Dabei würden die Informationen weit im Vorfeld „greifbarer Gefahrenlagen" für Ermittlungsmaßnahmen zur Verfügung gestellt, unabhängig davon, ob die Terrorakte bereits geschehen seien oder konkret bevorstünden.[748]

Jedoch wird durch das Bundesverfassungsgericht eine Regelung als verfassungsmäßig angesehen, die für Daten, die durch Eingriff in die genannten Grundrechte erlangt wurden, stets eine verdeckte Speicherung gemäß § 4 ATDG vorsieht.[749] Dadurch könne ein Zugänglichmachen der entsprechenden Informationen nur nach Maßgabe der fachrechtlichen Übermittlungsvorschriften gewährleistet werden und somit auch eine Sicherstellung der verfassungsrechtlich

747 BVerfGE 133, 277, 372, Rn. 222.
748 Vgl. insgesamt BVerfGE 133, 277, 373 f., Rn. 226.
749 BVerfGE 133, 277, 374 f., Rn. 228.

gebotenen qualifizierten Eingriffsschwellen sowie eines hinreichend gewichtigen Rechtsgüterschutzes.[750]

(4) Überblick der übrigen beanstandeten Punkte

Das Bundesverfassungsgericht beanstandete darüber hinaus vor allem Verletzungen des Übermaßverbots und des Bestimmtheitsgrundsatzes. Zunächst wurde § 1 Abs. 2 ATDG a.F. als zu weit kritisiert.[751] Weiterhin sah das Bundesverfassungsgericht in § 2 Abs. 1 ATDG a.F. Probleme mit dem Übermaßverbot. Die Regelung in Nr. 1 b a.F. hinsichtlich der Unterstützerunterstützer wurde ebenfalls als zu weit angesehen, das Erfassen von Gewaltbefürwortern in Nr. 2 a.F. wurde als unverhältnismäßig angesehen, und die Regeln hinsichtlich der Kontaktpersonen in Nr. 3 a.F. war zu wenig eingeschränkt und weder mit dem Bestimmtheits- noch dem Übermaßverbot vereinbar.[752]

Hinsichtlich einiger Merkmale des § 3 ATDG a.F. betonte das Gericht, dass der Gesetzgeber jedoch sicherzustellen hat, dass die für ihre Anwendung erforderlichen Konkretisierungen durch die Verwaltung dokumentiert und veröffentlicht werden.[753]

Auch das Vorgehen der Inverssuche gem. § 5 Abs. 1 a ATDG a.F. wurde als unverhältnismäßig angesehen.[754]

bb. Überblick der Änderungen des ursprünglichen ATDG

Bei umfassender Würdigung bestehen nach Ansicht des Bundesverfassungsgerichts zwar keine verfassungsrechtlichen Bedenken gegen die „Grundstrukturen der Antiterrordatei als Instrument der Informationsanbahnung“[755], allerdings kann die Regelung der Datei nur als angemessen und damit auch im übrigen als verhältnismäßig angesehen werden, wenn sie dem Bestimmtheitsgebot, dem Übermaßverbot und dem Grundsatz der Normenklarheit hinsichtlich der Datenerfassung sowie der Möglichkeiten der Datennutzung entsprechen und auch die Anforderungen an die Kontrolle erfüllt werden.[756] An einigen Stellen des Urteils monierte das Bundesverfassungsgericht Verstöße gegen das Bestimmtheitsgebot und das Übermaßverbot.[757]

---

750 BVerfGE 133, 277, 374 f., Rn. 228.
751 BVerfGE 133, 277, 337 f., Rn. 142 ff.
752 BVerfGE 133, 277, 340 ff., Rn. 147 ff.
753 BVerfGE 133, 277, 354 f., Rn. 178.
754 BVerfGE 133, 277, 363, Rn. 198 ff.
755 BVerfGE 133, 277, 334 f., Rn. 134 ff.
756 Vgl. BVerfGE 125, 260, 325.
757 Vgl. BVerfGE 133, 277, 336 ff., Rn. 139, Rn. 146 ff., Rn. 191 ff.,

Für das ATDG sah der Gesetzesentwurf zur Änderung zunächst die Benennung weiterer Polizeivollzugsbehörden im Sinne des § 1 Abs. 2 ATDG durch Rechtsverordnung des Bundesministeriums des Innern vor, da die Regelung mit dem Bestimmtheitsgebot unvereinbar war.[758]

§ 2 S. 1 Nr. 1 b ATDG a.F., der den Kreis der erfassten Personen unter dem Gesichtspunkt der Unterstützung terroristischer Vereinigungen erweitert, ist teilweise mit dem Übermaßverbot nicht vereinbar und verfassungswidrig.[759]

Das Merkmal des „Unterstützens" einer den Terrorismus unterstützenden Gruppierung in § 2 S. 1 Nr. 1 lit. b ATDG aF sollte weiterhin eingeschränkt werden, um klarzustellen, dass es sich um eine willentliche Förderung der den Terrorismus unterstützenden Aktivitäten der Gruppe handeln muss. Die Unterstützungshandlung muss in Kenntnis der terroristischen oder den Terrorismus unterstützenden Tätigkeiten der jeweils unterstützten Gruppierungen erfolgen (vgl. § 2 Nr. 1 lit. c ATDG nF).[760]

Weiterhin wird das Merkmal des „Befürwortens" von Gewalt in § 2 S. 1 Nr. 2 ATDG eingeschränkt, indem in Zukunft nur das vorsätzliche Hervorrufen von Gewalt insbesondere durch die Befürwortung als Regelbeispiel erfasst ist. Hierdurch wird klargestellt, dass es Anhaltspunkte geben muss, dass die Person tatsächlich Gewalt anwenden, unterstützen, vorbereiten oder hervorrufen will.[761]

Weiterhin sollen Kontaktpersonen im neuen ATDG nicht mehr eigenständig recherchierbar, sondern nur noch als erweiterte Grunddaten mit den zur Identifizierung und Kontaktaufnahme notwendigen Elementardaten zur jeweiligen Hauptperson gespeichert werden.[762] Hierdurch soll der mit der Speicherung verbundene Grundrechtseingriff den Vorgaben des Bundesverfassungsgerichts entsprechend vermindert werden. Daher ist die Nennung der Kontaktpersonen bei den zu speichernden Daten in § 2 ATDG zu streichen gewesen. Die inhaltlich unveränderte Definition der Kontaktpersonen wird stattdessen im neuen § 3 Abs. 2 ATDG vorgenommen, der die Art der Speicherung von Kontaktpersonen nach § 3 Abs. 1 Nr. 1 lit. a Doppelbuchstabe oo konkretisiert.[763]

In § 5 Abs. 1 S. 2 Nr. 1 lit. b ATDG a.F. wird die Angabe „§ 2 Satz 1 Nr. 4" durch „§ 2 Satz 1 Nummer 3" ersetzt. Es handelt sich dabei um eine Folgeänderung zum geänderten § 2 ATDG.

758 Vgl. BVerfGE 133, 277, 336 ff., Rn. 139 ff.
759 BVerfGE 133, 277, 340, Rn. 147.
760 BT Drs. 18/1565, S. 13.
761 BT Drs. 18/1565, S. 13.
762 BVerfGE 133, 277, 349 f., Rn. 165.
763 BT Drs. 18/2902, S. 11 f.

§ 5 Abs. 1 ATDG wird um Satz 5 dahingehend ergänzt, dass bei einer Suche nur in den erweiterten Grunddaten ohne Angabe eines Namens („Inverssuche") im Trefferfall nur Zugriff auf die Informationen gem. § 3 Abs. 1 Nr. 3 ATDG gewährt werden darf. Dadurch wird sichergestellt, dass keine sog. Inverssuche über erweiterte Grunddaten möglich ist, indem allein durch die Eingabe von Suchbegriffen in den Feldern der erweiterten Grunddaten Namen von gespeicherten Personen ausgegeben werden.[764]

Der Zugriff auf solche Informationen muss unter Verhältnismäßigkeitsgesichtspunkten deshalb deutlich beschränkter bleiben, als in Bezug auf die einfachen Grunddaten.[765]

Weiterhin gilt dieser Satz 5 entsprechend, wenn die Suche trotz Angabe eines Namens mehrere Treffer erzeugt.

Hinsichtlich der Datenkategorien nach § 3 Abs. 1 Nr. 1 lit. b Doppelbuchstabe gg, hh, ii, kk und nn ATDG wird gem. § 3 Abs. 4 S. 1 ATDG zur Gewährleistung der notwendigen Transparenz, eine Konkretisierung durch eine veröffentlichungspflichtige Verwaltungsvorschrift des Bundeskriminalamts eingeführt.[766] Für die genannten Merkmale hatte der Gesetzgeber sicherzustellen, dass die für ihre Anwendung erforderlichen Konkretisierungen durch die Verwaltung dokumentiert und veröffentlicht werden.[767]

§ 6 ATDG wird geändert, weiterhin wird ein § 6 a ATDG eingefügt, der Vorschriften zur erweiterten projektbezogenen Datennutzung enthält.

Zudem wird im neuen § 9 Abs. 3 ATDG geregelt, dass das Bundeskriminalamt dem Bundestag und der Öffentlichkeit alle drei Jahre, erstmalig zum 1. August 2017, über den Datenbestand und die Nutzung der ATD berichten muss. Darüberhinaus sollen die Datenschutzbeauftragten des Bundes und der Länder im Rahmen ihrer jeweiligen Zuständigkeit mindestens alle zwei Jahre die Durchführung des Datenschutzes kontrollieren, vgl. § 10 Abs. 2 ATDG.[768]

Um sicherzustellen, dass kein unmittelbarer Zugriff auf personenbezogene Daten innerhalb eines Datensatzes erfolgt, die durch verdeckte Eingriffe in Art. 10 oder 13 GG oder das Grundrecht auf Gewährleistung der Vertraulichkeit und Integrität informationstechnischer Systeme gewonnen wurden, wird durch den neuen § 4 Abs. 3 ATDG gewährleistet, dass solche Daten nur verdeckt

---

764 BT Drs. 18/1565, S. 13.
765 BVerfGE 133, 277, 363, Rn. 199.
766 BT Drs. 18/1565, S. 13.
767 BVerfGE 133, 277, 354 f., Rn. 178.
768 BT Drs. 18/1565, S. 13.

eingestellt werden dürfen.[769] Wegen des besonderen Schutzgehalts der Grundrechte der Art. 10 und 13 GG gelten für Datenerhebungen besonders hohe Anforderungen.[770]

Durch die Neueinfügung des § 4 Abs. 3 ATDG werden diese Daten der anfragenden Behörde außerhalb des Eilfalls nach § 5 Abs. 2 ATDG erst angezeigt, wenn die Behörde, die die Daten besitzt, aufgrund einer Anfrage das Vorliegen der Voraussetzungen für die Übermittlung geprüft und die Daten freigegeben hat.[771]

cc. Die Antiterrordatei und die Übermittlungsvorschriften der Spezialgesetze

Die Übermittlung von Informationen zwischen Polizei und Nachrichtendiensten erfolgt nach den Übermittlungsvorschriften der Fachgesetze. Dabei findet eine Übermittlung immer nur im Einzelfall und auf ein konkretes Ersuchen einer anfragenden Behörde hin statt, die dabei an die für sie jeweils geltenden gesetzlichen Vorgaben und Befugnisse gebunden ist.[772]

Im Unterschied zu der Übermittlung auf Grundlage der fachgesetzlichen Übermittlungsvorschriften geht es bei der ATD im Grundsatz um die Informationsanbahnung.

(1) Aussagen des Bundesverfassungsgerichts hinsichtlich der Anforderungen an die fachgesetzlichen Übermittlungsvorschriften

Das Bundesverfassungsgericht stellt hinsichtlich der einfachen Grunddaten fest, dass die ATD zu keinem Informationsaustausch selber führt, sondern diesen nur vorbereitet. Erst recht wird dies angenommen für den Zugriff auf die erweiterten Grunddaten.[773]

Für einen Austausch von Daten zur unmittelbaren Nutzung für die Aufklärung und Bekämpfung des internationalen Terrorismus außerhalb des Eilfalles fange das ATDG nach Ansicht des Gerichts die geringen Anforderungen an die Informationsanbahnung im Vorfeld, nämlich das Kriterium der Erforderlichkeit in § 5 Abs. 1 ATDG, „durch Verweis auf die differenzierteren Grenzziehungen bei der Datenübermittlung auf."[774]

---

769 BT Drs. 18/1565, S. 13.

770 BVerfGE 133, 277, 372 f., Rn. 225.

771 Vgl. dazu insgesamt: BT Drs. 18/1565, S. 5 ff., 12; BT Drs. 18/2902, S. 3 ff.; 11 f.

772 Vgl. *Volkmann*, Verbund oder Trennung- Zu einem neuen Verhältnis von Polizei und Nachrichtendiensten, JURA 2014, S. 820, 821.

773 Vgl. BVerfGE 133, 277, 329 f., Rn. 125.

774 Vgl. BVerfGE 133, 277, 330 f., Rn. 126.

Weiterhin führt es aus, dass sich die Übermittlungsvorschriften „nicht mit vergleichbar niederschwelligen Voraussetzungen wie der Erforderlichkeit für die Aufgabenwahrnehmung oder der Wahrung der öffentlichen Sicherheit begnügen [müssen].“[775]

Grundsätzlich gibt das Bundesverfassungsgericht, wie bereits dargestellt, für einen Austausch von Daten zwischen Polizeibehörden und Nachrichtendiensten vor, dass dieser für ein mögliches operatives Tätigwerden einem herausragenden öffentlichen Interesse dienen müsse, das den Zugriff auf Informationen unter den erleichterten Bedingungen, wie sie den Nachrichtendiensten zu Gebot stehen, rechtfertigt. Es setzt voraus, dass dies durch hinreichend konkrete und qualifizierte Eingriffsschwellen auf der Grundlage normenklarer gesetzlicher Regelungen gesichert sein müsse. Weiterhin dürfen nach Ansicht des Bundesverfassungsgerichts auch die Eingriffsschwellen für die Erlangung der Daten hierbei nicht unterlaufen werden.[776]

Das Gericht stellt somit an die Übermittlungsvorschriften die Anforderungen, dass in diesen festgelegt sein muss, dass eine Übermittlung zu operativen Zwecken nur im Falle eines herausragenden öffentlichen Interesses möglich sein darf, und die Eingriffsschwellen für die Behörden, die die Daten empfängt, nicht unterlaufen werden dürfen, was der Fall wäre, wenn der empfangenen Behörde die Daten nicht zur Verfügung stehen würden. Dies könnte beispielsweise der Fall sein, wenn die Polizeibehörden Daten erhalten, auf die sie selber aufgrund der höheren Erhebungsschwelle keinen Zugriff erhalten könnte. Diese Eingriffsschwellen müssen nach den Aussagen des Bundesverfassungsgerichts durch die fachgesetzlichen Übermittlungsvorschriften gewährleistet sein.

In dem Verweis auf die „niederschwelligen Voraussetzungen“[777] der Fachgesetze und auch in dem Hinweis zur Überprüfung einzelner Übermittlungsvorschriften wird die Kritik des Bundesverfassungsgericht an den entsprechenden ursprünglichen Übermittlungsvorschriften der Spezialgesetze deutlich.[778]

---

775 BVerfGE 133, 277, 330 f., Rn. 126.

776 BVerfGE 133, 277, 329, Rn. 123.

777 BVerfGE 133, 277, 330f., Rn. 126.

778 Vgl. ua. *Töpfer,* Informationsaustausch zwischen Polizei und Nachrichtendiensten strikt begrenzen, S. 13; weiterhin kritische Betrachtung hinsichtlich der Übermittlungsvorschriften ua *Arzt,* Schriftliche Stellungnahme, Innenausschuss A-Drs. 18(4)144 A, S. 2 f.

(2) Bewertung der bisherigen Umsetzungen nach dem Urteil des Bundesverfassungsgerichts zur ATD und weiterer Reformierungsbedarf

Die Hinweise des Bundesverfassungsgerichts bzgl. der Bedenklichkeit der einfachgesetzlichen Übermittlungsvorschriften wurden bei der Änderung des BVerfSchG, wie beschrieben, bereits berücksichtigt. Im Folgenden soll nun betrachtet werden, ob es weiterer Änderungen bedarf.

Ausgangspunkt der Änderung war die Herleitung und explizite Nennung des informationellen Trennungsprinzips durch das Bundesverfassungsgericht. Die Übermittlungsvorschriften der Fachgesetze müssen diesem Prinzip gerecht werden.

Das Trennungsprinzip, hergeleitet aus dem Grundrecht auf informationelle Selbstbestimmung und begründet mit den unterschiedlichen Aufgaben von Polizeibehörden und Nachrichtendiensten, beansprucht grundsätzlich Geltung. Ein Datenaustausch zur operativen Aufgabenwahrnehmung kann aber ausnahmsweise zulässig sein, wenn er einem herausragenden öffentlichen Interesse dient.

Der Vorgabe für die Übermittlung des herausragenden öffentlichen Interesses wird der neue § 19 Abs. 1 BVerfSchG sowohl durch die Konkretisierungen in S. 1 als auch durch die Ergänzung des S. 2 um die Einschränkung auf Übermittlungen von Daten für erhebliche Zwecke im Gegensatz zum § 19 Abs. 1 BVerfSchG a.F. gerecht. Durch den Ausschluss von Bagatellen mittels Einfügung der „Erheblichkeit" der Zwecke für die öffentliche Sicherheit wird die Schwelle auf ein ausreichendes Maß erhöht.

Die Vorgaben, die durch das Bundesverfassungsgericht formuliert wurden, wurden bereits genannt.

Fraglich ist, inwieweit das Bundesverfassungsgericht in der gesetzlichen Regelung eine Übermittlungsschwelle als notwendig voraussetzt, die sich eben aus der Wahrnehmung der unterschiedlichen Aufgaben von Polizeibehörden und Nachrichtendiensten, und damit in Zusammenhang mit den verschiedenen Erhebungsschwellen ergeben, und inwieweit die neue Fassung des § 19 Abs. 1 BVerfSchG diesen Vorgaben gerecht wird.

Generell ist es als notwendig anzusehen, bei der Beurteilung der Übermittlungsvorschriften zu differenzieren. Handelt es sich um personenbezogene Daten aus allgemein zugänglichen Quellen, die auch die Strafverfolgungsbehörden erheben dürfen oder um Erkenntnisse aus kurzfristigen Observationen, für die auch keine weiteren Erhebungseinschränkungen gelten, sollte kein Bedarf weiterer Voraussetzungen bestehen, die die Übermittlungsvorschrift enthalten muss, um den Vorgaben zu entsprechen. Jedoch ist es als unumgänglich zu bewerten, dass bei personenbezogenen Daten, die mit Hilfe von nachrichtendienstlichen

Mitteln gem. § 8 Abs. 2 BVerfSchG erhoben wurden, höhere Schwellen zur Übermittlung beachtet werden müssen.[779]

Durch das Einfügen der Konkretisierungen in § 19 Abs. 1 BVerfSchG, insbesondere den Nrn. 2 bis 4, kann diesen Vorgaben Genüge getan werden.

In Bezug auf Nr. 2, deren Zweck die Abwehr einer im Einzelfall bestehenden Gefahr für die genannten Schutzgüter ist, kann dies im Hinblick darauf, dass etwa § 28 BPolG polizeiliche Befugnisse zur Datenerhebung mit besonderen Mitteln auf den Schutz der in Nr. 2 genannten Schutzgüter stützt, uneingeschränkt bejaht werden. Des Weiteren sind bei der Ermessensausübung die generellen Erwägungen, wie die Beachtung des Grundsatzes der Verhältnismäßigkeit, die Allgemeininteressen, aber auch die Wahrscheinlichkeit der Realisierung einer Störung und das Erkenntnisinteresse mit einzubeziehen.

Auch kann dies für die Nrn. 3 und 4 bejaht werden. Vor allem ist die Notwendigkeit der Verhütung der dort genannten Straftaten von erheblicher Bedeutung zu nennen, wovon sowohl Verbrechen als auch schwerwiegende Vergehen umfasst sind. In diesem Zusammenhang kann eine Übermittlung der Erforschung von Gefahrenlagen dienen, wie auch einige der polizeilichen Befugnisse. Beispielsweise ist hier die Erstellung von Gefährdungslagebildern als Grundlage für eine Analyse anzuführen.[780]

Zu bewerten ist an dieser Stelle, ob durch die Festlegung dieser Schwellen höhere gesetzlich geregelte Erhebungsschwellen der empfangenen Behörde nicht unterlaufen werden.

Zunächst könnte für ein Unterlaufen von Erhebungsschwellen sprechen, dass es durch die Neufassung des § 19 Abs. 1 S. 1 BVerfSchG insgesamt zulässig ist, personenbezogene Daten, die mit nachrichtendienstlichen Mitteln erhoben wurden, zur Verfolgung aller Straftaten von erheblicher Bedeutung zu übermitteln, obwohl teilweise Erhebungsvorschriften eingeschränkt werden und diese Erhebungsgrenzen dadurch umgangen und so auch für andere Zwecke zugänglich gemacht werden. Vor allem wird § 100 f StPO als Beispiel herangeführt.[781]

Weiterhin kann angeführt werden, dass die in den Fachgesetzen für die Übermittlung festgelegten Erhebungsschwellen nicht mit den für spezielle

779 Vgl. im Einzelnen auch: Bericht des Bundesinnenministeriums zur Auswirkung des Urteils vom 24. April 2013, S. 36.

780 Gesetzesbegründung BT-Drs. 18/4654, S. 34.

781 *Bergemann,* Die Freiheit im Kopf? – Neue Befugnisse für die Nachrichtendienste, NVwZ 2015, S. 1705, 1707 f.

Maßnahmen geltenden Schwellen identisch sind und dadurch dennoch ein Unterlaufen der Erhebungsschwellen vorliegen kann.

Dem zweiten Argument kann entgegengehalten werden, dass es für die Übermittlungsschwellen nicht auf eine ganz genaue Abbildung einfachgesetzlicher Erhebungsschwellen ankommt. Denn der Übermittlung geht eine Auswertung voraus, sodass der Übermittlungsgegenstand am Ende nicht mehr die gleiche Streuungsintensität hat, wie etwa, wenn über längere Zeit nicht gezielte Informationen erhoben werden, sondern beschränkt ist, nämlich auf die „Erfüllung der Empfängeraufgaben". Dadurch ergibt sich ein anderer Maßstab für die Bewertung. Weiterhin ist dem hinzuzufügen, dass einfaches Polizeirecht kein verfassungsrechtlicher Prüfungsmaßstab ist, und sich die Erhebungsschwellen aus der Verfassung ergeben.[782]

Gegen das erstgenannte Argument kann weiterhin angeführt werden, dass die Schwelle in der Neufassung des § 19 Abs. 1 S. 1 BVerfSchG schon hoch angesetzt ist, da es eben um Straftaten von erheblicher Bedeutung geht, und die Verhinderung und Verfolgung dieser Straftaten von essentieller Bedeutung für die öffentliche Sicherheit und Ordnung und damit die freiheitlich demokratische Grundordnung ist. Die Kritik greift zu weit, da schon in der Einschränkung auf Straftaten von erheblicher Bedeutung eine wesentliche Eingrenzung auf Verbrechen und schwerwiegende Vergehen, also Straftaten, die im Einzelfall mindestens dem Bereich der mittleren Kriminalität zuzurechnen sind[783], durch die der Rechtsfrieden empfindlich gestört wird und die dazu geeignet sind, das Gefühl der Rechtssicherheit erheblich zu beeinträchtigen, zu sehen ist.[784] In § 100 f Abs. 1 StPO findet sich der Verweis auf § 100 a Abs. 2 StPO, der die Straftaten aufführt, bei denen eine Erhebung nach § 100 f StPO zulässig sein soll. Auch in § 100 a Abs. 2 StPO finden sich zahlreiche Vorschriften, die das Argument der Möglichkeit künftig zur Verfolgung „aller" Straftaten von erheblicher Bedeutung, Daten zu übermitteln relativieren lassen, da auch die dort aufgeführten Straftaten als von erheblicher Bedeutung zu beurteilen sind und insofern durch § 19 BVerfSchG keine niedrigeren Erhebungsschwellen festgelegt werden, die eine Umgehung bedeuten.

---

782 Bericht des Bundesinnenministeriums zur Auswirkung des Urteils vom 24. April 2013, S. 32; vgl. auch *Marscholleck*, Das Gesetz zur Verbesserung der Zusammenarbeit im Bereich des Verfassungsschutzes, NJW 2015, S. 3611, 3614.

783 Gesetzesbegründung BT-Drs. 18/4654, S. 34.

784 Vgl. BT-Drs. 16/5846, S. 40.

Weiterhin kann durch § 19 Abs. 1 S. 1 BVerfSchG dem Einzelfall Rechnung getragen werden. Diese Norm trägt so auch zur Effektivität der Arbeit der Sicherheitsbehörden bei. Auch muss die Übermittlung im Einzelfall dem Grundsatz der Verhältnismäßigkeit gerecht werden, und ist damit an verfassungsrechtlichen Maßstäben zu messen.

Weiterhin ist auch hier das Argument der Streuungsintensität anzuführen, da die Informationen so bereits vorgefiltert sind und nur die, die für den Empfänger zur Erfüllung seiner Aufgabe erforderlich sind, übermittelt werden dürfen. Der Übermittlungsgegenstand hat dann gerade nicht mehr die Streuung, wie der zugrunde liegende Erhebungseingriff.[785]

Dies spricht auch dagegen für die Regelungen, die ihrerseits schon eingeschränkt sind, Übermittlungsausnahmen zu formulieren, da die zu übermittelnde Information ganz anders zu bewerten ist, als die erhobene. Die Einschränkung der Datenerhebung gem. § 100 f StPO auf die in § 100 a Abs. 2 genannten Straftaten rührt gerade aus der Streuungsintensität und damit der Grundrechtsbelastung, die ein nicht öffentlich gesprochenes Wort hat.

Um dem Bestimmtheitsgrundsatz gerecht zu werden und auch der übermittelnden Behörde die Anwendung der Norm handhabbarer zu machen, aber die Effektivität nicht zu beeinträchtigen, könnte ein Straftatenkatalog formuliert werden, der nicht abschließend sein muss, um dem Einzelfall gerecht werden zu können, in welchen Fällen eine Übermittlung zulässig sein soll.

In einigen Bundesländern wird in den Übermittlungsvorschriften auf § 100 a StPO und andere Normen verwiesen.[786] Dies führt dazu, dass ein genauer

---

785 Vgl. Bericht des Bundesinnenministeriums zur Auswirkung des Urteils vom 24. April 2013, S. 32.

786 Gem. § 14 Nr. 2 des Landesverfassungsschutzgesetzes Rheinland-Pfalz darf die Verfassungsschutzbehörde zu anderen Zwecken als zur Erfüllung ihrer Aufgaben personenbezogene Daten nur an die Staatsanwaltschaften und die Polizeibehörden zur Verfolgung von Staatsschutzdelikten, den in § 100 a StPO und § 131 StGB genannten Straftaten und sonstigen Straftaten im Rahmen der organisierten Kriminalität übermitteln. Staatsschutzdelikte sind die in den §§ 74 a und 120 GVG genannten Straftaten sowie sonstige Straftaten, bei denen auf Grund ihrer Zielsetzung, des Motivs der Täterin oder des Täters oder der Verbindung zu einer Organisation tatsächliche Anhaltspunkte dafür vorliegen, dass sie gegen die in Art. 73 Nr. 10 Buchst. b oder c GG genannten Schutzgüter gerichtet sind. Weiterhin gem. § 14 Nr. 3 darf die Verfassungsschutzbehörde personenbezogene Daten nur an die Polizei- und Ordnungsbehörden übermitteln, soweit sie gefahrenabwehrend tätig sind, wenn dies zur Erfüllung der Aufgaben der empfangenden Stelle erforderlich ist und die Übermittlung zur Abwehr einer im Einzelfall bestehenden erheblichen Gefahr oder zur vorbeugenden

Maßstab vorliegt, an dem sich orientiert werden kann, damit auch das Trennungsgebot Sicherungen vor jeder möglichen Umgehung erhält. Bei der Umsetzung einer solchen Lösung im BVerfSchG sollte jedoch beachtet werden, dass ein abschließender Katalog im Einzelfall problematisch sein kann.

Bezüglich § 20 BVerfSchG ist anzumerken, dass alleine durch den Schutzzweck, den Vorgaben hinsichtlich des informationellen Trennungsprinzips hinreichend Rechnung getragen wird.

An der Regelung des § 23 BVerfSchG, der die Übermittlungsverbote beinhaltet, bestehen Bedenken hinsichtlich der Durchsetzung. Zum einen scheint die Regelung, dass die übermittelnde Stelle die Entscheidung über das Unterbleiben selber trifft, sehr offen, da noch bestehende Unsicherheiten in der Regel dazu führen, dass die Lage in dem Moment nicht hinreichend erkennbar ist[787] und Daten damit übermittelt werden. Zum anderen fehlt es an der Festlegung der Konsequenzen einer Nichtbeachtung der Norm.

Auch wenn davon ausgegangen wird, dass der Informationsaustausch im Verfassungsschutzbund nicht von jedweder vorangegangenen Bewertung abhängen soll[788] und auch davon, dass bei einer unzulässigen Übermittlung die Daten nicht genutzt werden dürfen und vernichtet werden müssen[789], erscheint die Norm, vor allem, weil sie in der Gesetzesbegründung zur Neufassung des BVerfSchG als ausdrückliche Übermittlungsschranke bezeichnet wird[790], unter rechtsstaatlichen Gesichtspunkten betrachtet, abschließend als nicht hinreichend und oberflächlich.

Zusammenfassend lässt sich sagen, dass die Veränderung der Art und Weise eines Austauschs der Daten im Einzelfall eine deutliche Entwicklung eines umfassenden ganzheitlichen Sicherheitsrechts zeigt, welches darauf gerichtet ist – unter umfassender Beachtung der Freiheitsrechte – einem größeren Ausmaß an Gefahren entgegentreten zu können und nicht nur punktuell einzelne Gefahren zu verhindern. Auch die Neuformulierung des § 19 BVerfSchG

Bekämpfung der in Nummer 2 genannten Straftaten oder von Verbrechen, für deren Vorbereitung konkrete Hinweise vorliegen, dient. Vgl. dazu auch § 19 Abs. 2 Landesverfassungsschutzgesetz Schleswig-Holstein.

787 Vgl. *Bock* in: *Schenke/Graulich/Ruthig*(Hrsg.), Sicherheitsrecht des Bundes, Kommentar, § 23, Rn. 3.

788 Vgl. *Bock* in: *Schenke/Graulich/Ruthig*(Hrsg.), Sicherheitsrecht des Bundes, Kommentar, § 23, Rn. 1.

789 *Bock* in: *Schenke/Graulich/Ruthig*(Hrsg.), Sicherheitsrecht des Bundes, Kommentar, § 23, Rn. 3.

790 Gesetzesbegründung BT-Drs. 18/4654, S. 32.

durch das Gesetz zur Verbesserung der Zusammenarbeit im Bereich des Verfassungsschutzes verdeutlicht, dass die Verbesserung der Zusammenarbeit der Sicherheitsbehörden für eine effektive Gefahrabwehr und Gefahraufklärung unerlässlich ist, aber auch den Freiheitsrechten Rechnung tragen kann, indem das informationelle Trennungsprinzip und insbesondere die Erhebungs- und Übermittlungsschwellen beachtet werden. Weiterhin kann durch klar formulierte Übermittlungsverbote im Einzelfall der Freiheitsschutz erhöht werden.

Auch einige Gesetze der Länder im Bereich des Verfassungsschutzes müssen hinsichtlich der Übermittlungsvorschriften überarbeitet werden.

b. Bewertung und Kritik an der ATD und dem Urteil des Bundesverfassungsgerichts in Bezug auf das Trennungsgebot

aa. Kritische Auseinandersetzung in der Literatur und Politik mit der ATD und dem Urteil des Bundesverfassungsgerichts in Bezug auf das Trennungsgebot

Das Bundesverfassungsgericht hat mit seinem Urteil einige klare Aussagen hinsichtlich der Trennung von Polizei und Nachrichtendiensten getroffen. Danach gibt es ein informationelles Trennungsprinzip, welches sich aus dem Grundrecht auf informationelle Selbstbestimmung herleiten lässt. Ein Informationsaustausch zwischen der Polizei und den Sicherheitsbehörden zur operativen Aufgabenwahrnehmung ist aufgrund des schweren Eingriffsgewichts grundsätzlich untersagt, kann jedoch im Einzelfall, und zwar nur, wenn er einem herausragenden öffentlichen Interesse dient, unter ganz bestimmten strengen Voraussetzungen gerechtfertigt sein.[791]

Die Antiterrordatei bietet den Sicherheitsbehörden die Möglichkeit, sich schnell und einfach Kenntnis darüber zu verschaffen, ob bei anderen Sicherheitsbehörden relevante Informationen zu bestimmten Personen aus dem Umfeld des internationalen Terrorismus vorliegen. Damit verbunden ist ebenfalls die Möglichkeit schnellerer Gefahreinschätzungen.[792]

Das Gericht betont dabei hinsichtlich des dadurch entstehenden Eingriffsgewichts der ATD, dass dieses dadurch gemindert sei, dass sie als Verbunddatei ausgestaltet und damit in ihrem Kern auf die Informationsanbahnung beschränkt ist und eine Nutzung der Daten zur operativen Aufgabenwahrnehmung nur in dringenden Ausnahmefällen vorsieht.[793]

Diese Kernaussage des Urteils lässt zugleich Raum für Kritik.

---

791 BVerfGE 133, 277, 329, Rn. 123.
792 BVerfGE 133, 277, 321, Rn. 106.
793 BVerfGE 133, 277, 329, Rn. 124.

(1) Grundsätzliche Bedenken an den Strukturen der ATD im Hinblick auf die informationelle Trennung

(a) Möglichkeit der Inverssuche

Vor der Gesetzesänderung bestand in § 5 Abs. 1 S. 2 Nr. 1 a ATDG a.F. die Möglichkeit der merkmalbezogenen Recherche in den erweiterten Grunddaten. Der abfragenden Behörde wurde dadurch unmittelbarer Zugang zu den entsprechenden einfachen Grunddaten i.S.d. § 3 Abs. 1 Nr. 1 a ATDG möglich. Es wurde nicht lediglich eine Fundstelle zu weiterführenden Informationen geliefert.

Das Bundesverfassungsgericht erklärte die Möglichkeit der Recherche als zu weit und deshalb für verfassungswidrig. Indem der Gesetzgeber bei Recherchen in den erweiterten Grunddaten im Trefferfall zugleich Zugriff auf die einfachen Grunddaten als Klarinformationen gewähre, nähme er nach Ansicht des Bundesverfassungsgerichts für die merkmalbezogenen Recherchen die Einschränkungen, die aufgrund der inhaltlichen Weite der erweiterten Grunddaten bestehen, in erheblichem Umfang zurück.[794]

Eine Regelung müsse nach Auffassung des Gerichts so ausgestaltet sein, dass nur das Aktenzeichen und die Behörde, die die Information führt, angezeigt werden, wenn eine Recherche auch innerhalb der erweiterten Grunddaten stattfinde.[795]

Diese Einschränkung durch das Bundesverfassungsgericht wird von Kritikern als unzulänglich bezeichnet. Das Gericht nehme keine weiteren Einschränkungen bzgl. verschiedener Datenarten vor.[796]

(b) Besonderes Eingriffsgewicht der Eilfallregelung, § 5 Abs. 2, § 6 Abs. 2 ATDG

Gem. § 5 Abs. 2 S. 1 ATDG darf die abfragende Behörde im Falle eines Treffers unmittelbar auf die erweiterten Grunddaten zugreifen, wenn dies aufgrund bestimmter Tatsachen zur Abwehr einer gegenwärtigen Gefahr für Leib, Leben, Gesundheit oder Freiheit einer Person oder für Sachen von erheblichem Wert, deren Erhaltung im öffentlichen Interesse geboten ist, unerlässlich ist, und die Datenübermittlung aufgrund eines Ersuchens nicht rechtzeitig erfolgen kann.

794 BVerfGE 133, 277, 363 f., Rn. 199.

795 BVerfGE 133, 277, 364, Rn. 200.

796 Vgl. *Plöse*, Warum die ATD-Novelle mit der Sicherheitsverfassung des Grundgesetzes unvereinbar ist, Vorgänge 2014, Nr. 208, S. 153 ff.; weiterführend dazu auch *Zierke*, Stellungnahme BT v. 22. September 2014 hingewiesen, Protokoll-Nr. 18/22, S. 16.

An dieser Regelung und auch an der Rechtsprechung des Bundesverfassungsgerichts wurde und wird weiterhin viel Kritik geübt.

Die Kritik bezieht sich vor allem darauf, dass durch die Eilfallregelung des § 5 Abs. 2 ATDG die Möglichkeit bestehe, dass auch in Fällen, die keine Eilfälle darstellen, auf die erweiterten Grunddaten zurückgegriffen wird, und der Anwendungsbereich des Eilfalles damit unbegrenzt wäre. Dadurch bestehe die Möglichkeit, dass das Zweckbindungsgebot missachtet werden könnte.[797]

Weiterhin wurde kritisch angemerkt, dass das Gesetz zum einen keinen unmittelbaren Zusammenhang zwischen Gefahr und Bekämpfung des internationalen Terrorismus voraussetzt. Zum anderen würde bei wörtlicher Anwendung des Gesetzes ein Zugriff auch schon für die Abwehr einer drohenden einfachen Körperverletzung möglich sein.[798]

Auch wird der Evaluationsbericht angeführt[799], nach dem der Eilfallregelung des ATDG ohnehin keine große Bedeutung zukommt, da der Austausch der Daten auch durch die fachgesetzlichen Übermittlungsvorschriften möglich sei.[800]

Überdies bestehen hinsichtlich des hohen Eingriffsgewichts Bedenken an der Effizienz der Regelung, die aufgrund der besonderen Schwere des Eingriffs umso schwerwiegender sind. Insbesondere die Eilfallregelung wurde auch vom Bundesrat in seiner Stellungnahme[801] kritisiert. Der Evaluationsbericht[802] wies die praktische Bedeutung dieser Regelung mit einer Anwendung zwischen 1.8.2007 und 1.8.2011 als sehr gering aus, womit bei 300.000 durchgeführten Suchanfragen für den Bundesrat keine praktische Bedeutung erkennbar war. Selbst im einzigen Anwendungsfall war fraglich, ob überhaupt die Voraussetzungen erfüllt waren.

---

797 *Wolff/Scheffczyk*, Verfassungsrechtliche Fragen der gemeinsamen Antiterrordatei von Polizei und Nachrichtendiensten, Juristische Arbeitsblätter 2008, S. 81, 87.

798 Vgl. *Ruhmannseder*, Informationelle Zusammenarbeit von Polizeibehörden und Nachrichtendiensten, StraFo 2007, S. 184, 189; *Wolff/Scheffczyk*, Verfassungsrechtliche Fragen der gemeinsamen Antiterrordatei von Polizei und Nachrichtendiensten, Juristische Arbeitsblätter 2008, S. 81, 87.

799 Ua. *Arzt*, Schriftliche Stellungnahme, Innenausschuss A-Drs. 18(4) 144 A, S. 10; So auch *Rossi*, Schriftliche Stellungnahme, Innenausschuss A-Drs.18(4)144 F, S. 11.

800 Bericht zur Evaluierung des Antiterrordateigesetzes vom 07. März 2013, BT-Drs. 17/12665 (neu), S. 46.

801 922. Sitzung am 23.5.2014; BT-Drs. 18/1565 Anlage 3.

802 BT-Drs. 17/12665 (neu).

Zum Teil wird kritisiert, dass die Eilfallregelung vom Bundesverfassungsgericht – und später auch vom Gesetzgeber – nicht gestrichen wurde.[803]

(2) Reduzierung auf ein Instrument zur Informationsanbahnung
Vor allem wird Kritik an dem Urteil des Bundesverfassungsgerichts daran geübt, dass das Gericht die ATD als Instrument zur Vorbereitung eines Informationsaustausches einschätzt. Nach diesen kritischen Ansichten gehe das Gericht zur Rechtfertigung des Grundrechtseingriffs durch die ATD so vor, dass es die ATD von einem Instrument des automatisierten Datenaustausches auf ein Informationsanbahnungsinstrument „reduziere" und damit abmildere und direkt den Charakter eines automatisierten Datenaustausches ausschließe. Auch würden damit die weiteren Probleme ausgeblendet.[804]

Insbesondere auch das Ersetzen der Datenübermittlungen im Einzelfall in einen regelhaften Austausch von Daten zwischen den Behörden wird hinsichtlich der ATD und der RED als problematisch angesehen.[805] Denn Datenübermittlungen zwischen den Behörden müssen einzelfallbezogen und nicht „regelhaft-standardisiert" erfolgen[806], da sonst die anderen Aspekte der Trennung unterlaufen werden können.[807] Eine Beeinträchtigung des Trennungsgebots durch eine gemeinsam geführte Datei, trotz Differenzierung von Zugriffsregelungen für die jeweiligen Datenarten, folge zumindest dann, wenn eine grundsätzliche Pflicht zur Datenübermittlung durch die jeweiligen Sicherheitsbehörden vorgesehen sei.[808] Es könne dann nämlich keine Überprüfung im Einzelfall mehr erfolgen, so dass für die jeweils andere Behörde nicht mehr ersichtlich sei, in welchem Zusammenhang bestimmte Daten gespeichert wurden und somit der ursprüngliche Bedeutungshintergrund verwischt würde.[809]

---

803 *Rossi*, Schriftliche Stellungnahme, Innenausschuss A-Drs. 18(4)144 F, S. 11; *Plöse*, Warum die ATD-Novelle mit der Sicherheitsverfassung des Grundgesetzes unvereinbar ist, Vorgänge 2014, Nr. 208, S. 153 ff.;

804 *Will* in Nolte/Poscher/Wolter, Der automatisierte Datenaustausch zwischen Polizei und Nachrichtendiensten im Urteil des Bundesverfassungsgerichts zum Antiterrordateigesetz, Freudesausgabe für Bernhard Schlink, S. 429, 439.

805 *Petri*, Die Antiterrordatei, S. 3, 8.

806 *Petri*, Die Antiterrordatei, S. 3, 5.

807 *Roggan/Bergemann*, Die „neue Sicherheitsarchitektur" der Bundesrepublik Deutschland- Anti-Terror-Datei, gemeinsame Projektdateien und Terrorismusbekämpfungsergänzungsgesetz, NJW 2007, S. 876 f.

808 *Petri*, Die Antiterrordatei, S. 3, 5.

809 *Petri*, Die Antiterrordatei, S. 3.

Die ATD und auch die RED sähen allerdings eine Pflicht zur Datenübermittlung vor, so dass die gemeinsamen Indexdateien das Trennungsgebot beeinträchtigen würden und die Differenzierung der verschiedenen Datenarten nur noch von nachrangiger Bedeutung wären.[810]

Auch wird Kritik an der Umsetzung der Vorgaben des Bundesverfassungsgerichts und der Neuregelungen durch den Gesetzgeber im Hinblick auf die grundsätzliche Ausgestaltung der ATD als Instrument zur Informationsanbahnung und damit auch hinsichtlich der Vorgaben, die an den Eingriff in das Grundrecht auf informationelle Selbstbestimmung gestellt werden und die damit auch das informationelle Trennungsprinzip betreffen, geübt.

§ 6 a ATDG verleiht danach der ATD einen über die Informationsanbahnung hinausgehenden Charakter und räumt den Behörden die Möglichkeit ein, außerhalb der Übermittlungsvorschriften zwischen Polizei und Nachrichtendiensten, neue Erkenntnisse aus der Datei zu „generieren" und auch Zusammenhänge zwischen Daten zu erfassen. Es wird in § 6 a ATDG die Gefahr gesehen, aus der Möglichkeit eines punktuellen Datenaustauschs durch eine Institutionalisierung einen flächendeckenden Datenaustausch zu ermöglichen und damit die Stützen der Aussagen des Bundesverfassungsgerichts bzgl. der Verfassungsmäßigkeit des ATDG – nämlich die Begrenzung auf ein Instrument der Informationsanbahnung – zu Fall zu bringen.[811]

(3) Relativierung des Trennungsprinzips durch Abwägung

Weiterhin wird der Weg des Bundesverfassungsgerichts, welches das informationelle Trennungsprinzip im Rahmen der Prüfung des Grundsatzes der Verhältnismäßigkeit heranzieht, kritisch betrachtet.

Dabei geht es vor allem um die Lösung der Fragen der informationellen Trennung auf der Ebene der Verhältnismäßigkeit.

Diese Lösung führe dazu, dass der zuvor vom Bundesverfassungsgericht festgestellte besonders schwere Grundrechtseingriff in den vom Bundesverfassungsgericht genannten Fällen, wie der Aufgabenwahrnehmung zu operativen Zwecken[812] und im Eilfall[813], und damit auch des grundrechtlichen Zweckbindungsgebots von Daten gegenüber einem herausragenden öffentlichen Interesse,

810 *Petri*, Die Antiterrordatei, S. 3, 5.

811 *Hörauf*, Das neue Antiterrordateigesetz, NVwZ 2015, S. 181, 185.

812 BVerfGE 133, 277, 329, Rn. 123.

813 BVerfGE 133, 277, 332, Rn. 129.

generell abwägbar wird, was im Endeffekt auch zur „Weg-Wägbarkeit“[814] des Gebots der Trennung führen könne.[815] Insbesondere der Terrorismus sei ein immer währendes Argument, dass grundsätzlich durchschlagen und damit jeden Grundrechtseingriff rechtfertigen könne.[816]

Weiterhin wird angeführt, dass das informationelle Trennungsgebot nicht mehr als eine Konkretisierung des Zweckentfremdungsverbots darstelle. Es sei damit keine Aussagen über die verfassungsrechtlichen Grenzen für den Gesetzgeber getroffen, inwieweit die Datenerhebung und die Datenverwendung von Polizei und Nachrichtendiensten in gleicher Weise geregelt werden können.[817]

Auch sei zu erkennen, dass das Gericht die Erwägungen zur Bestimmung der Eingriffsintensität systematisch gleichwohl auch gegen die Verhältnismäßigkeit der ATD hätte verwenden können. Es wird angeführt, dass das Gericht um der Notwendigkeit einer effektiven informatorischen Vernetzung der Sicherheitsbehörden willen, und auch um Widersprüchlichkeiten mit der vergangenen Rechtssprechungslinie zu umgehen, sich von den bisherigen Kriterien zur Bestimmung der Eingriffsintensität abwendete.[818]

Im Ergebnis ist hervorzuheben, dass der Eindruck der Umgehung, Relativierung und Abschwächung des Trennungsgebots zwischen Polizei und Nachrichtendiensten den zentralen Punkt der kritischen Auseinandersetzung darstellt,

(4) Fehlende Konkretisierung des Trennungsgebots durch das Bundesverfassungsgericht

Hinsichtlich der Aussagen des Bundesverfassungsgerichts zum Trennungsprinzip wird vor allem an der Offenheit und dem geringen Umfang in Bezug auf Aussagen zu dessen Gehalt Kritik geübt.

Das Bundesverfassungsgericht hat in seiner Entscheidung zum ATDG das einfachgesetzlich weitgehend praktizierte Trennungsprinzip zwischen Nachrichtendiensten und Polizei als grundlegende Umsetzung des grundrechtlich

---

814 *Plöse,* Was Karlsruhe nicht verbietet, macht Berlin nur dreister, Vorgänge 2014, Nr. 206/207, S. 122 ff. Vgl. auch *Will,* Das Bundesverfassungsgericht und die Anti-Terror-Datei, Vorgänge 2013, Nr. 201/202, S. 107.

815 *Plöse,* Was Karlsruhe nicht verbietet, macht Berlin nur dreister, Vorgänge 2014, Nr. 206/207, S. 122 ff.; vgl. auch *Will,* Das Bundesverfassungsgericht und die Anti-Terror-Datei, Vorgänge 2013, Nr. 201/202, S. 107.

816 *Will,* Das Bundesverfassungsgericht und die Anti-Terror-Datei, Vorgänge 2013, Nr. 201/202, S. 107.

817 *Will,* Das Bundesverfassungsgericht und die Anti-Terror-Datei, Vorgänge 2013, Nr. 201/202, S. 108 f.

818 *Tanneberger,* Eine Trendwende in der Sicherheitsverfassung?, VBlBW 2014, S. 41, 43.

geforderten informationellen Trennungsprinzips vorausgesetzt und zur Grundlage seiner Bewertung gemacht. Es hat jedoch keine expliziten weiteren Hintergründe zum Trennungsgebot genannt und weitere Fragen in Zusammenhang mit dem Trennungsgebot weiterhin offen gelassen. Aus fehlenden konkretisierenden Aussagen zum Trennungsgebot bzw. auch einer fehlenden klaren Rüge der Verletzung des informationellen Trennungsprinzips soll auch bzgl. des „Begriffs Trennungsprinzips" geschlossen werden, dass kaum noch eine Wirkung des Trennungsgebots übrig geblieben sei.[819]

Weiterhin wird angeführt, dass das Bundesverfassungsgericht die Chance verpasse, die grundsätzlichen verfassungsrechtlichen Probleme eines automatisierten Datenaustauschs zu prüfen und die Entwicklung eines Modells für eine verfassungsrechtliche Prüfung von Grundstrukturen von Dateien voranzutreiben. Das Gericht hätte sich ferner auch nicht über die Regelungskompetenzen des Gesetzgebers über die Befugnisse der an der Datei beteiligten Behörden geäußert, die weitere Aussagen über die verfassungsrechtliche Verankerung des Trennungsprinzips zuließen.[820] Das Kernproblem – das Unterlaufen der Trennung von Polizei und Nachrichtendiensten durch die ATD – bleibe durch die Entscheidung des Bundesverfassungsgerichts weiterhin unberührt, da diese nur die „schlimmsten Exzesse" korrigiere.[821]

Das Bundesverfassungsgericht nehme zusammenfassend mit der Reduzierung der Datei auf die Informationsanbahnung von vornherein den Charakter des automatisierten Datenaustausches und blendet damit weitere Probleme, die in der Wirkungsweise einer solchen Datei liegen, weitgehend aus, bzw. macht diese zu einem Problem der fachrechtlichen Übermittlungsvorschriften.[822]

---

819 So auch *Will*, Das Bundesverfassungsgericht und die Anti-Terror-Datei, Vorgänge 2013, Nr. 201/202, S. 109; *Will* in Nolte/Poscher/Wolter, Der automatisierte Datenaustausch zwischen Polizei und Nachrichtendiensten im Urteil des Bundesverfassungsgerichts zum Antiterrordateigesetz, Freudesausgabe für Bernhard Schlink, S. 429, 444; *Plöse*, Was Karlsruhe nicht verbietet, macht Berlin nur dreister, Vorgänge 2014, Nr. 206/207, S. 122.

820 Vgl. *Will* in Nolte/Poscher/Wolter, Der automatisierte Datenaustausch zwischen Polizei und Nachrichtendiensten im Urteil des Bundesverfassungsgerichts zum Antiterrordateigesetz, Freudesausgabe für Bernhard Schlink, S. 429, 443 f.

821 *Kasiske*, BVerfG erklärt Antiterrordatei für teilweise verfassungswidrig, NJW-Spezial 2013, S. 312, 313.

822 Vgl. *Will* in Nolte/Poscher/Wolter, Der automatisierte Datenaustausch zwischen Polizei und Nachrichtendiensten im Urteil des Bundesverfassungsgerichts zum Antiterrordateigesetz, Freudesausgabe für Bernhard Schlink, S. 429, 439.

(5) Versäumnis der Überprüfung einzelner Vorschriften

Weiterhin verortet das Bundesverfassungsgericht die Regelung des Austauschs der erweiterten Grunddaten gänzlich in den Übermittlungsregelungen der jeweiligen Fachgesetze. Dies führt nach kritischer Betrachtung dazu, dass das Gericht diese im Rahmen der Verfassungsbeschwerde weiterhin gänzlich nicht prüft.[823]

Das Gericht nennt die fachrechtlichen Übermittlungsvorschriften als geforderte gesetzliche Zweckänderungsregelungen, deren Voraussetzungen und Eingriffsschwellen für den erweiterten personenbezogenen Austausch der Daten gelten und setzt voraus, dass diese deshalb den Grenzen des informationellen Trennungsgebots entsprechen müssen. Es prüft die spezialgesetzlichen Übermittlungsvorschriften aber nicht auf deren Verfassungsmäßigkeit. Die Kritik lautet in diesem Zusammenhang, dass das Bundesverfassungsgericht diese im Rahmen des Normenkontrollverfahrens innerhalb der Verfassungsbeschwerde hätte prüfen müssen, da diese Übermittlungsvorschriften in den Willen mit aufgenommen wurden, und die ATD damit in untrennbaren sachlichen Zusammenhang mit den Übermittlungsvorschriften der Fachgesetze stehen würden.[824]

(6) Häufiges Verwenden zu operativen Zwecken

Des Weiteren werden kritisch Daten aus dem Evaluationsbericht der Bundesregierung[825] angeführt. Aus diesem Evaluationsbericht geht hervor, dass Maßnahmen in konkreten Zusammenhängen (konkrete Maßnahmen der Gefahrenabwehr 38 %, Überprüfung eines konkreten Hinweises zu einer Person zum Zwecke der Erkenntnisverdichtung 26 %)[826] in der Zeit vom 1. August 2010 bis zum 1. August 2011 den größten Anteil aller Gründe für die Suche nach Personen ausmachen. Dies lässt die Annahme zu, dass diese konkreten Suchabfragen in operativem Zusammenhang gestellt wurden und auch sofort operativ verwertet wurden.[827]

---

823 Vgl. *Will* in Nolte/Poscher/Wolter, Der automatisierte Datenaustausch zwischen Polizei und Nachrichtendiensten im Urteil des Bundesverfassungsgerichts zum Antiterrordateigesetz, Freudesausgabe für Bernhard Schlink, S. 429, 439.

824 Vgl. *Will* in Nolte/Poscher/Wolter, Der automatisierte Datenaustausch zwischen Polizei und Nachrichtendiensten im Urteil des Bundesverfassungsgerichts zum Antiterrordateigesetz, Freudesausgabe für Bernhard Schlink, S. 429, 442 f.

825 BT Drs. 17/12665 vom 7.3.2013.

826 BT Drs. 17/12665 vom 7.3.2013, S. 46, Abb. 33.

827 *Will* in Nolte/Poscher/Wolter, Der automatisierte Datenaustausch zwischen Polizei und Nachrichtendiensten im Urteil des Bundesverfassungsgerichts zum Antiterrordateigesetz, Freudesausgabe für Bernhard Schlink, S. 429, 440.

Die Kritik besteht damit darin, dass Anfragen im operativen Zusammenhang zwar die Ausnahme bilden sollen, in der Praxis aber mehr als 50 % ausmachen können.

Ferner kann die Einschränkung der Nutzung der Daten aus der gemeinsamen Datei als Grundlage für weitere Datenübermittlungen (und eben nicht zur Aufgabenwahrnehmung zu operativen Zwecken) tatsächlich nur eine schwer kontrollierbare „Scheinbegrenzung“ darstellen, da bereits die Aufnahme in eine Datei dieser Art erhebliche Konsequenzen für die Betroffenen haben können, die vor allem durch die Zuordnung zum Kreis des Terrorismus – bei Aufnahme in die Datei – und daran anknüpfende Maßnahmen liegen und in der fehlenden Möglichkeit, sich dessen zur Wehr zu setzen.[828]

(7) Zusammenfassung

An der ATD und dem Urteil des Bundesverfassungsgerichts wird weitreichend Kritik geübt. Insbesondere die Anerkennung der Datei als Informationsanbahnungsinstrument und die Relativierung des Trennungsgebots werden kritisiert.

Es wird in der gemeinsamen Datei eine Grenzüberschreitung von Behörden mit unterschiedlichen Befugnissen gesehen, unabhängig davon, inwieweit die rechtliche Beschränkung eines Austauschs von Daten zwischen den Sicherheitsbehörden verortet wird, ob nun durch ein verfassungsrechtliches oder einfachgesetzliches Trennungsgebot.[829] Die Grenzen eines Trennungsgebots werden nach diesen Ansichten verschoben und damit ein systematischer Zugriff ermöglicht.[830] Die unterschiedlichen Bedeutungshintergründe der beteiligten Dienste und Behörden würden damit aufgehoben, wodurch für den Einzelnen das Risiko von nachteiligen Fehlschlüssen erhöht werde.[831]

---

828 Vgl. *Kasiske,* BVerfG erklärt Antiterrordatei für teilweise verfassungswidrig, NJW-Spezial 2013, 312, 312 f.; *Arzt,* Schriftliche Stellungnahme, Innenausschuss A-Drs. 18(4) 144 A, S. 2 f.; *Arzt,* Antiterrordatei verfassungsgemäß – Trennungsgebot tot?, NVwZ 2013, S. 1328, 1332.

829 *Arzt* in: *Schenke/Graulich/Ruthig*(Hrsg.), Sicherheitsrecht des Bundes, Kommentar, § 1, Rn. 33.

830 Ua *Arzt* in: *Schenke/Graulich/Ruthig*(Hrsg.), Sicherheitsrecht des Bundes, Kommentar, § 1, Rn. 34; *Zöller,* Der Rechtsrahmen der Nachrichtendienste bei der Bekämpfung des internationalen Terrorismus, JZ 2007, S. 763, 770.

831 *Arzt* in: *Schenke/Graulich/Ruthig*(Hrsg.), Sicherheitsrecht des Bundes, Kommentar, § 1, Rn. 33; *Roggan/Bergemann,* Schriftliche Stellungnahme, Innenausschuss A-Drs. 16(4)131 D, S. 5; *Geiger,* Schriftliche Stellungnahme, Innenausschuss A-Drs. 16(4)131 I, S. 15.

Vereinzelt wird die ATD auch als Instrument „zur systematischen Perpetuierung von Grundrechtseingriffen durch Entfremdung der erhobenen Information, sowohl von ihrer rechtlichen Umgebung, als auch von dem Sinnzusammenhang des Primäreingriffs" angesehen.[832]

Auch als nicht unerheblich für das große Eingriffsgewicht wird die Zahl der beteiligten Sicherheitsbehörden bewertet, die auf die Daten mittels der Datei zugreifen können.[833]

bb. Der Kritik entgegenstehende Argumente

Der Austausch von Informationen innerhalb einer gemeinsamen Datei kann, trotz der Annahme, dass Sinn und Zweck des Trennungsgebots insgesamt nicht die strikte informationelle Isolation sein soll, zu einer besonderen Intensität der Einschränkung des Trennungsgebots, nicht nur in informationeller, sondern auch in organisatorischer Hinsicht, führen. Diese Intensität wird jedoch durch das ATDG anerkannt, indem die gemeinsame Datei auf bestimmte Gefährdungslagen beschränkt wird und unterschiedlich weitreichende Datenbestände vorsieht, die weiteren organisations- und verfahrensrechtlichen Absicherungen entsprechen.[834]

Auch wird entgegen der Kritik durch die Datei keine Pflicht zur Datenübermittlung an die beteiligten Sicherheitsbehörden vorgesehen. In § 2 S. 1 ATDG ist eine Speicherpflicht für bereits erhobene Daten nach § 3 Abs. 1 ATDG festgeschrieben, wenn sie gemäß den für sie geltenden Rechtsvorschriften über polizeiliche oder nachrichtendienstliche Erkenntnisse verfügen. Die Datenübermittlungen hingegen richten sich nach den fachgesetzlichen Übermittlungsvorschriften. Eine Pflicht zur Übermittlung ergibt sich damit unmittelbar aus der Datei nicht.

Die in der Literatur geübte Kritik soll Anknüpfungspunkt für eine weitere kritische Auseinandersetzung mit der ATD und dem Urteil des Bundesverfassungsgerichts sein.

Hauptaugenmerk liegt hierbei zunächst auf der Bewertung des effizienteren Informationsaustauschs durch eine gemeinsame Datei zwischen Polizei und Nachrichtendiensten im Hinblick auf das Trennungsgebot.

---

832 *Hilbrans,* Schriftliche Stellungnahme, Innenausschuss A-Drs. 16(4)131 K, S. 4.

833 *Käß,* Das Urteil des Bundesverfassungsgerichts zum Antiterrordateigesetz, BayVBl. 2013, S. 709, 712.

834 *Poscher,* Schriftliche Stellungnahme, Innenausschuss A-Drs. 16(4)131 J, S. 3 f.

(1) Instrument der Informationsanbahnung

Fraglich ist zunächst, ob die Kritik an der Annahme des Bundesverfassungsgerichts, dass die ATD im Schwerpunkt ein Instrument der Informationsanbahnung[835] darstellt, berechtigt ist.

Als kritisch gesehen wird in dem Zusammenhang vor allem, dass die Ansicht des Bundesverfassungsgerichts, nach der die Daten lediglich in einen neuen Kontext gestellt werden, nicht weit genug sei, da zuvor eben nicht Kenntnisse von Personen und die zu diesen gespeicherten Daten für Polizei und Nachrichtendienste in einer Datei verfügbar waren.[836] Darüber hinaus wird, wie bereits dargestellt, kritisiert, dass durch die Annahme der Nutzungsweise der Datei zur Informationsanbahnung verkannt bzw. abgemildert wird, dass ein automatisierter Datenaustausch möglich wird.

Das Bundesverfassungsgericht führt aus, dass die Daten nur zur Informationsanbahnung, also zur Vorbereitung von rechtlich begrenzten Einzelübermittlungen, und nicht zur operativen Aufgabenwahrnehmung, zusammengeführt werden und dies vor dem Hintergrund der Terrorismusbekämpfung als verhältnismäßig und gerechtfertigt anzusehen ist.

Dadurch setze die Datei, indem sie die Suche in allen Grunddaten erlaubt und ein Zugriffsrecht gibt, zwar schon unmittelbar selbst einen Datenaustausch zwischen den beteiligten Behörden in Gang, jedoch ist die Nutzung der Daten nur zulässig, um zu entscheiden, bei welcher Behörde weitere Informationen abzufragen sind.[837] Die ATD erlaubt also der anfragenden Behörde im Falle eines Treffers nach § 5 Abs. 1 S. 1 und 2 ATDG generell den Zugriff auf die Grunddaten des § 3 Abs. 1 Nr. 1 a ATDG als Klarinformationen und eröffnet die Möglichkeit zu Recherchen auch in den erweiterten Grunddaten des § 3 Abs. 1 Nr. 1 b ATDG. Im Trefferfall werden jedoch allein ein Fundstellennachweis zu der informationsführenden Behörde und die korrespondierenden einfachen Grunddaten übermittelt.[838]

Auch die Aufnahme der erweiterten Grunddaten in die Datei wird hier nicht als problematisch angesehen, da durch diese ein gezielterer Informationsaustausch nach Maßgabe des Fachrechts ermöglicht werden soll und dieser damit

835 BVerfGE 133, 277, 322 ff., Rn. 111, 124, 132.

836 *Kasiske*, BVerfG erklärt Antiterrordatei für teilweise verfassungswidrig, NJW-Spezial 2013, 312, 312 f.; *Arzt*, Schriftliche Stellungnahme, Innenausschuss A-Drs. 18(4) 144 A, S. 2 f.; *Arzt*, Antiterrordatei verfassungsgemäß – Trennungsgebot tot?, NVwZ 2013, S. 1328, 1332.

837 Siehe BVerfGE 133, 277, 329 f., Rn. 125.

838 Vgl. BVerfGE 133, 277, 331, Rn. 127.

durch das Ziel einer Effektivierung der Terrorismusbekämpfung grundsätzlich gerechtfertigt ist. Die erweiterten Grunddaten sollen wegen ihrer höheren Persönlichkeitsrelevanz den beteiligten Behörden grundsätzlich nicht als Klarinformationen zur Verfügung gestellt werden.[839]

Der Kritik ist also entgegenzuhalten, und so begründet auch das Bundesverfassungsgericht diese Entscheidung, dass das ATDG seine rechtsstaatlichen Grenzen gerade durch Stützen auf die einfachgesetzlichen Übermittlungsvorschriften bezieht, da es sicher stellt, dass grundsätzlich ein Austausch von Daten zur unmittelbaren Nutzung für die Aufklärung und Bekämpfung des internationalen Terrorismus, nur unter den rechtlichen Voraussetzungen der einzelnen Übermittlungsvorschriften zulässig ist.

Durch die ATD wird also grundsätzlich kein automatisierter Datenaustausch ermöglicht. Der Austausch findet außer im Eilfall außerhalb der Datei statt.

Es ist dem Bundesverfassungsgericht zuzustimmen, dass die Antiterrordatei sich als vorgelagerter Bestandteil des fachgesetzlichen Austauschs darstellt[840] und insoweit grundsätzlich als mit dem Trennungsgebot vereinbar anzusehen ist. Durch den Verweis auf die fachgesetzlichen Übermittlungsvorschriften kann auch nicht davon ausgegangen werden, dass der einzelfallbezogene Austausch durch die ATD in einen standardisierten Informationsaustausch ersetzt wird.

Die Eillfallregelung gem. § 5 Abs. 2, § 6 Abs. 2 ATDG stellt nur eine Ausnahme dar und führt nicht dazu, dass von einem automatisierten Informationsaustausch ausgegangen werden kann. Die kritische Betrachtung der Möglichkeit, die § 6 a ATDG bietet und die Bewertung der Norm vor dem Hintergrund des informationellen Trennungsprinzips, wird gesondert vorgenommen.

(2) Einschränkung der Inverssuche gem. § 5 Abs. 1 S. 2 ATDG und Rechtfertigung der Eilfallregelung gem. § 5 Abs. 2 ATDG

Das Bundesverfassungsgericht schränkt durch seine Vorgaben die Inverssuche, also die merkmalbezogene Recherchen in den erweiterten Grunddaten, die der abfragenden Behörde im Trefferfall nicht nur eine Fundstelle zu weiterführenden Informationen vermitteln, sondern unmittelbar Zugang zu den entsprechenden einfachen Grunddaten verschaffen, ein. Der Kritik ist aber insofern zuzustimmen, als dass durch das Bundesverfassungsgericht keine Beschränkung für die Daten, die gem. § 4 S. 1 ATDG verdeckt gespeichert werden, besteht.

Weiterhin wurde das hohe Eingriffsgewicht der Eilfallregelung gem. § 5 Abs. 2 ATDG, insbesondere wegen der damit verbunden Überwindung des

839 BVerfGE 133, 277, 334 f., Rn. 135.
840 BVerfGE 133, 277, 331, Rn. 127.

informationellen Trennungsprinzips zwischen Nachrichtendiensten und Polizei[841] und die praktische Bedeutung dieser Regelung, wegen eines einzelnen Anwendungsfalles kritisiert.

Sicherlich liegt in der Eilfallregelung Kritikpotenzial in Bezug auf das Trennungsgebot, da es den Behörden so möglich ist, direkt auf die erweiterten Grunddaten zuzugreifen.

§ 5 Abs. 2 S. 1 ATDG enthält als Voraussetzungen für einen Zugriff im Eilfall, dass die abfragende Behörde nur im Falle eines Treffers unmittelbar auf die erweiterten Grunddaten zugreifen darf, wenn dies aufgrund bestimmter Tatsachen zur Abwehr einer gegenwärtigen Gefahr für Leib, Leben, Gesundheit oder Freiheit einer Person oder für Sachen von erheblichem Wert, deren Erhaltung im öffentlichen Interesse geboten ist, unerlässlich ist, und die Datenübermittlung aufgrund eines Ersuchens nicht rechtzeitig erfolgen kann.[842]

Weiterhin enthält § 5 Abs. 2 ATDG verfahrensrechtliche Sicherungen, wie die Notwendigkeit der Entscheidung durch den Behördenleiter, die Dokumentationspflicht, das Zustimmungserfordernis der Behörde, die die Daten eingegeben hat, Löschvorgaben und eine Regelung zur weiteren Verwendung der Daten bei Verweigerung der nachträglichen Zustimmung durch die andere Behörde. Ein Zugriff auf die erweiterten Grunddaten ist damit nicht ohne Weiteres möglich[843], sondern enthält Sicherungsmechanismen zur Begrenzung eines dauerhaften Gebrauchs dieser Ausnahmeregelung aber auch Mechanismen zur Beachtung rechtsstaatlicher Grundsätze.

Eine grundsätzliche Missbrauchsgefahr ist damit ausgeschlossen.

Auch zeigt der Bericht zur Evaluierung[844], dass die Missbrauchsgefahr als sehr gering einzustufen ist, da lediglich ein einziges Mal von dieser Regelung berechtigterweise Gebrauch gemacht wurde. Vor allem dadurch, dass der Bericht wiederholt vorgelegt werden muss, wird diese Gefahr weiter eingegrenzt und weiterhin beobachtet.

Zur Erforderlichkeit der Eilfallregelung führte die Bundesregierung in einer Gegenäußerung an[845], dass diese auch anhand eines Praxisfalls gezeigt werden

---

841 So auch vom BVerfG vertreten und durch die hinreichend engen Voraussetzungen an die Nutzung als mit dem Übermaßverbot vereinbar angesehen, vgl. BVerfGE 133, 277, 364 f., Rn. 202 f.

842 Zum Begriff der „gegenwärtigen Gefahr", vgl. A.I.1.b.ee.(2)(b)

843 Vgl. auch BVerfGE 133, 277, 365, Rn. 203.

844 Bericht zur Evaluierung des Antiterrordateigesetzes vom 07. März 2013, BT-Drs. 17/12665 (neu), S. 5; 47.

845 BT-Drs. 18/1565, S. 27 (Anlage 4).

kann und an ihr festzuhalten sei. Nur durch diese Regelung war es möglich, in kurzer Zeit den Verdacht einer Terrorismusrelevanz zu widerlegen. Des Weiteren zeigt der Umstand des nur einmaligen Gebrauchs, dass es keine Missbrauchsfälle gibt und ein überschießender Gebrauch nicht stattfindet.[846]

Das Bundesverfassungsgericht ist weiterhin der Auffassung, dass die Voraussetzungen, unter denen eine solche Nutzung erlaubt ist, hinreichend eng gefasst sind, um den Eingriff zu rechtfertigen. Erlaubt sind Zugriff und Nutzung der Daten nur zum Schutz besonders gewichtiger Rechtsgüter. Das heißt zunächst, dass zum Schutz von Leib, Leben, Gesundheit oder Freiheit von Personen ein Zugriff auf die Daten erlaubt ist. Auch enthält die Vorschrift hohe Eingriffsschwellen. Insgesamt ist dem Bundesverfassungsgericht deshalb zuzustimmen. Die Anforderungen sind damit als streng genug anzusehen und sollen deshalb auch vor dem Trennungsprinzip Bestand haben.[847]

Auch das aufgezeigte Argument, dass durch das Gesetz kein unmittelbarer Zusammenhang zwischen der Gefahr und der Bekämpfung des internationalen Terrorismus vorausgesetzt würde, überzeugt nicht. Dass die Eilfallregelung sich auf den Terrorismus bezieht, ist offensichtlich. Sowohl im Namen des Gesetzes „Antiterrordateigesetz“ als auch in § 5 Abs. 1 ATDG wird deutlich, dass die aufgeführten Maßnahmen im Zusammenhang mit dem Terrorismus stehen.

Zum Argument der Möglichkeit eines unmittelbaren Zugriffs auf die erweiterten Grunddaten im Falle einer einfachen Körperverletzung oder einer Sachbeschädigung[848] sieht das Gericht nur „schwerwiegende Gesundheitsverletzungen mit dauerhaften Folgen“ als erfasst an. Soweit die Vorschrift darüber hinaus auch den Schutz von Sachen mit erheblichem Wert vorsieht, sind im Zusammenhang mit der Terrorismusabwehr „etwa wesentliche Infrastruktureinrichtungen oder sonstige Anlagen mit unmittelbarer Bedeutung für das Gemeinwesen“ gemeint.[849]

Zusammenfassend ist also festzuhalten, dass die Anforderungen, die durch § 5 Abs. 2 ATDG festgelegt werden, streng sind. Gerade im Hinblick auf den Zweck des § 5 Abs. 2 ATDG wird die Regelung als mit dem informationellen Trennungsprinzip vereinbar erklärt.

---

846 Gegenäußerung der Bundesregierung Anlage 4, BT- Drs. 18/1565, S. 27.

847 Vgl. BVerfGE 133, 277, 365, Rn. 203.

848 So nämlich *Wolff/Scheffczyk,* Verfassungsrechtliche Fragen der gemeinsamen Antiterrordatei von Polizei und Nachrichtendiensten, Juristische Arbeitsblätter 2008, S. 81, 87.

849 BVerfGE 133, 277, 365, Rn. 203.

Die Eilfallregelung bietet die Möglichkeit, im Falle einer gegenwärtigen Gefahr für eines der genannten Schutzgüter spontan reagieren zu können. Gerade in Zusammenhang mit dem Terrorismus und dessen Gefährdungspotential ist dies notwendig. Die Eilfallregelung stellt damit eine realitätsgerechte und notwendige Lösung dar, um eine effektive Arbeit der Sicherheitsbehörden zu gewährleisten.

(3) Schutz von Freiheit und Gewährleistung von Sicherheit durch das informationelle Trennungsprinzip

Auch das Argument der „Weg-Wägbarkeit“ des Zweckbindungsgrundsatzes kann mit der vorstehenden Argumentation und Begründung der besonderen Regelung in Eilfällen widerlegt werden. Bei allem muss auch der Zweck, dem die Datei an sich dient, nämlich dem Schutz vor terroristischen Gefahren, beachtet werden. Das Ziel der ATD ist eben nur eine begrenzte Erleichterung des Informationsaustauschs, der die grundsätzliche Maßgeblichkeit der fachrechtlich begrenzten Einzelübermittlungsvorschriften unberührt lässt und sachlich auf die Bekämpfung des internationalen Terrorismus beschränkt ist. Es ist gerade nicht Ziel, den allgemeinen Austausch personenbezogener Daten aller Sicherheitsbehörden oder den Abbau jeglicher Informationsgrenzen zwischen diesen zu erreichen, da dies den Grundsatz der Zweckbindung als solchen unterlaufen würde.[850]

Durch die Lösung eines informationellen Trennungsprinzips, das kein unverzichtbares Prinzip darstellt, kann dem konkreten Einzelfall Rechnung getragen werden. Es kann sowohl ein größtmöglicher Schutz der Sicherheit erreicht, als auch der Schutz der Freiheit und die Individualinteressen mit in die Abwägung einbezogen werden.

Das Trennungsprinzip ist ein taugliches Instrument, um einen grundsätzlichen, automatisierten Austausch von Daten zu unterbinden und somit die Freiheitsrechte zu schützen. Im Prinzip stellt das informationelle Trennungsprinzip, wie auch schon dargestellt, eine Konkretisierung des Zweckentfremdungsverbots dar. Das Trennungsprinzip ist damit ein rechtsstaatliches Instrument zur Begrenzung eines uneingeschränkten Informationsaustauschs.

Dass durch das ATDG ein Bestand an Daten geschaffen wird, in den alle Sicherheitsbehörden Daten einspeisen können oder müssen und auch alle Sicherheitsbehörden im Einzelfall daraus Hinweise erhalten können und sich dies aus Notwendigkeit der Terrorismusbekämpfung ergibt, ist unbestritten und aus Gründen der Effizienz wünschenswert. Dabei dürfen die rechtsstaatlichen Grenzen der Tätigkeiten der jeweiligen Sicherheitsbehörden nicht verwischt

850 BVerfGE 133, 277, 321, Rn. 106.

werden.[851] Gerade dem wirkt das informationelle Trennungsprinzip entgegen. Die Lösung durch das Bundesverfassungsgericht, die Prüfung des informationellen Trennungsprinzips auf Ebene der Verhältnismäßigkeit zu verorten, ist eine zielführende und den heutigen Anforderungen gerecht werdende Lösung.

(4) Herleitung des informationellen Trennungsprinzips aus den Unterschieden der Aufgaben- und Befugnisprofile der Sicherheitsbehörden

Weiterhin soll die Begründung des Trennungsprinzips durch das Bundesverfassungsgericht Teil dieser Auseinandersetzung sein.

Die Herleitung des Trennungsprinzips aus den verschiedenen Eingriffsschwellen, die sich aus unterschiedlich ausgerichteten Aufgaben und Befugnissen ergeben, erscheint sachgerecht, logisch und nachvollziehbar.

Die Nachrichtendienste haben weitreichende Befugnisse zur Datensammlung. Die Arbeit zeichnet sich durch geringe Eingriffsschwellen aus. Die Eingriffsschwellen für die Polizeibehörden sind höher und setzen grundsätzlich eine Gefahr oder einen Tatverdacht voraus.

Die Datenerhebung durch die Nachrichtendienste ist bereits bei einem geringen Verdacht oder Anlass Daten möglich. Wäre ein ungehinderter Informationsaustausch zwischen den Polizeibehörden und den Nachrichtendiensten zulässig, würden die höheren Eingriffsschwellen und damit der Grundsatz der Zweckbindung unterlaufen werden. Die informationelle Trennung ermöglicht eine Verhinderung dessen. Davon geht auch das Bundesverfassungsgericht aus und leitet aus dem Grundrecht auf informationelle Selbstbestimmung das informationelle Trennungsprinzip her.

Im Ergebnis ist dem Bundesverfassungsgericht mit der Annahme gesteigerter verfassungsrechtlicher Anforderungen für den Austausch von Daten zwischen Polizei und Nachrichtendiensten und mit der Herleitung des informationellen Trennungsprinzips aus dem Grundrecht auf informationelle Selbstbestimmung zuzustimmen. Diese Lösung, die Ausnahmen von der Trennung ermöglicht, ist somit als insgesamt sachgerecht zu bewerten, da die Freiheit – trotz der Bedrohungslage – in hohem Maße Beachtung findet.

Dabei fällt auf, dass das Gericht davon ausgeht, dass den Nachrichtendiensten die Aufgabe der politischen Vorfeldaufklärung und damit der Politikberatung zukommt. Daraus folgt, dass die Nachrichtendienste die Daten lediglich sammeln, um die Bundesregierung zu beraten.

851 Vgl. *Kasiske,* BVerfG erklärt Antiterrordatei für teilweise verfassungswidrig, NJW-Spezial 2013, S. 312, 313.

Grundsätzlich geht das Gericht in seinen Entscheidungen davon aus, dass die Bundesregierung in Form von Lageberichten, Analysen und Berichten über Einzelerkenntnisse in den Stand gesetzt werden, Gefahrenlagen rechtzeitig zu erkennen und ihnen politisch begegnen zu können.[852] Das Bundesverfassungsgericht nimmt an, dass die Aufklärung durch die Verfassungsschutzbehörden darauf gerichtet ist, den Staatsorganen und der Öffentlichkeit Bericht zu erstatten und gerade nicht unmittelbar auf die Verhütung und Verhinderung von konkreten Straftaten oder die Vorbereitung entsprechender operativer Maßnahmen abzielt.[853]

Jedoch ergibt sich aus verschiedenen Normen unterschiedlicher Gesetze, dass die Aufgabe der Nachrichtendienste nicht (nur) in der politischen Beratung, sondern in der Gefahrerforschung liegt. Bei einer Betrachtung des § 1 Abs. 1 Nr. 1 und des § 3 Abs. 1 G 10 wird – wie bereits bei der Darstellung der Aufgaben vor allem des BfV erörtert[854] – deutlich, dass die Nachrichtendienste zur Abwehr von drohenden Gefahren für die freiheitlich demokratische Grundordnung berechtigt sind, zu erforschen, ob tatsächliche Anhaltspunkte für den Verdacht der Begehung von Straftaten bestehen. Daraus kann abgeleitet werden, dass auch die Gefahrerforschung zu den Aufgaben der Nachrichtendienste gehört. Auch spricht § 20 Abs. 1 BVerfSchG – nämlich, dass die Aufgabe der Nachrichtendienste in der Gefahrerforschung liegt, da das BfV von sich aus den Strafverfolgungsbehörden Informationen einschließlich personenbezogener Daten übermittelt, wenn tatsächliche Anhaltspunkte dafür bestehen – dafür, dass die Übermittlung zur Verhinderung oder Verfolgung von Staatsschutzdelikten erforderlich ist.

Unter Hinzuziehung weiterer Normen wird deutlich, dass Sicherheit dadurch gewährleistet wird, dass die Nachrichtendienste die Aufgabe der Informationsbeschaffung, nicht nur zur politischen Information, sondern auch zur Analyse und Weitergabe an die Polizei übernehmen.[855] Dies zeigt exemplarisch auch § 4 Abs. 4 Nr. 1 G 10, nach dem die Daten zur Verhinderung oder Aufklärung von Straftaten übermittelt werden, wenn tatsächliche Anhaltspunkte für den Verdacht bestehen, dass jemand eine der in § 3 Abs. 1 und 1 a genannten Straftaten

---

852 Vgl. BVerfGE 100, 313, 371.

853 Vgl. BVerfGE 130, 151, 205 f.

854 Vgl. insb. B.I.2.

855 Vgl. auch Gesetzesbegründung, Gesetzesentwurf der Bundesregierung zur Verbesserung der Zusammenarbeit im Bereich des Verfassungsschutzes v. 20. April 2015, BT-Drs. 18/4654, S. 33; hier wird der Nachrichtendienst als analytischer Informationsdienstleister bezeichnet.

plant oder begeht, soweit sie zur Erfüllung der Aufgaben des Empfängers erforderlich sind.

Die Nachrichtendienste nehmen im Sicherheitssystem damit nicht nur die Aufgabe der politischen Information wahr, sondern sind Teil der aktiven Sicherheitsgewährleistung. Eine Übermittlung an die Polizeibehörden findet nicht nur bei sog. Zufallsfunden statt, sondern fällt in den Aufgabenbereich der Nachrichtendienste.

Daraus folgt, dass die Gesetze den Nachrichtendiensten einen über die politische Information hinausgehenden Aufgabenbereich zuweisen. Jedoch führt auch diese normativ angeknüpfte Betrachtung dazu, dass die Trennung sich aufgrund der Aufgaben der Sicherheitsbehörden ergibt, nämlich der Trennung der Informationssammlung einerseits von der Intervention andererseits und den mit diesen Aufgaben verbundenen Verwendungszwecken und der unterschiedlichen Erhebungsschwellen.

Das Bundesverfassungsgericht stützt die Begründung für das Erfordernis einer informationellen Trennung demnach auf die grundsätzlich den Behörden zugedachte Aufgabe und knüpft die Annahme, dass den Nachrichtendiensten die Aufgabe der Politikberatung zukomme, nicht normativ an.

Im Ergebnis ist dem Begründungsansatz des Bundesverfassungsgericht jedoch zuzustimmen. Durch die informationelle Trennung wird die Schwelle zwischen den mit unterschiedlichen Aufgaben betrauten Sicherheitsbehörden vor einem ungehinderten, ungefilterten und unzulässigen Informationsaustausch geschützt.

(5) Bericht zur Evaluierung der ATD: Bedeutung des ATDG für die Bekämpfung des internationalen Terrorismus und die Auswirkung auf die Kommunikation der Sicherheitsbehörden

Insgesamt galt es, durch den Bericht zur Evaluierung[856] zu überprüfen, ob vom Terrorismus weiterhin ein hohes Bedrohungspotential ausgeht oder die Lage sich derart verändert hat, so dass eine Datei nicht mehr zu rechtfertigen wäre. Das erhöhte Bedrohungspotential gerade durch den islamistischen Terrorismus musste offensichtlich bejaht werden, was die vorangegangene Betrachtung der Bedrohungslage und der Verfassungsschutzbericht deutlich machen.

Vor allem wurden die home-grown Problematik und die zunehmenden Herausforderungen durch salafistische Gruppierungen, die die islamistisch-terroristischen

856 Bericht zur Evaluierung des Antiterrordateigesetzes vom 07. März 2013, BT-Drs. 17/12665 (neu).

Netzwerkstrukturen und Einzelpersonen prägen und aus denen heraus sich diese entwickeln, erwähnt.

Auch wurde die ungewisse Situation – aufgrund der andauernden politischen Umbrüche in den arabischen und nordafrikanischen Ländern – als noch nicht für zugänglich gehalten, um eine abschließenden Bewertung der Konsequenzen für die deutsche Sicherheitslage vornehmen zu können.[857]

Aus dem Bericht zur Evaluierung des ATDG ergibt sich, dass die Datei zur Verbesserung und Intensivierung der Zusammenarbeit zwischen den beteiligten Behörden geführt hat. Dies führt zu dem Ergebnis, dass das mit dem Gesetz verfolgte Ziel, den internationalen Terrorismus zu bekämpfen, erfüllt wurde. Die Datei stellt dabei ein Instrument dar, das zur Verbesserung des Informationsflusses zwischen den Behörden beiträgt.[858]

Allerdings ist auch, wie schon in Zusammenhang mit der Betrachtung der Argumentation der Untauglichkeit von Sicherheitsgesetzen und der Frage der Erforderlichkeit bestimmter Gesetze erwähnt, eine quantitative Erfassung der Wirkung und der Ermittlungserfolge nicht möglich.[859]

Insgesamt wird der Datenaustausch durch die Datei als quantifizier- und nachprüfbar beschrieben.[860]

Diese zusammengefassten Aussagen des Evaluierungsberichts führen zu dem Ergebnis, dass die ATD im Ergebnis ein Instrument darstellt, das im Kampf gegen den Terrorismus vorteilhaft ist und nicht entbehrt werden sollte. Auch in Bezug auf den Schutz der Grundrechte ist hier vor allem die Effektivierung der Informationsübermittlungen zu nennen. Dadurch kann gewährleistet werden, dass Informationen gefiltert nach Nützlichkeit und Erforderlichkeit an die empfangene Behörde gelangen und die Streubreite der Informationen geschmälert wird und deshalb auch der Grundrechtseingriff als weniger schwerwiegend – weil er punktueller erfolgt – bewertet werden muss.

857 Bericht zur Evaluierung des Antiterrordateigesetzes vom 07. März 2013, BT-Drs. 17/12665 (neu), S. 16 f.

858 Bericht zur Evaluierung des Antiterrordateigesetzes vom 07. März 2013, BT-Drs. 17/12665 (neu), S. 5, 48 f.; auch die Erfahrungen der Anwender zeigt dies. Laut des Berichts geben mehr als drei Vierteil einen positiven Effekt der ATD auf den Erkenntnisaustausch der Behörden.

859 Bericht zur Evaluierung des Antiterrordateigesetzes vom 07. März 2013, BT-Drs. 17/12665 (neu), S. 48.

860 Bericht zur Evaluierung des Antiterrordateigesetzes vom 07. März 2013, BT-Drs. 17/12665 (neu), S. 52.

Auch kann der Angst vor dem Missbrauch der Datei zur Möglichkeit eines dauerhaften Zugreifens auf die erweiterten Grunddaten entgegnet werden. Denn bei 99,5 % der Abfragen wird lediglich auf die Grunddaten zugegriffen. Bei rund 300.000 durchgeführten Abfragen im Evaluationszeitraum lag die Zahl der Zugriffe auf erweiterte Grunddaten bei 1.000.[861]

c. Bedeutung des Urteils für das (informationelle) Trennungsgebot

Bei Betrachtung der vorgenannten Auseinandersetzung ist zusammenzufassen, dass das Bundesverfassungsgericht mit der Herleitung des informationellen Trennungsprinzips aus dem Grundrecht auf informationelle Selbstbestimmung eine Möglichkeit aufzeigt, die sowohl ein Trennungsprinzip begründen kann, als auch als grundrechtliche Forderung und besondere Ausprägung des Verhältnismäßigkeitsgrundsatzes die Möglichkeit bietet, bei Notwendigkeit Ausnahmen zuzulassen und nicht unbedingt gilt. Das informationelle Trennungsprinzip stellt damit ein, die Verhältnismäßigkeit sicherndes, Prinzip dar.

Das Trennungsgebot ist in diesem Zusammenhang aber keine konstante Größe, kein striktes Verbot, sondern stellt einen Grundsatz dar, der – um den Gefahrenpotentialen heute gerecht zu werden – Ausnahmen zulassen und somit als eine flexible Sicherungsbegrenzung beschrieben werden kann.[862]

Zunächst ist festzuhalten, dass die Aussagen des Bundesverfassungsgerichts hinsichtlich der Möglichkeit der informationellen Zusammenarbeit innerhalb der ATD nicht als allgemeingültig verstanden werden sollten, sondern sich die konkreten Aussagen auf die informationelle Zusammenarbeit und die Minderung des Eingriffsgewichts des Informationsaustauschs im Eilfall innerhalb der Dateien auf die Indexdateien beziehen, und sich daraus keine Umkehrschlüsse ergeben dürfen, und keine Rückschlüsse auf andere Sachverhalte bzw. auf jede Art von informationeller Zusammenarbeit und jedweden uneingeschränkten Informationsaustausch, gezogen werden können.

---

861 Bericht zur Evaluierung des Antiterrordateigesetzes vom 07. März 2013, BT-Drs. 17/12665 (neu), S. 51.

862 Für diese Flexibilität in gewissem Maße soll weiterhin auch der Wortlaut des BVerfG sprechen, denn durch die Bezeichnung als „Trennungsprinzip“ anstelle des „Trennungsgebots“ wird auch Begrifflich eine größere Flexibilität sichtbar, da ein Prinzip Ausnahmen zulassen soll; vgl. *Dix,* Grundrechtsschutz durch informationelle Gewaltenteilung, in: Roggan/Busch, Das Recht in guter Verfassung, FS für Martin Kutscha, S. 95, 98; *Schaar/Bergemann,* „Trennung ist unser Los, Wiedersehen ist unsere Hoffnung“, in: Roggan/Busch (Hrsg.), Das Recht in guter Verfassung, Festschrift für Martin Kutscha, S. 123, 124.

Das Bundesverfassungsgericht zieht klare Grenzen, so dass der fachgesetzlich zugelassene Informationsaustausch und die Datenverwendung im Eilfall gem. § 5 Abs. 2, § 6 Abs. 2 ATDG nicht dazu führt, dass eine Ausuferung der Befugnisse der Sicherheitsbehörden erfolgt, sondern dass grundsätzlich dem Schutz der Freiheit Rechnung getragen wird.

Durch die Forderung des Bundesverfassungsgerichts eines Datenschutzbeauftragten und der entsprechenden Kontrollen findet eine Kompensation des schwach ausgestalteten Individualrechtsschutzes statt. Dies stellt eine sachgerechte Lösung des Bundesverfassungsgerichts dar. Eine umfassende Zusammenfassung der Bedeutung des Urteils für die informationelle Trennung soll im Folgenden stattfinden.

Aus den Wertungen, die das informationelle Trennungsprinzip zulässt, kann zunächst abgeleitet werden, dass eine Verschmelzung der Aufgaben und Befugnisse oder eine Zusammenlegung von Polizei und Nachrichtendiensten grundrechtlich ausgeschlossen ist, ohne dass es auf die grundgesetzliche Verankerung des „gesamten Trennungsgebots" ankommt.[863] Durch die Herleitung des informationellen Trennungsprinzips aus den unterschiedlichen Aufgaben von Polizei und Nachrichtendiensten wird auch die Sicherung der organisatorischen Trennung – und ebenfalls – das Ausschließen von Zwangsbefugnissen für die Nachrichtendienste mitbewirkt.

Die Herleitung der informationellen Trennung aus einem Grundrecht hat weitere Konsequenzen. Auf die dogmatischen Ausführungen wird insoweit verwiesen.[864]

Fest steht jedoch, dass das Trennungsgebot bei verfassungsrechtlicher Verankerung als Teil eines der Staatsstrukturprinzipien und damit als verfassungsrechtliches Grundprinzip grundsätzlich nicht durchbrochen werden könnte, sondern strikt und unbedingt Geltung beanspruchen würde.[865] Deshalb kann die Lösung, die als „grundrechtliche Radizierung" des Trennungsprinzips bezeichnet wird, dem Bundesverfassungsgericht einen größeren Entscheidungs- und Argumentationsspielraum als ein organisationsverfassungsrechtliches Trennungsgebot einräumen.[866] Denn das Bundesverfassungsgericht überführt in

863 Im Ergebnis auch *Käß*, Das Urteil des Bundesverfassungsgerichts zum Antiterrordateigesetz, BayVBl. 2013, S. 709, 712.

864 Vgl. dazu weiterhin D.III.2.

865 So explizit bei der Betrachtung der Folgen der Entscheidung des BVerfG *Volkmann*, Verbund oder Trennung- Zu einem neuen Verhältnis von Polizei und Nachrichtendiensten, JURA 2014, S. 820, 828.

866 Vgl. *Tanneberger*, Eine Trendwende in der Sicherheitsverfassung?, VBlBW 2014, S. 41, 43.

seinem Urteil die Frage der Ausnahmen vom informationellen Trennungsprinzip auf die Ebene der Angemessenheit.[867]

Es wird deutlich, dass es sich nicht um ein allgemeingültiges Gebilde handelt, sondern um einen Grundsatz – ein Prinzip –, der im Rahmen der Verhältnismäßigkeit zu berücksichtigen ist und die grundsätzliche Trennung in informationeller Hinsicht zwischen Nachrichtendiensten und Polizei deutlich macht, jedoch eine Übermittlung und Weiterverwendung von Daten bei Vorliegen von Gefahren für überragend wichtige Rechtsgüter erfolgen kann und durch hinreichend konkrete und qualifizierte Eingriffsschwellen gesichert sein muss und die Eingriffsschwellen für die Erlangung der Daten nicht unterlaufen werden dürfen.

Das Bundesverfassungsgericht trifft damit, nach hier vertretender Auffassung, eine der heutigen Bedrohungslagen gerecht werdende Entscheidung und macht deutlich, dass der ursprüngliche Sinn eines Trennungsgebots heute nicht gänzlich überflüssig sein darf, aber dass das Festhalten am starren Gebot der Trennung der heutigen Zeit und den Bedrohungen nicht gerecht werden kann.[868]

Darin kann auf der einen Seite eine Abschwächung des Trennungsgebots zum Zwecke der Terrorismusbekämpfung gesehen werden. Diese Akzentuierung des Sicherheitsaspekts wird im Urteil des Bundesverfassungsgerichts deutlich[869], indem die Betonung nicht mehr auf dem Einschüchterungseffekt des Bürgers als Folge der heimlichen und weitreichenden und ggf. auch anlasslosen staatlichen Informationseingriffe lag.[870]

Andererseits bedeutet diese Entscheidung aber auch eine Anerkennung eines freiheitssichernden Instruments, indem daran festgehalten und dieses Prinzip für die gegenwärtige Situation handhabbar gemacht wird. Vor allem wird durch

---

867 Vgl. *Tanneberger*, Eine Trendwende in der Sicherheitsverfassung?, VBlBW 2014, S. 41, 43.

868 Vgl. zu der Frage, ob die Aufrechterhaltung einer Trennung der Behörden in Deutschland und die Bindung an eine Trennung, Ausdruck des Verantwortungsgefühls für das Unrecht des nationalsozialistischen Regimes sein könnten Kapitel 6 C.II.1.

869 BVerfGE 133, 277, 333, Rn. 132 f.

870 Vgl. *Tanneberger*, Eine Trendwende in der Sicherheitsverfassung?, VBlBW 2014, S. 41, 44 f., der betont, dass das BVerfG die Befindlichkeiten des Bürgers und damit der Aspekt der Freiheit in der bisherigen Rechtsprechung mehr Beachtung fand; siehe dazu: BVerfGE 100, 313, 381; 107, 299, 320, 328; 125, 260, 320.

die Begründung des informationellen Trennungsprinzips ein Unterlaufen der Erhebungsschwellen von Polizei und Nachrichtendiensten verhindert.

Kritik wird an einigen Stellen an der Dogmatik des Bundesverfassungsgerichts geübt. Diese Kritik ist sicher auch nicht zu missachten, wenn an einem strikten Trennungsgebot festgehalten werden sollte. Jedoch erscheint eine lösungsorientiertere Betrachtung, wie das Bundesverfassungsgericht sie auch vornimmt, hier als geboten, vor allem unter Beachtung dessen, dass der Informationsaustausch von Nachrichtendiensten und Polizei innerhalb der ATD nur unter gesetzlich normierten und strengen Voraussetzungen möglich ist und nicht bedeutet, dass den Behörden in jedem Fall die Befugnisse der jeweils anderen Behörde zustehen.

Die Frage, die sich somit stellt, ist, ob das Urteil das Sicherheitssystem der Bundesrepublik Deutschland durch Billigung des Informationsaustauschs zwischen Polizei und Nachrichtendiensten, durch Akzentuierung des Sicherheitsrechts und die zum Teil vollzogene Abkehr von eigener Rechtsprechung bzgl. der Eingriffsintensität und den Eingriffsschwellen für Polizei und Nachrichtendienste[871], im Grundsatz verändert.[872]

Zum einen hat das Bundesverfassungsgericht ein grundrechtlich hergeleitetes Trennungsprinzip bejaht. Damit hat die Diskussion über die verfassungsrechtliche Verankerung zumindest des informationellen Trennungsprinzips „noch lediglich" wissenschaftliche Bedeutung. Diese grundrechtliche Herleitung macht jedoch auch deutlich, dass durch das Trennungsgebot im Grundsatz, der Freiheitsschutz als Ziel verfolgt und eben nicht aus jedem plausiblen Grund umgangen werden soll. Insofern bedeutet dies keine völlige Überholung des Sicherheitssystems, sondern eine Klarstellung und Klärung von offenen Fragen. Das informationelle Trennungsprinzip schützt vor dem Unterlaufen von Eingriffsschwellen und definiert selber eine Schwelle.

Schließlich soll aus dem Grund des Schutzes vor terroristischen Gefahren – im konkreten Fall der ATD im Eilfall – das Trennungsprinzip als freiheitssicherndes Instrument durchbrochen werden können.

Die Sicherheit wird in dem Urteil des Bundesverfassungsgerichts damit zweifellos betont. Jedoch liefe die Entscheidung in dem Punkt, weiterhin – der

---

871 Vgl. zusammenfassend mwN *Tanneberger,* Die Sicherheitsverfassung, § 11 III. 4. E. aa. Bbb. (1) und VBLBW 2014, S. 42 Fn. 4 und insb. BVerfGE 125, 260.

872 Durch die Presse als „Fall der letzten Bastion der Rechtsstaatlichkeit" und als „Rechtsstaatsdämmung" bezeichnet, *Tanneberger,* Eine Trendwende in der Sicherheitsverfassung?, VBlBW 2014, S. 41, Fn. 2.

Rechtsprechungslinie folgend – die „Befindlichkeiten des Bürgers“[873] in den Vordergrund zu stellen, im Falle des Terrorismus als eine der größten Bedrohungen für die Sicherheit, aber auch die Freiheit der weltweiten Bevölkerung, fehl.

Zudem ist an dieser Stelle anzumerken, dass das Bundesverfassungsgericht verschiedentlich klarstellt und begründet, dass ein Informationsaustausch zwischen den Sicherheitsbehörden nicht ohne Weiteres möglich sein soll, sondern im Falle der ATD eben nur zu diesem bestimmten Zweck, der Terrorismusbekämpfung und nur dann, „wenn dies unerlässlich ist und die Datenübermittlung aufgrund eines Ersuchens nicht rechtzeitig erfolgen kann.“[874]

Geklärt ist damit die Existenz eines informationellen Trennungsprinzips, wonach Daten zwischen den Nachrichtendiensten und Polizeibehörden grundsätzlich nicht ausgetauscht werden dürfen und Einschränkungen der Datentrennung nur ausnahmsweise zulässig sein können.[875] Weiterhin deutlich wurde die Verortung des Trennungsprinzips in der Prüfung sowie, dass grundsätzlich der Zweckbindungsgrundsatz nicht unterlaufen werden darf.

Das Gericht hat insgesamt nicht ausschließlich neue Erkenntnisse entwickelt, sondern streitige, aber auch offensichtlich klärungsbedürftige Grenzen aufgezeigt, die im Grunde daran festhalten, dass die unterschiedlichen Behörden mit unterschiedlichen Aufgaben und Befugnissen grundsätzlich weiterhin getrennt bleiben sollen. Jedoch muss zugunsten der Effizienz, nämlich um die Arbeit der Behörden nicht unnötig zu behindern, und aus Gründen der Gewährleistung von Sicherheit, die Möglichkeit der Durchbrechung im Einzelfall zugelassen werden.

Durch die Entscheidung wird somit das Bedürfnis der Zusammenarbeit der Sicherheitsbehörden höchstrichterlich betont und damit verdeutlicht, dass das Aufrechterhalten der Forderung einer unbedingten Trennung nicht mehr der Gefahrenlage entspricht.

Der Begriff der „Trennung“ könnte hier irritieren, da die Trennung, also ein Nebeneinanderarbeiten der Sicherheitsbehörden, zumindest bzgl. der informationellen Trennung kein festes Statut darstellt; vielmehr handelt es sich um ein der Abwägung zugängliches Prinzip. Das Trennungsgebot in der informationellen Ausprägung ist danach insgesamt als Konkretisierung allgemeiner Grundsätze zu verstehen.[876]

---

873 *Tanneberger*, Eine Trendwende in der Sicherheitsverfassung?, VBlBW 2014, S. 41, 44.

874 BVerfGE 133, 277, 365, Rn. 203.

875 BVerfGE 133, 277, 329, Rn. 123.

876 So auch: *Schaar/Bergemann*, „Trennung ist unser Los, Wiedersehen ist unsere Hoffnung“, in: Roggan/Busch (Hrsg.), Das Recht in guter Verfassung, Festschrift für Martin

Die Trennung besteht dadurch aber nicht, wie vielfach behauptet, im Wesentlichen „nur auf dem Papier“[877], sondern stellt weiterhin den Grundsatz dar. Das informationelle Trennungsprinzip bietet jedoch im Falle der Indexdateien die Möglichkeit, Ausnahmen zuzulassen und ist damit die einzig richtige Lösung. Denn durch die Bündelung von Informationen und damit von Wissen kann dem Terrorismus am effizientesten entgegen getreten werden. Dies ist im Zweifel die einzige Verteidigungsmöglichkeit, da dem Terrorismus eben durch sein besonderes Gefährdungspotential eine besonders große Macht zukommt.[878]

Das informationelle Trennungsprinzip ist damit als verhältnismäßigkeitssicherndes Prinzip zu verstehen, welches eine Schwelle definiert, aber kein striktes Verbot der Zusammenarbeit darstellt. Es stellt in seiner Gestaltung eine Reaktion auf die Bedrohungslage bei gleichzeitiger Anerkennung rechtsstaatlicher Sicherungsmechanismen dar.

d. Umsetzung der Vorgaben durch den Gesetzgeber

Der Gesetzgeber hat mit der Neufassung des ATDG die Vorgaben des Bundesverfassungsgerichts umgesetzt. Zum Teil wird das ATDG als den Anforderungen durch das Bundesverfassungsgericht gerecht werdend angesehen[879], das Gesetz sei normenklar, verhältnismäßig und entspreche dem Bestimmtheitsgrundsatz.[880] Andererseits wird weiterhin Kritik an der Umsetzung durch den Gesetzgeber geübt.[881]

Die Bewertung der Umsetzung der Vorgaben zu den Übermittlungsvorschriften fand bereits in Zusammenhang mit der Betrachtung dieser statt.[882]

Kutscha, S. 123, 127 f., die das informationelle Trennungsprinzip als *Ausformung des Zweckbindungsgrundsatzes beschreiben.*

877 *Volkmann,* Verbund oder Trennung- Zu einem neuen Verhältnis von Polizei und Nachrichtendiensten, JURA 2014, S. 820, 828, der dies aber als sachgerecht bezeichnet.

878 Vgl. *Weisser,* Das Gemeinsame Terrorismusabwehrzentrum (GTAZ), NVwZ 2011, S. 142, 146.

879 Vgl. *Hörauf,* Das neue Antiterrordateigesetz, NVwZ 2015, S. 181, 185 f., der jedoch einige Regelungen als nicht karlsruheloyal bezeichnet.

880 Vgl. *Schwarz*, Schriftliche Stellungnahme, Innenausschuss A-Drs. 18(4)144 C, S. 8; dargestellt auch bei *Demuth,* Kritik an Reform der Anti-Terror-Datei, Deutsche Richterzeitung 2014, S. 398, 399.

881 Va. Bundesdatenschutzbeauftragte *Voßhoff,* Spiegel Online, abrufbar unter: http://www.spiegel.de/politik/deutschland/anti-terror-datei-bundesdatenschuetzerin-vosshoff-kritisiert-gesetz-a-982330.html; Plöse, Warum die ATD-Novelle mit der Sicherheitsverfassung des Grundgesetzes unvereinbar ist, Vorgänge 2014, Nr. 208, S. 153 ff.

882 Vgl. B.IV.3.a(3).

Insbesondere wird auch in Zusammenhang mit der ATD die Verfassungsmäßigkeit des neu eingefügten § 6 a ATDG angezweifelt. In § 7 RED-G war bereits eine Regelung zur erweiterten projektbezogenen Datennutzung enthalten. Der Gesetzgeber hat eine solche Regelung im Zuge der Anpassung des Gesetzes an die Vorgaben des Bundesverfassungsgerichts auch für die ATD eingefügt.

Es soll der Vervollständigung halber kurz und punktuell auf einige Regelungen eingegangen werden, die durch das Bundesverfassungsgericht als nicht mit der Verfassung vereinbar angesehen und daraufhin geändert wurden. Abschließend erfolgt eine Betrachtung der Umsetzung der Vorgaben hinsichtlich der datenschutzrechtlichen Kontrolle.

aa. Einfügen des § 6 a ATDG durch den Gesetzgeber

§ 6 a ATDG erlaubt die erweiterte projektbezogene Datennutzung. Ein Projekt ist gem. § 6 a Abs. 4 ATDG eine gegenständlich abgrenzbare und auf bestimmte Zeiträume bezogene Aufgabe, der durch die Gefahr oder den drohenden Schaden, die am Sachverhalt beteiligten Personen, die Zielsetzung der Aufgabe oder deren Folgewirkungen, eine besondere Bedeutung zukommt.

Gem. § 6 a Abs. 5 ATDG ist eine erweiterte Nutzung das Herstellen von Zusammenhängen zwischen Personen, Personengruppierungen, Institutionen, Objekten und Sachen, der Ausschluss von unbedeutenden Informationen und Erkenntnissen, die Zuordnung eingehender Informationen zu bekannten Sachverhalten sowie die statistische Auswertung der gespeicherten Daten. Hierzu dürfen die beteiligten Behörden des Bundes Daten auch mittels phonetischer oder unvollständiger Daten, der Suche über eine Mehrzahl von Datenfeldern, der Verknüpfung von Personen, Institutionen, Organisationen, Sachen oder der zeitlichen Eingrenzung der Suchkriterien aus der Datei abfragen sowie räumliche und sonstige Beziehungen zwischen Personen und Zusammenhänge zwischen Personen, Personengruppierungen, Institutionen, Objekten und Sachen darstellen sowie die Suchkriterien gewichten.

Gem. § 6 a Abs. 1 ATDG darf eine beteiligte Behörde des Bundes zur Erfüllung ihrer gesetzlichen Aufgaben die in der Datei nach § 3 ATDG gespeicherten Datenarten mit Ausnahme der nach § 4 ATDG verdeckt gespeicherten Daten erweitert nutzen, soweit dies im Rahmen eines bestimmten einzelfallbezogenen Projekts zur Sammlung und Auswertung von Informationen über eine internationale terroristische Bestrebung, bei der bestimmte Tatsachen die Annahme rechtfertigen, dass Straftaten des internationalen Terrorismus nach den §§ 129 a, 129 b und 211 StGB begangen werden sollen und dadurch Gefahren für Leib, Leben oder Freiheit von Personen drohen, im Einzelfall erforderlich ist, um weitere Zusammenhänge des Einzelfalls aufzuklären. Gem. § 6 a Abs. 2 ATDG können die gespeicherten Daten dann erweitert genutzt werden, wenn dies für die Verfolgung qualifizierter Straftaten des internationalen Terrorismus im Einzelfall erforderlich ist, um weitere Zusammenhänge des Einzelfalls aufzuklären. Qualifizierte Straftaten des internationalen Terrorismus sind Taten des internationalen Terrorismus, die einen Straftatbestand nach den §§ 89 a, 89 b, 91, 102, 129 a, 129 b, 211 oder 212 StGB erfüllen.

Gem. § 6 a Abs. 3 ATDG dürfen die gespeicherten Daten dann erweitert genutzt werden, soweit dies für die Verhinderung von qualifizierten Straftaten des internationalen Terrorismus erforderlich ist, um weitere Zusammenhänge des Einzelfalls aufzuklären, und Tatsachen die Annahme rechtfertigen, dass eine solche Straftat begangen werden soll. Hier wird auf die Definition der qualifizierten Straftaten in Absatz 2 verwiesen.

Die Absätze 6 bis 11 enthalten weitere formelle Voraussetzungen, wie die Zugriffsbeschränkung, die Befristung, das Antragserfordernis und die Anordnung, die Zustimmung durch die G 10-Kommission bei einer angeordneten erweiterten Nutzung, die datenschutzrechtliche Verantwortung der antragsstellenden Behörde und die erweiterte Nutzung durch die Landesbehörden.

Fraglich ist, ob § 6 a ATDG und so auch § 7 RED-G und die erweiterten Recherchebefugnisse, insbesondere vor dem Hintergrund der Aussagen des Bundesverfassungsgerichts zum informationellen Trennungsprinzip, verfassungsgemäß sind. Im Folgenden wird sich auf § 6 a ATDG bezogen.

Die Möglichkeiten, die § 6 a ATDG bietet, können deshalb als problematisch angesehen werden, da sich innerhalb der projektbezogenen Datei auch außerhalb von den Übermittlungsvorschriften der Fachgesetze Recherchebefugnisse für Dateien ergeben, die die jeweils andere Behörde abgelegt hat. Damit besteht die Gefahr erheblicher Grundrechtseingriffe durch die Möglichkeit, neue Erkenntnisse und Zusammenhänge zu erhalten und neue Schlüsse zu ziehen.[883]

Zunächst kann ein Problem wegen der verschiedenen Erhebungsschwellen und dann folglich auch wegen der Möglichkeit des Unterlaufens der informationellen Trennung gesehen werden. Ziel der Datei ist damit nicht mehr allein, Fundstellennachweise zu liefern, mit Hilfe derer die entsprechende Behörde um Übermittlung auf Grundlage der fachgesetzlichen Übermittlungsvorschriften

---

883 Ua *Bäcker,* Schriftliche Stellungnahme, Innenausschuss A-Drs. 18(4)144 B, S. 7; *Arzt,* Schriftliche Stellungnahme, Innenausschuss A-Drs. 18(4) 144 A, S. 12; *Wolff,* Schriftliche Stellungnahme, Innenausschuss A-Drs. 18(4)144 E, S. 10 ff; *Rossi,* Schriftliche Stellungnahme, Innenausschuss A-Drs. 18(4)144 F, S. 13.

ersucht wird. Die ATD gibt mit der erweiterten projektbezogenen Datennutzung vielmehr die Möglichkeit, Relationen zwischen diesen Daten aufzudecken, die ihrerseits auch personenbezogene Daten darstellen. Sie dient damit nicht mehr nur zur Information über und Abfrage von bereits gespeicherten Daten. Dies könnte dann zu einem flächendeckenden Informationsaustausch führen,[884] sodass die erweiterte Nutzung, die Datei damit anstelle einer Indexdatei als eine Projektdatei erscheinen lasse.[885]

Auf diese Weise kann es den operativ arbeitenden Polizeibehörden möglich sein, die Dateien erweitert zu nutzen, was einen schweren Eingriff in die Grundrechte darstellen kann.[886] Im Ergebnis würden die Regelungen das informationelle Trennungsprinzip in diesem Bereich aufheben und dieses durch ein „informationelles Verfügbarkeitsprinzip" ersetzen.[887]

Auch wird als kritisch angesehen, dass durch die Regelungen der erweiterten projektbezogenen Datennutzung, die Ausnahme für Einzelfälle zur Regel gemacht werde. Denn in den Fällen der erweiterten projektbezogenen Datennutzung sei kein Einzelfall gegeben. Die Regelung könne deshalb nicht mit den Vorgaben des Bundesverfassungsgerichts zu vereinbaren sein.[888]

Weiterhin Kritik geübt wird daran, dass das Gesetz nicht aufführt, welche gesetzlichen Aufgaben der Nachrichtendienste überhaupt berührt sein könnten, da im Gesetzestext lediglich die Abwehr konkreter Gefahren und die Verhütung und Verfolgung von Straftaten als Aufgaben der Polizeibehörden, die als operative Aufgaben nicht in den Bereich der Nachrichtendienste fallen, genannt sind. Dies führe dazu, dass das informationelle Trennungsprinzip nicht nur im Einzelfall durchbrochen werde.[889]

Kritisch wird weiterhin betrachtet, dass durch § 6 a ATDG bei merkmalbezogenen Recherchen die Möglichkeit des Einsehens der Grunddaten gegeben werde, was auch in Zusammenhang mit der Inverssuche vom Bundesverfassungsgericht kritisiert wurde[890]. Die merkmalbezogene Recherche sei

884 Vgl. zusammengefasst *Hörauf,* Das neue Antiterrordateigesetz, NVwZ 2015, S. 181, 185.

885 *Arzt* Schriftliche Stellungnahme, Innenausschuss Drs. 18(4) 144 A, S. 11.

886 Das Eingriffsgewicht bei der Nutzung der Daten von Polizeibehörden durch die Nachrichtendienste ist als nicht derart problematisch anzusehen, da es insbesondere bei der Nutzung durch die Polizei die höheren Erhebungsschwellen zu beachten gibt.

887 *Bäcker,* Schriftliche Stellungnahme, Innenausschuss A-Drs. 18(4)144 B, S. 8.

888 ua. *Hörauf,* Das neue Antiterrordateigesetz, NVwZ 2015, S. 181, 185.

889 *Arzt,* Schriftliche Stellungnahme, Innenausschuss A-Drs. 18(4) 144 A, S. 12.

890 BVerfGE 133, 277, 363 ff., Rn. 198 ff.

durch § 6 a ATDG möglich und stehe damit nicht mit dem Übermaßverbot in Einklang.[891]

Auch wurden die Ermächtigungstatbestände als problematisch angesehen, da diese insgesamt unter den Eingriffsschwellen, die mindestens zu fordern sind, ansetzen.[892] Weiterhin wurde auch umfassend die Bestimmtheit des Gesetzes, vor allem im Hinblick auf die Formulierung des Begriffs „einzelfallbezogenes Projekt", kritisiert.[893]

Der Gesetzgeber hat nach Anhörung der Sachverständigen weitere Änderungen vorgenommen. Jedoch wird weiterhin – trotz der Aufnahme der Legaldefinition in § 6 a Abs. 4 ATDG – an der Bestimmtheit der Formulierung gezweifelt. Insbesondere die Frage der besonderen Bedeutung der Zielsetzung der Aufgabe oder deren Folgewirkung bleibt offen.[894]

In der Gesetzesbegründung werden vor allem die Ergebnisse der Evaluierung angeführt. Hieraus ergibt sich, dass „eine rechtliche und technische Möglichkeit, auch komplexe Abfragen über den Datenbestand der ATD auszuführen, von den Nutzern als sinnvoll erachtet wird"[895].

In der Gesetzesbegründung[896] werden weiterhin die Vorgaben des Bundesverfassungsgerichts hinsichtlich der Inverssuche aufgegriffen. In Bezug auf die erweiterte projektbezogene Nutzung wird sich auf die vom Bundesverfassungsgericht im Falle der hinreichend eng gefassten Voraussetzungen vertretene Zulässigkeit der Inverssuche[897] gestützt, also der Einschränkung auf Zwecke zum Schutz von Leib, Leben, Gesundheit oder Freiheit von Personen sowie von Sachen von bedeutendem Wert, deren Erhaltung im öffentlichen Interesse geboten ist, vgl. § 5 Abs. 2 ATDG.

Unter Berücksichtigung dieser Voraussetzungen wird § 6 a ATDG als enger gefasst angesehen, da Voraussetzung ist, dass die Nutzung der Daten im Rahmen eines bestimmten einzelfallbezogenen Projekts zur Sammlung und Auswertung von Informationen über eine internationale terroristische Bestrebung, zur Verfolgung oder Verhinderung von Straftaten des internationalen Terrorismus im Einzelfall erforderlich ist, um weitere Zusammenhänge gerade dieses jeweiligen

---

891 *Arzt*, Schriftliche Stellungnahme, Innenausschuss A-Drs. 18(4) 144 A, S. 13 f.; *Hörauf*, Das neue Antiterrordateigesetz, NVwZ 2015, S. 181, 185.

892 Vgl. hier *Bäcker*, Schriftliche Stellungnahme, Innenausschuss A-Drs. 18(4)144 B, S. 9.

893 Ua. *Wolff*, Schriftliche Stellungnahme, Innenausschuss A-Drs. 18(4)144 E, S. 12 ff.

894 *Hörauf*, Das neue Antiterrordateigesetz, NVwZ 2015, S. 181, 185 f.

895 BT-Drs. 18/1545, S. 12.

896 BT-Drs. 18/1545, S. 19.

897 BVerfGE 133, 277, 365, Rn. 203.

Einzelfalls aufzuklären. Es müssen zur Rechtfertigung eines einzelfallbezogenen Projekts also Tatsachen vorliegen, welche die Annahme rechtfertigen, dass bestimmte, in Abs. 1 aufgeführte Straftaten des internationalen Terrorismus begangen werden sollen, und dass dadurch bestimmte Gefahren drohen.[898] Hierin sei eine erhebliche Einschränkung zu sehen, da es eben nicht um die Auswertung allgemeiner Entwicklungen geht. Die Kompensierung der weiteren Fassung des § 6 a ATDG im Vergleich zur Regelung des Eilfalls ergäbe sich aus der Befristung der Projekte und den weiteren formellen Voraussetzungen und Vorkehrungen. Vor allem im Hinblick auf das informationelle Trennungsprinzip werden hier die Möglichkeiten der Prüfung des Einzelfalles im Genehmigungsverfahren gem. § 6 a Abs. 7 ATDG genannt.[899]

Die Verhältnismäßigkeit der Regelung ergibt sich nach Ansicht des Gesetzgebers aus der engen Begrenzung der Voraussetzungen zur projektbezogenen Nutzung und weiterhin den Vorgaben hinsichtlich der zeitlichen Einschränkung des Verfahrens und der Kontrolle.

Zu beurteilen ist, ob die mit § 6 a ATDG geschaffenen Analysemöglichkeiten vor dem Hintergrund der Aussagen des Bundesverfassungsgerichts zum informationellen Trennungsprinzip Bestand haben kann. Das Argument, dass es in § 7 RED ebenso eine Regelung gibt, vermag hier nicht als abschließendes Argument zu überzeugen, da es an einer verfassungsrechtlichen Entscheidung fehlt.[900]

Zunächst muss betrachtet werden, ob der Einzelfallaspekt für die Zusammenarbeit durch die Möglichkeit der erweiterten Datennutzung im Rahmen eines Projekts verloren geht. Denn im Eilfall ist der Datenaustausch möglich, wenn er einem herausragenden öffentlichen Interesse dient. Fraglich ist jedoch, ob es sich bei den geschaffenen Möglichkeiten um Eilfälle handelt und damit um Ausnahmen im Einzelfall. Dies müsste zu bejahen sein, wenn ein eng gefasster zeitlicher Zusammenhang bestehen würde. Dies könnte bei einer engen Befristung der Fall sein. Allerdings ist die projektbezogene erweiterte Nutzung der Datei gem. § 6 a Abs. 6 S. 2 ATDG auf höchstens zwei Jahre zu befristen, kann aber gem. S. 3 zweimalig um jeweils bis zu einem Jahr verlängert werden, wenn die Voraussetzungen für die projektbezogene erweiterte Datennutzung fortbestehen, und sich aus den mit dem Projekt gewonnenen Erkenntnissen das Bedürfnis für eine

898 BT-Drs. 18/1545, S. 19.
899 BT-Drs. 18/1545, S. 19.
900 Ua. *Schwarz*, Wortprotokoll der 22. Sitzung v. 22. September 2014, BT-Drs. 18/1565, S. 18

Fortführung des Projekts ergibt. Diese Tatsache spräche dafür, dass wohl kein Eilfall und damit auch kein Einzelfall vorliegen würde.[901]

Jedoch ist insoweit fraglich, ob dieser Vergleich mit dem Eilfall bei der Bewertung der Zulässigkeit der projektbezogenen erweiterten Datennutzung überhaupt relevant erscheint. Bedeutet doch das für Zulässig-Halten des Austausches von Daten zwischen Polizei und Nachrichtendiensten im Eilfall nicht, dass auch dann die projektbezogene erweiterte Datennutzung zulässig sein müsste.[902]

Allerdings ergibt sich aus den Voraussetzungen an ein Projekt selber die Begrenzung der Möglichkeit der erweiterten projektbezogenen Nutzung, nämlich der in den § 6 a Abs. 1 bis 3 ATDG aufgezählten Fälle. Denn nur bei den dort genannten Gefahren in den genannten Fällen ist eine erweiterte Datennutzung möglich. Dass die Terrorismusbekämpfung einem herausragend öffentlichen Interesse dient, erkennt das Bundesverfassungsgericht an.

Weiterhin wird die Zulässigkeit der Projekte an hohe Maßstäbe geknüpft. So dürfen sie sich nur auf schwere Straftaten beziehen und nicht allgemein auf bestimmte Phänomene oder auf die Auswertung von Entwicklungen.[903]

Denn wenn sich schon in bestimmten Fällen durch bestimmte Tatsachen die Annahme rechtfertigen lässt, dass Straftaten begangen werden und dadurch Gefahren für Leib, Leben oder Freiheit von Personen drohen, die zunächst die Erstellung eines Projekts notwendig machen, können diese Tatsachen wohl auch rechtfertigen, dass in diesem Zusammenhang Daten erweitert genutzt werden, um diese erheblichen Straftaten zu verhindern.

Weiterhin kann die Erweiterung der Nutzung der ATD als eng begrenzt aufgefasst werden, da sie sich nur auf bereits erhobene Daten bezieht und damit keine neuen Erhebungsbefugnisse schafft. Auch gibt es für die besonders sensiblen, verdeckt gespeicherten Daten, Ausnahmen in § 4 ATDG.[904]

Gleichfalls muss auch die in der Gesetzesbegründung vorgebrachte Kompensationsmöglichkeit, nämlich durch die Prüfung der Datenübermittlung und damit der Möglichkeit der Datenbegrenzung, um im Einzelfall den Vorgaben durch das informationelle Trennungsprinzip genügen zu können, Beachtung finden. Das Antragserfordernis führt somit zu einem weiteren Filter, um den Datenaustausch zu begrenzen und den Anforderungen des informationellen Trennungsprinzips Rechnung zu tragen.

---

901 So im Ergebnis auch *Hörauf*, Das neue Antiterrordateigesetz, NVwZ 2015, S. 181, 185.

902 So auch *Wolff*, Schriftliche Stellungnahme, Innenausschuss A-Drs. 18(4)144 E, S. 10.

903 BT-Drs. 18/1545, S. 19.

904 *Schwarz*, Schriftliche Stellungnahme, Innenausschuss A-Drs. 18(4)144 C, S. 10.

Zudem ist die datenschutzrechtliche Verantwortung für die Durchführung des Projekts durch die antragstellende Behörde und die Zustimmung der G10-Kommission für die erweiterte Nutzung zu beachten, die eine weitere Sicherung bedeutet.[905]

Um den Bedenken insgesamt zu entgegnen, könnte eine Befristung der Vorschrift angemessen sein, auch um zu überprüfen, ob den Eingriffsschwellen in jeder Fallkonstellation genügt werden kann. Eine Evaluierung könnte Aufschluss über diese offenen Punkte geben.[906] Weiterhin könnte über die Einführung eines Richtervorbehalts nachgedacht werden.

Das Bundesamt für Verfassungsschutz sieht in dem Einfügen der Regelung die Umsetzung des Evaluierungsergebnisses des ATDG. Für den Bereich des internationalen islamistischen Terrorismus können so, mittels der in der ATD vorhandenen Informationen, mittel- bis langfristig Zusammenhänge zwischen Personen, Personengruppen, Institutionen, Objekten und Sachen hergestellt werden.[907]

Hinsichtlich der Kritik an der Definition des Projekts ist festzuhalten, dass in Abgrenzung zur Einzelfallübermittlung durch die Formulierung nur solche Aufgaben erfasst sind, die aufgrund der Besonderheiten des Phänomens Terrorismus und insbesondere der Netzwerkstrukturen der terroristischen Gruppierungen einer zusammenhängenden Klärung bedürfen. Deutlicher könnte diese Abgrenzung zu einzelnen Vorgängen noch hervorgehoben werden, etwa indem diese Besonderheit noch näher bezeichnet wird.

bb. Einschränkung der Inverssuche gem. § 5 Abs. 1 S. 2 Nr. 1 a ATDG

Durch Einfügen des § 5 Abs. 1 S. 5 ATDG findet nunmehr eine Einschränkung für die Inverssuche statt. Danach erhält die abfragende Behörde, wenn sie ohne Angabe eines Namens nach § 3 Abs. 1 Nr. 1 a mittels Angaben in den erweiterten Grunddaten sucht, im Falle eines Treffers, lediglich Zugriff auf die Daten nach § 3 Abs. 1 Nr. 3 ATDG, also die Angabe der Behörde, die über die Erkenntnisse verfügt sowie das zugehörige Aktenzeichen oder sonstige Geschäftszeichen und,

905 So auch *Schwarz,* Schriftliche Stellungnahme, Innenausschuss A-Drs. 18(4)144 C, S. 10; aA. *Hörauf,* Das neue Antiterrordateigesetz, NVwZ 2015, S. 181, 185, der annimmt, dass sowohl die Kontrolle als auch den engen Voraussetzungskatalog, bei dessen Eingreifen eine erweiterte Datennutzung überhaupt möglich ist, zwar das Eingriffsgewicht mindern, die Übermaßbedenken nicht vollends zu beseitigen vermögen.

906 *Wolff,* Schriftliche Stellungnahme, Innenausschuss A-Drs. 18(4)144 E, S. 13; *Schwarz,* Wortprotokoll der 22. Sitzung v. 22. September 2014, BT-Drs. 18/1565, S. 18 f.

907 Vgl. auch Bericht zur Evaluierung des Antiterrordateigesetzes, 17/12665 (neu), S. 54 f.

soweit vorhanden, die jeweilige Einstufung als Verschlusssache. Es werden nicht mehr die entsprechenden Grunddaten angezeigt. Der Gesetzgeber setzt damit die Vorgaben des Bundesverfassungsgerichts um.

Jedoch findet durch diese Vorgaben keine Beschränkung für verdeckt gespeicherte Daten statt. Diese sollte mit aufgenommen werden, um den schutzwürdigen Interessen des Betroffenen Rechnung tragen zu können.

cc. Berücksichtigung der Besonderheiten für Datenerhebungen, die in die Grundrechte gem. Art. 10 Abs. 1 und 13 Abs. 1 GG eingreifen

Der Gesetzgeber schuf in § 4 Abs. 3 ATDG eine neue Regelung, die bestimmt, dass Daten, die anlässlich von Eingriffen in Art. 10 GG oder Art. 13 GG generiert werden, nur verdeckt gespeichert werden dürfen, um dem besonderen Schutzgehalt Rechnung zu tragen. Ein Direktzugriff ist danach nur im Eilfall gem. § 5 Abs. 2 ATDG erlaubt. Damit werden diese Daten der anfragenden Behörde außerhalb des Eilfalls erst angezeigt, wenn die Behörde, die die Daten besitzt, aufgrund einer Anfrage, das Vorliegen der Übermittlungsvoraussetzungen geprüft und die Daten freigegeben hat.[908]

Kritik an der gesetzgeberischen Lösung wird daran geübt, dass durch § 4 Abs. 3 ATDG nicht hinreichend berücksichtigt wird, dass verdeckte Maßnahmen zur Verdachtsgewinnung weit im Vorfeld konkreter Gefahren stattfinden.[909] Auch in Stellungnahmen zum Entwurf wird vorgebracht, dass die Regelung hinsichtlich des Kataloges zu eng gefasst sei, da der Katalog nicht die bundesrechtlichen Ermächtigungen zu verdeckten Erhebungen von Telekommunikationsverkehrsdaten aufführt[910].[911]

Dies sei insofern erheblich, als dass die Erhebung von Verkehrsdaten tiefgreifende Einblicke in das Kommunikationsverhalten und die Lebensgestaltung von Betroffenen ermöglicht und damit besonders relevant ist.[912]

---

908 Vgl. Gesetzesbegründung BT-Drs. 18/1545, S. 18.

909 Vgl. *Plöse*, Warum die ATD-Novelle mit der Sicherheitsverfassung des Grundgesetzes unvereinbar ist, Vorgänge 2014, Nr. 208, S. 153 ff.; Fn. 64: Auch Maßnahmen zur Überwachung außerhalb der Wohnung oder weitere Maßnahmen, wie dauerhafte Observationen, der Einsatz verdeckter Ermittler und V-Leuten etc.

910 § 100 g StPO, § 20 m BKAG, § 23 g ZFdG und § 8 a Abs. 2 Satz 1 Nr. 4 BVerfSchG (ggfs. i.V.m. § 2 a BNDG oder § 4 a MADG)

911 *Bäcker*, Schriftliche Stellungnahme, Innenausschuss A-Drs. 18(4)144 B, S. 6.

912 Vgl. *Plöse*, Warum die ATD-Novelle mit der Sicherheitsverfassung des Grundgesetzes unvereinbar ist, Vorgänge 2014, Nr. 208, S. 153 ff in Bezug auf die Anlassmaßnahmen für verdeckte Speicherungen; Abschnitt 3.b)bb.(3)

Dieser Kritik kann zugestimmt werden. Eine weitere Fassung des Einschränkungskatalogs sollte vorgenommen werden, um der besonderen Schutzwürdigkeit der Daten Rechnung zu tragen.

dd. Kontrolle und Berichtspflicht

Zweifelsohne reagiert der Staat durch Einführung dieser Dateien auf das wachsende Bedürfnis der Bürger eines möglichst umfassenden Schutzes vor terroristischen Gefahren und der effektiven Gewährleistung von Sicherheit. Dabei besteht die zentrale Herausforderung darin, die gesamte Entwicklung rechtsstaatlich zu begrenzen und zu disziplinieren.[913]

Effektive Kontrolle kann verhindern, dass die Balance von Freiheit und Sicherheit nicht aus dem Gleichgewicht gerät. Sie kann somit den Verlust von Freiheitsrechten kompensieren. Der Kontrolle der ATD durch die unabhängigen Datenschutzbehörden kommt eine überragende Bedeutung zu, weil eben der Rechtsschutz für die Betroffenen kaum möglich ist.

Durch die Forderung des Bundesverfassungsgerichts eines Datenschutzbeauftragten sowohl auf Landes- als auch auf Bundesebene, der gesetzlich festgelegte regelmäßige Kontrollen durchführt, findet eine Kompensation des schwach ausgestalteten Individualrechtsschutzes statt.

Vorteil der grundsätzlichen Entscheidung des Gesetzgebers einer Kontrolle durch einen Datenschutzbeauftragten im Falle der ATD ist, dass eine ex-post-Kontrolle erfolgt, die ein umfassendes Bild ermöglicht. Weiterhin ist der Datenschutzbeauftragte selber nicht in die Maßnahmen involviert und kann so eine Beurteilung unabhängig von jener der unmittelbar betroffenen Behörden und der Rechtmäßigkeit der Datenzugriffe vornehmen, ohne in Interessenkonflikte zu geraten.[914]

Der Gesetzgeber kommt mit der Regelung, die im Rahmen der Vorschriften zur Amtshilfe und zur Auftragsdatenverarbeitung eine zwischen den jeweils zuständigen Kontrollinstanzen stattfindende Kooperation gewährleistet, der Sicherstellung einer effektiven Datenschutzkontrolle nach und wird damit auch den Vorgaben des Bundesverfassungsgerichts gerecht.[915] Diese Kooperation ist

---

913 *Volkmann,* Verbund oder Trennung- Zu einem neuen Verhältnis von Polizei und Nachrichtendiensten, JURA 2014, S. 820, 823.

914 Vgl. in Zusammenhang mit der Einsetzung eines Bundesdatenschutzbeauftragten für die Nachrichtendienste *Hochreiter,* Die heimliche Überwachung internationaler Telekommunikation, S. 226 f.

915 So auch BKA, Schriftliche Stellungnahme, Innenausschuss A-Drs. 18(4)144 G, 115; Vgl. auch Gesetzesbegründung BT-Drs. 18/1545, S. 20.

bei einer von Bund und Ländern gemeinsam geführten Datei auch erforderlich. Ein Ausschluss der gemeinsamen datenschutzrechtlichen Kontrolle wäre als widersprüchlich mit dem Zweck einer gemeinsamen Datei zu bewerten, denn diese ist gerade auf die Erleichterung einer informationellen Zusammenarbeit ausgerichtet.[916]

Ebenso kann die Berichtspflicht des BKA alle drei Jahre gegenüber dem Parlament und der Öffentlichkeit gem. § 9 Abs. 3 ATDG der begrenzten Wahrnehmbarkeit der Betroffenen und der allgemeinen Öffentlichkeit Rechnung tragen. Durch die Berichtspflicht des BKA an das Parlament, für die vom Bundesverfassungsgericht ein hinreichender Gehalt gefordert wird[917], wird der öffentliche Willensbildungsprozess gefördert und der Datenaustausch der demokratischen Kontrolle unterworfen.[918] Insgesamt beachtet der Gesetzgeber hinsichtlich der Kontrolle die Vorgaben des Bundesverfassungsgerichts.

Anknüpfungspunkt für Kritik könnte insgesamt das Zusammenspiel der verschiedenen Aufsichtsinstanzen, also den Datenschutzbeauftragten und der G10-Kommission sein.[919] Das Bundesverfassungsgericht führte dazu zwar nur aus, dass im Zusammenspiel der verschiedenen Aufsichtsinstanzen auch eine Kontrolle der durch Maßnahmen nach dem Artikel 10-Gesetz gewonnenen Daten in einer Datei, die maßgeblich auch vom Bundesnachrichtendienst befüllt wird, zu gewährleisten sei.[920] Jedoch könnte sich ein Problem daraus ergeben, dass ein Zusammenspiel der verschiedenen Aufsichtsinstanzen auch bedeuten könnte, dass dies beidseitig geschehen soll. Auf Seiten der G 10-Kommission finden jedoch die Beratungen gem. § 15 Abs. 2 G 10 geheim statt. Hingegen gibt § 24 Abs. 2 S. 2 BDSG vor, dass personenbezogenen Daten, die durch die Kommission nach § 15 des Artikel 10-Gesetzes kontrolliert werden, nicht der Kontrolle durch die Bundesbeauftragte oder den Bundesbeauftragten unterliegen, es sei denn, die Kommission ersucht die Bundesbeauftragte oder den Bundesbeauftragten, die Einhaltung der Vorschriften über den Datenschutz bei bestimmten

---

916 Im Ergebnis auch BVerfGE 133, 277, 370, Rn. 216.

917 BVerfGE 133, 277, 372, Rn. 222.

918 Anders als bspw. bei der Kontrolle durch die G-10-Kommission, bei der die Kommission weder durch die Politik noch die Medien oder die Öffentlichkeit kontrolliert werden, sondern die Beratungen geheim bleiben, vgl. § 15 Abs. 2 G10, kann somit in dem Fall der ATD die Öffentlichkeit beteiligt und eine Kompensation für die verminderten Rechtsschutzmöglichkeiten und damit für die Freiheit stattfinden.

919 Vgl. auch *Rossi*, Schriftliche Stellungnahme, Innenausschuss A-Drs. 18(4)144 F, S. 12; *Arzt*, Schriftliche Stellungnahme, Innenausschuss A-Drs. 18(4) 144 A, S. 15.

920 BVerfGE 133, 277, 370, Rn. 216.

Vorgängen oder in bestimmten Bereichen zu kontrollieren und ausschließlich ihr darüber zu berichten.

Die Regelung eines Zusammenspiels bleibt damit offen und gestaltet sich, ohne die Geheimhaltung der Arbeit der Kommission zu durchbrechen, als schwierig.

Auch erstrecke sich die Kontrollpflicht spätestens alle zwei Jahre nicht auf die G-10 Kommission, was jedoch nötig sei.[921] Zudem wird in einer Stellungnahme[922] ein Hinweis bzgl. der Daten, die durch den BND in die Datei eingepflegt werden, die häufig aus dem Ausland von anderen Nachrichtendiensten stammen, gegeben. Fraglich ist danach, inwieweit diese Daten einer ausreichenden Kontrolle in Deutschland unterliegen, und einer erweiterten Dateinutzung durch die Polizeibehörden zugänglich sein sollten. Insoweit wird eine genauere Evaluierung verlangt.

4. Weitere Instrumente der Zusammenarbeit bei der Bekämpfung des Terrorismus vor dem Hintergrund des Trennungsgebots

Um auf die schwer fassbare Bedrohungslage flexibel reagieren zu können, wurden unter anderem das Gemeinsame Terrorismusabwehrzentrum sowie weitere gemeinsame Zentren und weitere gemeinsame Dateien errichtet. Diese gemeinsamen Zentren dienen dem Zweck unter Wahrung der rechtsstaatlichen Grundsätze und Strukturen im Bereich des Terrorismus einen Informationsfluss und damit eine effiziente Auswertung aller Erkenntnisse zu ermöglichen.[923] Die Zentren sollen die Zusammenarbeit zwischen den verschiedenen Sicherheitsbehörden durch neue Kommunikationswege stärken. Die ausgetauschten Informationen werden gebündelt und gemeinsam bewertet, um jeweils operative Maßnahmen der beteiligten Behörden im eigenen Zuständigkeitsbereich vorzubereiten.[924]

Fraglich ist, wie die weiteren Arten der Zusammenarbeit, neben der Antiterrordatei, im Hinblick auf das Trennungsgebot zu bewerten sind. Vor allem geht es dabei darum zu analysieren, welche Rückschlüsse diese weiteren Instrumente der Zusammenarbeit von Polizei und Nachrichtendiensten auf den Bestand des

---

921 *Wolff*, Schriftliche Stellungnahme, Innenausschuss A-Drs. 18(4)144 E, S. 5.

922 *Arzt*, Schriftliche Stellungnahme, Innenausschuss A-Drs. 18(4) 144 A, S. 16.

923 Bericht der Regierungskommission zur Überprüfung der Sicherheitsgesetzgebung in Deutschland vom 28. August 2013, S. 191 f.

924 Bericht der Regierungskommission zur Überprüfung der Sicherheitsgesetzgebung in Deutschland vom 28. August 2013, S. 271.

Trennungsgebots und insbesondere die informationelle Trennung, zulassen, bzw. ob die Ergebnisse dieser Betrachtung und Bewertung die Konsequenzen aus dem Urteil des Bundesverfassungsgerichts zur ATD unterstützen können.

a. Projektdateien

Durch das Gemeinsame-Dateien-Gesetz wurde auch die Möglichkeit zur Errichtung von sogenannten Projektdateien geschaffen.[925] Die Neuregelungen finden sich, wie bereits in Zusammenhang mit den einzelnen Behörden beschrieben, im BKAG, BVerfSchG sowie dem BNDG und sollen eine befristete projektbezogene Zusammenarbeit von BfV, MAD, BND, den Polizeibehörden des Bundes und der Länder, dem Zollkriminalamt sowie den Landesämtern für Verfassungsschutz ermöglichen.[926]

Während die ATD in § 1 Abs. 1 ATDG als dauerhaft eingerichtete Datei definiert wird, geht es bei den Projektdateien um eine befristete Zusammenarbeit der Sicherheitsbehörden (für zwei Jahre mit der Möglichkeit diese Zusammenarbeit nunmehr um zwei Jahre und danach um ein weiteres Jahr zu verlängern) zur Erreichung eines bestimmten Projektziels[927] (vgl. § 22 a Abs. 4 BVerfSchG, § 25 Abs. 4 BNDG, § 17 Abs. 4 BKAG). Auch § 6 a ATDG schafft die Möglichkeit einer weiteren projektbezogenen Datenbenutzung.

Ziel ist es, Erkenntnisse über Bestrebungen auszutauschen und auszuwerten, die durch Anwendung von Gewalt oder darauf gerichtete Vorbereitungshandlungen Schutzgüter beeinträchtigen, deren Schutz unter die Aufgabenzuweisung des Bundesamtes für Verfassungsschutz (§ 3 Abs. 1 Nr. 1 bis 4 BVerfSchG) und unter die parallelen Regelungen im BNDG (§ 25 BNDG, der in Nrn. 1 und 2 auf § 5 Abs. 1 des G10 verweist) und im BKAG (§ 17 Abs. 1 Nr. 1 bis 4 BKAG, der auf § 99 StGB, §§ 129 a, 129 b StGB und §§ 17, 18 AWG und die mit diesen Straftaten in unmittelbaren Zusammenhang stehenden Straftaten verweist) fällt, um phänomenbezogene Erkenntnisse zu gewinnen und Bekämpfungsansätze zu entwickeln.[928]

---

925 BGBl. I 2006, S. 3409.

926 *Roggan/Bergemann,* Die „neue Sicherheitsarchitektur“ der Bundesrepublik Deutschland- Anti-Terror-Datei, gemeinsame Projektdateien und Terrorismusbekämpfungsergänzungsgesetz, NJW 2007, S. 876, 878.

927 Vgl. *Klee,* Neue Instrumente der Zusammenarbeit von Polizei und Nachrichtendiensten, S. 157.

928 Vgl. *Kugelmann in:* Härtel (Hrsg.) Handbuch Föderalismus, § 52, Rn. 65; *Petri,* in: Lisken/Denninger, Handbuch des Polizeirechts, G Rn. 113.

Personenbezogene Daten zu den genannten Bestrebungen dürfen nach diesen Gesetzen (jeweils in Absatz 1 Satz 3 geregelt) unter Einsatz der gemeinsamen Datei durch die an der projektbezogenen Zusammenarbeit beteiligten Behörden im Rahmen ihrer Befugnisse verwendet werden, soweit dies in diesem Zusammenhang zur Erfüllung ihrer Aufgaben erforderlich ist. Bei der weiteren Verwendung der personenbezogenen Daten finden für die beteiligten Behörden die jeweils für sie geltenden Vorschriften über die Verwendung von Daten, Anwendung.

Ihrer Zielrichtung nach können projektbezogene Dateien also auch als Volltextdateien ausgestaltet sein, von denen dann nicht nur weitgehend festgelegte Datenkategorien erfasst werden, sondern auch sog. volltextliche Inhalte.[929] Stärker noch als bei der ATD werden hier sensible personenbezogene Informationen zusammengeführt.[930] Auch inhaltlich unterscheiden sich die Projektdateien von der ATD. Während erstere auch für nationale Kontexte eingerichtet werden können, zielt die ATD hingegen auf die Bekämpfung des internationalen Terrorismus ab.[931]

Gem. § 22 a Abs. 2 BVerfSchG, § 25 Abs. 2 BNDG, § 17 Abs. 2 BKAG gelten für die Eingabe personenbezogener Daten in die gemeinsame Datei die jeweiligen Übermittlungsvorschriften zugunsten der an der Zusammenarbeit beteiligten Behörden entsprechend mit der Maßgabe, dass die Eingabe nur zulässig ist, wenn die Daten allen an der projektbezogenen Zusammenarbeit teilnehmenden Behörden übermittelt werden dürfen. Eine Eingabe ist ferner nur zulässig, wenn die Behörde, die die Daten eingegeben hat, diese auch in eigene Dateien speichern darf. Hiermit wird klargestellt, dass durch die Projektdatei nicht die für die jeweiligen Behörden geltenden Speicherbefugnisse ausgedehnt werden.[932]

Weiterhin besteht für die eingebende Behörde eine Kennzeichnungspflicht.

Die Zusammenarbeit innerhalb der gemeinsamen Projektdatei muss auf sachlich klar abgrenzbare Projektziele bezogen sein.[933]

---

929 BT-Drs. 16/10007, S. 2–3; 10.

930 *Roggan/Bergemann,* Die „neue Sicherheitsarchitektur" der Bundesrepublik Deutschland- Anti-Terror-Datei, gemeinsame Projektdateien und Terrorismusbekämpfungsergänzungsgesetz, NJW 2007, S. 876, 878.

931 *Droste,* Handbuch des Verfassungsschutzrechts, S. 587; *Klee,* Neue Instrumente der Zusammenarbeit von Polizei und Nachrichtendiensten, S. 159.

932 BT-Drs. 16/2950, S. 23.

933 Bericht der Regierungskommission zur Überprüfung der Sicherheitsgesetzgebung in Deutschland vom 28. August 2013, S. 197, wohl gegeben bei Projekten zur Auswertung einzelner islamistischer Gruppen oder zur Analyse punktueller Fragen im Zusammenhang mit dem Phänomenbereich, etwa von Finanzierungsmechanismen.

Eine Begrenzung, in welchen Fällen ein entsprechendes Projekt vorliegt, existiert jedoch nicht. Aus der Gesetzbegründung[934] ergibt sich lediglich, dass ein „Projektbezug" bestehen muss und die beteiligten Stellen „den Projektauftrag, die Projektziele sowie die Verfahrensweisen" vorher konkret zu vereinbaren haben. Über Ziele, Umfang und die Bestimmung des Umfangs der auszutauschenden Daten gibt es keine Aussagen. Die nähere Bestimmung liegt damit allein bei den beteiligten Behörden.

Kritisiert wird, dass die nähere Konkretisierung von Eingriffen in die informationelle Selbstbestimmung, nicht den Sicherheitsbehörden überlassen werden darf, sondern vom Gesetzgeber selbst vorzunehmen ist.[935] Auch eine konkretisierungsfähige Umschreibung, die das Bundesverfassungsgericht bei der ATD hinsichtlich des Umfangs der zu speichernden Daten akzeptiert hat, fehle bei den Projektdateien. Der Verweis auf die einfachgesetzlichen Übermittlungsvorschriften helfe diesem Missstand nicht ab.[936]

Wie die Bedeutung der Projektdateien im Hinblick auf das Trennungsgebot zu bewerten ist, soll weiter Gegenstand der Bearbeitung sein.

b. Gemeinsame Zentren

aa. Gemeinsames Terrorismusabwehrzentrum (GTAZ)

Die Einrichtung des Gemeinsamen Terrorismusabwehrzentrums (GTAZ) erfolgte vor dem Hintergrund einer verstärkten Bedrohung durch den islamistischen Terrorismus. Das GTAZ sollte durch die neue institutionalisierte Form der Zusammenarbeit – die Stärkung der Analysekompetenzen der beteiligten Sicherheitsbehörden – dazu beitragen, alle verfügbaren Informationsquellen besser ausschöpfen zu können und das Potenzial von Handlungen als terroristische Anschläge schneller zu erkennen.[937]

---

934 BT-Drs. 16/2950, S. 23.

935 *Roggan/Bergemann,* Stellungnahme zu den Gesetzesentwürfen ATD und TBEG, BT-Drs. 16/2950 und 16/2921, S. 17; *Roggan/Bergemann,* Die „neue Sicherheitsarchitektur" der Bundesrepublik Deutschland- Anti-Terror-Datei, gemeinsame Projektdateien und Terrorismusbekämpfungsergänzungsgesetz, NJW 2007, S. 876, 879.

936 *Schaar/Bergemann,* „Trennung ist unser Los, Wiedersehen ist unsere Hoffnung", in: Roggan/Busch (Hrsg.), Das Recht in guter Verfassung, Festschrift für Martin Kutscha, S. 123, 130.

937 *Dietl/Hirschmann/Tophoven,* Das Terrorismus-Lexikon, S. 312; *Lang,* Das Antiterrordateigesetz, S. 97.

Die Ziele des gemeinsamen Terrorismusabwehrzentrums liegen also vor allem in der Bewertung, Verdichtung und Bündelung von Informationen durch Koordination und sollen eine Minimierung von Verlusten und Redundanzen verhindern.[938]

Das Ende 2004 in Berlin eingerichtete Gemeinsame Terrorismusabwehrzentrum ist eine gemeinsame Kooperations- und Kommunikationsplattform von 40 nationalen Behörden[939] aus dem Bereich der Inneren Sicherheit. Das GTAZ ist keine eigenständige Behörde. Für die Einrichtung war kein neues Gesetz erforderlich, denn keine Behörde erhielt zusätzliche Kompetenzen oder gab Souveränität ab. Vielmehr trifft jede der beteiligten Behörden ihre Maßnahmen in eigener Zuständigkeit und im Rahmen der für sie geltenden Gesetze, Kompetenzen und gesetzlichen Beschränkungen. Sie gelten also auch nach Aufnahme der Arbeit innerhalb des Zentrums fort.[940]

Das wichtigste Hilfsmittel des GTAZ ist die Antiterrordatei.[941]

Voraussetzung für die Kooperation der polizeilichen und nachrichtlichen Behörden unter einem Dach war die Einrichtung von zwei getrennten Säulen, nämlich in Form der nachrichtendienstlichen und der „Polizeilichen Informations- und Analysestelle" (NIAS und PIAS). Mitglieder der jeweiligen Informations- und Analysestelle arbeiten in verschiedenen Arbeitsgruppen[942] eng zusammen, die unterschiedlichen Zwecken dienen und die neben der aktuellen

---

938 *Ziercke,* Aufgaben des Bundeskriminalamtes unter veränderten Gefährdungsbedingungen in: *Schreckenberger* (Hrsg.), Sicherheitsdienste des Bundes im Zeitalter der Globalisierung, S. 63, 74; *Weisser,* Das Gemeinsame Terrorismusabwehrzentrum (GTAZ), NVwZ 2011, S. 142, 143; *Droste,* Handbuch des Verfassungsschutzrechts, S. 581;

939 32 Landesbehörden (die Landeskriminalämter und Landesverfassungsschutzämter) und 8 Bundesbehörden (BKA, BVerfSch, BND, MAD, Bundespolizei, Zollkriminalamt, Bundesamt für Migration und Flüchtlinge, Generalbundesanwaltschaft).

940 *Droste,* Handbuch des Verfassungsschutzrechts, S. 582; Bericht der Regierungskommission zur Überprüfung der Sicherheitsgesetzgebung in Deutschland vom 28. August 2013, S. 271; Homepage des Bundesamt für Verfassungsschutz abrufbar unter: https://www.verfassungsschutz.de/de/arbeitsfelder/af-islamismus-und-islamistischer-terrorismus/gemeinsames-terrorismusabwehrzentrum-gtaz.

941 *Rachor,* in: Lisken/Denninger, Handbuch des Polizeirechts, Abschnitt C Rn. 121.

942 AG Gefährdungsbewertungen, AG operativer Informationsaustausch, AG Fallauswertung, AG Strukturanalysen, AG Auswertung „Islamistisches terroristisches Personenpotential", AG Statusrechtliche Begleitmaßnahmen.

Fallbearbeitung sowie der Gefahrenprognose auch mittel- und längerfristige Analysen erstellen.[943]

Die Betrachtung und Bewertung der gemeinsamen Zentren im Hinblick auf die Trennung von Polizei und Nachrichtendiensten folgt im Anschluss.

bb. Gemeinsames Internetzentrum (GIZ)

Anfang 2007 wurde das Gemeinsame Internetzentrum (GIZ) zur Beobachtung und Bewertung islamistischer Internetinhalte in Berlin eingerichtet. Es dient dem systematischen Erforschen des Internets, welches sich als Schlüsselmedium der Kommunikation weltweit entwickelt, und sowohl als Kommunikationsmittel für islamistische und islamistisch-terroristische Netzwerke, als auch als Propagandaplattform für Extremisten genutzt wird.[944]

Nach dem Vorbild des Gemeinsamen Terrorismusabwehrzentrums (GTAZ) arbeiten dort Vertreter des Bundesamtes für Verfassungsschutz, des BKA, des BND, des MAD und der Generalbundesanwaltschaft zusammen. Darüber hinaus steht das GIZ in ständigem Austausch mit den zuständigen Landesbehörden.

Zu den Aufgaben der Vertreter der mitwirkenden Behörden gehört also die Erforschung des Internets, um frühzeitig extremistische und terroristische Strukturen und Aktivitäten zu identifizieren. Es geht dabei insbesondere um die Beobachtung, Auswertung und Analyse von Veröffentlichungen mit islamistischen und jihadistischen Inhalten im Internet. Ziel ist zum einen die Zusammenführung der jeweiligen sprachlichen, technischen und fachlichen Kompetenzen der beteiligten Behörden an einen Ort, um Ressourcen zu schonen, zum anderen die Sicherstellung einer behördenübergreifend einheitlichen Berichterstattung an die zuständigen Entscheidungsträger.[945]

---

943 Homepage des Bundesamt für Verfassungsschutz abrufbar unter https://www.verfassungsschutz.de/de/arbeitsfelder/af-islamismus-und-islamistischer-terrorismus/gemeinsames-terrorismusabwehrzentrum-gtaz.

944 *Rachor*, in: Lisken/Denninger, Handbuch des Polizeirechts, Abschnitt C Rn. 124; Homepage des Bundesamt für Verfassungsschutz abrufbar unter https://www.verfassungsschutz.de/de/arbeitsfelder/af-islamismus-und-islamistischer-terrorismus/gemeinsames-internetzentrum-giz.

945 Homepage des Bundesamt für Verfassungsschutz abrufbar unter https://www.verfassungsschutz.de/de/arbeitsfelder/af-islamismus-und-islamistischer-terrorismus/gemeinsames-internetzentrum-giz; *Rachor*, in: Lisken/Denninger, Handbuch des Polizeirechts, Abschnitt C Rn. 124.

cc. Gemeinsames Extremismus- und Terrorismusabwehrzentrum (GETZ)

Weiterhin gibt es das Gemeinsame Extremismus- und Terrorismusabwehrzentrum (GETZ). Dieses nahm am 15. November 2012 seine Arbeit auf. Hier wird die Kooperation zwischen Polizei und Verfassungsschutz, zwischen Bund und Ländern in den Phänomenbereichen Rechtsextremismus/-terrorismus, Linksextremismus/-terrorismus, Ausländerextremismus, Spionageabwehr und Proliferation gebündelt.

Das GETZ ist wie das Gemeinsame Terrorismusabwehrzentrum (GTAZ) und das Gemeinsame Abwehrzentrum gegen Rechtsextremismus/-terrorismus (GAR) auf die Verbesserung der Kooperation und Koordination der Sicherheitsbehörden – hier bei der Bekämpfung von Rechtsextremismus und Rechtsterrorismus – ausgelegt. Die Behörden auf diesem Gebiet hatten bis dahin vorwiegend dezentral gearbeitet und ihre Erkenntnisse einzelfallbezogen ausgetauscht.[946]

Bei dem GETZ, in dem nunmehr das GAR aufgeht, handelt es sich um keine neue Behörde, sondern um eine zeitgemäße Ausformung einer Informations- und Kommunikationsplattform aller beteiligten Behörden. Durch die Einrichtung des GETZ werden weder Zuständigkeits- noch Befugnisfragen berührt. Ziel ist die Sicherstellung eines schnellen, lückenlosen Informationsflusses und die unmittelbare Bündelung von Fachexpertise aller Behörden.[947]

Unter dem Dach des GETZ sollen neben der bereits bestehenden nachrichtendienstlichen Informations- und Analysestelle für Rechtsextremismus und -terrorismus (NIAS-R) weitere phänomenbezogene Stellen dieser Art eingerichtet werden. Gleiches gilt für die entsprechende polizeiliche Informations- und Analysestelle (PIAS-R).[948] Im Übrigen sei hinsichtlich der Ziele auf die Ausführungen zum GTAZ verwiesen.

---

946 *Kutscha,* Die Antinomie des Verfassungsschutzes, NVwZ 2013, S. 324, 325; *Rathgeber,* Terrorismusbekämpfung durch Organisationsrecht, DVBl 2013, S. 1009, 1011; http://www.bmi.bund.de/SharedDocs/Downloads/DE/Kurzmeldungen/gar_handout.pdf?__blob=publicationFile.

947 Homepage des Bundesamt für Verfassungsschutz, abrufbar unter: http://www.verfassungsschutz.de/de/das-bfv/getz.

948 Homepage des Bundesamt für Verfassungsschutz, abrufbar unter: http://www.verfassungsschutz.de/de/das-bfv/getz.

c. *Die Bewertung weiterer Instrumente der Zusammenarbeit bei der Bekämpfung des Terrorismus im Hinblick auf das Trennungsgebot*

Die Betrachtung weiterer Instrumente der Zusammenarbeit von Polizei und Nachrichtendiensten macht deren Ausrichtung zur effizienteren Arbeit vor allem in Bezug auf die Bekämpfung des nationalen und internationalen Terrorismus deutlich. Auch zeigen die Erfahrungen in GTAZ und GAR nach Aussage des Bundesamts für Verfassungsschutz und des Bundesinnenministeriums, dass über eine derartige Kooperationsplattform, ein deutlicher Mehrwert für die Arbeit aller beteiligten Behörden zu erzielen ist.[949] Durch die Möglichkeit der Zusammenarbeit, die durch eine Datei oder durch die Lagezentren ermöglicht wird, kann der Datenaustausch beschleunigt und erleichtert werden, wodurch eine gemeinsame Analyse von Gefährdungspotenzial ermöglicht wird.

Jedoch verbleiben bei jeglicher Art von Zusammenarbeit die Zweifel, ob die Weitergabebeschränkungen und Kennzeichnungspflichten bei einer direkten Zusammenarbeit in den Lagezentren – aber auch mittels Dateien – in gleichem Maße eingehalten werden, wie bei einer Datenübermittlung auf Einzelabfrage über die Entfernung hinweg.[950] Dadurch könnten die Grenzen zulässiger Zusammenarbeit überschritten werden, und das Trennungsgebot in verschiedener Hinsicht tangiert sein.

aa. Bewertung der Projektdateien hinsichtlich des Trennungsgebots

Die Gefahr der Durchbrechung des Trennungsgebots könnte bei der Einführung der Projektdateien als „projektbezogenes Abrufverfahren" nicht weniger schwer wiegen als bei der ATD. Jedoch muss eine genaue Betrachtung erfolgen.

Bei Heranziehen der Gesetzestexte von § 22 a Abs. 1 S. 2 BVerfSchG („nach Maßgabe der Aufgaben und Befugnisse der in Satz 1 genannten Behörden") und von § 22 a Abs. 1 S. 3 BVerfSchG („projektbezogenen Zusammenarbeit beteiligten Behörden im Rahmen ihrer Befugnisse verwendet werden"), wird deutlich, dass den beteiligten Behörden durch die gemeinsamen Projektdateien keine neuen Aufgaben und Befugnisse zugewiesen werden sollen. Das Trennungsgebot in

---

949 Homepage des Bundesamt für Verfassungsschutz und des BMI, abrufbar unter: http://www.verfassungsschutz.de/de/das-bfv/getz. http://www.bmi.bund.de/SharedDocs/Downloads/DE/Kurzmeldungen/gar_handout.pdf?__blob=publicationFile; Bericht der Regierungskommission zur Überprüfung der Sicherheitsgesetzgebung in Deutschland vom 28. August 2013, S. 193.

950 Vgl. *Gusy/Pohlmann*, Wächst zusammen, was nicht zusammengehört?, Vorgänge 2007, Nr. 178, S. 53, 61.

befugnisrechtlicher und funktioneller Hinsicht wird somit nicht verletzt. Auch bleibt der organisatorische Aspekt unberührt, weil durch die Projektdateien keine Angliederung der Nachrichtendienste an die Polizei stattfindet.

Die Zusammenarbeit verbleibt im rein informationellen Bereich, wobei auch hier kein automatisierter Informationsaustausch stattfinden kann.

Fraglich ist, welche Wertungen der Aussagen des Bundesverfassungsgerichts zur ATD im Hinblick auf die Zusammenarbeit innerhalb der Projektdateien angewendet werden müssen. Grundsätzlich dürfen Daten nach Aussage des Bundesverfassungsgerichts zwischen Nachrichtendiensten und Polizei nicht ausgetauscht werden, da aus dem Grundrecht auf informationelle Selbstbestimmung ein informationelles Trennungsprinzip folgt. Einschränkungen sind nur ausnahmsweise zulässig.[951]

Zunächst ist zu prüfen, um welche Art der Zusammenarbeit es sich handelt, und inwieweit die Daten verwendet werden dürfen.

Wie bereits erwähnt, geht es zunächst um den Austausch und die gemeinsame Auswertung von polizeilichen und nachrichtendienstlichen Erkenntnissen. Durch die projektbezogenen Dateien wird der Informationsaustausch erleichtert. Gem. § 22 a Abs. 1 S. 3 und 4 BVerfSchG, § 25 Abs. 1 S. 3 und 4 BNDG und § 17 BKAG dürfen personenbezogene Daten zu den genannten Bestrebungen nach diesen Gesetzen unter Einsatz der gemeinsamen Datei durch die an der projektbezogenen Zusammenarbeit beteiligten Behörden im Rahmen ihrer Befugnisse verwendet werden, soweit dies in diesem Zusammenhang zur Erfüllung ihrer Aufgaben erforderlich ist. Bei der weiteren Verwendung der personenbezogenen Daten finden für die beteiligten Behörden die jeweils für sie geltenden Vorschriften über die Verwendung von Daten Anwendung.

Durch die Projektdateien ist damit ein erleichterter Informationsaustausch möglich. Die Daten dürfen zur Erfüllung der Aufgaben der jeweiligen Behörde bei Erforderlichkeit verwendet werden.

Das Einstellen von Daten richtet sich dabei ausschließlich nach den bereits existierenden Übermittlungsvorschriften vgl. § 22 a Abs. 2 BVerfSchG, § 25 Abs. 2 BNDG und § 17 BKAG. Für die Eingabe personenbezogener Daten in die gemeinsame Datei gelten danach die jeweiligen Übermittlungsvorschriften zugunsten der an der Zusammenarbeit beteiligten Behörden entsprechend, mit der Maßgabe, dass die Eingabe nur zulässig ist, wenn die Daten allen an der projektbezogenen Zusammenarbeit teilnehmenden Behörden übermittelt werden dürfen.

951 Vgl. BVerfGE 133, 277, 329, Rn. 123.

Das heißt, dass auch nur diejenigen Daten gespeichert werden dürfen, die ohnehin übermittelt werden dürften. In den Vorschriften kann damit keine Ausweitung der Befugnisse zur Speicherung gesehen werden.[952]

Jedoch kann es durch die Möglichkeit der Ausgestaltung als Volltextdatei bei den Projektdateien zu einem tiefergehenden Grundrechtseingriff in das Grundrecht auf informationelle Selbstbestimmung kommen. Diesem gegebenenfalls stärkeren Grundrechtseingriff stehen aber im Gegensatz zur ATD eine durch Gesetz festgelegte zeitliche Befristung, ein stärker umrissener Dateizweck und weitere materielle und verfahrensrechtliche Vorgaben zur Begrenzung gegenüber.[953]

Die Zusammenarbeit im Rahmen eines Projekts bezweckt gem. § 22 a Abs. 1 S. 2 BVerfSchG den Austausch und die gemeinsame Auswertung von Erkenntnissen zu Bestrebungen, die durch Anwendung von Gewalt oder darauf gerichtete Vorbereitungshandlungen gegen die in § 3 Abs. 1 Nr. 1 bis 4 genannten Schutzgüter gerichtet sind.

Des Weiteren kann ein Austausch von Erkenntnissen in den in § 25 Abs. 1 S. 2 Nr. 1 BNDG iVm. § 5 Abs. 1 S. 3 Nr. 1 bis 3 G10 genannten Fällen oder den in § 25 Abs. 1 S. 2 Nr. 2 BNDG iVm. § 5 Abs. 1 S. 3 Nr. 4 bis 6 G10 genannten Fällen erfolgen, soweit die Aufklärung Bezüge zum internationalen Terrorismus aufweist. Weiterhin bezweckt der Austausch und die gemeinsame Auswertung gem. § 17 Abs. 1 S. 2 BKAG die rechtzeitige Erkennung und Begegnung von Straftaten nach § 99 StGB, Straftaten nach § 129 a StGB, auch iVm. § 129 b Abs. 1 StGB, vorsätzliche Straftaten nach den §§ 17 und 18 des Außenwirtschaftsgesetzes, soweit es sich um einen Fall von besonderer Bedeutung handelt, oder Straftaten, die mit diesen Straftaten in einem unmittelbaren Zusammenhang stehen.

Alle diese Zwecke sind von besonderem, herausragendem öffentlichen Interesse, zumal viele der genannten Regelungen in Zusammenhang mit der Bekämpfung des internationalen Terrorismus stehen.

Weiterhin enthalten die Vorschriften zu den projektbezogenen gemeinsamen Dateien Benachrichtigungspflichten, zeitliche Begrenzungen, Löschungspflichten, aber auch Verweise zu den Vorschriften über die datenschutzrechtliche

---

952 *Möstl,* Schriftliche Stellungnahme, Innenausschuss A-Drs. 16(4)131 A, S. 11 f.; vgl. weiterhin BR-Drs. 672/06, S. 50; *Droste,* Handbuch des Verfassungsschutzrechts, S. 587; *Klee,* Neue Instrumente der Zusammenarbeit von Polizei und Nachrichtendiensten, S. 159.

953 Vgl. *Möstl,* Schriftliche Stellungnahme, Innenausschuss A-Drs. 16(4)131 A, S. 12.

Verantwortung und Kontrolle durch einen Datenschutzbeauftragten gem. § 24 Abs. 1 BDSG.

Bezüglich der Voraussetzungen an eine Dateneingabe und Weiterverwendung, weitere datenschutzrechtliche Vorgaben und die Gründe, die die Zusammenarbeit rechtfertigen können, kann eine Vergleichbarkeit zur ATD angenommen werden. Insoweit könnten auch die Wertungen zur Beurteilung der Vorgaben an eine informationelle Trennung durch das Bundesverfassungsgericht herangezogen werden. Bei Anwendung dieser Vorgaben kann auch an dieser Stelle von einer Rechtfertigung eines Eingriffs in das Grundrecht auf informationelle Selbstbestimmung gesprochen werden.

Lediglich die Ausgestaltung als Volltextdatei kann vorliegend keine uneingeschränkte Anwendungen der Wertungen zulassen. Diesem gegebenenfalls stärkeren Grundrechtseingriff stehen aber nach zuvor Gesagtem im Gegensatz zur ATD eine durch Gesetz festgelegte zeitliche Befristung, ein stärker umrissener Dateizweck im konkreten Fall und weitere materielle und verfahrensrechtliche Vorgaben, zur Begrenzung gegenüber.[954]

Ein Informationsverbund, der bestimmten Zwecken dient, der bestimmte Ziele verfolgt, der verfahrensrechtlichen Sicherungen und materiellen Vorgaben des Gesetzgebers entspricht, kann demnach mit dem Trennungsgebot in Einklang stehen, wenn auch der Grundsatz der Zweckbindung beachtet wird.[955] Zu beachten ist aber weiterhin, dass die Zusammenarbeit in solchen Dateien die Ausnahme bilden soll.

bb. Bewertung gemeinsamer Zentren hinsichtlich des Trennungsgebots

Durch die getrennten Auswertungs- und Analysezentren kann zumindest dem organisatorischen Aspekt des Trennungsprinzips Rechnung getragen werden.[956] Die Zentren verfügen also nicht über eigene personelle Ressourcen und die Kontrolle über Handlungen verlagert sich dadurch, dass Rechts- oder Fachaufsicht geändert werden, nicht auf eine andere als die Entsendebehörde.[957] Auch sind sie, um dies nach außen deutlich zu machen, in getrennten Gebäuden untergebracht.[958] Weiterhin agieren die beteiligten Behörden nicht in unzulässiger

---

954 So *Möstl*, Schriftliche Stellungnahme, Innenausschuss A-Drs. 16(4)131 A, S. 12.

955 Zusammenfassend *Klee*, Neue Instrumente der Zusammenarbeit von Polizei und Nachrichtendiensten, S. 165 ff.

956 *Rachor*, in: Lisken/Denninger, Handbuch des Polizeirechts, Abschnitt C Rn. 122.

957 *Rathgeber*, Terrorismusbekämpfung durch Organisationsrecht, DVBl 2013, S. 1009, 1013.

958 *Droste*, Handbuch des Verfassungsschutzrechts, S. 582.

Weise in einem fremden Aufgabenbereich, da die Abwehr terroristischer Gefahren nicht eindeutig im Zuständigkeitsbereich einer der Behörden liegt, sondern in der Schnittmenge von Aufgaben mehrerer Behörden.[959] Des Weiteren erhalten die Beamten der jeweils abgeordneten Stelle keine weiteren exekutiven Befugnisse.[960] Hinsichtlich der informationellen Trennung muss bei den gemeinsamen Einrichtungen eine erneute Bewertung vorgenommen werden, nämlich inwieweit eine Einrichtung gemeinsamer Zentren die informationelle Trennung berührt. Wie bereits dargestellt, ist die ATD das wichtigste Hilfsmittel des GTAZ. Auf die Ausführungen hinsichtlich der Problematik mit der informationellen Trennung wird insoweit verwiesen. Mit der Einrichtung von dem GTAZ geht gleichwohl ein gewisses Risiko einher, die einfachgesetzlichen Übermittlungsvorschriften durch die täglichen Lagebesprechungen und die ggf. damit einhergehenden Informationsaustäusche über Gefahrenpotentiale etc. und die dadurch verminderte Distanz, unterlaufen zu können. Vor allem die Gefahr, dass beiläufig andere Informationen mitgeteilt werden, die nicht übermittelt werden dürfen oder besondere Erhebungs- oder Verwertungsregelungen unterlaufen werden, ist hierbei zu nennen.[961]

Jedoch sind persönliche Besprechungen zwischen Mitarbeitern der jeweiligen Behörden gängige Praxis[962], die nicht verhindert werden kann und auch nicht sollte. Von den gemeinsamen Abwehrzentren geht insofern auch kein neues Risiko aus. Im Gegenteil, tragen sie doch zur Effizienz des persönlichen

---

959 *Baumann,* Vernetzte Terrorimsubekämpfung oder Trennungsgebot?, DVBl 2005, S. 798, 804 f.; *Rathgeber,* Terrorismusbekämpfung durch Organisationsrecht, DVBl 2013, S. 1009, 1013.

960 *Rathgeber,* Terrorismusbekämpfung durch Organisationsrecht, DVBl 2013, S. 1009, 1014.

961 Vgl. auch *Gusy/Pohlmann*, Wächst zusammen, was nicht zusammengehört?, Vorgänge 2007, Nr. 178, S. 53, *Gusy,* Trennungsgebot, in: Möllers/van Ooyen (Hrsg.), Jahrbuch Öffentliche Sicherheit 2008/2009, S. 177, 187; 188.

962 Auch bei Analyseprojekten, die der Erstellung von Hintergrundanalysen zu Aktivitäten des islamischen Terrorismus dienen (Bsp. „Netzwerke arabischer Mudjahedin"...) gibt es diese Zusammenarbeit (BR-Drs. 672/06, S. 21f.); *Diwell,* Aufgabenverbund von Polizei und Geheimdiensten bei der Bekämpfung des islamistischen Terrorismus, in: *Schreckenberger* (Hrsg.), Polizei und Nachrichtendienste unter veränderten Sicherheitsbedingungen, S. 11, 19 ff.

Datenaustausches bei.[963] Die Beurteilung der Zulässigkeit der Arbeit in diesen Zentren muss somit auch von der konkreten Arbeitsweise abhängig gemacht werden.[964]

Des Weiteren ist anzuführen, dass es keine Anhaltspunkte dafür gibt, dass die beteiligten Behörden sich nicht an die jeweiligen Datenschutzvorgaben hielten. Vielmehr folgt aus den bisherigen Erfahrungen im GTAZ für den Phänomenbereich des islamistischen Terrorismus, dass durch die Erleichterung des gegenseitigen Informationsflusses in den unterschiedlich strukturierten behördlichen Verfahren doppelte Grundrechtseingriffe vermieden werden, und die jeweilige Arbeit der Sicherheitsbehörden im Hinblick auf vorhandene Ressourcen des Staates effektiver gesteuert werden kann.[965]

Der persönliche Kontakt zwischen den Beamten der Polizei und der Nachrichtendienste kann damit grundsätzlich kein Problem im Hinblick auf die informationelle Trennung darstellen.

Eine projektbezogene gemeinsame Analyse und der dazu nötige Informationsaustausch von Polizei und Nachrichtendiensten in Informations- und Analyseboards wird insgesamt damit als nicht kollidierend mit dem Trennungsgebot angesehen.[966]

d. Ergebnis

Die Notwendigkeit eines verbesserten Informationsaustauschs für ein effizienteres Sicherheitssystem ist unbestritten. Dies bedeutet, auch nach Bestätigung der Verfassungsmäßigkeit der Zusammenarbeit von Sicherheitsbehörden in einer Datei durch das Bundesverfassungsgericht unter bestimmten Voraussetzungen, dass keine strikte Trennung bestehen kann. Gerade die weiteren Zentren und Dateien verdeutlichen diesen Stand.

Auch wenn die verfahrensrechtlichen und materiellen Vorgaben zunächst als ausreichend erachtet werden, und das Trennungsgebot durch die weiteren

---

963 *Lange,* Gutachten: Eckpunkte einer veränderten Sicherheitsarchitektur für die Bundesrepublik, S. 17; *Rathgeber,* Terrorismusbekämpfung durch Organisationsrecht, DVBl 2013, S. 1009, 1015.

964 Vgl. *Gusy,* Trennungsgebot, in: Möllers/van Ooyen (Hrsg.), Jahrbuch Öffentliche Sicherheit 2008/2009, S. 177, 187; 188.

965 Bericht der Regierungskommission zur Überprüfung der Sicherheitsgesetzgebung in Deutschland vom 28. August 2013, S. 192.

966 Vgl. auch *Diwell,* Aufgabenverbund von Polizei und Geheimdiensten bei der Bekämpfung des islamistischen Terrorismus, in: *Schreckenberger* (Hrsg.), Polizei und Nachrichtendienste unter veränderten Sicherheitsbedingungen, S. 11, 25.

Instrumente der Zusammenarbeit zumindest in befugnisrechtlicher, organisatorischer und funktioneller Hinsicht, nicht tangiert wird und in informationeller Hinsicht in den zulässigen Grenzen stattfindet, lassen sich auch hier deutliche Rückschlüsse auf die Sicherheitsarchitektur der Bundesrepublik Deutschland ziehen.

Gelangt man zu dem Ergebnis, dass die Zusammenarbeit in den Zentren und auch in den Projektdateien sich in solchen Grenzen bewegt, die das Trennungsgebot nicht verletzen, da die informationelle Zusammenarbeit notwendig ist, um – bei Wahrung der befugnisrechtlichen und funktionellen Trennung – effizient arbeiten zu können, wird auch deutlich, dass vor allem die informationelle Komponente des Trennungsgebots im Ausnahmefall Durchbrechungen ermöglichen muss, um gegebenenfalls eine Zusammenarbeit auf informationeller Ebene möglich zu machen, die aufgrund des technischen Fortschritts, aber auch wegen der Bedrohungslage heute unumgänglich und notwendig ist.

Anzudenken wäre aus Gründen des Freiheitsschutzes ebenfalls eine regelmäßige Berichtspflicht und eine regelmäßige Kontrollpflicht durch den Datenschutzbeauftragten, ähnlich wie im Falle der ATD über die bestehenden Projekte und den Fortschritt innerhalb dieser, um eine effizientere Kontrolle zu gewährleisten. Auch die Regierungskommission betont in ihrem Bericht, dass bereits jetzt kaum einzuschätzen ist, wie viele Projektdateien eigentlich bestehen und fordert deshalb verbesserte parlamentarische Kontrolle.[967]

Auch wird im Bericht der Regierungskommission durch einige Mitglieder angeführt, dass über das Entfallen der Befristung der Projektdateien nachgedacht werden sollte.[968] Dem ist insoweit zuzustimmen, dass die Fristen nicht starr ausgestaltet sein sollten, da nicht zu erwarten ist, dass sich die Phänomene, insbesondere der Terrorismus, deren Bekämpfung Ziel der Vereinfachung durch die Projektdateien sein soll, nach insgesamt vier Jahren bzw. nunmehr fünf Jahren aufgelöst haben.[969] Eine Verlängerung ist jeweils in Absatz 4 um zwei Jahre und danach um ein Jahr vorgesehen.[970] Sinnvoller wäre eine Befristung höher

967 Bericht der Regierungskommission zur Überprüfung der Sicherheitsgesetzgebung in Deutschland vom 28. August 2013, S. 197, 274.

968 Vgl. Bericht der Regierungskommission zur Überprüfung der Sicherheitsgesetzgebung in Deutschland vom 28. August 2013, S. 197.

969 Vgl. auch *Marscholleck,* Das Gesetz zur Verbesserung der Zusammenarbeit im Bereich des Verfassungsschutzes, NJW 2015, S. 3611, 3616.

970 Neurerungen in § 22 a BVerfSchG durch das Gesetz zum besseren Informationsaustausch, BGBl. I 2016, S. 1818.

anzusetzen und im Einzelfall eine Begrenzung vorzuschreiben. Jedoch wurde die Frist auch bei Änderungen der Vorschriften des BVerfSchG beibehalten.

Ebenfalls ist über weitere Regelungen in den gemeinsamen Lage- und Analysezentren nachzudenken. Die Zusammenarbeit habe nach Auffassung einiger Mitglieder der Regierungskommission in den gemeinsamen Zentren „eine Verfestigung, ein Ausmaß und eine Bedeutung erlangt"[971], sodass die vorhandenen Übermittlungsvorschriften nicht mehr ausreichen, da sie auf diese Form der Zusammenarbeit nicht zugeschnitten seien und es einer eigenständigen gesetzlichen Grundlage bedürfe. Nach anderer Auffassung innerhalb der Regierungskommission bedürfe es zur ordnungsgemäßen und verfassungskonformen Tätigkeit über die vorhandenen Kontrollinstanzen hinaus, keiner weiteren datenschutzrechtlichen Kontrolle und keiner gesonderten gesetzlichen Grundlage, da die vorhandenen Vorschriften zum Austausch personenbezogener Daten zwischen den beteiligten Behörden ausreichen würden.[972]

Eine eigene gesetzliche Festlegung für die Arbeit in den gemeinsamen Zentren mit Regelungen, die die Besonderheiten der Zusammenarbeit in den Zentren berücksichtigen, ggf. auch mit Verweis auf die vorhandenen Vorschriften, würde die Zusammenarbeit rechtlich fundieren und damit weitere Auseinandersetzungen über die Notwendigkeit der gesetzlichen Festlegung unterbinden.

5. *Zwischenergebnis zum informationellen Trennungsgebot*

Der freie Austausch von Informationen zwischen Polizei und Nachrichtendiensten ist grundsätzlich nicht zulässig. Eine Zusammenarbeit ist jedoch in engen Grenzen im Ausnahmefall und unter strengen Voraussetzungen erforderlich, um ein effizientes Sicherheitssystem zu gewährleisten und den Notwendigkeiten durch die Bedrohungslage gerecht zu werden. Insbesondere ist dies auch notwendig, um die Trennung in organisatorischer Hinsicht und den Ausschluss der Nachrichtendienste von exekutiven Befugnissen nicht zu tangieren.

V. Zusammenfassung des gegenwärtigen Gehalts des Trennungsgebots

Wie zu Beginn beschrieben, wird stets von einer befugnisrechtlichen, einer organisatorischen, einer funktionellen und einer informationellen Trennung als Bestandteile des Trennungsgebots gesprochen.

---

971 Bericht der Regierungskommission zur Überprüfung der Sicherheitsgesetzgebung in Deutschland vom 28. August 2013, S. 193.

972 Bericht der Regierungskommission zur Überprüfung der Sicherheitsgesetzgebung in Deutschland vom 28. August 2013, S. 194.

Von einer organisatorischen Trennung kann insgesamt auch ausgegangen werden. Die organisatorische Trennung, also das Verbot der logistischen Angliederung von Nachrichtendiensten an die Polizei und umgekehrt, ist einfachgesetzlich festgelegt. Auch stellt die Zusammenarbeit in den gemeinsamen Auswertungs- und Lagezentren kein Problem dar, da die Informations- und Analyseplattformen keine eigenen Behörden darstellen, und die Mitarbeiter weiter in der Funktion ihrer jeweiligen Behörde arbeiten.

Weiterhin ist zu bewerten, ob hinsichtlich der Aufgaben von einer Trennung ausgegangen werden kann. Hier ist nämlich fraglich, wie sich die Aufgabenüberschneidungen[973] von Polizei und Nachrichtendiensten auf den funktionellen Aspekt der Trennung auswirkt. Die Aufgabenfelder von Verfassungsschutzbehörden sowie Strafverfolgungs- und Polizeibehörden weisen partielle Überschneidungen auf. Das Gefahrenvorfeld fällt nicht vorrangig in den Kompetenzbereich der Nachrichtendienste, sondern lässt auch polizeiliche Zwangsbefugnisse zu. Andererseits bleiben auch die nachrichtendienstlichen Mittel nicht nur dem Verfassungsschutz vorbehalten.[974] Die Konsequenz dessen könnte sein, dass das Trennungsgebot eine funktionelle Komponente gar nicht mehr zum Inhalt hat, indem die Aufgabenbereiche nämlich eben nicht mehr stark getrennt sind. Jedoch gibt es trotz Zusammenarbeit in einigen Bereichen keine generellen personellen Verflechtungen, da die Behörden eigenständig auftreten und handeln.

Insgesamt führt der Umstand des Verschwimmens der Aufgaben dazu, dass auch auf funktioneller Seite nicht von einer strikten Trennung gesprochen werden kann.

Dies wird bezüglich der rechtlichen Vorgaben des Trennungsgebots im Allgemeinen jedoch als unproblematisch angesehen, da auch einfachgesetzlich hinsichtlich der funktionellen Trennung insoweit keine inhaltlichen Vorgaben getroffen sind, und die einfachen Gesetze deshalb auch keine scharfe Abgrenzung der Aufgabenbereiche verlangen, sondern sich lediglich auf organisatorische und kompetenzrechtliche Aussagen beschränken.[975] Durch die Trennung der Befugnisse und das Verbot der Angliederung der

---

973 Vgl. B.I.1.

974 *Nehm,* Das nachrichtendienstliche Trennungsgebot und die neue Sicherheitsarchitektur, NJW 2004, S. 3289, 3293.

975 *Nehm,* Das nachrichtendienstliche Trennungsgebot und die neue Sicherheitsarchitektur, NJW 2004, S. 3289, 3293.

Nachrichtendienste an die Polizei wird die grundsätzliche Trennung der Aufgaben jedoch mitbedingt.

Und auch das Bundesverfassungsgericht macht durch die Äußerung, dass keine Geheimpolizei vorgesehen ist[976], deutlich, dass Organisation, Aufgaben und Befugnisse grundsätzlich nicht von einer Behörde wahrgenommen werden sollen.

Im Hinblick auf die Befugnisse ist zunächst festzuhalten, dass das Trennungsgebot den Aspekt des Ausschlusses der Nachrichtendienste von Zwangsbefugnissen der Polizei enthält. Dies ist auch in § 8 Abs. 3 BVerfSchG, § 2 Abs. 3 BNDG, § 4 Abs. 2 MADG einfachgesetzlich normiert. Andersherum wird diese strikte Trennung zum Teil nicht angenommen, da es – wie zuvor dargestellt – in bestimmten Fällen auch Ausnahmen gibt. Grundsätzlich ist die Zusammenführung ihrer Befugnisse in der Hand einer Behörde zunächst aber – vom historischen Standpunkt aus betrachtet – zu verhindern.[977] Das Trennungsgebot kann in dieser Hinsicht auch als gewahrt angesehen werden, wenn es so verstanden wird, dass die Nachrichtendienste keine Zwangsbefugnisse einsetzen dürfen, sondern diese der Polizei überlassen sind.[978]

Jedoch reicht allein die Möglichkeit aus, dass unter gewissen Umständen, der Polizei bestimmte nachrichtendienstliche Befugnisse zustehen können, um nicht mehr von einer strikten Trennung, zumindest in der Konstellation der nachrichtendienstlichen Instrumente für die Polizei, zu sprechen. Da dies nach bisher Gesagtem der Fall ist, beschränkt sich der befugnisrechtliche Aspekt der Trennung inhaltlich damit nur auf den Ausschluss der Nachrichtendienste von polizeilichen Zwangsbefugnissen.[979]

Lediglich hinsichtlich des informationellen Aspekts der Trennung hat sich das Bundesverfassungsgericht, wie bereits ausgeführt, geäußert. Der informationelle Aspekt wird hier als informationelles Trennungsprinzip beschrieben, welches aus dem Grundrecht auf informationelle Selbstbestimmung hergeleitet wird. Das Bundesverfassungsgericht wendet dieses informationelle Trennungsgebot im Rahmen der Verhältnismäßigkeitsprüfung eines Eingriffs in das Grundrecht auf informationelle Selbstbestimmung an, lässt aber, wenn der Austausch einem

---

976 BVerfGE 133, 277, 328 f., Rn. 122.

977 So auch: *Albert*, Das „Trennungsgebot“- ein für Polizei und Verfassungsschutz überholtes Entwicklungskonzept?, ZRP 1995, S. 105, 106.

978 *Zöller*, Informationssysteme, S. 328; *Gusy*, Gesetzliches Trennungsgebot zwischen Polizei und Verfassungsschutz, Die Verwaltung 24 1991, S. 467, 482.

979 So auch: *Streiß*, Das Trennungsgebot zwischen Polizei und Nachrichtendiensten, S. 181.

herausragenden öffentlichen Interesse dient, und durch hinreichend konkrete und qualifizierte Eingriffsschwellen auf der Grundlage normenklarer gesetzlicher Regelungen gesichert ist und auch die Eingriffsschwellen für die Erlangung der Daten nicht unterlaufen werden, Ausnahmen zu, sodass es unmittelbar zu einem Zugriff auf die erweiterten Grunddaten kommt, die den Polizeibehörden sonst nicht zur Verfügung stünden.

Danach stellt auch der informationelle Aspekt der Trennung kein streng geltendes Prinzip dar. Das Gericht geht von einer grundsätzlichen Trennung aus und fasst einige Voraussetzungen für den informationellen Austausch von Polizei und Nachrichtendiensten im Rahmen der ATD im Ausnahmefall zusammen. Der grundsätzliche Austausch zur unmittelbaren Nutzung ist nur über die Übermittlungsvorschriften der Fachgesetze zulässig, wenn diese denn den verfassungsrechtlichen Anforderungen entsprechen. Weiterhin ist ein Austausch im Rahmen der ATD/RED im Eilfall zulässig. Die informationelle Trennung begründet sich also in einem Prinzip, dass dem Grundrechtsschutz dient, aber die informationelle Zusammenarbeit in Ausnahmefällen und in besonderen Einzelfällen im Zusammenhang mit Indexdateien nicht strikt verbietet.

Der Inhalt des „Trennungsgebots“ beschränkt sich im Wesentlichen also auf den Ausschluss der Nachrichtendienste von polizeilichen Zwangsbefugnissen und der personellen Trennung von Polizei und Nachrichtendiensten.[980] Weiterhin kann von einem informationellen Trennungsprinzip gesprochen werden, das grundsätzlich den Informationsaustausch verbietet, aber zumindest in Zusammenhang mit den Indexdateien als ein flexibles, dem Einzelfall anpassungsfähiges, rechtliches Konstrukt beschrieben werden kann.

C. Begriffliche Definition als Zwischenergebnis: Was bleibt vom Trennungsgebot?

Wird bei dem ursprünglichen Trennungsgebot von einem strikten Gebot der Trennung von Aufgaben, Befugnissen, Informationen und Personal ausgegangen, muss nach vorstehender Untersuchung zusammengefasst werden, dass sich der Inhalt des Trennungsgebots heute im Wesentlichen auf die personelle Trennung, den Ausschluss der Nachrichtendienste von polizeilichen Zwangsbefugnissen und dem Prinzip der informationellen Trennung, die im Rahmen der

---

980 So auch: *Streiß*, Das Trennungsgebot zwischen Polizei und Nachrichtendiensten, S. 181; *Nehm*, Das nachrichtendienstliche Trennungsgebot und die neue Sicherheitsarchitektur, NJW 2004, S. 3289, 3293 ff.

Abwägung Beachtung findet, bezieht. Von einer strikten Trennung bzgl. aller Bereiche kann damit nicht gesprochen werden.

Jedoch sollte nicht vorschnell ein endgültiges Aufgeben des Gebots der Trennung erfolgen. Das Trennungsgebot wurde nach der Zeit des Nationalsozialismus als Sicherungsmechanismus vor Machtbündelung durch die Alliierten eingeführt. Es ging vorrangig darum, eine politische Polizei zu verhindern. Im Polizeibrief der Alliierten wurden die polizeilichen Befugnisse für eine Stelle mit den Befugnissen der Nachrichtendienste heute ausgeschlossen. In Folge dessen entwickelte sich das Trennungsgebot mit seinen Facetten, wie es bis heute verstanden wird.

Unabhängig von der verfassungsrechtlichen Verankerung eines Gebots der Trennung, die im Folgenden noch betrachtet werden soll, kann zunächst festgehalten werden, dass die Vorgaben, – insbesondere, dass den Nachrichtendiensten keine polizeilichen Befugnisse zukommen – die durch die historischen Entwicklungen in der Bundesrepublik Deutschland bedingt und in Folge dessen festgelegt wurden, heute, trotz Veränderung der Sicherheitslage national und international, noch Bestand haben.[981]

Es gibt keine einheitliche Polizei, in der die Befugnisse von Nachrichtendiensten und Polizei vermengt sind. Auch sind die Nachrichtendienste von den polizeilichen Zwangsbefugnissen ausgenommen. Weiterhin gibt es trotz Zusammenarbeit in einigen Bereichen keine personellen Verflechtungen, da die Behörden eigenständig auftreten und handeln. Die Vorgaben der Alliierten zur Verhinderung einer Machtkonzentration in einer Polizei sind damit heute immer noch eingehalten. Sie finden sich einfachgesetzlich normiert.

Das Trennungsgebot beinhaltet damit heute zumindest noch die von damals überlieferten nun einfachgesetzlich niedergelegten Punkte und stellt damit hinsichtlich der Trennung der Befugnisse und der Organisation ein Ordnungsprinzip dar. Es dient weiterhin als Instrument der Freiheitssicherung. Hinsichtlich der weiteren Facetten, vor allem der informationellen Trennung aber auch der Trennung der Aufgabenbereiche, muss weiterhin differenziert werden.

Die Trennung in funktioneller Hinsicht soll verhindern, dass den Behörden jeweils gleiche Aufgabenbereiche zukommen und wirkt damit der Möglichkeit einer Erledigung der Aufgaben in einer Behörde entgegen. Durch die Verschiebung der Aufgabenbereiche von Polizei und Nachrichtendiensten, die sich als

---

981 Zu der Frage, ob diese Bindung Ausdruck des Verantwortungsgefühls für das Unrecht des nationalsozialistischen Regimes sein könnten bzw. zur Frage der Zukunftsfähigkeit der Trennung von Polizei und Nachrichtendiensten vgl. Kapitel 6.

Konsequenz der veränderten Voraussetzungen an eine effektive Gefahrenabwehr ergeben hat, kann von einer strikten Trennung nicht mehr die Rede sein. Jedoch wird die grundsätzliche Trennung der Aufgaben durch die Trennung der Befugnisse und das Verbot der Angliederung der Nachrichtendienste an die Polizei mitbedingt.

Im Hinblick auf das informationelle Trennungsgebot ist die Rechtsprechung des Bundesverfassungsgerichts bezüglich der Indexdatei zu beachten. Danach ist grundsätzlich von einer informationellen Trennung auszugehen, die sich aus dem Grundrecht auf informationelle Selbstbestimmung ergibt. Eine Überwindung des Prinzips bzw. Rechtfertigung der Durchbrechung ist danach, über die Übermittlungsvorschriften hinaus, zumindest im Rahmen einer Indexdatei, in Ausnahmefällen unter engen Voraussetzungen möglich.

Das informationelle Trennungsprinzip stellt damit ein Rechtsprinzip dar, welches in Zusammenhang mit der Schwere des Eingriffsgewichts und den Interessen und Rechtsgütern, die durch das staatliche Handeln geschützt werden sollen, herangezogen werden muss.

Für die Ausgestaltung einer Sicherheitsarchitektur gibt das vom Bundesverfassungsgericht konstruierte Trennungsprinzip keine formalen Anforderungen vor, jedoch führt diese Erkenntnis wohl zum Ergebnis, dass die konkrete Bestimmung der Substanz eines Trennungsprinzips bei konsequenter Umsetzung und Anwendung der Vorgaben des Bundesverfassungsgerichts zunächst auch offen bleiben kann.

Das Trennungsgebot in seiner informationellen Ausprägung stellt damit also ein materielles Rechtsprinzip dar, welches im Rahmen der Verhältnismäßigkeitserwägungen zu beachten ist. Von einem strikten Trennungsgebot kann nicht die Rede sein. Die Vorgaben, die sich in der historischen Entwicklung begründen, werden zunächst durch einfachgesetzliche Niederlegung, eingehalten.

In Bezug auf die sich daraus entwickelten Ausprägungen des Trennungsgebots erfordert die Entwicklung der Sicherheitslage einen anderen Umgang. In informationeller Hinsicht stellt das Trennungsgebot ein Instrument zur Abwägung zwischen Eingriffsgewicht und Eingriffsgrund dar und konkretisiert im Wesentlichen den Grundsatz der Zweckbindung, der einen umfassenden Austausch von Daten verhindert.

In Bezug auf die funktionelle Trennung kann von einer Trennung durch die Verschiebung der Aufgabenbereiche nicht mehr gesprochen werden. Zwar verbleibt den jeweiligen Behörden ihr „ursprünglich zugewiesener Aufgabenbereich“, es sind die Aufgabenbereiche von den jeweils anderen Behörden aber nicht frei gehalten. Jedoch wird ein vollständiges Verschwimmen durch die organisatorische Trennung und die Trennung der Befugnisse verhindert.

Das Trennungsgebot ist ein Instrument zur Verhinderung von Machtkonzentration und damit zur Akzentuierung von Freiheitsrechten, das in der heutigen Zeit Flexibilität zulassen und zur Effektivität und Praktikabilität der Gefahrenabwehr beitragen muss. Das Trennungsgebot heute kann und sollte nicht insgesamt als striktes und starres Verbot der Zusammenarbeit betrachtet werden.[982]

D. Herleitung und gesetzlicher Rang

Die Frage nach einem Verfassungsrang des Trennungsgebots ist in der rechtswissenschaftlichen Literatur bei der Befassung mit dem Thema des Verhältnisses von Polizei und Verfassungsschutz, bei Themen in Bezug auf die Sicherheit in Deutschland und bei jeder Diskussion rund um die aktuellen Bedrohungen des Staates und seiner Bürger unumgänglich. Jede dieser Betrachtungen führt immer auch wieder zur Betrachtung des Trennungsgebots und seiner dogmatischen Einordnung. Trotz einfachgesetzlicher Vorgaben bzgl. der Trennung hinsichtlich der Befugnisse und der Organisation der Sicherheitsbehörden unter anderem im BVerfSchG und im BNDG gab und gibt es in der rechtwissenschaftlichen Literatur weiterhin Diskussion, eine dogmatische Festlegung des Trennungsgebots in der Verfassung zu begründen. Das Bundesverfassungsgericht hatte zunächst die Herleitung aus dem Rechtsstaatsprinzip, dem Bundesstaatsprinzip und den Grundrechten für möglich gehalten[983] und im Urteil zum ATDG eine Herleitung eines informationellen Trennungsprinzips aus dem Grundrecht auf informationelle Selbstbestimmung angenommen.

Ziel des folgenden Kapitels ist die Betrachtung des Trennungsgebots insgesamt im Hinblick auf die Verfassung.

Neben einer Darstellung der in der rechtswissenschaftlichen Literatur vertretenen Ansätze zur Begründung der verfassungsrechtlichen Verankerung des Trennungsgebots soll eine Betrachtung der Frage nach einer grundrechtlichen

---

982 Anders: *Gusy*, Gesetzliches Trennungsgebot zwischen Polizei und Verfassungsschutz, Die Verwaltung 24 1991, S. 467, 483, der das Gebot der Trennung von Polizei und Verfassungsschutzbehörden nicht als rein formelles Gebot sieht, was aus der je spezifischen Zuordnung von Aufgaben und Befugnissen bei der Polizei einerseits und dem Verfassungsschutz andererseits folgt. Das Trennungsgebot begründet danach Rechtsfolgen in organisatorischer, materiell-rechtlicher und informationeller Hinsicht.

983 *„Das Rechtsstaatsprinzip, das Bundesstaatsprinzip und der Schutz der Grundrechte können es verbieten, bestimmte Behörden miteinander zu verschmelzen oder sie mit Aufgaben zu befassen, die mit ihrer verfassungsrechtlichen Aufgabenstellung nicht vereinbar sind…“* BVerfGE 97, 198, 217.

Begründung und Verankerung des Trennungsgebots in der Verfassung vorgenommen werden. Weiterhin sollen nochmals die Konsequenzen des Urteils zum ATDG für das Trennungsgebot und dessen Einordnung dargelegt werden.

In juristischen Bearbeitungen wird vor allem die Herleitung des Trennungsgebots aus dem Rechtsstaatsprinzip und aus Art. 73 Abs. 1 Nr. 10 GG und Art. 87 Abs. 1 S. 2 GG diskutiert. Des Weiteren wird vereinzelt auf das Demokratieprinzip und weitere Erwägungen des Bundesstaatsprinzips sowie auf Verfassungsgewohnheitsrecht eingegangen.

Die Betrachtung der Herleitung unmittelbar aus den Grundrechten stand stets in Zusammenhang mit dem Argument des Einschüchterungseffekts von Sicherheitsmaßnahmen. Denn von staatlichen Überwachungsmaßnahmen, bei denen der Einzelne nicht mehr übersehen kann, wann er warum mit welchen Mitteln staatlich beobachtet wird und welche Konsequenzen dies haben kann, können Einschüchterungseffekte ausgehen, die zur Beeinträchtigung der Ausübung von Grundrechten führen können. Auch kann dies als eine Bedrohung für das Gemeinwohl angesehen werden, da *„Selbstbestimmung eine elementare Funktionsbedingung eines auf Handlungs- und Mitwirkungsfähigkeit seiner Bürger gegründeten freiheitlichen demokratischen Gemeinwesens ist.“*[984]

Die Diskussion in der Literatur soll der Vollständigkeit halber als Überblick dargestellt werden. Diese Betrachtung geht mit der Frage einher, inwieweit die Annahme eines verfassungsrechtlichen Trennungsgebots mit Erwägungen, die in Teilen auch der Zusammenarbeit zugunsten der Effizienz der Arbeit der Sicherheitsbehörden angesichts der Veränderungen der Bedrohungslage heutzutage, zugänglich und in Einklang zu bringen sind und welche Folgen die Erkenntnis eines verfassungsrechtlich niedergelegten Trennungsgebots für das Sicherheitssystem in Deutschland mit sich bringen. Damit in Zusammenhang steht auch die Frage, welche Handlungspflichten sich daraus heute für den Staat ergeben könnten. Abschließend soll eine Bewertung vorgenommen werden, ob dieses alte Prinzip mit den neuen Gefahren kompatibel erscheint, und ob diese Bewertung als weiteres Argument für oder gegen die Annahme eines verfassungsrechtlich verankerten Trennungsgebots sprechen kann.

I. Mögliche Konsequenzen einer verfassungsrechtlichen Verankerung des Trennungsgebots

Zunächst ist ein Blick auf die Konsequenzen eines verfassungsrechtlichen Trennungsgebots zu werfen. Dies spielt für die Beurteilung der Veränderbarkeit des

984 BVerfGE 115, 320, 354; 376..

Trennungsgebots eine wichtige Rolle. Bevor sich also der Frage der Notwendigkeit einer Anpassung, Beschränkung oder Auflösung eines Trennungsgebots gewidmet werden kann und der Frage, ob dieses Prinzip noch mit den neuen Gefahren kompatibel erscheint, muss zunächst der Rahmen der Möglichkeit einer Veränderung des Trennungsgebots feststehen.

Die Lösung des Bundesverfassungsgerichts, ein informationelles Trennungsprinzip aus dem Grundrecht auf informationelle Selbstbestimmung herzuleiten, welches im Rahmen der Verhältnismäßigkeit relevant wird und damit kein statisches Prinzip darstellt, führt dazu, dass im Falle von Gemeinwohlbelangen Zweckänderungen nicht ausgeschlossen sind[985] und ein Informationsaustausch auch zu operativen Zwecken gerechtfertigt sein kann. Es wird damit den gegenwärtigen Gegebenheiten gerecht und stellt eine flexible Lösung dar.

Würde die Trennung zwischen Polizei und Nachrichtendiensten zunächst allgemein ohne Differenzierung der inhaltlichen Aspekte hingegen als ein unverzichtbares Prinzip verstanden und würde man dieses aus den Grundrechten herleiten oder als in den Staatsstrukturprinzipien verankert ansehen, gäbe es weitere Konsequenzen zu betrachten. Würde eine staatsorganisationsrechtliche Herleitung des Trennungsgebot erfolgen, so wäre es Durchbrechungen allenfalls eingeschränkt zugänglich und müsste strikt gelten.[986] Als Konsequenz bei Herleitung eines Trennungsgebots aus den Staatsstrukturprinzipien ist vor allem die Bindungswirkung für Bundes- und Landesgesetzgeber zu nennen.[987] Auch ist hier ist vor allem in Zusammenhang mit einer Herleitung aus den Staatsstrukturprinzipien Art. 79 Abs. 3 GG zu beachten.

Des Weiteren ist die Frage aufzuwerfen, welche Konsequenzen eine fehlende verfassungsrechtliche Verankerung sowohl für die Freiheit als auch für die Sicherheit bedeuten würde.

985 BVerfGE 100, 313, 360; 109, 279, 375 f.; 110, 33, 69.

986 *Volkmann,* Verbund oder Trennung- Zu einem neuen Verhältnis von Polizei und Nachrichtendiensten, JURA 2014, S. 820, 828.

987 Eine besondere Konsequenz eines rechtsstaatlichen Trennungsgebots könnte bspw. in der Bindung des Bundesnachrichtendienstes, sowie des Militärischen Abschirmdienstes gesehen werden. Der Wortlaut des Art. 73 Abs. 1 Nr. 10 GG und des Art. 87 Abs. 1 S. 2 GG erwähnt hingegen nur den Verfassungsschutz, wohingegen das Rechtsstaatsprinzip auch ausdrücklich Geltung für die beiden anderen Exekutivbehörden hätte, so dargestellt bei *Singer,* Das Trennungsgebot – Teil 2, Die Kriminalpolizei 2006, abrufbar unter http://www.kriminalpolizei.de/ausgaben/2006/detailansicht-2006/artikel/das-trennungsgebot-teil-2.html.

Durch die einfachgesetzliche Normierung könnte das Trennungsgebot hinsichtlich der Befugnisse und der Organisation ohne verfassungsrechtliche Verankerung mehr Flexibilität und Anpassungsfähigkeit an die neuen Herausforderungen bieten. Andererseits wird damit aber auch ein Unsicherheitsfaktor hinsichtlich eines Trennungsgebots deutlich, nämlich, dass das Trennungsgebot keine konstante Größe zur Absicherung der Freiheit darstellt.

Insgesamt ist bei der Auseinandersetzung zu betrachten, inwieweit trotz einer konkreten verfassungsrechtlichen Verankerung des Trennungsgebots ein Spielraum bezüglich der Fortentwicklung eines Trennungsgebots bestehen kann. Weiterhin ist in diesem Zusammenhang interessant, ob bei etwaiger verfassungsrechtlicher Herleitung durch das Grundgesetz lediglich der Bestand geschützt ist oder inwieweit auch Modalitäten verfassungsrechtlich herzuleiten sind. Im Anschluss an diese Betrachtung muss eine Bewertung der Ergebnisse unter Bezugnahme auf aktuelle Fälle – wie vor allem dem informationellen Aspekt der Trennung und dessen Aufweichung durch die Antiterrordatei – vorgenommen werden.

II. Begründungsansätze eines verfassungsrechtlichen Trennungsgebots

Im Folgenden soll auf die Ansätze zur Begründung eines verfassungsrechtlichen Trennungsgebots eingegangen werden. Die vertretenen Ansätze werden im Schrifttum sehr detailliert dargestellt. Diese Bearbeitung beschränkt sich deshalb auf die Darstellung der wesentlichen Punkte.

1. Herleitung aus Art. 73 Abs. 1 Nr. 10 GG, Art. 87 Abs. 1 S. 2 GG und dem Bundesstaatsprinzip

Zur Begründung eines Verfassungsrangs des Trennungsgebots aus den Art. 73 Abs. 1 Nr. 10, Art. 87 Abs. 1 S. 2 GG wird eine Betrachtung des Wortlauts der Grundgesetznormen, der Historie, des Telos und der Systematik vorgenommen. Als grammatikalisches Argumente für eine Herleitung des Verfassungsrangs aus den genannten Normen wird zunächst der Begriff „Zentralstellen" in Art. 87 Abs. 1 S. 2 GG verwendet, welcher – im Plural verwendet – darauf hindeuten soll, dass die Verpflichtung zur Schaffung zweier getrennter Behörden besteht. Jedoch begründet Art. 87 Abs. 1 S. 2 GG lediglich das Recht, jedoch nicht Pflicht, zur Schaffung mehrerer Zentralstellen.

Der Schluss, dass der Bund bei Wahrnehmung der Kompetenz aus Art. 87 Abs. 1 S. 2 GG getrennte Behörden schaffen soll, ist nicht als gänzlich abzulehnen anzusehen, jedoch ergibt sich dieses Argument nicht zwingend aus dem Wortlaut.[988]

Weiterhin wird in der Verwendung des Begriffs „Zentralstellen“ eine Abgrenzung von Aufgabenfeldern in Art. 87 Abs. 1 S. 2 GG durch Aufnahme der in Art. 73 Abs. 1 Nr. 10 a und b GG festgeschriebenen spezifischen Aufgabenverteilung von „Kriminalpolizei“ und „Verfassungsschutz“ gesehen.[989] Auch dieses Argument kann keine Begründung eines verfassungsrechtlichen Trennungsgebots aus dem Wortlaut der Art. 87, 73 GG liefern, da es sich zum einen um eine systematische Betrachtung handelt, zum anderen werden in Art. 73 Abs. 1 Nr. 10 GG zunächst Gegenstände der ausschließlichen Gesetzgebungskompetenz des Bundes beschrieben und noch keine Aufgabenzuweisungen vorgenommen. Zuletzt ergibt sich aus dem Wortlaut des Art. 87 Abs. 1 S. 2 GG keine Ableitung einer organisatorischen Trennung von Polizei und Nachrichtendiensten, die diese Argumentation jedoch voraussetzt.[990]

Des Weiteren wird das Argument vertreten, dass durch Nennung der Aufgabenzuweisung „Sammeln von Unterlagen zu Verfassungszwecken“ in Art. 87 Abs. 1 S. 2 GG auch ein Schluss auf die Befugnisse des Verfassungsschutzes möglich sei, nach der die Informationsbeschaffung, ohne exekutive Zwangsmittel, in den Befugnisbereich der Nachrichtendienste fällt und diese sich damit von den polizeilichen Befugnissen abgrenze.[991] Jedoch wird dem entgegengehalten, dass der Aufgabenbereich und damit auch die Befugnisse durch Wortlautauslegung nicht derart begrenzt werden können.[992]

Darüberhinaus wird versucht, eine verfassungsrechtliche Verankerung in Art. 87, 73 GG über die historische Auslegung bzw. besatzungsrechtliche Vorgaben begründen zu können, indem angenommen wird, dass durch Einfügung der Art. 87 Abs. 1 S. 2 und Art 73 Abs. 1 Nr. 10 GG die Verpflichtung zur Trennung von Polizei und Nachrichtendiensten als Umsetzung von alliierten Weisungen festgeschrieben wurde. Dies wird unter anderem aus der Rezeption des

---

988 *Gusy,* Gebot der Trennung von Polizei und Nachrichtendiensten, ZRP 1987, S. 45, 46 f.

989 *Stubenrauch,* Gemeinsame Verbunddateien von Polizei und Nachrichtendiensten, S. 30 f.

990 *Streiß,* Das Trennungsgebot zwischen Polizei und Nachrichtendiensten, S. 155 f.

991 *Lerche,* in: Maunz/Dürig, GG, Art. 87 (63. EL), Rn. 142 f.; weiterhin dazu auch *Ibler,* in: Maunz/Dürig, GG, Art. 87 (aktuelle Auflage), Rn. 142 f.; *Nehm,* Das nachrichtendienstliche Trennungsgebot und die neue Sicherheitsarchitektur, NJW 2004, S. 3289, 3291.

992 *Nehm,* Das nachrichtendienstliche Trennungsgebot und die neue Sicherheitsarchitektur, NJW 2004, S. 3289, 3291.

Begriffs „Verfassungsschutz" anstelle „Geheimdienst" geschlossen, welche darauf hindeute, dass der Verfassungsgeber die Vorgaben der Alliierten als verbindlich ansehen wollte.[993] Dies würde das Argument, dass das Besatzungsrecht mit Wiedererlangung der Souveränität der Bundesrepublik Deutschland rechtlich bedeutungslos ist[994], widerlegen, da der Verfassungsgeber dieses in seinen Willen mit aufgenommen hätte. Jedoch ist die Einfügung der Art. 73, 87 GG letztlich Ergebnis der Arbeit des Parlamentarischen Rates.[995]

Auch die Tatsache, dass die Vorbehalte des Genehmigungsschreibens zum Grundgesetz[996] nicht notwendig gewesen wären, wenn ohnehin eine unveränderte Übernahme des Polizeibriefs geplant gewesen wäre, sprechen gegen die Annahme einer Herleitung des Trennungsgebots aus der Historie.[997]

Der Versuch den Verfassungsrang des Trennungsgebots systematisch herzuleiten beruht vor allem auf dem Argument, dass Art. 87 Abs. 1 S. 2 GG auf Art. 73 Abs. 1 Nr. 10 GG Bezug nimmt, indem Art. 87 Abs. 1 S. 2 GG den in Art. 73 Abs. 1 Nr. 10 b legal definierten „Verfassungsschutz" nennt und auf dessen Aufgaben weiter eingeht. Weiterhin wird auch an dieser Stelle der Begriff „Kriminalpolizei" genannt, wie auch in Art. 73 Abs. 1 Nr. 10 a GG. Daraus wird ein „Sach- und Auslegungszusammenhang"[998] geschlossen, obwohl sich die Normen inhaltlich nicht gänzlich überschneiden.[999] Die Normen sollen durch diesen Sach- und Auslegungszusammenhang im Rahmen der systematischen Auslegung vergleichend herangezogen werden können. Hieraus ergäbe sich eine Trennung zwischen Polizei und Nachrichtendiensten in funktioneller Hinsicht.[1000]

Auch wird neben der funktionellen Trennung eine organisatorische Trennung angenommen. Diese ergäbe sich aus dem Schluss, dass in Art. 87 GG die Verwaltungskompetenz des Bundes der in Art. 73 GG geregelte Gesetzgebungskompetenz auf dem Gebiet des Verfassungsschutzes und der Kriminalpolizei

---

993 *Schaefer,* Strafverfolgung und Verfassungsschutz, NJW 1999, S. 2572, 2572.

994 *König,* Trennung und Zusammenarbeit von Polizei und Nachrichtendiensten, S. 173 ff.

995 Vgl. *König,* Trennung und Zusammenarbeit von Polizei und Nachrichtendiensten, S. 173 ff.

996 Genehmigungsschreiben der Militärgouverneure der britischen, französischen und amerikanischen Besatzungszone zum Grundgesetz vom 12. Mai 1949.

997 *Gusy,* Gebot der Trennung von Polizei und Nachrichtendiensten, ZRP 1987, S. 45, 47.

998 Vgl. *Stubenrauch,* Gemeinsame Verbunddateien von Polizei und Nachrichtendiensten, S. 33 f.

999 *Lerche,* in: Maunz/Dürig, GG, Art. 87 (63. EL), Rn. 133.

1000 Vgl. auch *Lerche,* in: Maunz/Dürig, GG, Art. 87, Rn. 142 f.

gegenüber gestellt wird. Daraus folge die Annahme, dass der Gesetzgeber, indem er Gebrauch von seiner Gesetzgebungskompetenz macht, auch die Zentralstellen für die unterschiedlichen Gebiete einrichten müsse, um die Befugnisse nicht zu vermengen.[1001]

Gegen die systematischen Argumente spricht zunächst auch das Wortlautargument, dass dem Gesetzestext nämlich keine Verpflichtung zur Einrichtung von Zentralstellen entnommen werden kann.[1002] Des Weiteren geht die Annahme zu weit, eine spezifische Aufgabenzuweisung aus Art. 73 Abs. 1 Nr. 10 GG zu entnehmen, der lediglich die Gesetzgebungskompetenzen auf dem Gebiet der Polizei und des Verfassungsschutzes regelt.[1003]

Des Weiteren ist in Art. 73 Abs. 1 Nr. 10 GG dem Bund die ausschließliche Gesetzgebungskompetenz über die „Einrichtung eines Bundeskriminalpolizeiamtes" übertragen, wohingegen Art. 87 Abs. 1 S. 2 GG lediglich von einer Zentralstelle für die Kriminalpolizei spricht.[1004] Ungeachtet jeder dogmatischen Betrachtung der Tatsache, dass in Art. 73 GG die Einrichtung einer Behörde geregelt wird und der Tatsache, dass die genaue Analyse und Interpretation des Wortlauts so nicht gewollt sein kann, ist zur systematischen Herleitung des Trennungsgebots aus den beiden Normen der Schluss zu ziehen, dass die Normen in einem gewissen Zusammenhang zu betrachten sind, jedoch eine vergleichende Betrachtung im Hinblick auf die Begründung eines Trennungsgebots nicht eindeutig weiterhelfen kann.[1005]

Auch eine verfassungsrechtliche Begründung des Trennungsgebots aus dem Telos von Art. 87 Abs. 1 S. 2 GG kann nicht überzeugen. Zum Teil wird angenommen, dass die Polizei und der Verfassungsschutz unterschiedliche Aufgaben und Zwecke verfolgen, nämlich zum einen die Gefahrenabwehr und die Strafverfolgung bei konkreten Anhaltspunkten und zum anderen die Aufklärung von Straftaten und Gefahren im Vorfeld zum Schutze der freiheitlichen demokratischen

---

1001 *Schmidt,* in: Bundesministerium des Innern, Verfassungsschutz, Beiträge aus Wirtschaft und Praxis 1966, S. 15, 20; *Stubenrauch,* Gemeinsame Verbunddateien von Polizei und Nachrichtendiensten, S. 33 f.

1002 So auch *Streiß,* Das Trennungsgebot zwischen Polizei und Nachrichtendiensten, S. 157; *König,* Trennung und Zusammenarbeit von Polizei und Nachrichtendiensten, S. 167.

1003 Vgl. *König,* Trennung und Zusammenarbeit von Polizei und Nachrichtendiensten, S. 167.

1004 *König,* Trennung und Zusammenarbeit von Polizei und Nachrichtendiensten, S. 167.

1005 *König,* Trennung und Zusammenarbeit von Polizei und Nachrichtendiensten, S. 169 f.

Grundordnung und des Bestandes und der Sicherheit des Bundes oder der Länder. Daraus ergäben sich dann auch unterschiedliche Befugnisse. Art. 87 Abs. 1 S. 2 GG komme sodann die Funktion zu „die polizeilichen Zwangsbefugnisse aus dem den Nachrichtendiensten zugewiesenen Bereich der Sammlung und Auswertung von Informationen im Vorfeld einer konkreten Gefahren- und Verdachtslage herauszuhalten“[1006]. Dieser Argumentation ist entgegenzuhalten, dass sie bereits eine verfassungsrechtliche Festlegung des Trennungsgebots voraussetzt, welches aber gerade durch dieses Argument erst begründet werden soll. Des Weiteren ist Sinn und Zweck des Art. 87 Abs. 1 S. 2 GG, wie bereits erörtert, die Verleihung von Verwaltungskompetenzen auf den dort genannten Gebieten. Dies dient dem Aufbau einer leistungsfähigen Bundesverwaltung in den bestimmten Bereichen.[1007] Eine verfassungsrechtliche Herleitung aus Art. 87 Abs. 1 S. 2, 73 Abs. 1 Nr. 10 GG kann somit nicht angenommen werden.

Bei Verneinung der verfassungsrechtlichen Verankerung des Trennungsgebots in Art. 87 Abs. 1 S. 2 und Art. 73 Abs. 1 Nr. 10 GG wird zum Teil versucht, die verfassungsrechtliche Herleitung aus dem Bundesstaatsprinzip allgemein zu begründen, unter anderem damit, dass den Zentralstellen im Hinblick auf die Zusammenarbeit zwischen Bund und Ländern eine besondere Bedeutung zukommt. Auch das Bundesverfassungsgericht zog das Bundesstaatsprinzip zur Herleitung der Trennung von sicherheitspolizeilichen Behörden in Betracht[1008], ließ eine weitere Entscheidung darüber aber offen.[1009]

Jedoch hat das Bundesstaatsprinzip seinen Niederschlag in vielen der Verfassungsnormen gefunden, welches durch diese konkretisiert wird. Diese Regelungen gehen den allgemeinen Erwägungen des Bundesstaatsprinzips vor, womit für ein „allgemeines bundesstaatliches Trennungsgebot kein Raum mehr bleibt.[1010] Vor allem ist dabei zu erwähnen, dass die Regelungen zur Zusammenarbeit des Bundes und der Länder in Angelegenheiten des Verfassungsschutzes bzgl. der Gesetzgebungskompetenzen in Art. 73 Abs. 1 Nr. 10 GG und bzgl. der

---

1006 *Stubenrauch,* Gemeinsame Verbunddateien von Polizei und Nachrichtendiensten, S. 34.

1007 BVerfGE 110, 33, 49; Zöller, Informationssysteme, S. 317.

1008 *„Das Rechtsstaatsprinzip, das Bundesstaatsprinzip und der Schutz der Grundrechte können es verbieten, bestimmte Behörden miteinander zu verschmelzen oder sie mit Aufgaben zu befassen, die mit ihrer verfassungsrechtlichen Aufgabenstellung nicht vereinbar sind* [...].“ BVerfGE 97, 198, 217.

1009 BVerfGE 97, 198, 217.

1010 mwN. *König,* Trennung und Zusammenarbeit von Polizei und Nachrichtendiensten, S. 192.

Verwaltungskompetenzen in Art. 87 Abs. 1 S. 2 GG geregelt sind, womit für einen Rückgriff kein Raum mehr besteht.[1011]

2. Herleitung aus dem Demokratieprinzip

Weiterhin wird eine Herleitung und damit verfassungsrechtliche Verankerung des Trennungsgebots aus dem Demokratieprinzip diskutiert und zwar mit der Begründung, dass durch eine Bündelung der Sicherheitsbehörden, die Kontrolle durch Parlament und Öffentlichkeit/Volk verringert werden könnte, dadurch, dass eine Verselbständigung stattfinde, und das Volk als Ursprung und Träger der Staatsgewalt keinen effektiven Einfluss auf die Ausübung der Staatsgewalt durch die Staatsorgane nehmen könne. Diese Verselbständigung stelle einen Entzug der Möglichkeit der Rückführbarkeit der Akte der Staatsorgane auf den Willen des Volkes dar[1012], welche gegeben sein müsse.[1013]

Jedoch ist das Problem fehlender oder eingeschränkter Kontrollmöglichkeiten der Sicherheitsbehörden nicht durch das Trennungsgebot zu lösen, da es auch für die Polizei Befugnisnormen zum verdeckten Tätigwerden gibt und auch hier die Maßnahmen nicht stets kontrolliert und gesteuert werden können.[1014] Daraus eine Folgerung auf den verfassungsrechtlichen Rang des Trennungsgebots zu treffen, geht zu weit.

3. Herleitung aus dem Rechtsstaatsprinzip

Bevor das Bundesverfassungsgericht die Entscheidung über die Herleitung und den Verfassungsrang des Trennungsgebots getroffen hatte, erwähnte es in seiner Entscheidung, die Möglichkeit der Unvereinbarkeit der Verschmelzung bestimmter Behörden auch aus rechtsstaatlichen Gründen.[1015]

1011 *Maurer,* Staatsrecht I, § 10 Rn. 14.

1012 *Klee,* Neue Instrumente der Zusammenarbeit von Polizei und Nachrichtendiensten, S. 60.

1013 BVerfGE 47, 253, 275; 83, 60, 71 f.; 93, 37, 66 f.; 107, 59, 87, *Jarass/Pieroth,* GG, Art. 20, Rn. 4 ff.

1014 *Klee,* Neue Instrumente der Zusammenarbeit von Polizei und Nachrichtendiensten, S. 60 f.

1015 „Das Rechtsstaatsprinzip, das Bundesstaatsprinzip und der Schutz der Grundrechte können es verbieten, bestimmte Behörden miteinander zu verschmelzen oder sie mit Aufgaben zu befassen, die mit ihrer verfassungsrechtlichen Aufgabenstellung nicht vereinbar sind…" BVerfGE 97, 198, 217.

Das Rechtsstaatsprinzip wird ausdrücklich in Art. 28 Abs. 1 S. 1 GG und Art. 23 Abs. 1 S. 1 GG genannt. In Art. 20 GG findet sich keine explizite Erwähnung. Aufgrund dessen bedarf das Rechtsstaatsprinzip über die in Art. 20 Abs. 1 bis 3 GG ausdrücklich genannten Verfassungsprinzipien hinaus, der Konkretisierung und Ausformung durch konkrete Bestimmungen des Grundgesetzes.[1016] Die im Grundgesetz enthaltenen rechtsstaatlichen Normen und Institutionen sind im Wesentlichen die Gewaltenteilung, der Schutz durch Grundrechte und Gerichte, Vorbehalt und Vorrang des Gesetzes, das Verhältnismäßigkeitsprinzip, der Vertrauensschutz und der Schutz des Bestandes der Verfassung.[1017]

Seit Beginn der Diskussion um eine verfassungsrechtliche Verankerung des Trennungsgebots bestehen Ansätze zur Herleitung des Trennungsgebots aus dem Rechtsstaatsprinzip. Unter anderem wirke die Trennung „bürgerschützend" und „staatsbegrenzend".[1018] Jedoch ist aus derart allgemeinen Aussagen kaum begründbar, weshalb speziell durch das Rechtsstaatsprinzip diese verfassungsrechtliche Verankerung herzuleiten sein soll.

Argumentiert wird damit, dass das Trennungsgebot von vornherein Zustände der Willkür und Rechtslosigkeit und damit der Wiederholung der Geschehnisse der Vergangenheit, sowohl zur Zeit des Nationalsozialistischen Staates als auch zu DDR-Zeiten verhindern könne, nämlich durch rechtsstaatliche Mechanismen und Instrumente.[1019] Zum Teil wird versucht die verfassungsrechtliche Begründung aus dem Prinzip der Gewaltenteilung als Ausprägung des Rechtsstaatsprinzips zu begreifen, die der Balance und Kontrolle von Machtstrukturen durch die Trennung der Staatsgewalten dient.[1020]

Dem ist jedoch entgegenzuhalten, dass Inhalt des grundgesetzlich verankerten Gewaltenteilungsgrundsatz, die Teilung der drei Gewalten, Legislative, Exekutive und Judikative ist, jedoch nicht die Teilung innerhalb einer Gewalt, in dem Fall der Exekutive. Die Übertragung des Gewaltenteilungsgrundsatzes in einer Konstellation, in der es um die Teilung innerhalb einer der drei Gewalten geht, kann aber allenfalls dann angedacht und angenommen werden, „wenn

1016 *Grzeszick,* in: Maunz/Dürig, Art. 20 VII, Rn. 22.

1017 *Grzeszick,* in: Maunz/Dürig, Art. 20 VII, Rn. 23 ff.

1018 *Kutscha,* Die Aktualität des Trennungsgebots für Polizei und Verfassungsschutz, ZRP 1986, S. 194, 197.

1019 *Klee,* Neue Instrumente der Zusammenarbeit von Polizei und Nachrichtendiensten, S. 57, 59; *Nehm,* Das nachrichtendienstliche Trennungsgebot und die neue Sicherheitsarchitektur, NJW 2004, 3289, 3291.

1020 Vgl. *Schmalenbach* in: Thiel, Wehrhafte Demokratie, Administrativer Verfassungsschutz, S. 415, 435.

sich die übertragene Aufgabe zumindest auf der Schnittstelle von zwei Gewalten bewegt"[1021]. Von einer solchen Konstellation kann jedoch bei den Aufgaben von Polizei und Nachrichtendiensten nicht ausgegangen werden.[1022] Zwar wird so ein Höchstmaß an Hemmung und Kontrolle erlangt, jedoch kann diese Teilung innerhalb der Exekutive weder aus Art. 20 Abs. 2 GG noch aus dem Rechtsstaatsprinzip selbst abgeleitet werden.[1023] Die Aufspaltungen im Grundgesetz innerhalb der Verwaltung in horizontaler und vertikaler Hinsicht sollen Ausnahmen darstellen.[1024] Ein Gebot, dass es eine Gewaltenteilung innerhalb der Exekutive geben sollte, gibt es jedoch nicht.[1025]

Weiterhin wird zur Herleitung einer verfassungsrechtlichen Verankerung des Trennungsgebots aus dem Rechtsstaatsprinzip die Rechtsschutzgarantie des Art. 19 Abs. 4 GG herangezogen. Argumentiert wird vor allem damit, dass die geheimen Ermittlungen durch die Nachrichtendienste der gerichtlichen Kontrolle weitestgehend entzogen seien, da über diese, aus Gründen, die sich aus der Natur der geheimen Ermittlungen ergeben, der Betroffene zunächst keine Kenntnis erlange.[1026] Nachrichtendienste sollen deshalb nicht über exekutive Befugnisse verfügen, woraus sich eine Trennung zwischen Polizei und Nachrichtendiensten ergäbe.[1027] Weiterhin bestehe die Gefahr, dass bei einer Verschmelzung fast jede polizeiliche Aufgabe auch verdeckt wahrgenommen werden könnte.[1028]

Dem ist entgegenzuhalten, dass es für die Effektivität des Rechtsschutzes aber entscheidend darauf ankommt, inwieweit eine unabhängige Kontrolle der

---

1021 Vgl. *Schmalenbach,* in: Thiel, Wehrhafte Demokratie, S. 415, 435, mit Verweis auf VerfGH NW, Urteil v. 9.2.1999, JZ 1999, S. 1109 ff.

1022 So auch *Schmalenbach,* in: Thiel, Wehrhafte Demokratie, S. 415, 435.

1023 Vgl *Singer,* Das Trennungsgebot – Teil 2, Die Kriminalpolizei 2006, abrufbar unter http://www.kriminalpolizei.de/ausgaben/2006/detailansicht-2006/artikel/das-trennungsgebot-teil-2.html.

1024 *Sachs,* Die Einheit der Verwaltung als Rechtsproblem, NJW 1987, S. 2338; *Gusy,* Informationelle Zusammenarbeit zwischen Sicherheitsbehörden, CR 1989, S. 628, 629.

1025 *Singer,* Das Trennungsgebot – Teil 2, Die Kriminalpolizei 2006, abrufbar unter http://www.kriminalpolizei.de/ausgaben/2006/detailansicht-2006/artikel/das-trennungsgebot-teil-2.html.

1026 *König,* Trennung und Zusammenarbeit von Polizei und Nachrichtendiensten, S. 183 f.

1027 *Schmalenbach,* in: Thiel, Wehrhafte Demokratie, S. 415, 436.

1028 *Singer,* Das Trennungsgebot – Teil 2, Die Kriminalpolizei 2006, abrufbar unter http://www.kriminalpolizei.de/ausgaben/2006/detailansicht-2006/artikel/das-trennungsgebot-teil-2.html.

Eingriffe in die Rechte der Bürger stattfindet, es geht dabei nicht um die Eingriffe an sich. Diese finden durch die Nachrichtendienste zwar verdeckt statt, so wie auch bei einigen polizeilichen Ermittlungen, auch bei Trennung der Behörden, sodass Rechtsschutz gegen verdeckte Datenerhebungen allgemein zunächst aufgrund der Unwissenheit schwerer zu erreichen ist. Jedoch können diese Defizite ausgeglichen werden und zwar durch die bereits angesprochenen einfachgesetzlich normierten nachträglichen Benachrichtigungs- und Auskunftsansprüche und durch die bereits erwähnte parlamentarische Kontrolle der Nachrichtendienste.[1029]

Jedoch wird es als selbstverständlich angesehen, dass es Ausnahmen vom Grundsatz der Offenheit des staatlichen Handelns im Bereich der polizeilichen Arbeit gibt, ohne, dass die Rechtsstaatlichkeit angezweifelt wird.[1030] Ein Rückschluss auf die Herleitung des Trennungsgebots aus dem Grundsatz des Vertrauensschutzes als Ausprägung des Rechtsstaatsprinzips ist also auch damit nicht begründbar, da das Argument der Unvorhersehbarkeit und der Unberechenbarkeit nicht unmittelbar an die Folgerung einer Trennung zwischen Polizei und Nachrichtendiensten aus Gründen der Rechtsstaatlichkeit geknüpft sein kann.

Auch das aus dem Grundsatz der Verhältnismäßigkeit resultierende Übermaßverbot wird zur verfassungsrechtlichen Begründung des Trennungsgebots herangezogen, in dem der Ausschluss exekutiver Befugnisse für die Nachrichtendienste als wesentlicher Beitrag zur Begrenzung staatlicher Machtausübung gesehen wird.[1031] Diese Argumentation ist jedoch als sehr schwach zu bewerten, da sie zu dem Ergebnis führen würde, dass alle Rechtsfiguren, die dem Verhältnismäßigkeitsgrundsatz genüge tragen, Verfassungsrang zugesprochen werden könnte.[1032]

Weiterhin kann ein Vergleich der Rechtslage mit anderen Rechtsstaaten angeführt werden, um die Begründung eines rechtsstaatlichen Trennungsgebots zu verneinen, da es rechtsstaatlich organisierte Staaten[1033] gibt, die keine Trennung zwischen Polizei und Nachrichtendiensten festgelegt haben.[1034]

1029 *König,* Trennung und Zusammenarbeit von Polizei und Nachrichtendiensten, S. 183 f.

1030 *Singer,* Das Trennungsgebot – Teil 2, Die Kriminalpolizei 2006, abrufbar unter http://www.kriminalpolizei.de/ausgaben/2006/detailansicht-2006/artikel/das-trennungsgebot-teil-2.html.

1031 *Stubenrauch,* Gemeinsame Verbunddateien von Polizei und Nachrichtendiensten, S. 36.

1032 *Streiß,* Das Trennungsgebot zwischen Polizei und Nachrichtendiensten, S. 161.

1033 Vgl. dazu Kapitel 5

1034 mwN. *Nehm,* Das nachrichtendienstliche Trennungsgebot und die neue Sicherheitsarchitektur, NJW 2004, S. 3289, 3292, Fn 29.

In der Literatur wird dem Trennungsgebot trotz aller Argumente weiterhin ein rechtsstaatlicher Gehalt beigemessen.[1035]

Zusammenfassend ist aber zu sagen, dass das Rechtsstaatsprinzip kein in seinen Grenzen festgelegtes Rechtsprinzip ist. Es sind vielmehr alle Normen zu betrachten und zu fragen, ob das, was diese Normen statuieren, als grundlegende Funktionsbedingungen einer rechtsstaatlichen Demokratie angesehen werden kann.[1036]

In der Annahme des Trennungsgebots als wesentlicher und unverzichtbarer Bestandteil des Rechtsstaatsprinzips, das sich aus der Offenheit des Rechtsprinzips ergibt, wird zum Teil eine Überspannung des Umfangs und Inhalts des Rechtsstaatsprinzips gesehen, da es sich nicht um eine „ideologische Zielvorstellung“ handeln könne und deshalb die Annahme eines „rechtspolitisch sinnvollen Organisationsprinzips“ sinnvoll erscheint. Eine verfassungsrechtliche Verankerung könne darin aber nicht gesehen werden.[1037]

Zweifellos lassen sich in der Trennung von Polizei und Nachrichtendiensten rechtsstaatliche Aspekte sehen und das Trennungsgebot als rechtsstaatlich sinnvolles Prinzip begreifen. Es ist dabei jedoch fraglich, ob dies zur Folge hat, dass das Trennungsgebot im Rechtsstaatsprinzip verfassungsrechtlich verankert ist. Vielmehr sollte das Trennungsgebot jedoch als Prinzip gesehen werden, durch das die rechtsstaatlichen Grenzen der Zusammenarbeit von Polizei und Nachrichtendiensten gesteckt werden.

III. Die verfassungsrechtliche Herleitung des Trennungsgebots aus den Grundrechten

1. Begründung

a. Meinungsstand bis zum Urteil des Bundesverfassungsgerichts zur ATD

Trotz der zunächst – vor dem Urteil zur ATD – vagen Äußerung des Bundesverfassungsgerichts[1038] zur Möglichkeit einer grundrechtlichen Herleitung wurde

---

1035 *Denninger*, Freiheit durch Sicherheit? Anmerkungen zum Terrorismusbekämpfungsgesetz, StV 2002, S. 96, 97; *Kutscha*, Novellierung des Thüringer Polizeiaufgabengesetzes - Mehr Sicherheit durch weniger Grundrechtsschutz?, LKV 2003, S. 114, 118.

1036 Vgl. mwN. *Nehm*, Das nachrichtendienstliche Trennungsgebot und die neue Sicherheitsarchitektur, NJW 2004, S. 3289, 3292, Fn. 31.

1037 Vgl. im Ergebnis *Singer*, Das Trennungsgebot – Teil 2, Die Kriminalpolizei 2006, abrufbar unter http://www.kriminalpolizei.de/ausgaben/2006/detailansicht-2006/artikel/das-trennungsgebot-teil-2.html.

1038 „Das Rechtsstaatsprinzip, das Bundesstaatsprinzip und der Schutz der Grundrechte können es verbieten, bestimmte Behörden miteinander zu verschmelzen oder sie mit

dieser Ansatz überwiegend verneint. Grundsätzlicher Anknüpfungspunkt für die grundrechtliche Herleitung war bereits das Recht auf informationelle Selbstbestimmung, da dieses Recht durch die Zusammenarbeit der Sicherheitsbehörden stets als betroffen angesehen wurde.[1039]

Grundlage für die Entwicklung des Rechts auf informationelle Selbstbestimmung war eine für den 27.4.1983 vorgesehene Volks-, Berufs-, Wohnungs- und Arbeitsstättenzählung.[1040] Das Recht auf informationelle Selbstbestimmung wird aus dem allgemeinen Persönlichkeitsrecht gem. Art. 2 Abs. 1 GG i.V.m. Art. 1 Abs. 1 GG hergeleitet.[1041] Diese Fortentwicklung und Herausbildung des allgemeinen Persönlichkeitsrechts in seiner Ausformung als Recht auf informationelle Selbstbestimmung stellt eine verfassungsrechtliche Reaktion auf den technischen Wandel dar.

Das Recht der Selbstbestimmung verbürgt für den Einzelnen das Recht, seine Identität selbst zu bestimmen. Hierunter ist das Recht zu fassen, sich der eigenen Identität zu vergewissern; weiterhin verbürgt sich dahinter die Freiheit, nicht in einer Identitätsbildung beeinträchtigt zu werden.[1042]

Schutzgut ist damit die Befugnis des Einzelnen, selbst über die Preisgabe und Verwendung seiner persönlichen Daten zu bestimmen.[1043] Die Nutzung und Verknüpfung personenbezogener Informationen von staatlichen Behörden, welche der Betroffene weder überschauen, noch beherrschen kann, ist besonders sensibel, weshalb sie der besonderen Schutzbedürftigkeit unterliegen.[1044] Daher werden nicht nur Informationen erfasst, die bereits ihrer Art nach sensibel sind, sondern alle personenbezogenen Daten. Grund dafür ist die Möglichkeit, durch Verknüpfungs- und Verarbeitungsmöglichkeiten vollständige Persönlichkeitsbilder zu erstellen, sodass es für sich gesehen, „kein belangloses personenbezogenes Datum“ mehr gibt.[1045]

Aufgaben zu befassen, die mit ihrer verfassungsrechtlichen Aufgabenstellung nicht vereinbar sind…“ BVerfGE 97, 198, 217.

1039 *Denninger*, Die Trennung von Verfassungsschutz und Polizei und das Grundrecht auf informationelle Selbstbestimmung, ZRP 1981, S. 231, 232 f.; *Riegel*, Grenzen informationeller Zusammenarbeit zwischen Polizei und Verfassungsschutz, DVBl 1988, S. 121 ff.; *Gusy*, Informationelle Zusammenarbeit zwischen Sicherheitsbehörden, CR 1989, S. 628, 632 ff.

1040 *Schoch*, Das Recht auf informationelle Selbstbestimmung, JURA 2008, S. 352.

1041 BVerfGE 65, 1, 41 f.

1042 *Pieroth/Schlink*, Staatsrecht II, Grundrechte, § 8, Rn. 391.

1043 BVerfGE 65, 1, 43.

1044 BVerfGE 130, 151, 184 f.

1045 BVerfGE 65, 1, 45; *Schoch*, Das Recht auf informationelle Selbstbestimmung, JURA 2008, 352, 353.

Vor allem die enorm gestiegene Bedeutung des Internets für die Persönlichkeitsentfaltung geht mit Gefährdungspotentialen einher, die mit den technischen Möglichkeiten des Internets verbunden sind.[1046]

Beim Grundrecht auf informationelle Selbstbestimmung handelt es sich um ein Abwehrrecht, aus dem keine Leistungsansprüche abgeleitet werden können. Der Staat ist jedoch objektiv verpflichtet, zu verhindern, dass der Einzelne Objekt beliebiger Datenerhebung wird.[1047] Einschränkungen müssen zum Wohle der Allgemeinheit hingenommen werden und weiteren rechtsstaatlichen Voraussetzungen genügen.[1048]

In Bezug auf das Trennungsgebot wird deshalb davon ausgegangen, dass durch die Trennung der Behörden der Informationsaustausch begrenzt wird und sich hieraus die informationelle Dimension des Trennungsgebots ergibt.[1049] Eine informationelle Zusammenarbeit könne damit nur unter strengen Voraussetzungen hingenommen werden.[1050]

An der grundrechtlichen Begründung des Trennungsgebots wird Kritik geübt. Zunächst wird die Methodik der Begründung eines grundrechtlichen Trennungsgebots als zweifelhaft angesehen. Die Grundrechte würden nämlich zum einen als Grund für eine verfassungsrechtliche Herleitung des Trennungsgebots herangezogen und zum anderen solle aber durch das Trennungsgebot auch eine grundrechtsschützende Funktion abgeleitet werden.

Dies sei eher eine ergebnisorientierte als eine an einer Begründung orientierte Argumentation und damit dogmatisch nicht ausreichend.[1051]

Argumentativ werden zahlreiche Argumente hervorgebracht. Die Trennung von Polizei und Nachrichtendiensten wird zwar auch als geeignet angesehen, um den Grundrechtsschutz des einzelnen Bürgers zu verbessern und einer

---

1046 *Eifert,* Informationelle Selbstbestimmung im Internet- Das BVerfG und die Online-Durchsuchungen, NVwZ 2008, S. 521.

1047 *Ipsen,* Staatsrecht II, § 6, Rn. 321.

1048 BVerfGE 65, 1, 44; *Kutscha,* Überwachungsmaßnahmen von Sicherheitsbehörden im Fokus der Grundrechte, LKV 2008, 481, 482.

1049 *Denninger,* Die Trennung von Verfassungsschutz und Polizei und das Grundrecht auf informationelle Selbstbestimmung, ZRP 1981, S. 231, 232 f.; *Riegel,* Grenzen informationeller Zusammenarbeit zwischen Polizei und Verfassungsschutz, DVBl 1988, S. 121 ff.; *Gusy,* Informationelle Zusammenarbeit zwischen Sicherheitsbehörden, CR 1989, S. 628, 632 ff.

1050 *Riegel,* Grenzen informationeller Zusammenarbeit zwischen Polizei und Verfassungsschutz, DVBl 1988, S. 121, 129.

1051 *König,* Trennung und Zusammenarbeit von Polizei und Nachrichtendiensten, S. 189.

Aushöhlung von Grundrechten entgegenwirken, jedoch soll diese Tatsache nicht zu einer Erhebung eines Rechtsinstituts zu Verfassungsrang führen können.[1052]

Die Aushöhlung von Grundrechten stelle weiterhin auch kein spezifisches Problem der Verschmelzung von Polizei und Nachrichtendiensten dar. Diese würden auch bei einer Trennung eintreten können, da auch die Polizei zur Gefahrenabwehr und zur Aufklärung von Straftaten auf verdeckte Maßnahmen zurückgreife.[1053]

Außerdem ergäben sich Befugnisbeschränkungen aus „gegenläufigen individuellen Belangen", die formal über den Vorbehalt bereichsspezifischer Gesetze oder inhaltlich über den Verhältnismäßigkeitsgrundsatz umgesetzt würden.[1054]

Des Weiteren wird vertreten, dass auch die grundrechtliche Dogmatik beachtet werden muss, nämlich die Tatsache, dass es sich bei den Eingriffen durch die Sicherheitsbehörden um grundrechtsrelevante Maßnahmen handelt, deren Rechtfertigung jeweils an unterschiedlichen Voraussetzungen zu messen sind und insofern kein Anknüpfungspunkt für die Annahme der Auswirkungen der Organisation der Sicherheitsbehörden auf den Grundrechtsschutz bestünde.[1055] Es wird angenommen, dass es auch weiterhin keine Anhaltspunkte gibt um davon auszugehen, dass ein bestimmtes Grundrecht eine Trennung erfordere.[1056]

Ein weiteres Argument zur Verneinung der verfassungsrechtlichen Herleitung des Trennungsgebots aus den Grundrechten ist die Möglichkeit der Sicherung der Grundrechte auch ohne das Trennungsgebot durch verschiedene Mechanismen, die die Grundrechte vor einer Aushöhlung schützen, wie die Gesetzesvorbehalte, die Rechtsweggarantie und die Möglichkeit der Verfassungsbeschwerde.[1057] Auch sei eine grundrechtliche Einrichtungsgarantie für die

---

1052 *Schmalenbach* in: Thiel, Wehrhafte Demokratie, Administrativer Verfassungsschutz, S. 415, 434; *König*, Trennung und Zusammenarbeit von Polizei und Nachrichtendiensten, S. 190, der das Zitat des Bundesverfassungsgericht BVerfGE 97, 198, 217 dahingehend interpretiert, als dass die Äußerung der Möglichkeit einer Herleitung eines verfassungsrechtlichen Trennungsgebots lediglich als Möglichkeit des Schutzes der Grundrechte durch die Trennung deutet.

1053 *Klee*, Neue Instrumente der Zusammenarbeit von Polizei und Nachrichtendiensten, S. 62 ff

1054 *Nehm*, Das nachrichtendienstliche Trennungsgebot und die neue Sicherheitsarchitektur, NJW 2004, S. 3289, 3293.

1055 *König*, Trennung und Zusammenarbeit von Polizei und Nachrichtendiensten, S. 190.

1056 *König*, Trennung und Zusammenarbeit von Polizei und Nachrichtendiensten, S. 190.

1057 *Klee*, Neue Instrumente der Zusammenarbeit von Polizei und Nachrichtendiensten, S. 62 ff.; vgl. auch: *König*, Trennung und Zusammenarbeit von Polizei und Nachrichtendiensten, S. 190.

Trennung von Polizei und Nachrichtendiensten nicht erkennbar.[1058] Das Trennungsgebot wird teilweise auch als erschwerend für die Erfüllung der durch den Staat zu gewährleistenden Schutzpflichten angesehen.[1059]

b. Konsequenzen des Urteils des Bundesverfassungsgerichts für den Rang des Trennungsgebots

Das Urteil des Bundesverfassungsgerichts vom 24. April 2013 ist vor allem bzgl. seiner Aussagen zum Trennungsgebot zwischen Polizei und Nachrichtendiensten von großer Bedeutung.

Nachdem das Bundesverfassungsgericht zunächst die Frage nach der verfassungsrechtlich verankerten Trennung stets offen gelassen hatte, bzw. eine Herleitung aus dem Bundesstaatsprinzip, dem Rechtsstaatsprinzip und den Grundrechten in Betracht zog, wurde dieses nun in Zusammenhang mit der ATD und der RED aus dem Recht auf informationelle Selbstbestimmung abgeleitet. Es wurde also in dem Fall ein informationelles Trennungsprinzip eindeutig grundrechtlich begründet.[1060] Grundsätzlich ist ein Austausch von Polizeibehörden und Nachrichtendiensten danach nicht zulässig, kann im Einzelfall aber gerechtfertigt werden.

Zur Herleitung der weiteren inhaltlichen Aspekte der Trennung traf das Bundesverfassungsgericht bisher keine Aussagen. Aus den Wertungen, die das informationelle Trennungsprinzip zulässt, kann jedoch abgeleitet werden, dass eine Verschmelzung der Aufgaben und Befugnisse oder eine Zusammenlegung von Polizei und Nachrichtendiensten grundrechtlich ausgeschlossen ist, wobei es nicht auf die grundgesetzliche Verankerung des Trennungsgebots ankommt.[1061] Auch wird dies durch die Äußerung, dass keine Geheimpolizei vorgesehen sei[1062], deutlich.

c. Weitere Gründe für die Herleitung des Trennungsgebots aus den Grundrechten

Es stellt sich weiterhin die Frage, ob sich aus dem Gedanken im Zusammenhang mit den Informationseingriffen auch die Notwendigkeit ergibt, die für

1058 *Streiß*, Das Trennungsgebot zwischen Polizei und Nachrichtendiensten, S. 64.

1059 *Streiß*, Das Trennungsgebot zwischen Polizei und Nachrichtendiensten, S. 64.

1060 *Dix*, Grundrechtsschutz durch informationelle Gewaltenteilung, in: Roggan/Busch, Das Recht in guter Verfassung, Festschrift für Martin Kutscha S. 95, 98.

1061 *Käß*, Das Urteil des Bundesverfassungsgerichts zum Antiterrordateigesetz, BayVBl. 2013, S. 709, 712.

1062 Rn. 122.

jeden Lebensbereich speziell einschlägigen Grundrechte heranzuziehen und zu schauen, ob sich nicht aus jedem Grundrecht eine Notwendigkeit der Herleitung eines Trennungsgebots ergibt. Vor allem ist auch an die spezielleren Grundrechte Art. 10 und Art. 13 GG in Zusammenhang mit Informationseingriffen im Wohn-, bzw. Geschäftsraum und bei der Kommunikation zu denken.[1063] Aber auch bzgl. aller anderen Lebensbereiche könnte hier der Einschüchterungseffekt, der sich aus staatlichem Handeln, insbesondere der Polizei und der Nachrichtendienste ergeben kann, relevant werden.

Das Grundrecht auf informationelle Selbstbestimmung dient über seine unmittelbaren Gewährleistung hinaus auch dem Schutz vor einer Einschüchterung, die entstehen und somit zu Beeinträchtigungen bei der Ausübung anderer Grundrechte führen kann, wenn für den Einzelnen nicht mehr zu erkennen ist, wer bei welcher Gelegenheit zu welcher Zeit etwas über ihn weiß und dadurch die Freiheit wesentlich gehemmt werden kann.[1064] Dieser Einschüchterungseffekt soll nicht nur im Interesse des betroffenen Einzelnen vermieden werden, sondern auch zur Vermeidung der Beeinträchtigung des Gemeinwohls, weil die Selbstbestimmung elementare Funktionsbedingung des freiheitlich demokratischen Gemeinwesens ist, die auf Handlungs- und Mitwirkungsfähigkeit seiner Bürger fußt.[1065] Die grundrechtliche Freiheit schützt damit auch vor Furcht vor Überwachungsmaßnahmen und damit verbundenen Verlusten an selbst bestimmter Freiheit.[1066]

Die Trennung zwischen Polizei und Nachrichtendiensten kann in dem Fall als Schutzmechanismus dienen, um eben nicht alle erlangten Informationen an die jeweils andere Behörde weiterzugeben.

Wird dieser Einschüchterungseffekt jedoch nicht nur auf die erlangten Informationen und die fehlende Möglichkeit über deren Verarbeitung zu bestimmen, bezogen, sondern auch auf die Einschüchterung in den jeweiligen Lebensbereichen, also das „nicht mehr frei bewegen können", könnte hierin auch ein Problem

1063 Vgl. auch *Tanneberger*, Eine Trendwende in der Sicherheitsverfassung?, VBlBW 2014, S. 41, 43, Fn. 42; die besondere Einschüchterungswirkung beim Bürger und Streubreite des Informationseingriffs durch Speicherung und Weiterverwendung der Daten in Zusammenhang mit Art. 10 GG erwähnend BVerfGE 122, 120, 134 f.; vgl. auch BVerfGE 125, 260, 299.

1064 BVerfGE 65, 1, 25; 113, 29, 46.

1065 BVerfGE 65, 1, 43.

1066 *Würtenberger*, Entwicklungslinien des Sicherheitsverfassungsrechts, in: Ruffert (Hrsg.), Dynamik und Nachhaltigkeit des öffentlichen Rechts, Festschrift für Meinhard Schröder, S. 285, 295.

aller Grundrechte gesehen werden, für die auch die Trennung von Polizei und Nachrichtendiensten als Schutzmechanismus dienen könnte und nicht nur des Grundrechts auf informationelle Selbstbestimmung.

Jedoch geht diese Herleitung eines Trennungsgebots zu weit. Zum einen würde diese Lösung bedeuten, dass ein unmittelbarer sicherer Zusammenhang zwischen der Einschränkung von menschlicher Freiheitsbetätigung und einer Zusammenarbeit von Polizei und Nachrichtendiensten gesehen werden müsste. Dies kann aber weder empirisch belegt werden[1067], noch kann ein Gebot zur Trennung von Polizei und Nachrichtendiensten damit dogmatisch herzuleiten sein. Sowohl Polizei als auch Nachrichtendienste können getrennt ihre Ermittlungen anstellen. Die Einschüchterung wird insofern nur zum Teil durch die Zusammenarbeit hervorgerufen. Eher begünstigt wohl die Möglichkeit von (heimlichen) Ermittlungen zu jeder Zeit an jedem Ort den Effekt der Einschüchterung und das Gefühl des Überwachtwerdens. Weiterhin ist anzuführen, dass die Grundrechte durch hinreichende Begrenzungen Schutz erfahren.

Zum anderen hat das Bundesverfassungsgericht in Bezug auf das Grundrecht auf informationelle Selbstbestimmung gerade nicht an der Dogmatik des Informationseingriffs festgehalten[1068], sondern hat in der Entscheidung zum ATDG eine sicherheitsakzentuierte Rechtsprechungslinie verfolgt. Auch wenn es hierbei zunächst nur um eine einzelne Entscheidung geht, der jedoch für das Sicherheitssystem der Bundesrepublik Deutschland große Bedeutung zukommt, muss diese Entwicklungstendenz gesehen werden. Es wäre deshalb verfehlt, die Einschüchterungseffekte als Grund für die Herleitung einer Trennung von Polizei und Nachrichtendiensten aus allen Grundrechten anzunehmen.

2. Konsequenzen und Notwendigkeit der verfassungsrechtlichen Verankerung?

Die Trennung zwischen Polizei und Nachrichtendiensten dient also vor allem auch dem Grundrechtsschutz. Fraglich ist jedoch weiterhin, ob es grundsätzlich überhaupt notwendig ist, dass dieses Gebot der Trennung verfassungsrechtlich verankert ist.

1067 *Würtenberger,* Entwicklungslinien des Sicherheitsverfassungsrechts, in: Ruffert (Hrsg.), Dynamik und Nachhaltigkeit des öffentlichen Rechts, Festschrift für Meinhard Schröder, S. 285, 299.

1068 Vgl. *Tanneberger,* Eine Trendwende in der Sicherheitsverfassung?, VBlBW 2014, S. 41, 45.

Einerseits deutet die Auseinandersetzung in der Wissenschaft und auch durch das Gericht auf das Bewusstsein über die Wichtigkeit einer Sicherung der Grundrechte, insbesondere der Schutz des Grundrechts auf informationelle Selbstbestimmung, durch ein solches Instrument hin. Dies begründet sich auch in der Historie der Bundesrepublik.

Andererseits deutet dieser Diskurs aber auch die Bedeutung an, die diesem Rechtsprinzip auch durch das Bundesverfassungsgericht in der Entscheidung zugesprochen wurde, nämlich nicht als striktes Prinzip, sondern als Instrument, das in die Abwägung des Eingriffsgewichts eines Austauschs von Informationen zwischen Polizei und Nachrichtendiensten (in Zusammenhang mit einer Indexdatei) mit einbezogen werden muss. Die Herleitung der informationellen Trennung aus dem Grundrecht auf informationelle Selbstbestimmung gem. Art 2 Abs. 1 i.Vm. Art. 1 Abs. 1 GG bedeutet sozusagen eine minimale Absicherung zur Verhinderung der einfachen Ablösung eines Prinzips, das seine Begründung in der Geschichte findet und nicht umgangen werden dürfen soll aber auch an die Gegebenheiten der Sicherheitslage angepasst werden muss.

Die Notwendigkeit der Verankerung dieses Prinzips in der Verfassung dient folglich dem Zweck der Sicherung eines Mindestmaßes an Schutz der Freiheit der Bürger neben den umfassenden (rechtsstaatlichen) Sicherungsmechanismen. Hinzuzufügen ist weiterhin aber auch, dass diese Sicherung aus guten Gründen Ausnahmen zulassen kann, soll und muss. Eine abschließende Bewertung soll nach Betrachtung aller Gesichtspunkte erfolgen.

IV. Ergebnis

Das Trennungsgebot lässt sich nicht aus dem Rechtsstaatsprinzip, aus dem Demokratieprinzip und aus Art. 73, 87 GG sowie dem Bundesstaatsprinzip herleiten.

Der informationelle Teil der Trennung kann aus dem Grundrecht auf informationelle Selbstbestimmung hergeleitet werden. Eine Herleitung eines Trennungsgebots auch aus anderen Grundrechten, vor allem mit der Begründung des Einschüchterungseffekts, kann nicht angenommen werden, auch besteht dazu keine Notwendigkeit.

Das Bundesverfassungsgericht folgert ein informationelles Trennungsprinzip aus dem Grundrecht auf informationelle Selbstbestimmung und begründet dies mit den unterschiedlichen Aufgabenbereichen von Polizei und Nachrichtendiensten und damit den Erhebungsschwellen bei Maßnahmen.

Konsequenz der grundrechtlichen Begründung, ist, dass sie durch den Gesetzgeber im Rahmen der Beurteilung der Verhältnismäßigkeit zu beachten ist. Die Aussagen hinsichtlich eines operativen Datenaustauschs zwischen Polizei und Nachrichtendiensten, unabhängig von den einfachgesetzlichen Übermittlungsvorschriften, bei denen die Übermittlung an weitere Voraussetzungen geknüpft ist, beziehen sich auf die Indexdateien.

Kapitel 5: Exkurs – Überblicksartige Gegenüberstellung der Arbeit von Polizei und Nachrichtendiensten in anderen europäischen Staaten

Im Folgenden soll eine konzise Gegenüberstellung der Arbeit von Polizei und Nachrichtendiensten in anderen europäischen Staaten erfolgen. Diese soll dazu dienen, die Besonderheit der Aspekte der Trennung in der deutschen Rechtsordnung noch einmal hervorzuheben und eine abschließende Bewertung über die Notwendigkeit der behandelten Facetten der Trennung vornehmen zu können. Weiterhin kann diese Betrachtung Aufschluss darüber geben, inwieweit bei der weiteren Zusammenarbeit der unterschiedlichen Staaten im Rahmen eines „Europäischen Terrorismusabwehrzentrums" unterschiedliche Anforderungen an einen Datenaustausch zwischen den nationalen Sicherheitsbehörden bestehen müssen. Dieser Exkurs stellt keinen Rechtsvergleich dar, sondern gibt einen Überblick über die Organisation der Sicherheitsbehörden. Daher kann daraus nur ein begrenzter Erkenntniswert abgeleitet werden.

A. Frankreich

I. Nachrichtendienste

Frankreich unterhält zahlreiche Nachrichtendienste. Zunächst gibt es den Inlandsnachrichtendienst „Direction Générale de la Sécurité Intérieure" (DGSI), der dem Innenministerium untersteht. Die DGSI entwickelte sich aus dem ursprünglichen Inlandsgeheimdienst „Direction Centrale du Renseignement Intérieur" (DCRI), der wiederum 2008 aus einer Zusammenführung der früheren „Direction Centrale des Renseignements Généraux" (DCRG) sowie des Geheimdienstes „Direction de la Surveillance du Territoire" (DST) entstand.[1069]

1069 Vgl. Homepage des Ministère de l'interieure, abrufbar unter https://www.interieur.gouv.fr/Le-ministere/DGSI; vgl. weiterhin *Segell*, The French Intelligence Services, in: Jäger/Daun (Hrsg.), Geheimdienste in Europa, S. 35, 43; vgl. weiterhin die Darstellung der Entwicklung des DGSI, Wissenschaftlicher Dienst des Bundestages WD 3 – 3000 – 303/10, Überblick zur Struktur und Organisation verschiedener europäischer Geheimdienste, 15.07.2010, S. 6, abrufbar unter: https://www.bundestag.de/blob/423406/ad97c19786348fbcedc4c55736631b74/wd-3-303-10-pdf-data.pdf.

Die DGSI ist ein Dienst der Polizei und bedient sich sowohl nachrichtendienstlicher als auch polizeilicher Mittel.[1070] Seine wesentlichen Aufgaben bestehen in der Abwehr von Spionage, in dem Schutz von Wirtschaftsgütern und dem Kampf gegen Terrorismus und Extremismus sowie anderer staatsfeindlicher Gruppierungen.[1071]

Weiterhin gibt es die dem Verteidigungsministerium unterstehenden Auslandsgeheimdienste „Direction Générale de la Sécurité Extérieure" (DGSE), „Direction du Renseignement de la Sécurité de la Défense" (DRSD)[1072] und „Direction du Renseignement Militaire" (DRM).

Gem. Art. D3126-1 bis Art. D3126-4 des Code de la défense – eines Gesetzes, das Normen in Zusammenhang mit der Verteidigung des Landes zusammenfasst – ist es die Aufgabe des DGSE für die Regierung in enger Zusammenarbeit mit anderen einschlägigen Organisationen Informationen außerhalb des Staatsgebiets zu sammeln und Spionageaktivitäten gegen französische Interessen zu verhindern. Dabei werden nachrichtendienstliche Mittel eingesetzt.[1073]

Die DRSD ist gem. Art. D3126-5 bis Art. D3126-9 des Code de la défense verantwortlich für die Vorbereitung und Durchführung von Maßnahmen zum Schutz und zur Sicherheit, für die Prävention und Aufdeckung von Straftaten gegen die nationale Verteidigung, um jeder Gefahr begegnen zu können, die Formen terroristischer Aktivitäten, Spionage, Subversion, Sabotage und der organisierten Kriminalität annehmen können und für den Schutz von Menschen, die Zugang zu geschützten Informationen, Flächen, Geräten oder empfindlichen Anlagen haben. Weiterhin beteiligt sich die DRSD an den Entwicklungen von Maßnahmen zum Schutz von Personal, Informationen, Materialien und empfindlicher Einrichtungen im Zuständigkeitsbereich des Verteidigungsministeriums.

1070 Vgl. ursprünglich zum DSG *Martínez*, Nachrichtendienste und Polizei, in: Hendler/Ibler/Martínez (Hrsg.), Für Sicherheit, Für Europa, FS für Götz, S. 359, 369, vgl. auch la loi n° 95–73 du 21 janvier 1995 d'orientation et de programmation relative à la sécurité, abrufbar unter https://www.legifrance.gouv.fr/affichTexte.do?cidTexte=JORFTEXT000000369046&dateTexte=19950124.

1071 Vgl. Homepage des Ministère de l'interieure, abrufbar unter https://www.interieur.gouv.fr/Le-ministere/DGSI.

1072 Früher „La Direction de la Protection du Secret Défense" (DPSD), vgl. dazu *Segell*, The French Intelligence Services, in: *Jäger/Daun*, Geheimdienste in Europa, S. 35, 41.

1073 Vgl. weiterhin auch Homepage des DGSE, abrufbar unter http://www.defense.gouv.fr/dgse/tout-le-site/deux-defis-majeurs.

Gem. Art. D3126-10 bis Art. D3126-14 des Code de la défense ist die DRM für die Sammlung von Informationen im Bereich des Militärs zur Berichterstattung an das Verteidigungsministerium sowie militärischer Stellen verantwortlich.

II. Zusammenarbeit mit der Polizei

Die „Police national" und die „Gendarmerie national" sind die Polizeibehörden in Frankreich. Die „Police nationale" ist in verschiedene Direktionen aufgeteilt, welche verschiedene polizeiliche Aufgaben wahrnehmen, wie der Kriminalpolizei (DCPJ), Grenzpolizei (DCPAF), Bereitschaftspolizei (DCCRS) und Zentraldirektion für die öffentliche Sicherheit (DCSP). Außerdem gibt es der Zentraldirektion zugeordnete Koordinationseinheiten, wie die zum Kampf gegen den Terrorismus (Unité de Coordination de la lutte AntiTerroriste, UCLAT), in dem terroristische Gefahren analysiert werden und Lagebilder entstehen oder zum Kampf gegen illegale Drogen (MILAD).[1074] Die „Gendarmerie national" ist eine sowohl dem Verteidigungs- als auch dem Innenministerium unterstellte Polizeibehörde, die allgemeine Polizeiaufgaben besonders außerhalb des städtischen Bereichs ausführt. Es gibt auch hier Spezialeinheiten im Bereich des Terrorismus.[1075]

Wie bereits ausgeführt, bedient sich der DGSI als Inlandsnachrichtendienst sowohl nachrichtendienstlicher als auch polizeilicher Befugnisse. Dies ergibt sich ebenfalls aus einem Dekret der Regierung von 2008, in dem es um die Aufgaben und die Organisation des DCRI ging, aus der der jetzige Inlandsnachrichtendienst entstand. Der Inlandsnachrichtendienst wurde hier als „FBI à la française" bezeichnet.[1076]

Auch personell handeln Beamte der Polizei. Ansätze einer Trennung von Polizei und Nachrichtendiensten sind in Frankreich demnach nicht erkennbar.

1074 Vgl. Homepage der Police National, abrufbar unter https://www.police-nationale.interieur.gouv.fr/Organisation.

1075 Vgl. Homepage der Gendarmerie National, abrufbar unter https://www.gendarmerie.interieur.gouv.fr/Notre-institution/Nos-composantes.

1076 http://archives.gouvernement.fr/fillon_version2/gouvernement/creation-le-1er-juillet-de-la-nouvelle-direction-centrale-du-renseignement-interieur.html.

B. Vereinigtes Königreich

I. Nachrichtendienste

In Großbritannien gibt es den „Security Service“, den „Secret Intelligence Service“, und die „Government Communications Headquarters“.[1077]

Der Inlandnachrichtendienst ist der Security Service, MI5. Die gesetzliche Grundlage, auf dessen Grundlage der MI5 tätig ist, ist das Sicherheitsdienstgesetz, der Security Service Act von 1989.[1078] Es untersteht dem Innenministerium. Die Aufgaben des MI5 bestehen gem. Section 1 Abs. 2 und 3 des Security Service Acts 1989 im Wesentlichen darin, die nationale Sicherheit vor Spionage, Terrorismus und Sabotage zu schützen. Weiterhin soll das MI5 das wirtschaftliche Wohlergehen des Vereinigten Königreichs gegen Bedrohungen schützen, die durch die Handlungen oder Absichten von Personen außerhalb der britischen Inseln verursacht werden.

Der britische Auslandgeheimdienst heißt „Secret Intelligence Service“, MI6. Das MI6 sammelt Informationen, um schwere Verbrechen zu verhindern und zu erkennen und die nationale Sicherheit und das wirtschaftliche Wohlergehen des Vereinigten Königreichs vor Gefahren aus dem Ausland zu schützen. Das MI6 arbeitet eng mit dem MI5 und dem GCHQ zusammen.[1079] Gesetzliche Grundlage ist der Security Service Act von 1994. Der MI6 untersteht danach dem Außenminister.

Das GCHQ ist mit der Aufgabe der Fernmeldeaufklärung betraut. Rechtgrundlage ist ebenfalls der Security Service Act von 1994, vgl. Section 3.[1080]

II. Zusammenarbeit mit der Polizei

In Großbritannien gibt es die „Territorial police forces“ und die „National police forces“.

1077 Vgl. auch die zusammenfassende Darstellung: Wissenschaftlicher Dienst des Bundestages WD 3 – 3000 – 303/10, Überblick zur Struktur und Organisation verschiedener europäischer Geheimdienste, 15.07.2010, S. 16, abrufbar unter: https://www.bundestag.de/blob/423406/ad97c19786348fbcedc4c55736631b74/wd-3-303-10-pdf-data.pdf.

1078 Homepage des MI 5, abrufbar unter https://www.mi5.gov.uk/law-and-governance.

1079 Homepage des MI6, abrufbar unter https://www.sis.gov.uk/our-mission.html.

1080 Vgl. insg. *Phythian*, The Britisch Intelligence Services, in: Jäger/Daun (Hrsg.), Geheimdienste in Europa, S. 13 ff.

Das MI5 arbeitet eng mit der Polizei in Großbritannien und Nordirland, überwiegend durch das nationale „Counter Terrorist Police Network“, zusammen. Es findet also eine Zusammenarbeit mit den Nachrichtendiensten und nationaler sowie internationaler Polizei statt.[1081] Weiterhin findet eine Zusammenarbeit mit der Metropolitan Police, sowie mit dem Police Service von Nordirland (PSNI), der Polizei Schottland und anderen nationalen Strafverfolgungsbehörden, wie der National Crime Agency und der Border Force statt. Dabei unterstützen die Nachrichtendienste durch Informationen und Einschätzungen von aktuellen Bedrohungen und Untersuchungen, die zu Strafverfahren führen können.[1082] Dies spiegelt sich ebenfalls in Section 1 Abs. 4 des Security Service Acts 1989 und der Ergänzung von 1996 wider. Weiterhin im Rahmen der Zusammenarbeit ist das „Joint Terrorism Analysis Centre“ (JTAC) zu nennen. JTAC ist eine selbständige Organisation, die sich aus Vertretern von 16 Regierungsstellen und Agenturen zusammensetzt. Durch das JTAC werden alle im Zusammenhang mit internationalem Terrorismus, national und international erhobenen Informationen analysiert und bewertet. Es werden Bedrohungsstufen festgelegt, Warnungen vor Bedrohungen erteilt und Berichte über Trends, terroristische Netzwerke und Fähigkeiten erstellt. Die Informationen werden so auf einer gemeinsamen Plattform und unter Einfluss eines größeren Pools an Wissen von Polizei, Regierungsbehörden und Agenturen analysiert und verarbeitet.[1083]

Es herrscht damit keine strikte Trennung zwischen den Sicherheitsbehörden. Insbesondere gibt es keine informationelle Trennung. Eine Zusammenarbeit findet vor allem im Bereich des Terrorismus über gemeinsame Plattformen statt. Jedoch sollte der Inlandsnachrichtendienst von Beginn an als eine Behörde ohne Exekutivbefugnisse errichtet werden, was sich auch in der Forderung der Trennung von Befugnissen in dem Polizeibrief der Alliierten niederschlug. Eine Trennung der Befugnisse liegt auch weiterhin vor.[1084]

1081 Vgl. Homepage des National Police Chiefs' Council, abrufbar unter: http://www.npcc.police.uk/NPCCBusinessAreas/TerrorismandAlliedMatters.aspx.

1082 Vgl. Homepage des MI5, abrufbar unter https://www.mi5.gov.uk/partnerships.

1083 Vgl. Homepage des MI5, abrufbar unter https://www.mi5.gov.uk/joint-terrorism-analysis-centre.

1084 Vgl. *Martínez*, Nachrichtendienste und Polizei, in: Hendler/Ibler/Martínez (Hrsg.), Für Sicherheit, Für Europa, FS für Götz, S. 359, 363.

C. Niederlande

I. Nachrichtendienste

In den Niederlanden gibt es gem. Art. 6 des Intelligence and Security Services Act 2002 einen allgemeinen Nachrichten- und Sicherheitsdienst, den Algemene Inlichtingen- en Veiligheidsdienst (AIVD), der dem Innenministerium untersteht. Die Hauptaufgaben des AIVD bestehen gem. Art. 6 des Intelligence and Security Services Acts 2002 in der Untersuchung von Einzelpersonen und Organisationen, der Durchführung von Sicherheitsüberprüfungen, der internationalen Nachrichtenbeschaffung, und der Zusammenstellung von Risiko- und Bedrohungsanalysen. Der AIVD beschäftigt sich dabei insbesondere mit dem Terrorismus, dem Radikalismus und dem Salafismus, dem Extremismus, mit Störungen durch feindliche ausländische Mächte und mit der Verbreitung von Massenvernichtungswaffen.[1085]

Gem. Art. 7 des Acts gibt es weiterhin einen militärischen Nachrichtendienst, den Militaire Inlichtingen- en Veiligheidsdienst (MIVD), der dem Verteidigungsministerium untersteht. Die Hauptaufgabe besteht gem. Art. 7 in dem Schutz der in Zusammenhang mit dem Militär stehenden Personen und Einrichtungen.

II. Zusammenarbeit mit der Polizei

Die nationale Polizei untersteht dem „Ministry of Security and Justice". Seine Aufgaben liegen in der Überwachung, Unterstützung und Koordinierung wichtiger Operationen; Bekämpfung von ernsthaften, organisierten Formen der Kriminalität nationaler oder internationaler Art, die die Rechtsstaatlichkeit oder die lebenswichtige Infrastruktur untergraben; Unterstützung bei der Bekämpfung der Kriminalität; Bereitstellung von Polizisten, Schnüfflerhunden und forensischem Fachwissen; Sicherheit und Schutz für Mitglieder des königlichen Hauses und anderer wichtiger Personen; Durchführung und Unterstützung der Polizeiarbeit auf den Autobahnen, dem Eisenbahnnetz, auf dem Wasser und in der Luft und Bekämpfung aller Formen ernster Gewalt und Terrorismus (dafür wurde eine Special Interventions Division eingerichtet).[1086]

1085 Vgl. auch Homepage des Ministry of the Interior and Kingdom Relations, abrufbar unter https://english.aivd.nl/about-aivd/tasks-and-areas-of-interest.

1086 Vgl. Homepage der Rijksoverheid, abrufbar unter https://www.government.nl/topics/police/organisation-of-the-dutch-police.

Der AIVD wird nicht polizeilich tätig. Er untersucht und identifiziert Bedrohungen und berät andere, auch politische Entscheidungsträger und Beamte auf nationaler und lokaler Ebene, darüber, wie sie auf die erhaltenen Informationen einwirken könnten.[1087] Es findet demnach ein Informationsaustausch zwischen den Behörden statt.

Weiterhin wurde für die Zusammenarbeit in Bereich des Terrorismus eine nationale Koordinationsstelle für Terrorismusbekämpfung und Sicherheit („Nationaal Coördinator Terrorismebestrijding en Veiligheid" (NCTV)) aufgebaut. Die Organisation hat rund 300 Mitarbeiter. Neben dem Amt des Nationalen Koordinators für Sicherheit und Terrorismusbekämpfung bestehen fünf Politikabteilungen, weiterhin das National Crisis Center (NCC) und das National Operations Coordination Centre (LOCC). Auf Grundlage der Analyse von Geheimdienstinformationen und anderer Quellen werden unter anderem Maßnahmen zur Bekämpfung des Terrorismus entwickelt.[1088] Im Rahmen dieser Koordinationsstelle findet demnach eine Zusammenarbeit von Nachrichtendiensten durch die eingebrachten Informationen sowie den Polizeibehörden durch die jeweils getroffene Maßnahme auf Grundlage der Erkenntnisse, statt. Regelungen zu Restriktionen des Informationsaustausches konnten nicht ausgemacht werden. Jedoch finden sich für die Nachrichtendienste keine Rechtsgrundlagen, durch die ihnen exekutive Befugnisse verliehen werden.

D. Belgien

Die „Veiligheid van de Staat/Sûreté de l'Etat" (SE) ist Belgiens ziviler Nachrichtendienst. Auch in Belgien verfügt der zivile Nachrichtendienst, der neben dem Militärischen Nachrichtendienst „Algemene Dienst inlichting en veiligheid van de Krijgsmacht/Service général du renseignement et de la sécurité des Forces armées" (SGRS) steht und für das Sammeln und Auswerten von Informationen über Anhaltspunkt für Bedrohungen im In- und Ausland zuständig ist, über polizeiliche Befugnisse. In Belgien sind auch der Zolldienst und die Polizei mit der Beschaffung von Informationen betraut. Sie sind jedoch keine eigentlichen Nachrichtendienste und unterstehen auch nicht den entsprechenden Gesetzen.[1089] Gem. Art. 20 des Gesetzes zur Regelung der Sicherheits- und

1087 Vgl. auch Homepage des Ministry of the Interior and Kingdom Relations, abrufbar unter https://english.aivd.nl/about-aivd/the-aivd's-role-in-national-security.

1088 Vgl. Homepage des NCTV in englischer Sprache, abrufbar unter https://english.nctv.nl/organisation/WhoistheNTCV/index.aspx.

1089 Center for Security Studies (CSS), ETH Zürich, Zivile Nachrichtendienstsysteme im europäischen Umfeld der Schweiz, S. 50.

Nachrichtendienste sorgen die Nachrichten- und Sicherheitsdienste, die Polizei, die Verwaltungs- und Justizbehörden für die wirksame gegenseitige Zusammenarbeit.[1090] Ein Informationsaustausch zwischen den Behörden findet demnach statt. Eine Beschränkung dieser Möglichkeit findet sich nicht. Ausdrückliche exekutive Befugnisse sind dem Gesetz nicht zu entnehmen.

E. Ergebnis

Aus der überblicksartigen Darstellung der Sicherheitsbehörden der verschiedenen europäischen Staaten ergibt sich, dass ein Trennungsgebot bzw. Trennungsprinzip in diesen Staaten nicht existiert. Vereinzelt gibt es Ausprägungen einer Trennung in bestimmten Bereichen. Jedoch konnten im Rahmen der Recherche keine Anhaltspunkte für eine umfangreiche Auseinandersetzung mit den Nachteilen eines ungehinderten Informationsaustauschs zuungunsten der Freiheit gefunden werden. Im Gegenteil, kann in manchen Staaten doch von einem offenen Umgang mit der Zusammenarbeit zwischen den Behörden und deren Vorteilen gesprochen werden (vgl. etwa in Frankreich, wo ein „französisches FBI" durch die Regierung explizit erwähnt wird). Schlussfolgernd daraus muss im Hinblick auf die Bewertung des „deutschen Trennungsgebots" zunächst festgehalten werden, dass die Diskussion um eine Trennung von Polizei und Nachrichtendiensten in Deutschland eine Besonderheit darstellt. Nach dem bisher Gesagten und unter Beschränkung der Erkenntnisse auf diese vier europäischen Staaten kann festgestellt werden, dass das „ Trennungsgebot" in Deutschland einen Einzelfall darstellt. Der Versuch eine weitreichende und explizit unter den Begriff eines Trennungsgebots gefasste Trennung der Sicherheitsbehörden aufrechtzuerhalten, wurde in dem Maße augenscheinlich nur in der Bundesrepublik Deutschland unternommen.

Durch diese Erkenntnisse wird jedoch auch deutlich, dass die Rechtsstaatlichkeit eines Staates nicht durch die Zusammenarbeit von Polizei und Nachrichtendiensten angezweifelt wird, sofern der Vorbehalt des Gesetzes und den Grundsatz der Verhältnismäßigkeit gilt. Umso mehr stellt sich die Frage, weshalb eine Zusammenfassung rechtsstaatlicher Sicherungsmechanismen unter den Begriff des Trennungsgebots notwendig erscheint, und ob die Bindung, die sich die deutsche Sicherheitspolitik damit auferlegt, nicht auch rechtlich, sondern ausschließlich historisch zu begründen ist. Anschließend daran

---

1090 Nachrichtendienst- und Sicherheitsgesetz von November 2008 (mehrmals erweitert) abrufbar in niederländischer Sprache unter http://www.ejustice.just.fgov.be/cgi_loi/change_lg.pl?language=nl&la=N&cn=1998113032&table_name=wet.

müssen Überlegungen im Hinblick auf die Zukunftsfähigkeit der Rechtsfigur „Trennungsgebot“, insbesondere im internationalen Vergleich, angestellt werden. Diese Frage erlangt weiterhin auch Bedeutung in Zusammenhang mit der Einrichtung von Zentren zur Terrorismusbekämpfung auf europäischer Ebene.

Diese Fragestellung wird Teil der abschließenden Bewertung des Trennungsgebots im Spannungsfeld von Freiheit und Sicherheit sein.

Kapitel 6: Das Trennungsgebot im Spannungsfeld von Freiheit und Sicherheit

A. Bedeutung des Trennungsgebots für die Freiheit

Das Trennungsgebot enthält verschiedene Ausprägungen. Vor allem sind die Aspekte der Trennung der Befugnisse, der organisatorischen sowie der informationellen Trennung zu nennen. Durch das Trennungsgebot kann insgesamt eine Machtkonzentration in einer Behörde verhindert werden.

Das informationelle Trennungsprinzip konkretisiert den Grundsatz der Zweckbindung. Es verhindert ein Unterlaufen der Erhebungsschwellen und definiert somit eine Grenze zwischen der Informationssammlung und dem Tätigwerden zur Gefahrenabwehr. Jedoch stellt es kein striktes Verbot der Zusammenarbeit dar. Durch diese Lösung der grundsätzlichen Unzulässigkeit der informationellen Zusammenarbeit und der Zulässigkeit unter den Voraussetzungen der fachgesetzlichen Übermittlungsvorschriften und auch im Rahmen von Indexdateien im Eilfall, werden die übrigen Aspekte der Trennung, insbesondere die organisatorische Trennung, gesichert. Das informationelle Trennungsprinzip dient folglich der Sicherung des verfassungsrechtlichen Grundsatzes der Verhältnismäßigkeit.

Dem Trennungsgebot kommt weiterhin grundlegende Bedeutung zu, um die Freiheit der Bürger zu schützen. Des Weiteren erinnert ein Festhalten an den „Grundstrukturen" bzw. „Grundgedanken" dieses Prinzips an die Gründe seines Entstehens in der Bundesrepublik Deutschland. Das Prinzip kann und soll damit der Verhinderung einer Wiederholung der Willkür wie der des nationalsozialistischen Regimes dienen. Vor allem aber dient das Festhalten dem vorschnellen Überwinden dieses Prinzips. Es trägt somit zur Verhinderung der Verselbständigung des Sicherheitssystems zugunsten der Sicherheit bei.

Das Trennungsgebot ist ein taugliches Instrument – ein elementares Korrektiv – zur Sicherung der Freiheit und zur Akzentuierung der Grundrechte.

B. Bedeutung des Trennungsgebots für die Sicherheit

Die Trennung von Polizei und Nachrichtendiensten bewirkt, dass keine Bündelung von Information und Intervention stattfindet. Hierin kann eine Begrenzung der Möglichkeiten effektiver Arbeit der Sicherheitsbehörden gesehen werden. Denn stünden die Informationen den Polizeibehörden direkt zur Verfügung und müssten sie deshalb nicht bei anderen Behörden Daten anfragen, könnte ggf. eine schnellere und zielführende Verhinderung von konkreten Gefahren erreicht werden.

Durch die Trennung können demzufolge Defizite in der Kooperation zwischen Polizei und Nachrichtendiensten hervorgerufen werden.[1091] Nach dieser Sichtweise könnte das Trennungsgebot somit auch als Schwierigkeit für die Erfüllung der durch den Staat zu gewährleistenden Schutzpflichten verstanden werden.[1092]

Jedoch kann die Trennung von Polizei und Nachrichtendiensten auch als Voraussetzung einer effektiven Gefahrenabwehr betrachtet werden und nicht als ein Hindernis. Denn sie kann zum Teil auch als Grundlage wirksamer Aufklärungsarbeit gesehen werden, indem durch die getrennte Informationssammlung und -weitergabe eben die Qualität der übermittelten Daten für die jeweilige Ermittlung eine Rolle spielt, da es nicht darauf ankommt, auf die Masse an Informationen Zugriff zu erhalten, sondern nur auf die potentiell relevanten und verwendbaren Daten.[1093] Die Informationen sind somit vorsortiert und durch die erhebende Behörde auf die Erforderlichkeit überprüft. Sie werden nur dann übermittelt, wenn sie zweckdienlich sind, also erforderlich für die im Einzelfall verfolgten Zwecke. Dies hat wiederrum auch eine grundrechtsschützende Wirkung.

C. Konsequenzen für die Bedeutung des Trennungsgebots im Spannungsfeld von Sicherheit und Freiheit

I. Ausgangspunkt: Wandel der Sicherheitspolitik als Reaktion auf die Sicherheitslage

Zum Teil wird angenommen, dass sich die Bedeutung der „machtbegrenzende(n) Verfassungsgrundsätze" – wie auch des Trennungsgebots – immer weiter schmälert.[1094] Jedoch kann dieser Ansicht nicht pauschal gefolgt werden.

1091 *Werthebach,* Deutsche Sicherheitsstrukturen im 21. Jahrhundert, in: Aus Politik und Zeitgeschichte, B 44/2004, S. 5, 12.

1092 *Streiß,* Das Trennungsgebot zwischen Polizei und Nachrichtendiensten, S. 64.

1093 *Gusy,* Trennungsgebot, in: Möllers/van Ooyen (Hrsg.), Jahrbuch Öffentliche Sicherheit 2008/2009, S. 177, 187; 189. Eine Aufhebung der Trennung würde laut Gusy rein organisatorisch nicht gewissermaßen eine Verbesserung hervorrufen.

1094 Vgl. *Roggan/Bergemann,* Die „neue Sicherheitsarchitektur" der Bundesrepublik Deutschland- Anti-Terror-Datei, gemeinsame Projektdateien und Terrorismusbekämpfungsergänzungsgesetz, NJW 2007, S. 876, 880 f.

Vielmehr findet eine Anpassung des Rechtssystems als Reaktion auf die Bedrohungslage statt.

So wird auch durch das fortschreitende Verschwimmen und Verschieben der Aufgaben und Befugnisse von Polizei und Nachrichtendiensten und durch die Entwicklung einer Vielzahl an gemeinsamen Zentren (GTAZ, GIZ, GAR, GETZ), deutlich, dass das Trennungsgebot zwischen Polizei und Nachrichtendiensten nicht als strikte Trennung in allen Bereichen verstanden werden kann.[1095] Die vorangegangene Betrachtung der Entwicklung zeigt aber, dass das Trennungsgebot insgesamt weiterhin als ein taugliches Instrument zur Gewährleistung einer effizienten Arbeit der Sicherheitsbehörden im Kampf gegen die aktuellen Bedrohungen bei gleichzeitiger Beachtung und Akzentuierung der Freiheit angesehen werden kann.

Auch das Bundesverfassungsgericht hat mit seiner Entscheidung zum ATDG verdeutlicht, dass eine konsequente Trennung in heutiger Zeit mit dem Stand der Gefahren nicht mehr handhabbar ist. Mit der grundrechtlichen Herleitung hat das Bundesverfassungsgericht eine Lösung aufgezeigt[1096], ein informationelles Trennungsprinzip zwischen Polizei und Nachrichtendiensten begründen zu können, welches mit den aktuellen Gegebenheiten zusammenpasst.

Würde das Trennungsgebot in einem der Staatsstrukturprinzipien als begründet gesehen werden oder würde es als ein unverzichtbares Prinzip der verfassungsmäßigen Ordnung anzuerkennen sein, wären die Konsequenzen strikter, das Trennungsgebot würde unbedingt gelten und eine Durchbrechung bei Notwendigkeit ggf. unmöglich. Als von dem Bundesverfassungsgericht als grundrechtliche Forderung und besondere Ausprägung des Verhältnismäßigkeitsgrundsatzes anerkanntes Trennungsprinzip bietet es die Möglichkeit, die Grundrechte zu akzentuieren. Es lässt aber Raum, um flexibel auf die Bedrohungslage und die Notwendigkeiten reagieren zu können und eine effektive Arbeit der Sicherheitsbehörden zu gewährleisten.[1097]

1095 Vgl. *Dix*, Grundrechtsschutz durch informationelle Gewaltenteilung, in: Roggan/Busch, Das Recht in guter Verfassung, Festschrift für Martin Kutscha, S. 95, 97, der das Trennungsgebot als „zunehmend porös geworden" bezeichnet.

1096 Zum Teil als der einzige Weg bezeichnet; vgl. *Volkmann*, Verbund oder Trennung- Zu einem neuen Verhältnis von Polizei und Nachrichtendiensten, JURA 2014, S. 820, 828.

1097 Vgl. hier diesen Standpunkt energischer betonend und als einen „Abwägungsposten, der durch bessere Gründe und zuletzt eben gerade im Interesse einer effektiven Terrorismusbekämpfung überwunden werden kann" bezeichnend: *Volkmann*, Verbund oder Trennung- Zu einem neuen Verhältnis von Polizei und Nachrichtendiensten, JURA 2014, S. 820, 828 f. Es wird weiterhin vertreten, dass die tatsächliche und

Die Vorstellung eines sorgsam abgegrenzten nebeneinanderher Arbeitens von Polizei, Staatsanwaltschaft und Nachrichtendiensten scheint im Zeitalter der Informationstechnologie überholt. Sie ignoriert die oftmals parallelen Problemstellungen und damit auch die Möglichkeit, im Hinblick auf Erfolge und Fehlschläge in einzelnen Bereichen voneinander lernen zu können.[1098] Das Bundesverfassungsgericht hat hinsichtlich der informationellen Trennung insoweit eine zukunftsorientierte und zeitgemäße Entscheidung getroffen, die sowohl die Freiheit als auch die Sicherheit berücksichtigt.

Der Weg, den das Bundesverfassungsgericht mit seiner Entscheidung einschlägt, die Sicherheit und das vorherrschende Gefahrenpotential mehr in das Blickfeld zu rücken und in die grundrechtsdogmatischen Überlegungen mit einzubeziehen, ist vor dem Hintergrund der Ereignisse seit dem 11. September 2001, aber nicht nur in Richtung des Terrorismus, sondern auch in Bezug auf den technischen Fortschritt und den Extremismus, nachvollziehbar. Das Bundesverfassungsgericht bringt durch die Aussagen in Bezug auf die ATD zum Ausdruck, dass der Freiheitsschutz trotz der Gefahren für die Sicherheit in hohem Maße Beachtung findet, vor allem durch das Festhalten daran, dass die durch die Nachrichtendienste erhobenen Daten grundsätzlich nicht zu operativen Zwecken genutzt werden dürfen.

Ebenso wird die besondere historische Bedeutung der Trennung deutlich. Es wird jedoch auch verdeutlicht, dass der Schutz der Freiheit seine Grenzen finden kann, wenn es um die Sicherheit der Bevölkerung und allgemein die Sicherheit der freiheitlich demokratischen Grundordnung geht.

Vom Ergebnis her ließe sich eine (strikte) informationelle Trennung somit nicht plausibel begründen. Eine vor den Interessen der Bürger zu legitimierende Rechtsordnung muss es ermöglichen, dass die Behörden sich im Falle vorliegender Informationen über einen unmittelbar bevorstehenden terroristischen Anschlag informieren dürfen, wenn sie diesen wegen fehlender Befugnisse selber nicht verhindern können.[1099] An dieser Stelle genügt also nicht bloß die Verpflichtung zur Zusammenarbeit, sondern die Zusammenarbeit muss auch

---

strenge Trennung nur auf dem Papier besteht und in der angenommenen Erscheinung seit langem nicht mehr zeitgemäß erscheint, da sich die Sicherheitspolitik „mit dem angestrebten systemischen Zugriff" immer mehr von der Trennung wegbewegt hat.

1098 *Zöller*, Informationssysteme, S. 2.

1099 Vgl. *Volkmann*, Verbund oder Trennung- Zu einem neuen Verhältnis von Polizei und Nachrichtendiensten, JURA 2014, S. 820, 829; vgl. weiterhin dazu *Möstl*, Die staatliche Garantie für die öffentliche Sicherheit und Ordnung, S. 413 f.

behördenübergreifend abgesichert werden.[1100] Der informationelle Austausch ist gerade notwendig, um den organisatorischen und funktionellen Aspekt der Trennung zu gewährleisten, durch die die Nachrichtendienste gehindert sind, die Konsequenzen ihrer Erkenntnisse zu ziehen.[1101] Aus der vorangegangenen Darstellung folgt, dass, wenn, wie durch den alliierten Polizeibrief festgelegt und anschließend in das geltende Recht aufgenommen, die Versagung der polizeilichen Befugnisse für die Nachrichtendienste der Kern des Trennungsgebots ist, ein funktionierender Informationsfluss zu denen, die über polizeiliche Befugnisse verfügen, umso wichtiger ist.[1102] Ein funktionstüchtiger Informationsfluss zwischen Polizei und Nachrichtendiensten ist folgerichtige Konsequenz des Trennungsgebots und nicht dessen Verletzung.[1103]

II. Zukunft des Trennungsgebots vor dem Hintergrund der Bedrohungslage

Aus den bisherigen Ergebnissen ergibt sich, dass ein Prinzip der Trennung zwischen Nachrichtendiensten und Polizeibehörden in der gegenwärtigen Ausformung, welches unter Einhaltung von Voraussetzungen einen Informationsaustausch ermöglicht, ein Prinzip zum Schutz der Freiheit, unter größtmöglicher Gewährleistung von Sicherheit, darstellt. Es ist sich jedoch weitergehend für die Zukunft mit der Frage auseinanderzusetzen, ob es notwendig und auch möglich bleibt, dass die Trennung in den Bereichen, in denen von einem Trennungsprinzip gegenwärtig gesprochen werden kann, weiterhin besteht. Die Überlegung, dass künftig ein weiterer Wandel der Sicherheitsgesetzgebung – der auch das Verständnis eines Trennungsprinzips betreffen würde – notwendig sein könnte, könnte sich unter Zugrundelegung der Betrachtung verschiedener Gesichtspunkte ergeben.

1. Schlussfolgerung aus Erkenntnissen anderer europäischer Rechtsstaaten: Auferlegung einer Bindung an „ein Trennungsgebot" aus historischen Gründen?

Die Notwendigkeit einer Neubewertung des Gebots der Trennung von Polizei und Nachrichtendiensten im Hinblick auf die Sicherheitslage ist unumgänglich

1100 *Gusy,* Geheimdienstliche Aufklärung und Grundrechtsschutz, in: Gusy (Hrsg.), Grundrechte und Verfassungsschutz, S. 1, 11.

1101 *Volkmann,* Verbund oder Trennung- Zu einem neuen Verhältnis von Polizei und Nachrichtendiensten, JURA 2014, S. 820, 829.

1102 Vgl. *Möstl,* Schriftliche Stellungnahme, Innenausschuss A-Drs. 16(4)131 A, S. 4.

1103 Vgl. *Möstl,* Schriftliche Stellungnahme, Innenausschuss A-Drs. 16(4)131 A, S. 3.

und hat sowohl durch das Bundesverfassungsgericht als auch längst in der Praxis stattgefunden.

Trotz der Auffassungen, die das Trennungsgebot zum Teil unter anderem als „Restbestand einer informationellen Brandwand“ zwischen Polizei und Nachrichtendiensten[1104] bezeichnen oder die Meinung vertreten, dass das Trennungsgebot im Hinblick auf die ATD „nichts bewirkt“ habe[1105], und die sicherheitsbetonten Aussagen des Bundesverfassungsgerichts als Abkehr vom Trennungsgebot wahrnehmen oder in Frage stellen[1106], muss hervorgehoben werden, dass die Trennung nach dem zuvor Gesagten hinsichtlich des Ausschlusses der Nachrichtendienste von polizeilichen Zwangsbefugnissen und der personellen Trennung von Polizei und Nachrichtendiensten, uneingeschränkt gilt. Auch die Aussagen des Bundesverfassungsgerichts bzgl. der operativen, informationellen Zusammenarbeit im Eilfall sind zunächst nur auf einen Informationsaustausch im Rahmen der Indexdateien übertragbar.

Das Konstrukt Trennungsgebot dient – gerade im Hinblick auf die Historie der Bundesrepublik Deutschland – als Prinzip, welches das Handeln der Staatsgewalt balanciert und begrenzt.

Es stellen sich in diesem Zusammenhang jedoch die Fragen, ob die Betonung der Wichtigkeit einer Trennung von Polizei und Nachrichtendiensten, neben gewissen verfassungsrechtlichen Vorgaben, nicht primär ein Ausdruck des Verantwortungsgefühls für das Unrecht des nationalsozialistischen Regimes sein könnte und ob sich die Bundesrepublik Deutschland diese Bindung an die alten Vorgaben, des Fernhaltens der Nachrichtendienste von polizeilichen Befugnissen, die zunächst und erstmalig zur Verhinderung einer Wiederholung von Machtmissbrauch durch die alliierten Kontrollmächte in Deutschland eingeführt wurden, damit weiterhin selber auferlegt.

Als Schlussfolgerung aus den überblicksartigen Erkenntnissen über die Sicherheitsstruktur in Bezug auf die Zusammenarbeit von Polizei und

---

1104 *Dix,* Grundrechtsschutz durch informationelle Gewaltenteilung, in: Roggan/Busch (Hrsg.) Das Recht in guter Verfassung? Festschrift für Martin Kutscha, S. 95, 97.

1105 *Volkmann,* Verbund oder Trennung- Zu einem neuen Verhältnis von Polizei und Nachrichtendiensten, JURA 2014, S. 820, 829.

1106 Vgl. bspw. *Arzt,* Antiterrordatei verfassungsgemäß – Trennungsgebot tot?, NVwZ 2013, S. 1328 ff.; *Volkmann,* Verbund oder Trennung- Zu einem neuen Verhältnis von Polizei und Nachrichtendiensten, JURA 2014, S. 820, 828, der darstellt, dass das Trennungsgebot vielfach als „quer zur Zeit“ bezeichnet wurde; *Plöse,* Warum die ATD-Novelle mit der Sicherheitsverfassung des Grundgesetzes unvereinbar ist, Vorgänge 2014, Nr. 208, S. 153 ff.

Nachrichtendiensten in anderen europäischen Staaten ergibt sich, dass die Rechtsstaatlichkeit eines Staates nicht durch die fehlende Trennung von Polizei und Nachrichtendiensten leidet. Anhand des Beispiels von Frankreich ist erkennbar, dass eine differenzierte Aufgabenverteilung zwischen den verschiedenen Sicherheitsbehörden vollzogen wird. Ebenso unterliegt die Arbeit der Nachrichtendienste verschiedener Kontrollinstanzen. Es gibt eine parlamentarische Delegation für die Kontrolle der Nachrichtendienste. Daneben bestehen als weitere Kontrollinstanzen die „Commission nationale de contrôle des interceptions de sécurité“ für die Überwachung des Abhörens von häuslicher Kommunikation, die „Commission nationale de l'informatique et des libertés“ für die Kontrolle des Datenschutzes und weiterhin die „Commission de vérication des fonds spéciaux“.[1107] Es ist erkennbar, dass die Gefahr der Machtbündelung – teilweise in einer Behörde – besteht, dass durch Kontrollmechanismen jedoch verhindert werden kann, dass ein Machtmissbrauch, durch den die Vergangenheit unseres Landes gekennzeichnet ist, erfolgen kann. Ebenso wird ein Ausufern staatlicher Macht zuungunsten der Freiheit neben anderen Sicherungsmechanismen auf nationaler Ebene auch durch Handeln auf europäischer Ebene, wie sich in der Rechtsprechung des EuGH zur Vorratsdatenspeicherung zuletzt zeigt, verhindert. Ein Aufrechterhalten eines Trennungsgebots, nur um Machtmissbrauch zu verhindern, scheint damit nicht notwendig. Dies lässt den Schluss zu, dass die Trennung der Behörden insbesondere in organisatorischer und befugnisrechtlicher Hinsicht ein Relikt der Historie dieses Landes darstellt.

Jedoch hat die Einhaltung dieser Trennung unter datenschutzrechtlichen Gesichtspunkten eine große Bedeutung. Durch sie kann – verfassungsrechtlich verankert und als Terminus, der verschiedene Aspekte des Grundsatzes der Zweckbindung beachtet, zusammengefasst – der uneingeschränkten Weiterverarbeitung von Daten nach der Erhebung vorgebeugt werden, um eine Umgehung von gesetzlichen Erhebungsschwellen bei bestimmten Ermittlungsmaßnahmen bei der Weiternutzung der Daten zu verhindern. Jedoch könnte dieser Möglichkeit der Umgehung der Einhaltung des Grundsatzes der Zweckbindung mit effektiver Kontrolle sowie weiterer rechtsstaatlicher Sicherungs- und Kontrollmechanismen entgegengewirkt werden. Ob die Arbeit der Behörden dadurch effektiver würde, kann jedoch nur schwer beurteilt werden.

Gleichwohl zeigt sich in diesen Überlegungen auch, dass das Trennungsgebot eine effektive Maßnahme für den Datenschutz darstellt, indem einer Bündelung

1107 Center for Security Studies (CSS), ETH Zürich, Zivile Nachrichtendienstsysteme im europäischen Umfeld der Schweiz, S. 69.

in einer Behörde und der Umgehung des Zweckbindungsgrundsatzes vorgebeugt wird. Darin könnte ein Anlass gesehen werden, um die datenschutzrechtlichen Aspekte des Trennungsgebots auch in der Diskussion in den Fokus zu rücken und die historische Prägung bei der Argumentation für ein Festhalten an diesem Grundsatz in den Hintergrund treten zu lassen, vor allem mit dem Wissen, dass bei Einführung des Trennungsgebots 1949 andere Gefährdungspotentiale durch staatliches Handeln im Vordergrund standen, die wohl nicht in der datenschutzrechtlichen Problematik durch moderne Informationsverarbeitung lag.

2. *Hürde bei der Kooperation in Europa?*

Bei der Aufklärung des transnational operierenden und vernetzten Terrorismus ist eine Analyse und Zusammenführung von Erkenntnissen in den verschiedenen Staaten unumgänglich. Eine europäische Zusammenarbeit findet durch Institutionen und Informationssysteme bereits statt. Zur Stärkung der Terrorismusbekämpfung wurde 2016 das European Counter Terrorism Centre (ECTC) gegründet. Die Hauptaufgabe des ECTC besteht darin, die Mitgliedstaaten bei Untersuchungen, wie z.B. nach den Anschlägen von Paris, Nizza und Brüssel, operativ zu unterstützen. Es werden Daten überprüft und mit bereits bestehenden Daten abgeglichen, um bei der Erstellung eines strukturierten Bildes des terroristischen Netzwerks zu helfen. Hierzu stehen verschiedene Teams zur Verfügung, die in Zusammenarbeit mit den Terrorismusexperten aus den Mitgliedstaaten Analysen durchführen.[1108]

Fraglich ist, inwieweit das deutsche Trennungsgebot eine Hürde bei der europäischen und internationalen Kooperation darstellen könnte. Dies könnte problematisch sein, da in einigen Staaten die Nachrichtendienste mit polizeilichen Befugnissen ausgestattet sind. Dadurch liegt keine klare Trennung zwischen Polizei und Nachrichtendiensten vor, sodass die Gefahr bestünde, dass die Ermittlungen der deutschen Nachrichtendienste unmittelbar in exekutive Handlungen münden und ggf. Erhebungsschwellen unterlaufen werden könnten. Wie bereits ausgeführt, hat das Bundesverfassungsgericht in seinem Urteil zum BKAG Aussagen hinsichtlich der Übermittlung von Daten ins Ausland getroffen und die Anforderungen an einen Datenaustausch festgelegt. Neben der Vergewisserung über den rechtsstaatlichen Umgang mit den Daten im Empfängerland und weiterer rechtsstaatlicher Kontrollmechanismen, sind insbesondere die unterschiedlichen, nationalen Erhebungs- und Übermittlungsschwellen zu

---

1108 Vgl. Homepage Europol, abrufbar unter: https://www.europol.europa.eu/about-europol/european-counter-terrorism-centre-ectc.

beachten. Außerdem wurden daraufhin in den Gesetzen der Nachrichtendienste Regelungen zur Einrichtung von gemeinsamen Dateien geschaffen, vgl. etwa § 22 b f. BVerfSchG. In diesen Vorschriften wurden Voraussetzungen für den Datenaustausch mit ausländischen Stellen niedergeschrieben, die unter Berücksichtigung der Eigenständigkeit der jeweiligen Rechtsordnungen dem deutschen Grundsatz der Zweckbindung gerecht werden.

3. *Zukunftsfähigkeit des Trennungsgebots im europäischen und internationalen Vergleich*

Nach der Betrachtung der Aufgaben der verschiedenen Behörden in anderen europäischen Staaten und der Zusammenarbeit mit diesen Staaten muss weiterhin die Frage aufgeworfen werden, wie zukunftsfähig das Trennungsgebot im internationalen Vergleich erscheint und inwieweit ein Trennungsgebot die effektive Arbeit der deutschen Sicherheitsbehörden im Vergleich zu denen in anderen Staaten einschränken könnte. Hierzu lassen sich pauschal und ohne empirische Nachweise sicherlich keine Aussagen treffen. In diesem Zusammenhang sollte jedoch auch die Entwicklung und besondere Betonung eines Grundrechts auf Sicherheit durch den EuGH und dessen Konsequenzen beobachtet werden. Mit Verweis auf die bisher getroffenen Aussagen ist jedoch zusammenzufassen, dass die Trennung von Befugnissen zwischen Polizei und Nachrichtendiensten eine Erleichterung für die Einhaltung des Datenschutzes durch Beachtung des Grundsatzes der Zweckbindung darstellt.

III. Schlusswort

Zusammenfassend ist festzustellen, dass – insbesondere durch den Anstieg der Zahlen von Gefährdern in dem Bereich des Terrorismus – die Gefahren kaum noch vorhersehbar und abschätzbar sind. Gefahren müssen deshalb noch frühzeitiger erkannt werden, um effektive staatliche Maßnahmen dagegen ergreifen zu können. Auch die Bundeskanzlerin betonte in ihrer Rede am 28. Juli 2016 die besondere Wichtigkeit von „Frühwarnsystemen". Ein funktionierender Informationsaustausch zwischen den Sicherheitsbehörden des Bundes und der Länder[1109] sowie auf europäischer und internationaler Ebene sind dafür unumgänglich. Die Übermittlungsvorschriften der Spezialgesetze ermöglichen diesen Datenaustausch unter den Voraussetzungen der Einhaltung verfassungsrechtlicher Vorgaben im Regelfall. Durch die Trennung der Befugnisse von Polizei und

---

1109 *Geiger*, Schriftliche Stellungnahme, Innenausschuss A-Drs. 16(4)131 I, S. 2.

Nachrichtendiensten sowie durch das informationelle Trennungsprinzip werden diese Voraussetzungen speziell für den Datenaustausch zwischen den Sicherheitsbehörden zusammengefasst. In der Trennung ist ein Prinzip zu sehen, dass dazu beiträgt, ein Gleichgewicht zugunsten der Freiheit zu erhalten, wobei die Effektivität der Arbeit nicht beeinträchtigt wird, da zum Vorteil eines effektiveren Handelns der Sicherheitsbehörden Ausnahmen, wie im Falle der ATD, zulässig sind.

In dem Fortbestand der Trennung in der deutschen Rechtsordnung wird deutlich, dass die Sicherheitsgesetzgebung – entgegen aller Kritik und trotz der Bedrohungslage – als um die größtmögliche Gewährleistung von Freiheit bemüht anzusehen ist.

Erinnert die Trennung zwischen Polizei und Nachrichtendiensten doch stets an die Historie der Bundesrepublik Deutschland, deren Wiederholung es auf Dauer zu verhindern gilt, ist dennoch bei Auseinandersetzung mit dem Thema ein zukunftsorientierter Blick auf eine effektive Gefahrenabwehr zu richten. Sollte die weitere Entwicklung der Bedrohungslage eine weitere Effektivierung der Zusammenarbeit zwischen den Sicherheitsbehörden erforderlich machen, sollte unter Zugrundelegung der aus der Verfassung abgeleiteten Facetten des Trennungsprinzips, insbesondere des Zweckbindungsgrundsatzes, dieser historische Aspekt in den Hintergrund treten.

Thesen der Arbeit

1. Das Trennungsgebot beschreibt gegenwärtig den Ausschluss der Nachrichtendienste von polizeilichen Zwangsbefugnissen, die personelle Trennung von Polizei und Nachrichtendiensten und ein informationelles Trennungsprinzip, das den Informationsaustausch grundsätzlich verbietet, aber unter bestimmten Voraussetzungen Ausnahmen von diesem Grundsatz zulässt.
2. Das aus Art. 2 Abs. 1 i.V.m. Art. 1 Abs. 1 GG hergeleitete, auch durch das Bundesverfassungsgericht anerkannte, informationelle Trennungsprinzip stellt ein Instrument zur Abwägung zwischen Eingriffsgewicht und Eingriffsgrund dar und konkretisiert im Wesentlichen den Grundsatz der Zweckbindung, der einen umfassenden Austausch von Daten verhindert.
3. Durch das informationelle Trennungsprinzip kann eine durch die Bedrohungslage erforderliche Flexibilität unter Beachtung der verfassungsrechtlichen Grundsätze gewährleistet werden.
4. Der Kritik an der Antiterrordatei, die vor allem in der Relativierung des Trennungsgebots durch die Möglichkeit der Abwägung liegt, ist entgegenzuhalten, dass es sich bei der Datei lediglich um ein Instrument der Informationsanbahnung handelt.
5. Die Übermittlung der Daten erfolgt grundsätzlich nur über die fachgesetzlichen Übermittlungsvorschriften der Gesetze für die Nachrichtendienste (§ 19 Abs. 1 BVerfSchG, § 24 Abs. 1 BNDG, § 11 Abs. 1 MADG), welche nach Änderung aufgrund von Vorgaben durch das Bundesverfassungsgericht hohe Anforderungen an die Übermittlung stellen.
6. Von einer funktionellen Trennung kann wegen der Verschiebung der Aufgabenbereiche der jeweiligen Behörden nicht mehr gesprochen werden.
7. Eine überblicksartige Betrachtung in anderen europäischen Ländern führt zu dem Ergebnis, dass die Problematisierung der Zusammenarbeit zwischen den verschiedenen Sicherheitsbehörden als deutsche Besonderheit angesehen werden kann.
8. Bei der Verstärkung der Kooperation zwischen den Nachrichtendiensten in Europa sind national die unterschiedlichen Erhebungs- und Übermittlungsschwellen zu beachten; rechtsstaatliche Vorgaben dürfen bei dem Blick auf die Notwendigkeit dieser Zusammenarbeit nicht vernachlässigt werden.
9. Aufgrund der Vielzahl von Sicherungsmechanismen in der deutschen Rechtsordnung, durch die eine Machtkonzentration verhindert werden kann, sollte bei der weiteren Entwicklung der Sicherheitsgesetzgebung im Hinblick auf

die Effektivierung der Gefahrenabwehr der historische Aspekt der Trennung mehr in den Hintergrund treten, um auch auf europäischer Ebene, unter Einhaltung der verfassungsrechtlichen Grundsätze, erfolgreich kooperieren zu können.

10. Im Hinblick auf die funktionelle Trennung ist auch die aktuelle Entwicklung hinsichtlich der Polizeigesetze der Länder (wie beispielsweise in Bayern und Nordrhein-Westfalen) zu beobachten, die unter anderem eine polizeiliche Datenerhebung und Datenverarbeitung bei Vorliegen einer drohenden Gefahr ermöglichen sollen.

Literaturverzeichnis

Ahlf, Ernst-Heinrich: Bundeskriminalamtsgesetz: BKAG mit Erläuterungen, Boorberg, Stuttgart 2000.

Ahlf, Ernst-Heinrich/Daub, Ingo/Lersch, Roland/Störzer, Hans Udo: Bundeskriminalamtgesetz BKAG mit Erläuterungen, Boorberg, Stuttgart 2000.

Albert, Helmut: Das „Trennungsgebot"- ein für Polizei und Verfassungsschutz überholtes Entwicklungskonzept?, ZRP 1995, S. 105–109.

Alexy, Robert: Aussprache und Schlussworte: Gewährleistung von Freiheit und Sicherheit im Lichte unterschiedlicher Staats- und Verfassungsverständnisse, VVDStRL 63 (2004), S. 191–213.

Alexy, Robert: Staatszwecke im Verfassungsstaat, Aussprache und Schlussworte, VVDStRL 48 (1990), S. 118, 123–176.

Alexy, Robert: Theorie der Grundrechte, Suhrkamp, Frankfurt am Main 1986.

Anter, Andreas: Die politische Idee der Sicherheit, in: Möllers/van Ooyen (Hrsg.), Jahrbuch Öffentliche Sicherheit 2008/2009, S. 15–25.

Arzt, Clemens: Antiterrordatei verfassungsgemäß – Trennungsgebot tot?, NVwZ 2013, S. 1328–1333.

Augsberg, Ino: in: von der Groeben/Schwarze/Hatje (Hrsg.), Europäisches Unionsrecht, Nomos-Kommentar, 7. Auflage, Baden-Baden 2015.

Backes, Uwe: Gestalt und Bedeutung des intellektuellen Rechtsextremismus in Deutschland, Aus Politik und Zeitgeschichte 2001, S. 24–30.

Baum, Gerhart Rudolf /Schantz, Peter: Die Novelle des BKA-Gesetzes – Eine rechtspolitische und verfassungsrechtliche Kritik, ZRP 2008, S. 137–140.

Baumann, Karsten: Vernetzte Terrorismusbekämpfung oder Trennungsgebot?, DVBl 2005, S. 798–805.

Bechmann, Jutta: Terrorismus: Definitionskontroverse, historische Reflexion und politische Auswirkungen, Univ. Diss., Universitäts- und Landesbibliothek Bonn, Bonn 2012.

Becker, Florian: Grundrechtliche Grenzen staatlicher Überwachung zur Gefahrenabwehr, NVwZ 2015, S. 1335–1340.

Bergemann, Nils: Die Freiheit im Kopf? – Neue Befugnisse der Nachrichtendienste, Das Gesetz zur Verbesserung der Zusammenarbeit im Bereich des Verfassungsschutzes, NVwZ 2015, S. 1705–1710.

Bergemann, Nils: in: Lisken/Denninger, Handbuch des Polizeirechts, Abschnitt H Nachrichtendienste und Polizei, 5. Auflage, München 2012.

Bleckmann Albert: Neue Aspekte der Drittwirkung der Grundrechte, DVBl 1988, S. 938–946.

Borgs-Maciejewski, Hermann/ Ebert, Frank: Das Recht der Geheimdienste, Kommentar zum Bundesverfassungsschutzgesetz, Boorberg Verlag, Stuttgart/ München/Hannover 1986.

Brugger, Winfried: Gewährleistung von Freiheit und Sicherheit im Lichte unterschiedlicher Staats- und Verfassungsverständnisse, VVDStRL 63 (2004), S. 103–150.

Büchel, Michael/Hirsch, Peter: Internetkriminalität, Kriminalistik Verlag, Heidelberg/München/Landsberg/Frechen/Hamburg 2014.

Buchheim, Hans: SS und Polizei im NS-Staat; Staatspolitische Schriftenreihe 13, Selbstverlag der Studiengeschichte für Zeitprobleme, Staatspolitische Schriftenreihe, Duisdorf 1964.

Bull, Hans Peter: Die Staatsaufgaben nach dem Grundgesetz, Univ. Habil., Athenäum-Verlag, Kronberg 1977.

Callies, Christian: Sicherheit im freiheitlichen Rechtsstaat – Eine verfassungsrechtliche Gratwanderung mit staatstheoretischem Kompass, ZRP 2002, S. 1–7.

Center for Security Studies (CSS), ETH Zürich: Zivile Nachrichtendienstsysteme im europäischen Umfeld der Schweiz, 2011, S. 50.

Daase, Christopher: Der erweiterte Sicherheitsbegriff, Sicherheitskultur im Wandel, Working Paper 1/ 2010; abrufbar unter http://www.sicherheitskultur.org/fileadmin/files/WorkingPapers/01-Daase.pdf

Dau, Klaus: Rechtsgrundlagen für den MAD, Die öffentliche Verwaltung, 1991, S. 661–670.

Deiß, Tanja Kristin: Herausforderung Terrorismus – Wie Deutschland auf den RAF- und Al Qaida Terrorismus reagierte, Tectum Verlag, Marburg 2007.

Denniner, Erhard: Freiheit durch Sicherheit?, Das Parlament 2002, Nr. 10–11, S. 22–33.

Denninger, Erhard: Die Trennung von Verfassungsschutz und Polizei und das Grundrecht auf informationelle Selbstbestimmung, ZRP 1981, S. 231–235.

Denninger, Erhard: Freiheit durch Sicherheit? Anmerkungen zum Terrorismusbekämpfungsgesetz, StV 2002, S. 96–102.

Denninger, Erhard: Verfassungsschutz, Polizei und die Bekämpfung der Organisierten Kriminalität, KritV 1994, S. 232–251.

Di Fabio, Udo: Risikoentscheidungen im Rechtsstaat, Univ. Habil., Mohr Verlag, Tübingen 1994.

Dietl, Wilhelm/Hirschmann, Kai/Tophoven, Rolf: Das Terrorismus-Lexikon, Täter, Opfer, Hintergründe, Eichborn Verlag, Frankfurt am Main 2006.

Dietlein, Johannes: Die Lehre von den grundrechtlichen Schutzpflichten, Univ. Diss., Duncker & Humblot, 2. Auflage, Münster 2005.

Diwell, Lutz: Aufgabenverbund von Polizei und Geheimdiensten bei der Bekämpfung des islamistischen Terrorismus, in: Schreckenberger (Hrsg.), Polizei und Nachrichtendienste unter veränderten Sicherheitsbedingungen, S. 11–29.

Dix, Alexander: Grundrechtsschutz durch informationelle Gewaltenteilung, in: Roggan/Busch (Hrsg.) Das Recht in guter Verfassung? Festschrift für Martin Kutscha, S. 95–104.

Dorn, Alexander: Das Trennungsgebot zwischen Polizei und Nachrichtendiensten in verfassungshistorischer Perspektive, Univ. Diss., Duncker & Humblot, Berlin 2004.

Dörr, Oliver/ Grote, Rainer/ Marauhn, Thilo (Hrsg.): EMRK/GG, Konkordanzkommentar zum europäischen und deutschen Grundrechtsschutz, Mohr Siebeck, 2. Auflage, Tübingen 2013.

Droste, Bernadette: Handbuch des Verfassungsschutzrechts, Boorberg, Stuttgart 2007.

Egenberger, Vera: Polizeiarbeit auch ohne „Racial Profiling“?, Vorgänge 2013, Nr. 201/202, S. 134–142.

Eifert, Martin: Informationelle Selbstbestimmung im Internet- Das BVerfG und die Online-Durchsuchungen, NVwZ 2008, S. 521–523.

Erichsen, Hans-Uwe: Polizei- und ordnungsrechtliche Handlungsvollmachten, VVDStrL 35 (1977), S. 171–220.

Frisch, Peter: Aufgaben, Zweck, Arbeitsweise und Organisation des Verfassungsschutzes in: Schreckenberger (Hrsg.), Polizei und Nachrichtendienste unter veränderten Sicherheitsbedingungen, S. 59–70.

Fromm, Rainer/Kernbach, Barbara: Rechtsextremismus im Internet: die neue Gefahr, Olzog, München 2001.

Göttler, Felix: Angst, Staat und Terrorismus. Der Bürger zwischen zwei Bedrohungen, in: Riescher (Hrsg.) Sicherheit und Freiheit statt Terror und Angst, S. 47–96.

Götz, Volkmar: in: Jeserich/Pohl/von Unruh, Deutsche Verwaltungsgeschichte, Band 4, Das Reich als Republik und in der Zeit des Nationalsozialismus, S. 397–416, Deutsche Verlags-Anstalt, Stuttgart 1985.

Griesbaum, Rainer: Strafverfolgung zur Verhinderung terroristischer Anschläge, NStZ 2013, S. 369–378.

Grimm, Dieter: Die Freiheit sichern! Ohne starke Bürgerrechte bleibt Sicherheit wertlos, in: Zypries (Hrsg.), Die Renaissance der Rechtspolitik, 2008, S. 25–31.

Grimm, Dieter: Verfassungsrechtliche Anmerkungen zum Thema Prävention, KritV 69 (1986), S. 38–54.

Gröpl, Christoph: Die Nachrichtendienste im Regelwerk der deutschen Sicherheitsverwaltung- Legitimation, Organisation und Abgrenzungsfragen, Univ. Diss., Duncker & Humblot, Berlin 1993.

Grzeszick, Bernd: in: Maunz/Dürig, Grundgesetz-Kommentar, Art. 20 VII, Stand: 48. Ergänzungslieferung 2006.

Gusy, Christoph: Bundes- und Landeskompetenzen für den administrativen Verfassungsschutz, BayVbl. 1982, S. 201–206.

Gusy, Christoph: Geheimdienstliche Aufklärung und Grundrechtsschutz, in: Gusy (Hrsg.), Grundrechte und Verfassungsschutz, VS-Verlag, Wiesbaden 2011, S. 1–13.

Gusy, Christoph: Gesetzliches Trennungsverbot zwischen Polizei und Verfassungsschutz, Die Verwaltung 24 1991, S. 467–490.

Gusy, Christoph: Gewährleistung von Freiheit und Sicherheit im Lichte unterschiedlicher Staats- und Verfassungsverständnisse, VVDStRL 63, S. 151–190.

Gusy, Christoph: Informationelle Zusammenarbeit zwischen Sicherheitsbehörden, CR 1989, S. 628–636.

Gusy, Christoph: Polizei- und Ordnungsrecht, 9. Auflage, Mohr Siebeck, Tübingen 2014.

Gusy, Christoph: Rechtsgüterschutz als Staatsaufgabe – Verfassungsfragen der „Staatsaufgabe Sicherheit", DÖV 1996, S. 573–583.

Gusy, Christoph: Trennungsgebot, Tatsächliches oder vermeintliches Hindernis für effektive Maßnahmen zur Bekämpfung des internationalen Terrorismus, in: Möllers/van Ooyen (Hrsg.), Jahrbuch Öffentliche Sicherheit 2008/2009, S. 177–196.

Gusy, Christoph: Vom neuen Sicherheitsbegriff zur neuen Sicherheitsarchitektur, VerwArch 101 (2010), S. 309–333.

Gusy, Christoph/Kapitza, Annika: Evaluation von Sicherheitsgesetzen in: Gusy (Hrsg.) Evaluation von Sicherheitsgesetzen, S. 9–36.

Gusy, Christoph/Pohlmann, Kristine: Wächst zusammen, was nicht zusammen gehört?, Vorgänge 2007, Nr. 178, S. 53–62.

Hanning, August: Ziele und Schwerpunkte des Bundesnachrichtendienstes, in: Schreckenberger (Hrsg.), Polizei und Nachrichtendienste unter veränderten Sicherheitsbedingungen, S. 85–100.

Härtel, Ines (Hrsg.): Handbuch Föderalismus – Föderalismus als demokratische Rechtsordnung und Rechtskultur in Deutschland, Europa und der Welt, Teil III: Entfaltungsbereiche des Föderalismus, Springer Verlag, Berlin, Heidelberg 2012.

Hassemer, Winfried: Zum Spannnungsfeld von Freiheit und Sicherheit. Drei Thesen, Vorgänge 2002, Nr. 159, S. 10–15.

Haverkamp, Rita: (Rechts-)Extremismus im Internet, RdJB 2013, S. 198–211.

Hobbes, Thomas: Elementa philosophica de cive. Amsterdam 1647.

Hobbes, Thomas: Leviathan oder Stoff, Form und Gewalt eines kirchlichen und bürgerlichen Staates, Iring Fetscher (Hrsg.), Frankfurt am Main 1992 (1651).

Hochreiter, Monika: Die heimliche Überwachung internationaler Telekommunikation, Eine rechtsvergleichende Untersuchung zur Rechtsstaatlichkeit der Arbeit von Auslandsnachrichtendiensten in Deutschland und dem Vereinigten Königreich unter besonderer Berücksichtigung der Europäischen Menschenrechtskonvention, Herbert Utz Verlag, Münchner Juristische Beiträge Band 25, München 2001.

Hoffmann-Riem, Wolfgang: Freiheit und Sicherheit im Angesicht terroristischer Anschläge, ZRP 2002, S. 497–501.

Hoffmann-Riem, Wolfgang: Schutz der Vertraulichkeit und Integrität informationstechnischer Systeme, JZ 2008, 1009–1022.

Hoffmann, Bruce: Terrorismus – Der unerklärte Krieg, übersetzt von Kochmann, Klaus, Fischer Verlag, Frankfurt am Main 2008.

Holtmann, Everhard (Hrsg.): Politiklexikon, 2. Auflage, Oldenbourg, München 1994.

Hopfauf, Axel: in: Schmidt-Bleibtreu/Klein(Begr.); Hofmann/Hopfauf (Hrsg.), GG, Kommentar zum Grundgesetz, Einleitung, Carl Heymanns Verlag, 12. Auflage, Köln 2011.

Hörauf, Dominic: Das neue Antiterrordateigesetz Auswege aus oder Irrwege innerhalb einer verfassungsrechtlichen Sackgasse?, NVwZ 2015, S. 181–186.

Hörauf, Dominic: Die demokratische Kontrolle des Bundesnachrichtendienstes, Univ. Diss., Kovac, Hamburg 2011.

Huber, Ernst Rudolf: Quellen zum Staatsrecht der Neuzeit, Band 2, Deutsche Verfassungsdokumente der Gegenwart (1919–1951), Dr. M. Matthiesen & CO KG, Tübingen 1951.

Hutter, Reinhard: Risiken im Informationszeitalter, in: Bundesakademie für Sicherheitspolitik (Hrsg.), Sicherheitspolitik in neuen Systemen, Kompendium zum erweiterten Sicherheitsbegriff, S. 483–500.

Hutter, Richard W.: Wie lassen sich offene und hochtechnologisierte Gesellschaften schützen? Das Beispiel Cyber Terror, in: Weidenfeld (Hrsg.) Herausforderung Terrorismus, S. 173–193.

Ibler, Martin: in: Maunz/Dürig, Grundgesetz-Kommentar, Art. 87, Stand: 64. Ergänzungslieferung 2011.

Institut für Demoskopie Allensbach, Ergebnisse einer Grundlagenstudie zum Freiheitsverständnis der Deutschen, Der Wert der Freiheit, 2003.

Ipsen, Jörn: Niedersächsisches Polizei- und Ordnungsrecht, 4. Auflage, Boorberg, Stuttgart 2010.

Ipsen, Jörn: Staatsrecht II- Grundrechte, 16. Auflage, Verlag Franz Vahlen, München 2013.

Isensee, Josef: Das Grundrecht als Abwehrrecht und als staatliche Schutzpflicht, in: Isensee/Kirchhof (Hrsg.), Handbuch des Staatsrechts der Bundesrepublik Deutschland (HdStR). Band V, 2. Auflage, Heidelberg 2000, § 111, S. 143–243.

Isensee, Josef: Das Grundrecht auf Sicherheit, Zu den Schutzpflichten des freiheitlichen Verfassungsstaates, Walter de Gruyter Berlin 1983.

Isensee, Josef: Der Verfassungsstaat als Friedensgarant, in: Kirchhof/Mellinghoff (Hrsg.), Die Erneuerung des Verfassungsstaates, Symposion aus Anlass des 60. Geburtstages von Prof. Paul Kirchhof, Heidelberg 2003, S. 7–43.

Isensee, Josef: Keine Freiheit ohne Sicherheit, Politische Meinung 1997, Nr. 337, S. 31–38.

Jarass, Hans/Pieroth, Bodo: Grundgesetz für die Bundesrepublik Deutschland Kommentar, 14. Auflage, C.H. Beck, München 2016.

Jaschke, Hans Georg: Rechtsextremismus und Fremdenfeindlichkeit. Begriffe Positionen, Praxisfelder, 2. Auflage, Westdts. Verlag, Wiesbaden 2001.

Just, Steffen: Polizeirecht und Polizeibegriff im Nationalsozialismus: unter besonderer Berücksichtigung der Arbeit des Ausschusses für Polizeirecht bei der Akademie für Deutsches Recht, Univ. Diss.,Würzburg 1990.

Kaczmarek, Oliver: Der Einfluss digitaler Medien auf die Gesellschaft in: Wernstedt/John-Ohnesorg (Hrsg.), Hätte Kant gesurft? Wissen und Bildung im Internet-Zeitalter, Schriftenreihe des Netzwerk Bildung, Friedrich-Ebert-Stiftung, Berlin 2011.

Kant, Immanuel: Grundlegung zur Metaphysik der Sitten 1785, herausgegeben und erläutert von J. H. von Kirchmann, 1870.

Kant, Immanuel: Kritik der reinen Vernunft 1781/1786, herausgegeben von J. Timmermann, Meiner Verlag, Hamburg 2010.

Kant, Immanuel: Metaphysik der Sitten, Die Rechtslehre, Zweiter Teil 1797, herausgegeben und erläutert von J. H. von Kirchmann, 1870.

Kasiske, Peter: BVerfG erklärt Antiterrordatei für teilweise verfassungswidrig, NJW-Spezial 2013, S. 312–313.

Käß, Robert: Das Urteil des Bundesverfassungsgerichts zum Antiterrordateigesetz, BayVBl. 2013, S. 709–713.

Khan, Aurangzeb Z.: Der Verbund der Inneren Sicherheit der Bundesrepublik Deutschland unter besonderer Berücksichtigung des Bundeskriminalamtes, in: Schreckenberger (Hrsg.), Polizei und Nachrichtendienste unter veränderten Sicherheitsbedingungen, S. 29–59.

Kirchhof, Paul: Sicherungsauftrag und Handlungsvollmachten der Polizei, DÖV 1976, S. 449–457.

Klee, Reinhard: Neue Instrumente der Zusammenarbeit von Polizei und Nachrichtendiensten – Geltung, Rang und Rechtweite des Trennungsgebots, Univ. Diss., Nomos Verlag, Baden-Baden 2010.

Kluth, Winfried: Verfassungsrechtliche Direktiven der Bekämpfung des internationalen Terrorismus am Beispiel der Dschihadisten, ZRP 2015, S. 6–9.

Kniesel, Michael: „Innere Sicherheit" und Grundgesetz, ZRP 1996, S. 482–489.

König, Marco: Trennung und Zusammenarbeit von Polizei und Nachrichtendiensten, Univ. Diss., Boorberg, Stuttgart 2005.

Kötter, Mathias: Von Daten zur Empfehlung: Folgerungen aus der wirkungsbezogenen und der juristisch-normativen Evaluierung von Sicherheitsgesetzen in: Gusy (Hrsg.) Evaluation von Sicherheitsgesetzen, S. 59–84.

Krings, Günter: Terrorismusbekämpfung im Spannungsfeld zwischen Sicherheit und Freiheit, ZRP 2015, S. 167–170.

Kugelmann, Dieter: Der polizeiliche Gefahrenbegriff in Gefahr? – Anforderungen an die Voraussetzungen polizeilicher Eingriffsbefugnisse, DÖV 2003, S. 781–789.

Kugelmann, Dieter: Entwicklungslinien eines grundrechtsgeprägten Sicherheitsverwaltungsrecht, Verw 2014, S. 25–55.

Kugelmann, Dieter: Polizei- und Polizeirecht in der föderalen Ordnung des Grundgesetzes in: Härtel (Hrsg.) Handbuch Föderalismus, Band 3, § 52, S. 3–45, Springer Verlag, Heidelberg 2012.

Kulwicki, Christine: Verfassungswandel- Die Wechselwirkungen zwischen Grundrechten und informationstechnischen Ermittlungsmethoden, Univ. Diss., Peter Lang GmbH, Frankfurt am Main 2011.

Kuschewitz, Henning: Das Bundesverfassungsgericht und die neue „Sicherheitsarchitektur", Univ. Diss., Cuvillier Verlag, Göttingen 2014.

Kutscha, Martin: Die Aktualität des Trennungsgebots zwischen Polizei und Verfassungsschutz, ZRP 1986, S. 194–198.

Kutscha, Martin: Die Antinomie des Verfassungsschutzes, NVwZ 2013, S. 324–327.

Kutscha, Martin: Novellierung des Thüringer Polizeiaufgabengesetzes – Mehr Sicherheit durch weniger Grundrechtsschutz?, LKV 2003, Seite 114–118.

Lang, Kathrin Luise: Das Antiterrordateigesetz, Zusammenarbeit von Polizei und Nachrichtendiensten im Lichte des Trennungsgebotes, Univ. Diss., Peter Lang Verlag, Frankfurt am Main 2011.

Lange, Hans-Jürgen: Gutachten: Eckpunkte einer veränderten Sicherheitsarchitektur für die Bundesrepublik, 2005, abrufbar unter http://staff-www.uni-marburg.de/~langeh/polikon/SichHJL.pdf, zuletzt abgerufen am 5. August 2016.

Laqueur, Walter: Die globale Bedrohung – Neue Gefahren des Terrorismus, Aus dem Englischen von Bernd Rullkötter, Econ Ullstein List Verlag, München 2001.

Lerche, Peter: Grundrechtsschranken, in: Isensee/Kirchhof (Hrsg.), Handbuch des Staatsrechts der Bundesrepublik Deutschland (HdStR). Band V, 2. Auflage, Heidelberg 2000, § 122, S. 775–805.

Lerche, Peter: in: Maunz/Dürig, Grundgesetz-Kommentar, Art. 87, Stand: 63. Ergänzungslieferung 2011.

Leuschner, Sebastian: EuGH und Vorratsdatenspeicherung: Erfindet Europa ein Unionsgrundrecht auf Sicherheit?, EuR 2016, S. 431–453.

Leutheusser-Schnarrenberger, Sabine: Auf dem Weg in den autoritären Staat, Blätter für die deutsche und internationale Politik, 01/2008, S. 61–70.

Limbach, Jutta: Ist die kollektive Sicherheit Feind der individuellen Freiheit?, AnwBl 2002, S. 454–455.

Lisken, Hans: „Nachrichtendienste“ extra legem?, ZRP 1984, S. 144–147.

Lisken, Hans: Polizei und Verfassungsschutz – Aspekte der gesetzlichen Zusammenarbeit, NJW 1982, S. 1481–1488.

Locke, John: Two Treatises on Government, The Second Treatise, *Zwei Abhandlungen über die Regierung*, Suhrkamp-Taschenbuch Wissenschaft, Bd. 213, Frankfurt am Main 1977 (13. Nachdruck 2008).

Löckinger, Georg: Terrorismus, Terrorismusabwehr, Terrorismusbekämpfung, Einführung in das Fachgebiet, Methodik und Ergebnis einer Terminologiearbeit in den Sprachen Englisch und Deutsch; abrufbar unter: http://www.bundesheer.at/pdf_pool/publikationen/05_ttt_01_ttt.pdf; zuletzt abgerufen am 05. August 2016.

Logvinov, Michail: Terrorismusrelevante Indikatoren und Gefahrenfaktoren im Rechtsextremismus, Kriminalistik 2013, S. 669–675.

Lutz, Dieter S.: Was ist Terrorimus? Definitionen, Wandel, Perspektiven, in: Koch (Hrsg.), Terrorismus – Rechtsfragen der äußeren und inneren Sicherheit, S. 9–29.

Marscholleck, Dietmar: Das Gesetz zur Verbesserung der Zusammenarbeit im Bereich des Verfassungsschutzes, NJW 2015, S. 3611–3616.

Martínez José: Nachrichtendienste und Polizei, in: Hendler/Ibler,/Martínez (Hrsg.), Für Sicherheit, Für Europa, Festschrift für Volkmar Götz zum 70. Geburtstag, Göttingen 2005, S. 359–377.

Maurer, Hartmut: Staatsrecht I, C.H. Beck, 6. Auflage, München 2010.

Mehde, Veith: Terrorismusbekämpfung durch Organisationsrecht, JZ 2005, S. 815–819.

Middel, Stefan: Innere Sicherheit und präventive Terrorismusbekämpfung, Nomos Verlag, Univ. Diss., Berlin 2006.

Möllers, Martin H. W.: Wörterbuch der Polizei, 2. Auflage, C.H. Beck, München 2010.

Montesquieu, Charles: De l'esprit des lois, 1748, Livre XII, 2; übersetzt und herausgegeben von Ernst Forsthoff. 2 Bde., Vom Geist der Gesetze, Tübingen 1992.

Moser-Knieriem, Antonie: Vorratsdatenspeicherung, Zwischen Überwachungsstaat und Terrorabwehr, Univ. Diss., Springer Vieweg, Wiesbaden 2014.

Möstl, Markus: Die staatliche Garantie für die öffentliche Sicherheit und Ordnung- Sicherheitsgewährleistung im Verfassungsstaat, im Bundesstaat und in der Europäischen Union, Univ. Habil., Mohr- Siebeck, Tübingen 2002.

Münch, Holger: Praktische Nutzung der „Vorratsdatenspeicherung", ZRP 2015, S. 130–132.

Münkler, Herfried: Ältere und jüngere Formen des Terrorismus in: Weidenfeld, Werner (Hrsg.) Herausforderung Terrorismus, S. 29–43.

Nehm, Kay: Das nachrichtendienstrechtliche Trennungsgebot und die neue Sicherheitsarchitektur, NJW 2004, S. 3289–3295.

Neugebauer, Gero: Extremismus – Rechtsextremismus – Linksextremismus, in: Schubarth/Stöss (Hrsg.) Rechtsextremismus in der Bundesrepublik Deutschland, S. 13–29.

Oppel, Pia: Terrorismusforschung heute: Abwägung zwischen Freiheit und Sicherheit angesichts terroristischer Bedrohungen, in: Riescher (Hrsg.) Sicherheit und Freiheit statt Terror und Angst, S. 25–46.

Paeffgen, Hans-Ullrich/Gärditz, Klaus: Die föderale Seite des „Trennungsgebotes", KritV 83 (2000), S. 65–75.

Papier, Hans-Jürgen: Rechtsstaat im Risiko, DVBl 2010, S. 801–807.

Petri, Thomas: Die Antiterrordatei, Prototyp für verfassungswidrig ausgestaltete Verbunddateien?, ZD 2013, S. 3–8.

Pfahl-Traughber, Armin: Die Lehren aus der Nichterkennung der NSU-Serienmorde, Plädoyer für eine Reform der Sicherheitsbehörden hin zu mehr Analyse, Kriminalistik 2013, S. 17–21.

Pfahl-Traughber, Armin: Konzepte terroristischen Handelns im Rechtsextremismus, Kriminalistik 2012, S. 436–439.

Pfahl-Traughber, Martin: Die neue Dimension des Rechtsterrorismus. Die Mordserie des „Nationalsozialistischen Untergrundes" aus dem Verborgenen, in: A. Pfahl-Traughber, Jahrbuch für Extremismus- und Terrorismusforschung 2011/2012 (II) (Hrsg.), S. 58–102.

Phythian, Mark: The Britisch Intelligence Services, in: Jäger/Daun (Hrsg.) Geheimdienste in Europa, Verlag für Sozialwissenschaften, 1. Auflage, Wiesbaden 2009.

Pieroth, Bodo/Schlink, Bernhard: Staatsrecht II, Grundrechte, 31. Auflage, Müller, Heidelberg 2015.

Pietschmann, Nina: Der Rechtsstaat im Wandel. Zum Spannungsverhältnis von Freiheit und Sicherheit in der Bundesrepublik Deutschland, in: Riescher (Hrsg.) Sicherheit und Freiheit statt Terror und Angst, S. 127–155.

Pioch, Hans-Hugo: Das Polizeirecht einschließlich der Polizeiorganisation, Mohr Siebeck, 2. Auflagen, Tübingen 1952.

Plöse, Michael: Warum die ATD-Novelle mit der Sicherheitsverfassung des Grundgesetzes unvereinbar ist, Vorgänge 2014, Nr. 4, S. 153–178.

Plöse, Michael: Was Karlsruhe nicht verbietet, macht Berlin nur dreister, Vorgänge 2014, Nr. 2–3, S. 122–133.

Pons, Lateinisches Wörterbuch, Klett Verlag.

Porzner, Konrad: Der Bundesnachrichtendienst im Gefüge der öffentlichen Verwaltung, Die Verwaltung, 1993, S. 235–249.

Poscher, Ralf/Rusteberg, Benjamin: Die Aufgabe des Verfassungsschutzes, KJ 2014, S. 57–71.

Rachor, Frederik: in: Lisken/Denninger, Handbuch des Polizeirechts, Abschnitt C Organisation der Sicherheitsbehörden in Deutschland, 5. Auflage, München 2012.

Rathgeber, Christian: Terrorismusbekämpfung durch Organisationsrecht, DVBl 2013, S. 1009–1016.

Rebentisch, Dieter: in: Jeserich/Pohl/von Unruh, Deutsche Verwaltungsgeschichte, Band 4, Das Reich als Republik und in der Zeit des Nationalsozialismus, S. 732–772, Deutsche Verlags-Anstalt, Stuttgart 1985.

Reitlinger, Kerstin: Zollbehörden in der informationellen Kooperation nationaler Sicherheitsbehörden, Unter besonderer Berücksichtigung der Terrorismusfinanzierungsbekämpfung, Univ. Diss., Kovac, Hamburg 2015.

Riegel, Reinhard: Die Tätigkeit der Nachrichtendienste und ihre Zusammenarbeit mit der Polizei, NJW 1979, S. 952–957.

Riegel, Reinhard: Die Tätigkeit der Nachrichtendienste und ihre Zusammenarbeit mit der Polizei, NJW 1979, S. 952–957.

Riegel, Reinhard: Grenzen informationeller Zusammenarbeit zwischen Polizei und Verfassungsschutz, DVBl 1988, S. 121–129.

Rödder, Markus Bernd: Verfassungsschutz im föderalen Gefüge der Bundesrepublik Deutschland, Univ. Diss., Bonn 2010.

Roewer, Helmut: Nachrichtendienst der Bundesrepublik Deutschland: Kommentar und Vorschriftensammlung für die Praxis der Verfassungsschutzbehörden, des Bundesnachrichtendienstes und des Militärischen Abschirmdienstes, Carl Heymanns Verlag, Köln 1987.

Roewer, Helmut: Trennung von Polizei und Verfassungsschutzbehörden, DVBl 1986, S. 205–208.

Roggan, Frederik: Der Rechtsstaat auf dem Sterbebett, 31.08.2002, abrufbar unter: http://www.ag-friedensforschung.de/bewegung/hannover2002/roggan.html; zuletzt abgerufen am 05. August 2016.

Roggan, Frederik/Bergemann, Nils: Die „neue Sicherheitsarchitektur" der Bundesrepublik Deutschland- Anti-Terror-Datei, gemeinsame Projektdateien und Terrorismusbekämpfungsergänzungsgesetz, NJW 2007, S. 876–881.

Roggan, Frederik/Kutscha, Martin (Hrsg.): Handbuch zum Recht der Inneren Sicherheit, Berliner Wissenschafts-Verlag, 2. Auflage, Berlin 2006.

Roßnagel, Alexander: Freiheit im Cyberspace, Informatik-Spektrum 2002, S. 33–38.

Roßnagel, Alexander: Sicherheit für Freiheit?, Grundlagen und Fragen, in: *Roßnagel* (Hrsg.), Sicherheit für Freiheit?, Riskante Sicherheit oder riskante Freiheit in der Informationsgesellschaft, Baden-Baden 2003, S. 17–46.

Rousseau, Jean Jaques: Du Contrat social *ou Principes du droit politique*, 1762, Vom Gesellschaftsvertrag oder Grundsätze des Staatsrechts. Französisch/-Deutsch. In: *Reclams Universal-Bibliothek*. Band 18682. Philipp Reclam jun., Stuttgart 2010.

Ruhmannseder, Felix: Informationelle Zusammenarbeit von Polizeibehörden und Nachrichtendiensten, StraFo 2007, S. 184–190.

Sachs, Michael: Die Einheit der Verwaltung als Rechtsproblem, NJW 1987, S. 2338–2344.

Sachs, Michael: Grundgesetz Kommentar, C.H. Beck, 6. Auflage, München 2011.

Sändig, Jan: Boko Haram: Lokaler oder transnationaler Terrorismus?, Aus Politik und Zeitgeschichte 24–25/2016, S. 33–39.

Schaar, Peter/Bergemann, Nils: „Trennung ist unser Los, Wiedersehen ist unsere Hoffnung"- Die Antiterrordatei, das Trennungsgebot und das Bundesverfassungsgericht, in: Roggan/Busch (Hrsg.), Das Recht in guter Verfassung?, Festschrift für Martin Kutscha, S. 123–136.

Schaefer, Hans Christoph: Strafverfolgung und Verfassungsschutz, NJW 1999, S. 2572–2573.

Schafranek, Frank Peter: Die Kompetenzverteilung zwischen Polizei und Verfassungsschutzbehörden in der Bundesrepublik Deutschland, Univ. Diss., Shaker, Aachen 2000.

Schenke, Wolf-Rüdiger: Polizei- und Ordnungsrecht, 8. Auflage, C. F. Müller, Heidelberg 2006.

Schenke, Wolf-Rüdiger/Graulich, Kurt/Ruthig, Josef (Hrsg.): Sicherheitsrecht des Bundes, Beck'sche Kurz-Kommentare, C.H. Beck, München 2014.

Schmalenbach, Kirsten: in: Thiel, Wehrhafte Demokratie, Administrativer Verfassungsschutz, S. 415–445.

Schmidt, Helmut: in: Bundesministerium des Innern, Verfassungsschutz, Beiträge aus Wirtschaft und Praxis 1966, S. 15–35.

Schmitt, Carl: Gespräche über die Macht und den Zugang zum Machthaber, Akademischer Verlag, Berlin 1994.

Schneckener, Ulrich: Netzwerke des Terrors, Charakter und Strukturen des transnationalen Terrorismus, SWP Studie, Berlin 2002.

Schoch, Friedrich: Das Recht auf informationelle Selbstbestimmung, JURA 2008, S. 352–359.

Schubert, Klaus/Martina Klein: Das Politiklexikon – Begriffe, Fakten, Zusammenhänge, 6. Auflage, Bundeszentrale für politische Bildung, Bonn 2016.

Schwetzel, Wolfram: Freiheit, Sicherheit, Terror: das Verhältnis von Freiheit und Sicherheit nach dem 11. September 2001, Univ. Diss., Vahlen, München 2007.

Segell, Glen: The French Intelligence Services, in: Jäger/Daun (Hrsg.) Geheimdienste in Europa, Verlag für Sozialwissenschaften, 1. Auflage, Wiesbaden 2009.

Singer, Jens: Das Trennungsgebot – Teil 1, Die Kriminalpolizei 2006, abrufbar unter http://www.kriminalpolizei.de/themen/polizei/detailansicht-polizei/artikel/das-trennungsgebot-teil-1.html; zuletzt abgerufen am 05. August 2016.

Singer, Jens: Das Trennungsgebot – Teil 2, Die Kriminalpolizei 2006, abrufbar unter http://www.kriminalpolizei.de/ausgaben/2006/detailansicht-2006/artikel/das-trennungsgebot-teil-2.html; zuletzt abgerufen am 05. August 2016.

Stern, Klaus: Das Staatsrecht der Bundesrepublik Deutschland, Allgemeine Lehren der Grundrechte, Band III/1, C.H. Beck, München 1988.

Stern, Klaus: Das Staatsrecht der Bundesrepublik Deutschland, Allgemeine Lehren der Grundrechte, Band III/2, C.H. Beck, München 1994.

Streiß, Christoph: Das Trennungsgebot zwischen Polizei und Nachrichtendiensten im Lichte aktueller Herausforderungen des Sicherheitsrechts, Univ. Diss., Peter Lang, Frankfurt am Main 2011.

Stubenrauch, Julia: Gemeinsame Verbunddateien von Polizei und Nachrichtendiensten – eine verfassungsrechtliche Untersuchung am Beispiel der Antiterrordatei, Univ. Diss., Nomos Verlag, Baden-Baden 2009.

Tanneberger, Steffen: Die Sicherheitsverfassung, Univ. Diss., Mohr Siebeck, Tübingen 2014.

Tanneberger, Steffen: Eine Trendwende in der Sicherheitsverfassung- Zur Entscheidung des Bundesverfassungsgerichts zum Antiterrordateigesetz, VBlBW 2014, S. 41–45.

Thiel, Markus: Die „Entgrenzung“ der Gefahrenabwehr: Grundfragen von Freiheit und Sicherheit im Zeitalter der Globalisierung, Univ. Habil., Mohr Siebeck, Tübingen 2011.

Töpfer, Eric: Informationsaustausch zwischen Polizei und Nachrichtendiensten strikt begrenzen, Konsequenzen aus dem Urteil des Bundesverfassungsgerichts zur Antiterrordatei, Deutsches Institut für Menschenrechte, Policy Paper Nr. 21, Juni 2013.

Unruh, Peter: Zur Dogmatik der grundrechtlichen Schutzpflichten, Univ. Diss., Duncker & Humblot, Berlin 1996.

Valerius, Brian: in: Graf, Jürgen-Peter (Hrsg.), Beck'scher Online-Kommentar StPO mit RiStBV und MiStra, 25. Edition, Stand 01.07.2016; abrufbar über Beck-Online.

Volkmann, Uwe: Sicherheit und Freiheit als Probleme des Rechtsstaats, JZ 2014, S. 696–703.

Volkmann, Uwe: Verbund oder Trennung- Zu einem neuen Verhältnis von Polizei- und Nachrichtendiensten, JURA 2014, S. 820–832.

Von Humboldt, Wilhelm: Gesammelte Schriften, Bd. I, 1785–1795, herausgegeben von der Preussischen Akademie für Wissenschaften, unveränderter Nachdruck d. ersten Auflage 1903, erschienen De Gruyter, Berlin 1968.

Vorländer, Hans/Herold, Maik/Schäller, Steven: PEGIDA: Entwicklung, Zusammensetzung und Deutung einer Empörungsbewegung, Springer Verlag, Wiesbaden 2016.

Voßkuhle, Andreas: Das Verhältnis von Freiheit und Sicherheit – Hat der 11. September 2011 das deutsche Verfassungsrecht verändert? in: Heckmann (Hrsg.), Verfassungsstaatlichkeit im Wandel, Festschrift für Thomas Würtenberger, Duncker & Humblot, Berlin 2013, S. 1101–1123.

Waechter, Kay: Die aktuelle Situation des Polizeirechts, JZ 2002, S. 854–862.

Waldmann, Peter: Terrorismus und Bürgerkrieg, Gerling Akademie Verlag, München 2003.

Weidenfeld, Werner: Für ein System kooperativer Sicherheit, in: Weidenfeld (Hrsg.) Herausforderung Terrorismus, S. 11–25.

Weinzierl, Ruth: Die Evaluierung von Sicherheitsgesetzen, Anregungen aus menschenrechtlicher Perspektive, Policy Paper 2006, Deutsches Institut für Menschenrechte.

Weisser, Frederic: Das Gemeinsame Terrorismusabwehrzentrum (GTAZ) – Rechtsprobleme, Rechtsform und Rechtsgrundlge, NVwZ 2011, S. 142–146.

Werthebach, Eckart: Deutsche Sicherheitsstrukturen im 21. Jahrhundert, in: Aus Politik und Zeitgeschichte, B 44/2004, S. 5–13.

Wilhelm, Friedrich: Die Polizei im NS-Staat: die Geschichte ihrer Organisation im Überblick, Sammlung Schöningh zur Geschichte und Gegenwart, 2. Auflage, Paderborn 1999.

Will, Rosemarie: Das Bundesverfassungsgericht und die Anti-Terror-Datei, Vorgänge 2013, Heft Nr. 201/202, S. 102–110.

Will, Rosemarie: Das Bundesverfassungsgericht und die Anti-Terror-Datei, Vorgänge 2013 Heft Nr. 201/202, S. 107–110.

Will, Rosemarie: in: Nolte/Poscher/Wolter, Der automatisierte Datenaustausch zwischen Polizei und Nachrichtendiensten im Urteil des Bundesverfassungsgerichts zum Antiterrordateigesetz, Freudesausgabe für Bernhard Schlink, S. 429–445.

Wilm, Sascha: Linksextremismus im Netz, Kriminalistik 2014, S. 476–480.

Wittmoser, Udo: Die Landesämter für Verfassungsschutz- Geschichte, Struktur, Aufgaben, Neuorganisations- und Reformbedarf, Föderalismus und Zusammenarbeit im Verfassungsschutz sowie Analyse der Aufgaben und Rechte in Bund und Ländern bei der parlamentarischen Kontrolle der Verfassungsschutzbehörden, Univ. Diss., Verlag Dr. Kovac, Hamburg 2012.

Wolff, Heinrich Amadeus/Scheffczyk, Fabian: Verfassungsrechtliche Fragen der gemeinsamen Antiterrordatei von Polizei und Nachrichtendiensten, Juristische Arbeitsblätter 2008, S. 81–88.

Würtenberger, Thomas: Entwicklungslinien des Sicherheitsverfassungsrechts, in: Ruffert (Hrsg.), Dynamik und Nachhaltigkeit des öffentlichen Rechts, Festschrift für Meinhard Schröder, S. 285–304.

Würtenberger, Thomas/Tanneberger, Steffen: Sicherheitsarchitektur als interdisziplinäres Forschungsfeld, in: Riescher (Hrsg.) Sicherheit und Freiheit statt Terror und Angst, S. 97–126.

Ziercke, Jörg: Aufgaben des Bundeskriminalamtes unter veränderten Gefährdungsbedingungen in: Schreckenberger (Hrsg.), Sicherheitsdienste des Bundes im Zeitalter der Globalisierung, S. 63–85.

Zöller, Mark Alexander: Der Rechtsrahmen der Nachrichtendienste bei der Bekämpfung des internationalen Terrorismus, JZ 2007, S. 763–771.

Zöller, Mark Alexander: Informationssysteme und Vorfeldmaßnahmen von Polizei, Staatsanwaltschaft und Nachrichtendiensten- Zur Vernetzung von Strafverfolgung und Kriminalitätsverhütung im Zeitalter von multimedialer Kommunikation und Persönlichkeitsschutz, Univ. Diss., C.F.Müller Verlag, Heidelberg 2002.

Weitere Quellen

Bericht der Regierungskommission zur Überprüfung der Sicherheitsgesetzgebung in Deutschland vom 28. August 2013: http://www.bmi.bund.de/SharedDocs/Downloads/DE/Broschueren/2013/regierungskommission-sicherheitsgesetzgebung.html; zuletzt abgerufen am 05. August 2017.

BKA, allgemeine Informationen: https://www.bka.de/DE/Home/home_node.html; zuletzt abgerufen am 05. August 2017.

BKA, Cybercrime Bundeslagebild: https://www.bka.de/DE/AktuelleInformationen/StatistikenLagebilder/Lagebilder/lagebilder_node.html; zuletzt abgerufen am 05. August 2017.

BKA, Polizeiliche Kriminalstatistik 2014, 2016: https://www.bka.de/DE/AktuelleInformationen/StatistikenLagebilder/PolizeilicheKriminalstatistik/pks_node.html; zuletzt abgerufen am 05. August 2017.

BND, Aufgaben: http://www.bnd.bund.de/DE/Auftrag/Aufgaben/aufgaben_node.html; zuletzt abgerufen am 05. August 2017.

BND, Aufsicht und Kontrolle: http://www.bnd.bund.de/DE/Auftrag/Aufsicht_Kontrolle/Aufsicht_Kontrolle_node.html; zuletzt abgerufen am 05. August 2017.

BND, Organisation und Arbeitsbereiche: http://www.bnd.bund.de/DE/Organisation/Arbeitsbereiche/Arbeitsbereiche_node.html; zuletzt abgerufen am 05. August 2017.

Bundesamt für Verfassungsschutz, Aufgaben und Organisation: https://www.verfassungsschutz.de/de/das-bfv/aufgaben/die-organisation-des-amtes-ist-kein-geheimnis; zuletzt abgerufen am 05. August 2017.

Bundesamt für Verfassungsschutz, Aufsicht und Kontrolle: http://www.verfassungsschutz.de/de/das-bfv/aufsicht-und-kontrolle; zuletzt abgerufen am 05. August 2017.

Bundesamt für Verfassungsschutz, GTAZ: https://www.verfassungsschutz.de/de/arbeitsfelder/af-islamismus-und-islamistischer-terrorismus/gemeinsames-terrorismusabwehrzentrum-gtaz; zuletzt abgerufen am 05. August 2017.

Bundesamt für Verfassungsschutz, GETZ: http://www.verfassungsschutz.de/de/das-bfv/getz; zuletzt abgerufen am 05. August 2017.

Bundesamt für Verfassungsschutz, GIZ: https://www.verfassungsschutz.de/de/arbeitsfelder/af-islamismus-und-islamistischer-terrorismus/gemeinsames-internetzentrum-giz; zuletzt abgerufen am 05. August 2017.

Bundesamt für Verfassungsschutz, Verfassungsschutzberichte 2013, 2014, 2015, 2016: https://www.verfassungsschutz.de/de/oeffentlichkeitsarbeit/publikationen/verfassungsschutzberichte; zuletzt abgerufen am 05. August 2017.

Bundesministerium des Innern, Extremismusbekämpfung: http://www.bmi.bund.de/DE/Themen/Sicherheit/Extremismusbekaempfung/Islamismus-Salafismus/islamismus-salafismus_node.html; zuletzt abgerufen am 05. August 2017.

Bundesministerium des Innern, GAR: http://www.bmi.bund.de/SharedDocs/Downloads/DE/Kurzmeldungen/gar_handout.pdf?__blob=publicationFile; zuletzt abgerufen am 05. August 2017.

Bundesministerium des Innern, Terrorismusbekämpfung: http://www.bmi.bund.de/DE/Themen/Sicherheit/Terrorismusbekaempfung/Terrorismus/terrorismus_node.html; zuletzt abgerufen am 05. August 2017.

Bundespolizei, Organisation: http://www.bundespolizei.de/Web/DE/_Home/home_node.html; zuletzt abgerufen am 05. August 2017.

Bundeswehr, MAD: http://www.kommando.streitkraeftebasis.de/portal/a/kdoskb/!ut/p/c4/04_SB8K8xLLM9MSSzPy8xBz9CP3I5EyrpHK94uyk-OyUfL3y1MyS-lOKS4hK93MQUvZT88ryc_MQU_YJsR0UA2lBoRg!!/; zuletzt abgerufen am 05. August 2017.

Der Tagesspiegel: Anti-Terror-Zentrum, Artikel vom 4. Januar 2016; abrufbar unter http://www.tagesspiegel.de/politik/anti-terror-zentrum-in-den-haag-geheimdienste-sollen-staerker-kooperieren/12789050.html zuletzt abgerufen am 05. August 2017.

DGSE Frankreich:http://www.defense.gouv.fr/dgse/tout-le-site/deux-defis-majeurs; zuletzt abgerufen am 05. August 2017.

EU Kommission, Pressemitteilung: http://europa.eu/rapid/press-release_IP-11-1248_de.htm; zuletzt abgerufen am 05. August 2017.

Gendarmerie National, Frankreich, Organisation: unter https://www.gendarmerie.interieur.gouv.fr/Notre-institution/Nos-composantes; zuletzt abgerufen am 05. August 2017.

Legal Tribune Online: Nach dem Terror in Paris: Mehr Polizei, mehr Grenzkontrollen, mehr Vorratsdatenspeicherung?, Artikel vom 17.11.2015, abrufbar unter http://www.lto.de/persistent/a_id/17554/; zuletzt abgerufen am 05. August 2017.

MI 5, gesetzliche Grundlagen: https://www.mi5.gov.uk/law-and-governance; zuletzt abgerufen am 05. August 2017.

MI5, Terrorism analysis Centre: https://www.mi5.gov.uk/joint-terrorism-analysis-centre, 05. August 2017.

MI5, abrufbar unter https://www.mi5.gov.uk/partnerships; zuletzt abgerufen am 05. August 2017.

MI6, Aufgaben: https://www.sis.gov.uk/our-mission.html; zuletzt abgerufen am 05. August 2017.

Ministère de l'interieure, Frankreich, DGSI: https://www.interieur.gouv.fr/Le-ministere/DGSI; zuletzt abgerufen am 05. August 2017.

Ministry of the Interior and Kingdom Relations, Niederlande, Aufgaben: https://english.aivd.nl/about-aivd/tasks-and-areas-of-interest; zuletzt abgerufen am 05. August 2017.

Ministry of the Interior and Kingdom Relations, Niederlande, AIVD: https://english.aivd.nl/about-aivd/the-aivd's-role-in-national-security; zuletzt abgerufen am 05. August 2017.

National Police Chiefs' Council: http://www.npcc.police.uk/NPCCBusinessAreas/TerrorismandAlliedMatters.aspx; zuletzt abgerufen am 05. August 2017.

NCTV, Organisation: https://english.nctv.nl/organisation/WhoistheNTCV/index.aspx; zuletzt abgerufen am 05. August 2017.

Niedersächsischer Verfassungsschutz, allgemeine Informationen: http://www.verfassungsschutz.niedersachsen.de/verfassungsschutz/der-verfassungsschutz---eine-gemeinsame-aufgabe-von-bund-und-laendern-54284.html; zuletzt abgerufen am 05. August 2017.

Police National, Organisation: https://www.police-nationale.interieur.gouv.fr/Organisation; zuletzt abgerufen am 05. August 2017.

Rijksoverheid, Organisation der niederländischen Polizei: https://www.government.nl/topics/police/organisation-of-the-dutch-police; zuletzt abgerufen am 05. August 2017.

Spiegel Online: Chefdatenschützerin kritisiert de Maizières Anti-Terror-Datei scharf; Artikel vom 23. Juli 2014; abrufbar unter http://www.spiegel.de/politik/deutschland/anti-terror-datei-bundesdatenschuetzerin-vosshoff-kritisiert-gesetz-a-982330.html; zuletzt abgerufen am 05. August 2017.

Spiegel Online: Hass im Netz, Artikel vom 26. August 2015; abrufbar unter http://www.spiegel.de/netzwelt/web/wie-der-hass-gegen-fluechtlinge-im-internet-gesaet-wird-kolumne-a-1049883.html; zuletzt abgerufen am 05. August 2017.

Spiegel Online: Innere Sicherheit: Europäische Geheimdienste richten Anti-Terror-Zentrum ein, Artikel vom 19. Februar 2016; abrufbar unter http://www.spiegel.de/politik/ausland/terrorismus-europaeische-geheimdienste-richten-anti-terror-zentrum-ein-a-1078201.html; zuletzt abgerufen am 05. August 2017.

Süddeutsche Zeitung: Aus Angst vor dem Volk, Artikel vom 13. August 2013; abrufbar unter http://www.sueddeutsche.de/politik/ueberwachung-durch-geheimdienste-aus-angst-vor-dem-volk-1.1745365; zuletzt abgerufen am 05. August 2017.

Wissenschaftlicher Dienst des Bundestages, WD 3 – 3000 – 303/10, Überblick zur Struktur und Organisation verschiedener europäischer Geheimdienste, 15.07.2010, abrufbar unter: https://www.bundestag.de/blob/423406/ad97c19786348fbcedc4c55736631b74/wd-3-303-10-pdf-data.pdf; zuletzt abgerufen am 05. August 2017.

Zeit Online: Mehr Überwachung ist verständlich – und trotzdem falsch, Artikel vom 17. November 2015, abrufbar unter http://www.zeit.de/digital/datenschutz/2015-11/vorratsdatenspeicherung-ueberwachung-paris-anschlag-terrorismus; zuletzt abgerufen am 05. August 2017.

Empirische Nachweise

ARD-DeutschlandTREND. Finden Sie diese Vorschläge zur Bekämpfung des Terrorismus in Deutschland richtig oder finden Sie sie nicht richtig?. http://de.statista.com/statistik/daten/studie/500500/umfrage/umfrage-zur-bewertung-der-massnahmen-zur-terrorismusbekaempfung/; zuletzt abgerufen am 05. August 2017.

ARD-DeutschlandTREND. Fürchten Sie, dass es in nächster Zeit in Deutschland terroristische Anschläge geben wird oder fürchten Sie dies nicht?. http://de.statista.com/statistik/daten/studie/493158/umfrage/umfrage-zur-angst-vor-terroranschlaegen-in-deutschland/; zuletzt abgerufen am 05. August 2017.

ARD, und Infratest dimap. Sind Sie aufgrund der bekannt gewordenen Geheimdienstaktivitäten vorsichtiger im Umgang mit Telefonaten und E-Mails geworden?. http://de.statista.com/statistik/daten/studie/280471/umfrage/umfrage-zur-aenderung-des-verhaltens-aufgrund-von-geheimdienstaktivitaeten/; zuletzt abgerufen am 05. August 2017.

ARD, und Infratest dimap. Welche Auffassung vertreten Sie im Hinblick auf die folgenden Aspekte der Terrorbedrohung in Deutschland?. http://de.statista.com/statistik/daten/studie/166448/umfrage/ansichten-zur-terrorbekaempfung-in-deutschland/; zuletzt abgerufen am 05. August 2017.

dbb beamtenbund und tarifunion. Halten Sie es für zumutbar, dass Maßnahmen zur Erhaltung der inneren Sicherheit auch die Freiheitsrechte einzelner Menschen einschränken können?. http://de.statista.com/statistik/daten/studie/152474/umfrage/meinung-zur-zumutbarkeit-der-einschraenkung-von-freiheitsrechten-fuer-die-innere-sicherheit/; zuletzt abgerufen am 05. August 2017.

Friedrich-Naumann-Stiftung. Was ist Ihnen im Streitfall wichtiger, Sicherheit und Ordnung oder Bürgerrechte?. http://de.statista.com/statistik/daten/studie/166083/umfrage/wichtigkeit-von-buergerrechten-und-sicherheit-fuer-die-deutschen/; zuletzt abgerufen am 05. August 2017.

IfD Allensbach. Anzahl der Personen in Deutschland, die befürchten, dass der Staat infolge der technischen Weiterentwicklung die Bürger immer stärker überwachen wird, von 2013 bis 2015. http://de.statista.com/statistik/daten/studie/282285/umfrage/staatliche-ueberwachung-der-buerger--befuerchtung-in-deutschland/; zuletzt abgerufen am 05. August 2017.

Schweizer Daten-Vertrauensindex 2015, Medienmitteilung comparis.ch; abrufbar unter: https://www.comparis.ch/-/media/files/mediencorner/medienmitteilungen/2015/telecom/daten-vertrauensindex-2015.pdf; zuletzt abgerufen am 05. August 2017.

www.ingramcontent.com/pod-product-compliance
Ingram Content Group UK Ltd.
Pitfield, Milton Keynes, MK11 3LW, UK
UKHW020714041026
15590UKWH00002B/663

9 783631 792100